资治通鉴

中华传世藏书 【图文珍藏版】

[北宋]司马光·原著
姜涛·主编

线装书局

资治通鉴第一百七十六卷

陈纪十

【原文】

长城公下至德二年（甲辰，584年）

隋主不喜词华，诏天下公私文翰并宜实录。泗州刺史司马幼之文表华艳，付所司治罪。治书侍御史赵郡李谔亦以当时属文，体尚轻薄，上书曰："魏之三祖，崇尚文词，忽君人之大道，好雕虫之小艺。下之从上，遂成风俗。江左、齐、梁，其弊弥甚：竞一韵之奇，争一字之巧；连篇累牍，不出月露之形，积案盈箱，唯是风云之状。世俗以此相高，朝廷据兹擢士。禄利之路既开，爱尚之情愈笃。于是闾里童昏，贵游总草，未窥六甲，先制五言，至如羲皇、舜、禹之典，伊、傅、周、孔之说，不复关心，何尝入耳。以傲诞为清虚，以缘情为勋绩，指儒素为古拙，用词赋为君子。故文笔日繁，其政日乱，良由弃大圣之轨模，构无用以为用也。今朝廷虽有是诏，如闻外州远县，仍踵弊风：躬仁孝之行者，摈落私门，不加收齿；工轻薄之艺者，选充吏职，举送天朝。盖由刺史、县令未遵风教。请普加采察，送台推劾。"又上言："士大夫矜伐干进，无复廉耻，乞明加罪黜，以惩风轨。"诏以谔前后所奏颁示四方。

突厥沙钵略可汗数为隋所败，乃请和亲。千金公主自请改姓杨氏，为隋主女。隋主遣开府仪同三司徐平和使于沙钵略，更封千金公主为大义公主。晋王广请因衅乘之，隋主不许。

【译文】

陈长城公至德二年（甲辰，公元584年）

隋文帝不喜好文章用词华丽，诏令天下公私文书都要写得符合实际情况。泗州刺史司马幼之的文章奏表浮华艳丽，隋文帝把他交付有关部门治罪。治书侍御史赵郡人李谔也因为当时人们撰写文章，文风崇尚轻薄浮华，而上书说："以前曹魏的三位君主撰写文章崇尚文辞优美华丽，忽略治理万民的大道，喜好雕琢词句的小技。下面纷纷起而仿效，遂成一种社会风尚。到了江东晋、齐、梁朝，这种文风的危害达到了极点。人们热衷于追求一韵的新奇，竞逐一字的巧妙。文章连篇累牍，不过是刻画了月升露落的景致；作品积案盈箱，也只是描写了风起云飘的情形。世俗以此而互相标榜，朝廷据此来选拔官吏。以擅长雕虫小技求取功名利禄的道路既然已经开通，人们偏爱华丽崇尚轻浮的文风越发厉害。因此，不论是乡间孩童，还是王公子弟，不是首先学习实用知识而是首先学习如何做五言诗；对于羲皇、虞舜、夏禹的典籍，伊尹、傅说、周公、孔子的学说，不再关心，未曾入耳。把虚诞放纵当作洒脱高雅，把缘情体物当作功勋劳绩，把有德的硕儒看作古朴迂腐之人，把工于辞赋之士当成君子大人。所以文笔日益繁盛，而政治日益混乱。这都是由于统治者抛弃了上古圣贤制定的法式、规则，造作无益于治道的文体来推广使用。如今朝廷虽然颁布了禁绝浮华艳丽文风的诏令，但是我听说一些外州远县，仍然蹈袭前代的坏文风。躬行仁义孝悌者被私门摈落，不加录用；擅长轻薄浮华之雕虫小技者，则被选拔充任官吏，保举荐送朝廷。这都是由于这些州、县的刺史、县令没有执行陛下的诏令。请求陛下普遍派人加以调查，送御史台推劾治罪。"后来他又上书说："有些士大夫炫耀功绩、出身以谋求进身做官，没有廉耻之心，请求明示其罪，加以黜退，以矫正社会风气。"隋文帝诏令将李谔前后奏章颁布天下。

突厥沙钵略可汗数次被隋朝打败，于是请求与隋朝和亲。千金公主宇文氏也请求改姓杨氏，作陶文帝的女儿。于是隋文帝派遣开府仪同三司徐平和出使突厥沙钵略可汗，改封千金公主为大义公主。晋王杨广请求乘突厥内外交困之机出兵讨伐，隋文帝不答应。

【原文】

三年（乙巳，585年）

隋度支尚书长孙平奏"令民间每秋家出粟麦一石以下，贫富为差，储之当社，委社司检校，以备凶年，名曰'义仓'"，隋主从之。五月，甲申，初诏郡、县置义仓。时民间多妄称老、小以免赋役，山东承北齐之弊政，户口租调，奸伪尤多。隋主命州县大索貌阅，户口不实者，里正、党长远配；大功以下，皆令析籍，以防容隐。于是计帐得新附一百六十四万余口。高颎请为输籍法，遍下诸州，帝从之，自是奸无所容矣。

突厥沙钵略既为达头所困，又畏契丹，遣使告急于隋，请将部落度漠南，寄居白道川。隋主许之，命晋王广以兵援之，给以衣食，赐之车服鼓吹。沙钵略因西击阿波，破之。而阿拔国乘虚掠其妻子；官军为击阿拔，败之，所获悉与沙钵略。

沙钵略大喜，乃立约，以碛为界。

【译文】

三年（乙巳，公元585年）

隋朝度支尚书长孙平上奏说："请下令民间每年秋天一家拿出粟麦一石以下，根据家庭贫富状况订出等级标准，每社民户所交纳的粮食就储存在当社，委派社中官吏负责查核，以防备荒年，名叫'义仓'。"隋文帝听从了他的建议。五月，甲申（二十九日），隋文帝开始诏令各郡、县都设置义仓。当时百姓多向官府谎报年老或幼小，以逃避赋税徭役，山东地区承袭原北齐王朝的弊政，在户口登记和租调征收方面，犯奸作伪的极多。隋文帝下令在全国州县逐户逐人进行核对。如果户口不实，有称老诈小的，里正、党长远配边州。堂兄弟以下仍然同居的大家族，都命令他们分家居住，自立门户，以防止出现隐瞒户口人丁的情况。这次普查，户籍簿上新增加了一百六十四万多人口。左领军大将军高颎又请求实行按所造账籍征收赋税的输籍法，颁布各州实行，隋文帝也听从了他的建议。自此以后，想犯奸作伪逃避赋税的人再也无法藏身了。

突厥沙钵略可汗既为达头可汗困扰，又畏惧契丹逐渐强大，于是派遣使者到隋朝告急，请求允许他率所属部落迁徙到大漠南面，在白道川一带暂住。隋文帝答应了他的请求，命令晋王杨广发兵接应，并供给他衣服食品，赏赐他车驾服饰及乐器。沙钵略可汗借助隋兵到来的声势，率军向西攻打阿波可汗，打败了他。可是阿拔国乘沙钵略可汗后方兵力空虚之机发兵偷袭，虏走了他的妻儿家小；隋朝军队为沙钵略打败了阿拔军队，并把所缴获的人畜物品全部给予了沙钵略可汗。

沙钵略可汗十分高兴，于是与隋朝订立盟约，以沙碛作为两国的分界。

【原文】

四年（丙午，586年）

吐谷浑可汗夸吕在位百年，屡因喜怒废杀太子。后太子惧，谋执夸吕而降；请兵于隋边吏，泰州总管河间王弘请以兵应之，隋主不许。

是岁，嵬王诃复惧诛，谋帅部落万五千户降隋，遣使诣阙，请兵迎之。隋主曰："浑贼风俗，特异人伦，父既不慈，子复不孝。朕以德训人，何有成其恶逆乎！"乃谓使者曰："父有过失，子当谏争，岂可潜谋非法，受不孝之名！溥天之下皆朕臣妾，各为善事，即称朕心。嵬王既欲归朕，唯教嵬王为臣子之法，不可远遣兵马，助为恶事！"嵬王诃乃止。

【译文】

四年（丙午，公元586年）

吐谷浑可汗夸吕在位长达百年，曾多次因为喜怒无常而废掉或诛杀太子。后来的太子惧怕，密谋劫持夸吕可汗降附隋朝，于是派遣使者向隋朝边防官吏请求援兵，泰州总管河间王杨弘向朝廷请求派兵接应，隋文帝不答应。

这一年，吐谷浑太子嵬王诃又因为害怕获罪遭杀，密谋率领所属部落一万五千户降附隋朝，派遣使者来到长安，请求隋朝派军队接应。隋文帝说："吐谷浑风俗败坏，背离人伦天常，做父亲的既然不以慈爱待子，做儿子的也不以孝顺事父。朕以仁德教化百姓，怎么能够助成嵬王诃的恶逆行为呢！"于是对嵬王诃的使者说：

"为子之道,父亲有了过失,儿子应该以死谏诤,怎么能密谋采取违背礼法的行为,落下不孝的罪名!普天之下,都是朕的臣妾子民,各自努力积善行德,就合于朕的心意。现今崑王诃想归降朕,朕只能教导崑王诃如何做忠臣孝子的道理,决不能远派军队接应,助成崑王诃的恶逆行为。"崑王诃只好作罢。

【原文】

祯明元年(丁未,587年)

八月,隋主征梁主入朝。梁主帅其群臣二百余人发江陵;庚申,至长安。

隋主以梁主在外,遣武乡公崔弘度将兵戍江陵。军至都州,梁主叔父太傅安平王岩、弟荆州刺史义兴王瓛等恐弘度袭之,乙丑,遣都官尚书沈君公诣荆州刺史宜黄侯慧纪请降。九月,庚寅,慧纪引兵至江陵城下。辛卯,岩等驱文、武、男、女十万口来奔。

杨素在永安,造大舰,名曰"五牙"。上起楼五层,高百余尺;左右前后置六拍竿,并高五十尺,容战士八百人;次曰"黄龙",置兵百人。自余平乘、舴艋各有等差。

【译文】

陈长城公祯明元年(丁未,公元587年)

八月,隋文帝征召后梁国主萧琮入朝。萧琮率领群臣百官二百余人由江陵出发;庚申(十八日),到达长安。隋文帝因为后梁国主离开了国家,就派遣武乡公崔弘度率军戍守江陵。崔弘度军至都州,后梁国主的叔父太傅安平王萧岩、弟弟荆州刺史义兴王萧瓛等人害怕崔弘度趁机袭取江陵,乙丑(八月二十三日),萧岩、萧瓛派遣都官尚书沈君公向陈朝荆州刺史宜黄侯陈慧纪请求降附。九月,庚寅(十八日),陈慧纪率军抵达江陵城下。辛卯(十九日),萧岩、萧瓛等人带领后梁国文武官吏、平民百姓共十万人投奔陈朝。

杨素率军在永安,建造大船,名叫"五牙"。在船上建五层楼,高一百余尺;又在船的左右前后设置了六根拍竿,都高五十尺,可乘载战士八百人。另一种战船名叫"黄龙",船上可乘载战士一百人。其余称作"平乘""舴艋"的舰船大小不等。

【原文】

二年(戊申,588年)

甲子,隋以出师,有事于太庙,命晋王广、秦王俊、清河公杨素皆为行军元帅。广出六合,俊出襄阳,素出永安,荆州刺史刘仁恩出江陵,蕲州刺史王世积出蕲春,庐州总管韩擒虎出庐江,吴州总管贺若弼出广陵,青州总管弘农燕荣出东海,凡总管九十,兵五十一万八千,皆受晋王节度。东接沧海,西拒巴、蜀,旌旗舟楫,横亘数千里,以左仆射高颎为晋王元帅长史,右仆射王韶为司马,军中事皆取决焉;区处支度,无所凝滞。

杨素引舟师下三峡,军至流头滩。将军戚昕以青龙百余艘守狼尾滩,地势险峭,隋人患之。素曰:"胜负大计,在此一举。若昼日下船,彼见我虚实,滩流迅激,制不由人,则吾失其便;不如以夜掩之。"素亲帅黄龙数千艘,衔枚而下,遣开府仪同三司王长袭引步卒自南岸击昕别栅,大将军刘仁恩帅甲骑自北岸趣白沙,迟明而至,击之;昕败走,悉俘其众,劳而遣之,秋毫不犯。

素帅水军东下,舟舻被江,旌甲曜日。素坐平乘大船,容貌雄伟,陈人望之,皆惧,曰:"清河公即江神也!"

江滨镇戍闻隋军将至,相继奏闻;施文庆、沈客卿并抑而不言。

及隋军临江,间谍骤至,宪等殷勤奏请,至于再三。文庆曰:"元会将逼,南郊之日,太子多从;今若出兵,事便废阙。"帝曰:"今且出兵,若北边无事,因以水军从郊,何为不可!"又曰:"如此则声闻邻境,便谓国弱。"后又以货动江总,总内为之游说,帝重违其意,而迫群官之请,乃令付外详议。总又抑宪等,由是议久不决。

帝从容谓侍臣曰:"王气在此。齐兵三来,周师再来,无不摧败。彼何为者邪!"都官尚书孔范曰:"长江天堑,古以为限隔南北,今日虏军岂能飞渡邪!边将欲作功劳,妄言事急。臣每患官卑,虏若渡江,臣定作太尉公矣!"或妄言北军马死，范曰："此是我马，何为而死！"帝笑以为然，故不为深备，奏伎、纵酒、赋诗不辍。

【译文】

二年（戊申，公元588年）

甲子（十月二十八日），隋文帝要出师讨伐陈朝，在太庙祭告祖先，并任命晋王杨广、秦王杨俊、清河公杨素三人都为行军元帅。命令杨广统率军队从六合出发，杨俊统率军队从襄阳出发，杨素统率军队从永安出发，荆州刺史刘仁恩统率军队从江陵出发，蕲州刺史王世积统率军队从蕲春出发，庐州总管韩擒虎统率军队从庐江出发，吴州总管贺若弼统率军队从广陵出发，青州总管弘农人燕荣统率军队从东海出发，共有行军总管九十位，兵力五十一万八千人，都受晋王杨广的节度指挥。东起海滨，西到巴、蜀，旌旗耀日，舟楫竞进，横亘连绵千里。朝廷又任命左仆射高颎为晋王元帅府长史，右仆射王韶为司马，前线军中一切事务全由他们裁决处理。他们安排各路军队进退攻守，料理调拨军需供应，十分称职，没有贻误。

杨素率领水军顺流而下，越过三峡，进至流头滩。陈朝将军戚昕率领青龙战船一百余艘防守狼尾滩，这里地势险要，易守难攻，隋朝将士因而担忧。杨素说："成败在此一举。我军如果白天下船进攻，敌军就会知道我军虚实，加上滩流迅急，船只难以掌握，我们就失去了居于上游的便利条件；不如在夜里突然袭击敌军。"于是杨素亲自率领黄龙舰船数千艘，将士衔枚，顺流而下，又派遣开府仪同三司王长袭率领步兵由长江南岸攻打戚昕别处营垒，大将军刘仁恩率领骑兵由北岸向白沙进发，黎明时各军皆至，于是一起发起进攻；戚昕战败逃走，隋军俘获了陈朝全部将士，慰劳后加以遣返，纪律严明，秋毫不犯。

于是杨素率领水军顺流东下，舟舻舰船布满江面，旌旗甲胄鲜明耀日。杨素坐在一只平板大船上，仪表堂堂，陈朝人看见后，都心中惧怕，说："清河公真像是长江水神！"

陈朝沿江镇戍要塞听说隋军将到，相继飞书奏报朝廷；但是中书舍人施文庆、沈客卿把奏疏全部压下，没有呈奏天子。

直至隋军进至长江北岸，江南地区也突然出现了大批间谍探子以后，袁宪等人又多次上奏请求。施文庆对陈后主说："元旦的大朝会即将来临，南郊大祀那天，太子必须率领较多军队；现在如果向京口、采石以及江面派遣军队和舰船，南郊大祀之事就得废省。"陈后主说："现在暂且派出军队，到时候如果北边战场无事，就顺便使用这支水军跟从到南郊，参加祭祀，又有什么不可以！"施文庆又回答说："这样做会被邻国知道，隋朝便会认为我国弱小。"后来施文庆又用金银财物贿赂尚书令江总，于是江总又入宫为施文庆游说，陈后主不好违背江总的意见，但又迫于群臣百官再三奏请，于是就下令由朝廷百官大臣再仔细商议决定。而江总又利用职权多方压制袁宪等人，所以长时间商议却没有做出决定。

陈后主口气徐缓地对侍卫近臣说："帝王的气运在此地。齐军曾经三次进犯，周军也曾经两次大兵压境，无不遭到惨重失败。他们隋军又能怎么样呢！"都官尚书孔范说："长江是一道天堑，古代作为隔绝南方和北方的界限。现在敌军难道能飞渡吗！边镇将帅想建立功勋，所以谎报边事紧急。我常常担忧自己官职低下，如果敌军能越过长江，我一定会建功立业，荣升太尉了。"有人谎报说隋军马匹多死，孔范又口出大言说："这是我国的马，怎么会死！"陈后主听后大笑，认为孔范说得很对，所以不做认真的防备，仍奏乐观舞，纵酒宴饮，赋诗取乐不止。

资治通鉴第一百七十七卷

隋纪一

【原文】

高祖文皇帝上之上开皇九年（己酉，589年）

是日，贺若弼自广陵引兵济江。先是弼以老马多买陈船而匿之，买弊船五六十艘，置于渎内。陈人觇之，以为内国无船。弼又请缘江防人每交代之际，必集广陵，于是大列旗帜，营幕被野，陈人以为隋兵大至，急发兵为备，既知防人交代，其众复散；后以为常，不复设备。又使兵缘江时猎，人马喧噪。故弼之济江，陈人不觉。韩擒虎将五百人自横江宵济采石，守者皆醉，遂克之。晋王广帅大军屯六合镇桃叶山。

庚午，贺若弼攻拔京口，执南徐州刺史黄恪。弼军令严肃，秋毫不犯，有军士于民间酤酒者，弼立斩之。所俘获六千余人，弼皆释之，给粮劳遣，付以敕书，令分道宣谕。于是所至风靡。

樊猛在建康，其子巡摄行南豫州事。辛未，韩擒虎进攻姑孰，半日，拔之，执巡及其家口。

于是贺若弼自北道，韩擒虎自南道并进，缘江诸戍，望风尽走；弼分兵断曲阿之冲而入。陈主命司徒豫章王叔英屯朝堂，萧摩诃屯乐游苑，樊毅屯耆阇寺，鲁广达屯白土冈，忠武将军孔范屯宝田寺，己卯，任忠自顺兴人赴，仍屯朱雀门。

贺若弼进据钟山，顿白土冈之东。晋王广遣总管杜彦与韩擒虎合军，步骑二万屯于新林。蕲州总管王世积以舟师出九江，破陈将纪瑱于蕲口，陈人大骇，降者相继。晋王广上状，帝大悦，宴赐群臣。

时建康甲士尚十余万人，陈主素怯懦，不达军士，唯日夜啼泣，台内处分，一以委施文庆。文庆既知诸将疾己，恐其有功，乃奏曰："此辈怏怏，素不伏官，迫此事机，那可专信！"由是诸将凡有启请，率皆不行。

贺若弼之攻京口也，萧摩诃请将兵逆战，陈主不许。及弼至钟山，摩诃又曰："弼悬军深入，垒堑未坚，出兵掩袭，可以必克。"又不许。陈主召摩诃、任忠于内殿议军事，忠曰："兵法：客贵速战，主贵持重。今国家足兵足食，宜固守台城，缘淮立栅，北军虽来，勿与交战；分兵断江路，无令彼信得通。给臣精兵一万，金翅三百艘，下江径掩六合；彼大军必谓其渡江将士已被俘获，自然挫气。淮南土人与臣旧相知悉，今闻臣往，必皆景从。臣复扬声欲往徐州，断彼归路，则诸军不击自去。待春水既涨，上江周罗睺等众军必沿流赴援。此良策也。"陈主不能从。明日，欻然曰："兵久不决，令人腹烦，可呼萧郎一出击之。"任忠即头苦请勿战。孔范又奏："请作一决，当为官勒石燕然。"陈主从之，谓摩诃曰："公可为我一决！"摩诃曰："从来行陈，为国为身；今日之事，兼为妻子。"陈主多出金帛赋诸军以充赏。甲申，使鲁广达陈于白土冈，居诸军之南，任忠次之，樊毅、孔范又次之，萧摩诃军最在北。诸军南北亘二十里，首尾进退不相知。

贺若弼将轻骑登山，望见众军，因驰下，与所部七总管杨牙、员明等甲士凡八千，勒陈以待之。陈主通于萧摩诃之妻，故摩诃初无战意；唯鲁广达以其徒力战，与弼相当。隋师退走者数四，弼麾下死者二百七十三人，弼纵烟以自隐，窘而复振。陈兵得人头，皆走献陈主求赏，弼知其骄惰，更引兵趣孔范；范兵暂交即走，陈诸军顾之，骑卒乱溃，不可复止，死者五千人。员明擒萧摩诃，送于弼，弼命牵斩之，摩诃颜色自若，弼乃释而礼之。

【译文】

隋文帝开皇九年（己酉，公元589年）

这一天，隋吴州总管贺若弼从广陵统帅军队渡过长江。起先，贺若弼卖掉军中老马，大量购买陈朝的船只，并把这些船只藏匿起来，然后又购买了破旧船只五六十艘，停泊在小河内。陈朝派人暗中窥探，认为中原没有船只。贺若弼又请求让沿江防守的兵士每当轮换交接的时候，都一定要聚集广陵，于是隋军大举旗帜，营幕遍野，陈朝以为是隋朝大军来到，于是急忙调集军队加强戒备，随后知道是隋朝士卒换防交接，就将已聚集的军队解散；后来陈朝对此已习以为常，就不再加强戒备。贺若弼又时常派遣军队沿江打猎，人欢马叫。所以贺若弼渡江时，陈朝守军竟没有发觉。庐州总管韩擒虎也率领将士五百人从横江浦夜渡采石，陈朝守军全都喝醉了酒，隋军轻而易举就攻下了采石。晋王杨广统帅大军驻扎在六合镇桃叶山。

庚午（正月初六），隋将贺若弼率军攻克京口，生俘陈朝南徐州刺史黄恪。贺若弼的军队纪律严明，秋毫不犯，有士卒在民间买酒的，贺若弼即令将他斩首。所俘获的陈朝军队六千余人，贺若弼全部予以释放，发给资粮，好言安慰，遣返回乡，并付给他们隋文帝敕书，让他们分道宣传散发。因此，隋军所到之处，陈朝军队望风溃败。

陈朝南豫州刺史樊猛当时还在建康，由他的儿子樊巡代理南豫州事。辛未（正月初七），隋将韩擒虎率军进攻姑孰，只用了半天，就攻下了姑孰城，俘虏了樊巡及其全家。

此时，隋将贺若弼率军从北道，韩擒虎率军从南道，齐头并进，夹攻建康。陈朝沿江的镇戍要塞守军都望风尽逃；贺若弼分兵占领曲阿，隔断了陈朝援军的通道，自己率主力进逼建康。陈后主命令司徒、豫章王陈叔英率军守卫朝堂，萧摩诃率军驻守乐游苑，樊毅率军驻守耆阇寺，鲁广达率军驻守白土冈，忠武将军孔范率军驻守宝田寺。己卯（正月十五日），任忠率军自吴兴入援京师，驻守朱雀门。

【原文】

十年（庚戌，590年）

上性猜忌，不悦学，既任智以获大位，因以文法自矜，明察临下，恒令左右觇视内外，有过失则加以重罪。又患令史赃污，私使人以钱帛遗之，得犯立斩。每于殿庭棰人，一日之中，或至数四；尝怒问事挥楚不甚，即命斩之。尚书左仆射高颎、治书侍御史柳彧等谏，以为"朝堂非杀人之所，殿廷非决罚之地。"上不纳。颎等乃尽诣朝堂请罪，上顾谓领左右都督田元曰："吾杖重乎？"元曰："重。"帝问其状，元举手曰："陛下杖大如指，捶人三十者，比常杖数百，故多死。"上不怿，乃令殿内去杖，欲有决罚，各付所由。后楚州行参军李君才上言："上宠高颎过甚。"上大怒，命杖之，而殿内无杖，遂以马鞭捶杀之，自是殿内复置杖。未几，怒甚，又于殿廷杀人；兵部侍郎冯基固谏，上不从，竟于殿廷杀之。上亦寻悔，宣慰冯基，而怒群臣之不谏者。

杨素用兵多权略，驭众严整，每将临敌，辄求人过失而斩之，多者百余人，少不下十数，流血盈前，言笑自若。及其对陈，先令一二百人赴敌，陷陈则已，如不能陷而还者，无问多少，悉斩之；又令二三百人复进，还如向法。将士股栗，有必死之心，由是战无不胜，称为名将。素时贵幸，言无不从，其从素行者，微功必录，至他将虽有大功，多为文吏所谴却，故素虽残忍，士亦以此愿从焉。

番禺夷王仲宣反，岭南首领多应之，引兵围广州。

高凉冼夫人遣其孙冯暄将兵救广州，暄与贼将陈佛智素善，逗留不进；夫人知之，大怒，遣使执暄，系州狱，更遣孙盎出讨佛智，斩之。进会鹿愿于南海，与慕容三藏合击仲宣，仲宣众溃，广州获全。冼氏亲被甲，乘介马，张锦伞，引毂骑卫，从裴矩巡抚二十余州。苍梧首领陈坦等皆来谒见，矩承制署为刺史、县令，使还统其部落，岭表遂定。

以矩为民部侍郎。拜冯盎高州刺史，追赠冯宝广州总管、谯国公。册冼氏为谯国夫人，开谯国夫人幕府，置长史以下官属，官给印章，听发部落六州兵马，若有机急，便宜行事。仍敕以夫人诚效之故，特赦暄逗留之罪，拜罗州刺史。皇后赐夫人首饰及宴服一袭，夫人并盛于金箧，并梁、陈赐物，各藏一库，每岁时大会，陈之于庭，以示子孙，曰："我事三代主，惟用一忠顺之心，今赐物具存，此其报也；汝曹皆念之，尽赤心于天子！"

【译文】

十年（庚戌，公元590年）

隋文帝秉性猜忌多疑，又不喜欢读书学习，由于他是完全凭借智谋而获得了君主之位，因此他就以熟悉法律制度而自负，以明察秋毫而驾驭朝臣，经常派遣左右近臣窥视刺探朝廷内外百官大臣，发现某人犯有过失就治以重罪，他又担心负责掌管各种具体事务的令史贪污腐败，于是暗地里派人拿着钱财布帛去贿赂试探，发现某人收受财物则立即处死。经常在朝堂殿庭中杖打官吏，有时一天之内，多达三四人。有一次他恼怒行刑之人杖打时下手不重，就立即下令将行刑之人斩首。尚书左仆射高颎、治书侍御史柳彧等人上言规谏，认为"朝堂不是杀人的处所，殿廷也不是行刑的地方。"文帝不听。于是高颎等百官大臣都来到朝堂请罪，文帝问领左右都督田元说："我的杖刑重吗？"田元回答说："重。"文帝又问其中情由，

隋文帝

田元举起手来回答说："陛下的杖和指头一样粗，捶打人三十下，就等于普通杖具捶打数百下，所以受刑人多被打死。"文帝听了很不高兴，但还是下令撤掉殿庭内的杖具，以后要是有所处罚，分送给有关主管部门执行。后来楚州行参军李君才上言说："皇上过于宠信高颎了。"文帝大怒，命令用杖打他，而殿庭内已经没有杖具，于是就用马鞭将李君才打死。从此又在殿庭内放置了杖具。不几天，文帝由于怒不可遏，又在殿廷中杀人。兵部侍郎冯基苦苦劝谏，文帝根本不听，最后竟又在殿廷内将人活活打死。事后不久，文帝也有些后悔，于是好言安慰冯基，而恼恨没有进谏的百官群臣。

　　杨素用兵很有权略计谋，治军严整，军令如山，每当要临敌打仗的时候，就寻找一些士兵的过失而将他们处斩，多的时候达一百多人，少的时候也不下十多人，跟前血流满地，而杨素谈笑自若，毫不在意。及至双方摆开阵势后，杨素就先派一二百人前去冲击敌阵，能攻破敌阵则罢，如不能攻破敌阵而退回的人，不论多少全部处斩。然后又派二三百人再次冲击敌阵，还像前面那样处置。因此，将士们莫不战栗惊恐，都怀有必死之心，奋勇向前，从不后退，因此杨素战无不胜，称为名将。杨素深得隋文帝的宠信，对他言听计从，跟随杨素征战的将士，微功必赏，至于别的将士，虽然有大功，却经常受到朝中文官的压制，所以杨素虽然残忍，将士

们也愿意跟随他。

番禺夷族人王仲宣起兵造反，岭南地区各族首领多起兵响应他，于是王仲宣率军包围了广州。

岭南蛮族首领高凉洗夫人派她的孙子冯暄率军救援广州，冯暄一向与叛军将领陈佛智友善，于是故意逗留不进。洗夫人得知后十分愤怒，就派人到军中逮捕了冯暄，关押在州城监狱；又派遣孙子冯盎率军讨伐陈佛智，将他斩首。冯盎率军进至南海，与大将军鹿愿的部队会合，然后与广州守将慕容三藏合兵攻打王仲宣，王仲宣的部队溃败，因此广州得以保全。洗夫人亲自披戴甲胄，乘坐披甲的马，张开用锦缎做的伞盖，率领军队张弓搭箭，禁卫保护，陪同裴矩巡抚岭南地区二十余州。苍梧首领陈坦等都来拜见裴矩。裴矩根据朝廷的旨意任命他们为刺史、县令，让他们回去统率各自的部落，于是岭南地区被平定。

于是任命裴矩为民部侍郎。又任命冯盎为高州刺史，追赠洗夫人的丈夫冯宝为广州总管、谯国公。册封洗夫人为谯国夫人，设立谯国夫人幕府，配备长史以下的官吏，朝廷授给洗夫人印章，允许她调发本部落所属六州兵马，如果出现紧急情况，可相机行事。还下敕令由于洗夫人忠心朝廷，立功边陲，特赦免冯暄逗留不进之罪，任命他为罗州刺史。独孤皇后也赏赐给洗夫人一些金银首饰和宴会礼服一套。洗夫人把这些东西都放在一个黄金小箱子里，分别和梁、陈朝廷赏赐的物品各藏在一个库中，每年举行部落大朝会时，拿出来陈列在大厅里，让子孙们看，并对他们说："我历事梁、陈、隋三代君主，用的只是一颗忠诚的心，现在朝廷赏赐的物品俱在，这就是我得到的酬报，你们应该牢记我的话，对天子效尽赤胆忠心！"

隋纪二

【原文】

高祖文皇帝上之下开皇十二年（壬子，592年）

帝以天下用律者多踳驳，罪同论异，八月，甲戌，制："诸州死罪，不得辄决，悉移大理按覆，事尽，然后上省奏裁。"

有司上言："府藏皆满，无所容，积于廊庑。"帝曰："朕既薄赋于民，又大经赐用，何得尔也？"对曰："入者常多于出，略计每年赐用，至数百万段，曾无减损。"于是便辟左藏院以受之。诏曰："宁积于人，无藏府库。河北、河东今年田租三分减一，兵减半功，调全免。"时天下户口岁增，京辅及三河地少而人众，衣食不给，帝乃发使四出，均天下之田，其狭乡每丁才至二十亩，老少又少焉。

【译文】

隋文帝开皇十二年（壬子，公元592年）

隋文帝因为天下的执法官吏对法律的理解多有错误，往往发生罪行相同而判决不同的现象，八月甲戌（初一），下制书说："各州犯有死罪的案件，州府不得随意判决定案，要全部移送大理寺审理复查，复查完毕后，再呈奏尚书省裁决。"

有关官吏上奏说："国家的府库已经全堆满了，财物没有地方存放，堆放在府库外的厢房里。"隋文帝问："朕不但对天下百姓征收很轻的赋税，而且又曾经用来大量地赏赐，为什么府库还会这样呢？"回答说："由于收入经常多于支出，估计每年用于赏赐和日常支用达到数百万段,所以府库所藏根本不会减少。"于是文帝下令另外开辟左藏院以存放新征收的财帛。文帝又下诏书说:"粮食布帛宁愿积蓄在民间百姓家里,也不要储藏于国家府库,今年河北、河东地区的田租可减征三分之一,军人应缴纳的份额可减征一半,全国各地成丁应缴纳的调全部免征。"当时隋朝全国的户口每年都在增加,京畿地区和河北、河南、河东三河地区地少人多,平民衣食不足,于是文帝就向全国各地派出使节,重新调整分配天下的田地,地少人多的狭乡每个成年丁口只能分到二十亩地,老人和孩童能分到的土地更少。

【原文】

十三年（癸丑,593年）

二月,丙午,诏营仁寿宫于岐州之北,使杨素监之。素奏前莱州刺史宇文恺检校将作大匠,记室封德彝为土木监。于是夷山堙谷以立宫殿,崇台累榭,宛转相属。役使严急,丁夫多死,疲屯颠仆,推填坑坎,覆以土石,因而筑为平地。死者以万数。

牛弘使协律郎范阳祖孝孙等参定雅乐,从陈阳山太守毛爽受京房律法,布管飞灰,顺月皆验。又每律生五音,十二律为六十音,因而六之,为三百六十音,分直一岁之日以配七音,而旋相为宫之法,由是著名。

【译文】

十三年（癸丑,公元593年）

二月丙午（疑误）,隋文帝下诏令在岐州北面营建仁寿宫,派遣杨素监督施工。杨素上奏请求朝廷委派前莱州刺史宇文恺临时代理将作大匠,记室参军封德彝为土木监。于是平山填谷构筑宫殿,高台累榭,宛转相连。在营建过程中督使严急,服役丁夫死亡众多。很多人疲惫不堪,倒地而死,尸体被填入坑中,上面用土石覆盖,因而筑成平地。死的人数以万计。

礼部尚书牛弘请协律郎范阳人祖孝孙等人参与修订雅乐,祖孝孙曾从师陈阳山太守毛爽学习京房的律音之法,律管中葭灰飞动,顺序和十二个月份全部符合。又每种律调有五个音级，十二种律调共有六十个音级，把这六十个音级重复六次，就构成三百六十个音级，分别和一年的三百六十天对应起来，然后再和宫、商、角、徵、羽、变宫、变徵七个音级配合起来而形成各种律调节奏。于是，古代旋相为宫之法，才重新大白于天下，被人们所认识。

【原文】

十四年（甲寅，594年）

先是，台、省、府、寺及诸州皆置公廨钱，收息取给。工部尚书苏孝慈以为"官司出举兴生，烦扰百姓，败损风俗，请皆禁止，给地以营农。"上从之。六月，丁卯，始诏"公卿以下皆给职田，毋得治生，与民争利。"

他日，复侍宴，及出，帝目之曰："此败岂不由酒！以做诗之功，何如思安时事！当贺若弼渡京口，彼人密启告急，叔宝饮酒，遂不之省。高颎至日，犹见启在床下，未开封。此诚可笑，盖天亡之也。昔苻氏征伐所得国，皆荣贵其主，苟欲求名，不知违天命；与之官，乃违天也。"

【译文】

十四年（甲寅，公元594年）

以前，隋朝在中央台、省、府、寺各机构和地方各州县都设立了公廨钱，每年放贷出去，收取利息以供需用。工部尚书苏孝慈认为："官府放贷，收息盈利，烦扰百姓，败坏风俗，请求陛下明令禁止，而由国家拨给他们田地以经营农业。"隋文帝听从了他的建议，六月丁卯（初四），下诏书说："公卿大臣以下各级官吏都分配给职分田，不得再经商放贷，与民争利。"

在另一天，陈叔宝又在文帝举行的宴会上作陪，等他离开时，文帝目送他说："他的败亡难道不是正由于酒吗！与其在作诗上下功夫，不如用来考虑安定时事政局！当初在贺若弼率军渡过长江拿下京口时，就有人向陈朝廷密信告急，可是陈叔宝正在饮酒，根本不看。一直到高颎到达建康的那天，才发现告急密信犹扔在床下，根本就没有开封。这件事真是可笑，实在是上天要让陈灭亡。以前前秦苻坚南

征北伐所吞并的国家，都使原来的国君获得尊荣，符坚只是想博取好名声，不知道这样做是违背天命的。给上天已经抛弃的君主官做，就是违背了上天的旨意。"

【原文】

十六年（丙辰，596年）

夏，六月，甲午，初制工商不得仕进。

秋，八月，丙戌，诏："决死罪者，三奏然后行刑。"

帝以光化公主妻吐谷浑可汗世伏；世伏上表请称公主为天后，上不许。

【译文】

十六年（丙辰，公元596年）

夏季，六月甲午（十三日），隋朝首次下制令工商业者不得做官。

秋季，八月丙戌（初六），隋文帝下诏书说："判决死刑的罪犯，必须呈奏三次，然后才能行刑。"

隋文帝将光化公主嫁给吐谷浑可汗世伏，世伏上表请求称呼公主为天后，文帝不答应。

【原文】

十七年（丁巳，597年）

上以岭南夷、越数反，以汴州刺史令狐熙为桂州总管十七州诸军事，许以便宜从事，刺史以下官得承制补授。熙至部，大弘恩信，其溪洞渠帅更相谓曰："前时总管皆以兵威相协，今者乃以手教相谕，我辈其可违乎！"于是相帅归附。先是州县生梗，长吏多不得之官，寄政于总管府，熙悉遣之，为建城邑，开设学校，华、夷感化焉。俚帅宁猛力，在陈世已据南海，隋因而抚之，拜安州刺史。猛力恃险骄倨，未尝参谒，熙谕以恩信，猛力感之，诣府请谒，不敢为非。熙奏改安州为钦州。

帝以盗贼繁多，命盗一钱以上皆弃市，或三人共盗一瓜，事发即死。于是行旅皆晏起早宿，天下憻憻。有数人劫执事谓之曰："吾岂求财者邪！但为枉人来耳。而为我奏至尊：'自古以来，体国立法，未有盗一钱而死者也。'而不为我以闻，吾更来，而属无类矣！"帝闻之，为停此法。

刑部侍郎辛亶尝衣绯裈，俗云利官；上以为厌蛊，将斩之。绰曰："法不当死，臣不敢奉诏。"上怒甚，曰："卿惜辛亶而不自惜也！"命引绰斩之。绰曰："陛下宁杀臣，不可杀辛亶。"至朝堂，解衣当斩，上使人谓绰曰："竟何如？"对曰："执法一心，不敢惜死。"上拂衣而入，良久，乃释之。明日谢绰，劳勉之，赐物三百段。

上以绰有诚直之心，每引入阁中，或遇上与皇后同榻，即呼绰坐，评论得失，前后赏赐万计。与大理卿薛胄同时，俱名平恕；然胄断狱以情而绰守法，俱为称职。

帝既喜怒不恒，不复依准科律。信任杨素，素复任情不平，与鸿胪少卿陈延有隙，尝经蕃客馆，庭中有马屎，又众仆于毡上樗蒲，以白帝。帝大怒，主客令及樗蒲者皆杖杀之，棰陈延几死。

戊戌，突厥突利可汗来逆女，上舍之太常，教习六礼，妻以宗女安义公主。上欲离间都蓝，故特厚其礼，遣太常卿牛弘、纳言苏威、民部尚书斛律孝卿相继为使。

突利本居北方，既尚主，长孙晟说其帅众南徙，居度斤旧镇，锡赉优厚。都蓝怒曰："我，大可汗也，反不如染干！"于是朝贡遂绝，亟来抄掠边鄙。突利伺知动静，辄遣奏闻，由是边鄙每先有备。

高丽王汤闻陈亡，大惧，治兵积谷，为拒守之策。是岁，上赐汤玺书责以"虽称藩附，诚节未尽"。且曰："彼之一方，虽地狭人少，今若黜王，不可虚置，终须更选官属，就彼安抚。王若洒心易行，率由宪章，即是朕之良臣，何劳别遣才彦！王谓辽水之广，何如长江？高丽之人，多少陈国？朕若不存含育，责王前愆，命一将军，何待多力！殷勤晓示，许王自新耳。"汤得书。惶恐，将奉表陈谢。会病卒，子元嗣立，上使使拜元为上开府仪同三司，袭爵辽东公。元奉表谢恩，因请封王，上许之。

吐谷浑大乱，国人杀世伏，立其弟伏允为主，遣使陈废立之事，并谢专命之罪，且请依俗尚主；上从之。自是朝贡岁至。

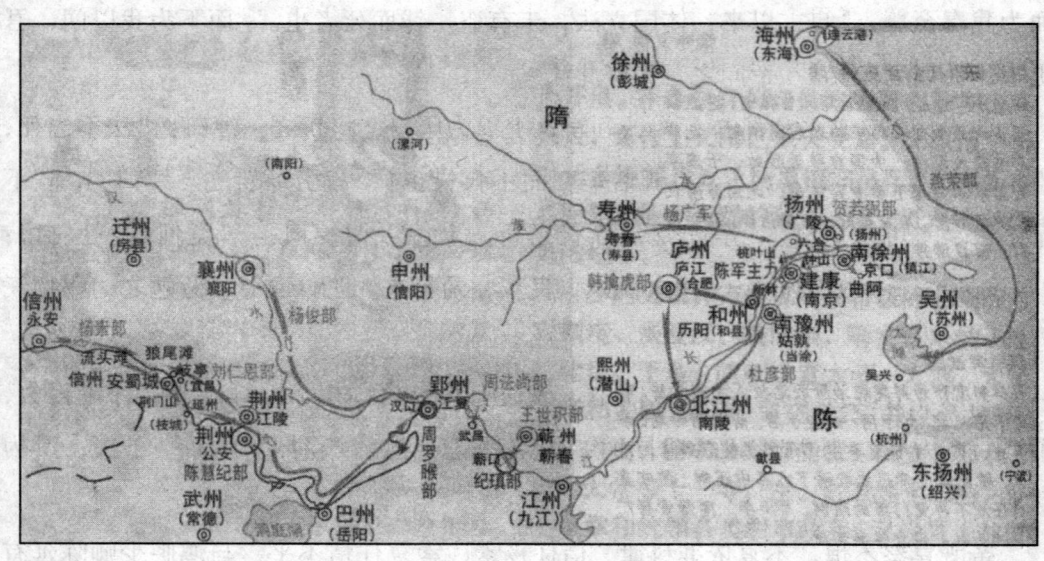

隋灭陈之战示意图

【译文】

十七年（丁巳，公元597年）

隋文帝由于居住在岭南地区的夷族、越族多次起兵反叛，于是任命汴州刺史令狐熙为桂州总管十七州诸军事，允许他相机行事，授权他可以朝廷之命任免州刺史以下各级官吏。令狐熙上任后，大力推行恩德信义，于是岭南溪洞中的夷、越族酋帅互相说道："以前各任总管都是以军队相威胁，今天的总管却是以亲笔教令来开导，我们怎么能再违抗呢？"于是相继率领部落归降。先前，岭南各地州县往往违抗命令，朝廷委派的官吏无法到位任职，只好寄居在总管府。现在令狐熙把他们全都派遣到职，并为各州县营建城邑，开设学校，因此汉、夷各族人民都感化宾服。俚族首领宁猛力在陈统治时期已据有南海，隋朝因此对他采取安抚政策，任命他为安州刺史。宁猛力依仗着地形险要，桀骜不驯，从来不曾参拜谒见总管。令狐熙对他施以恩德信义，宁猛力大受感动，于是来到总管府拜见，从此不敢再胡作非为。

令狐熙又奏报朝廷，把安州改称钦州。

隋文帝由于天下盗贼繁多，下令凡是偷窃一文钱以上的人都要在闹市中被处死，暴尸街头，曾有三人一起偷了一个瓜，事情败露后三人都被立即处死。于是行旅之人都早睡晚起，天下百姓人心惶惶。有几个人劫持了执法官吏，对他们说："我们不是盗贼之人！只为被冤死的众人而来。现在要求你们替我们上奏皇上，自古以来制定的法律，都没有偷窃一文钱就判处死刑的条款。你们如果不将我们的话转奏朝廷，等我们再来抓住你们，你们就不能活命了！"文帝听说后，就废除了这项法令。

刑部侍郎辛亶曾经穿过红色的裤子，民间风俗说穿红色裤子可以官运亨通；隋文帝认为这是妖术，将要把他斩首。赵绰说："根据法律不应当处死，我不敢接受诏命。"文帝震怒，对赵绰说："你可惜辛亶的性命，难道不可惜自己的性命吗？"于是下令将赵绰推出斩首。赵绰回答说："陛下可以处死我，但不能处死辛亶。"赵绰被押到朝堂，解去衣服，正准备处斩时，文帝又派人对他说："你抗命不遵的下场如何？"赵绰回答说："我一心一意公正执法，因此不敢爱惜自己的性命。"文帝拂衣进入后宫，过了很长时间，才传令释放赵绰。第二天，文帝又向赵绰道歉，好言慰问勉励他，赏赐他布帛等物三百段。

隋文帝因为赵绰忠诚正直，常常把他带进阁中谈话，有时遇到文帝正和皇后同床而坐，即令赵绰也就坐，和他评论朝政得失，前后赏赐的布帛财物多达上万。赵绰和大理寺卿薛胄同时，都享有公正宽恕的好名声；只是薛胄审理和判决案件多根据情理定罪，而赵绰只根据法律条文办案，两人都很称职。

隋文帝变得喜怒无常，不再依据法律条款量刑定罪。文帝信任尚书右仆射杨素，而杨素又感情用事，不能公平地处事待人。他因和鸿胪寺少卿陈延之间有隔阂，有一次经过接待番邦客人的客馆，发现庭院中有马屎，又有一些仆人在毡子上赌博，就告诉了文帝。文帝听后大怒，下令把鸿胪寺主客令和参加赌博的仆人全部杖杀，陈延也被捶打得几乎死去。

戊戌（七月二十四日），突厥突利可汗来长安迎娶隋室公主，隋文帝招待他住在太常寺，并派人教他学习中国传统婚制的纳采、问名、纳吉、纳徵、请期、亲迎六礼，将宗女安义公主嫁给他为妻。文帝因为想离间突利可汗和都蓝可汗之间的关系，所以故意将这次婚礼操办得特别隆重，相继派遣太常卿牛弘、纳言苏威、民部尚书斛律孝卿作为使节出使突厥。

突利可汗本来居住在突厥的北方，在娶了安义公主以后，长孙晟劝说他率领部落南迁，居住在都斤山旧镇，隋朝对他赏赐优厚。于是都蓝可汗恼羞成怒，说："我是突厥国的大可汗，现在反不如小可汗染干！"于是就断绝了向隋朝的朝贡，屡次出兵侵扰抄掠隋朝边境。但是突利可汗每当观察了解到都蓝可汗的动静，就很快派遣使节奏报朝廷，因此隋朝边境每次都先做好了准备。

高丽王高汤得悉陈灭亡后，非常害怕，于是大力训练军队，聚积粮草，筹划一旦遭到隋军侵犯时所应采取的抵抗策略。这一年，隋文帝赐给高汤玺书，责备他"虽然做了隋朝的藩属国，却没有尽到臣子应有的忠诚。"并且说："你所统辖的地区，虽然地狭民少，但如果现在废黜了你的王位，也不能没有人负责治理，终究需要朝廷重新选派官属，前去安抚黎民百姓。你如果能洗心革面，完全遵照朝廷的法令制度，就是朕的良臣，朕又何必再派遣贤才呢？你认为辽河的宽广比长江如何？高丽的兵民比陈多少？如果朕不是存有包容、养育天下黎民百姓之心，责问你以往的过失，派遣一位将帅率军前去问罪，根本用不着跟你多费气力！之所以对你谆谆晓谕，是允许你改过自新。"高汤得到文帝玺书后，惶恐不安，准备向朝廷奉表谢罪。恰巧得病去世，他的儿子高元继位，文帝派遣使节授予高元上开府仪同三司，承袭辽东公爵位。高元向朝廷奉表谢恩，并请求授予王爵，文帝同意。

吐谷浑大乱，国中人杀死可汗世伏，拥立他的弟弟伏允为君主，派遣使臣向隋朝陈述废立可汗的理由和经过，并且请求朝廷宽恕国人的擅命专行之罪，还请求依照吐谷浑的习俗，允许伏允娶嫂子光化公主为妻；隋文帝允从。从此以后，吐谷浑每年都遣使朝贡。

【原文】

十八年（戊午，598年）

高丽王元帅靺鞨之众万余寇辽西，营州总管韦冲击走之。上闻而大怒，乙巳，以汉王谅、王世积并为行军元帅，将水陆三十万伐高丽，以尚书左仆射高颎为汉王长史，周罗睺为水军总管。

六月，丙寅，下诏黜高丽王元官爵。汉王谅军出临渝关，值水潦，馈运不继，军中乏食，复遇疾疫。周罗睺自东莱泛海趣平壤城，亦遭风，船多飘没。秋，九月，己丑，师还，死者什八九。高丽王元亦惶惧遣使谢罪，上表称"辽东粪土臣元"，上于是罢兵，待之如初。

【译文】

十八年（戊午，公元598年）

高丽王高元率领靺鞨族部众一万余人侵犯隋朝辽西地区，营州总管韦冲率军打退了高元。隋文帝得知后非常愤怒，乙巳（二月初四），任命汉王杨谅、上柱国王世积同为行军元帅，统率水陆三十万大军征伐高丽；又任命尚书左仆射高颎为汉王元帅府长史，周罗睺为水军总管。

六月丙寅（二十七日），隋文帝下诏废黜高丽王高元的官爵。汉王杨谅率军从临渝关出塞，正碰上连日大雨，后方粮草运不到，军中缺乏食粮，又遇到了疾疫流行。周罗睺率水军从东莱渡海向平壤城前进，途中也碰上了大风，船只多被吹散沉没。秋季，九月己丑（二十一日），隋朝大军被迫还师，兵士死了十分之八九。高丽王高元也很害怕，派遣使节向朝廷谢罪认错，上表称"辽东粪土臣子高元"，文帝于是下令罢兵，像当初一样对待他。

【原文】

十九年（己未，599年）

时太子勇失爱于上，潜有废立之志，从容谓颎曰："有神告晋王妃，言王必有天下，若之何？"颎长跪曰："长幼有序，其可废乎！"独孤后知颎不可夺，阴欲去之。

颎夫人卒，独孤后言于上曰："高仆射老矣，而丧夫人，陛下何能不为之娶！"上以后言告颎。颎流涕谢曰："臣今已老，退朝，唯斋居读佛经而已，虽陛下垂哀之深！至于纳室，非臣所愿。"上乃止。既而颎爱妾生男，上闻之，极喜，后甚不悦。上问其故，后曰："陛下尚复信高颎邪？始，陛下欲为颎娶，颎心存爱妾，面欺陛下。今其诈已见，安得信之！"上由是疏颎。

伐辽之役，颎固谏，不从，及师无功，后言于上曰："颎初不欲行，陛下强遣之，妾固知其无功矣！"又，上以汉王年少，专委军事于颎，颎以任寄隆重，每怀至公，无自疑之意，谅所言多不用。谅甚衔之，及还，泣言于后曰："儿幸免高颎所杀。"上闻之，弥不平。

及击突厥，出白道，进图入碛，遣使请兵，近臣缘此言颎欲反。上未有所答，颎已破突厥而还。及王世积诛，推核之际，有宫禁中事，云于颎处得之，上大惊。有司又奏"颎及左右卫大将军元旻、元胄，并与世积交通，受其名马之赠。"旻、胄坐免官。上柱国贺若弼、吴州总管宇文弻、刑部尚书薛胄、民部尚书斛律孝卿、后部尚书柳述等明颎无罪，上愈怒，皆以属吏，自是朝臣无敢言者。秋，八月，癸卯，颎坐免上柱国、左仆射，以齐公就第。

冬，十月，甲午，以突厥突利可汗为意利珍豆启民可汗，华言"意智健"也。突厥归启民者男女万余口，上命长孙晟将五万人于朔州，筑大利城以处之。时安义公主已卒，复使晟持节送宗女义成公主以妻之。

晟奏："染干部落，归者益众，虽在长城之内，犹被雍虞间抄掠，不得宁居。请徙五原，以河为固，于夏、胜两州之间，东西至河，南北四百里，掘为横堑，令处其内，使得任情畜牧。"上从之。

又令上柱国赵仲卿屯兵二万为启民防达头，代州总管韩洪等将步骑一万镇恒安。达头骑十万来寇，韩洪军大败，仲卿自乐宁镇邀击，斩首千余级。

十二月，乙未，都蓝为部下所杀，达头自立为步迦可汗，其国大乱。长孙晟信于上曰："今官军临境，战数有功，虏内自携离，其主被杀，乘此招抚，可以尽降。请遣染干部下分道招慰。"上从之。降者甚众。

【译文】

十九年（己未，公元599年）

当时皇太子杨勇失去了隋文帝的宠爱，文帝暗地里起了废立的念头，曾经从容地对高颎说："有神告诉晋王杨广的妃子，说晋王必定享有天下，你说该怎么办？"高颎长跪不起，回答说："长幼有序，怎么可以废黜太子？"独孤皇后知道高颎在废立问题上肯定不会曲意赞成，于是暗中打算把他赶出朝廷。

高颎夫人去世，独孤皇后对隋文帝说："高仆射已经老了，又丧夫人，陛下怎能不为他再娶一房继室？"文帝把皇后的话转告了高颎。高颎凄然泪下，感谢说："我已经年迈，退朝以后，只是斋居诵读佛经而已，虽然陛下如此深深地哀怜我，但是说到再娶，实非我所愿。"于是文帝只好作罢。随后不久高颎的爱妾生下一个儿子，文帝听说后非常高兴，而皇后却很不愉快。文帝问她其中缘故，皇后说："陛下还能再相信高颎吗？开始时，陛下打算为高颎迎娶继室，而高颎由于心里装着爱妾，于是当面欺哄陛下，说他不愿再娶。如今他的欺诈已经暴露，陛下怎么能再信任他？"文帝因此开始疏远高颎。

隋文帝决定讨伐高丽时，高颎曾一再进谏，文帝没有听从。及至出师无功，独孤皇后又对文帝说："高颎一开始就不愿意出征，陛下强派他前往，我就知道他一定不会成功。"另外，文帝由于元帅汉王杨谅年少，把所有军务都委任高颎，而高颎也因为文帝对他寄以厚望，所以常怀有至公守正之心，没有产生过自避嫌疑的念头，对杨谅的话多不听从。于是杨谅十分痛恨高颎，及至回到长安，痛哭流涕对皇后说："我幸亏没有被高颎杀掉。"文帝知道后，心中愈发愤愤不平。

及至高颎领军攻打突厥，大军追击越过了白道，谋划进一步深入大漠之中，于是派人向朝廷请求增兵，隋文帝左右近臣据此说高颎图谋造反。文帝还没有答复，而高颎已打败突厥班师还朝了。及至前凉州总管王世积被朝廷处死，在审问的时候，有一些宫禁中的事情，王世积说是从高颎那里得知的，文帝大吃一惊。有关职掌官吏又上奏说："高颎和左右卫大将军元旻、元胄，都与王世积交结往来，并接受了王世积赠送的名马。"于是元旻、元胄都被朝廷罢免了官职。上柱国贺若弼、吴州总管宇文㢸、刑部尚书薛胄、民部尚书斛律孝卿、兵部尚书柳述等人都上奏申明高颎无罪，可是文帝更加发怒，下令将他们都交付执法官吏问罪，因此百官群臣没有人再敢为高颎说情。秋季，八月癸卯（初十），高颎被罢免上柱国、尚书左仆射官职，以齐公归家闲居。

冬季，十月甲午（初二），隋朝册封突厥突利可汗为意利珍豆启民可汗，汉语的意思是"意志智慧强健"。突厥部落归附启民可汗的男女百姓达一万多人，文帝命令长孙晟率军五万人，在朔州修建大利城，以安置突厥降人。当时隋安义公主已经去世，文帝又派遣长孙晟持节护送宗女义成公主嫁给启民可汗。

　　长孙晟上奏说："突利可汗染干部落，百姓归附的越来越多，虽然让他们居住在长城以内，但还是遭到都蓝可汗雍虞闾的侵扰抄掠，没法安定地生活。请求将他们迁徙到五原地区，以黄河作为天然屏障，在夏、胜两州之间，东西都到黄河，南北相隔四百里，挖掘横向壕沟，让突厥人居住在里面，使他们任意放牧。"隋文帝听从了他的建议。

　　隋文帝又命令上柱国赵仲卿屯兵两万为启民可汗防御突厥达头可汗，代州总管韩洪等人率步骑一万人镇守恒安。达头可汗率领骑兵十万入侵，韩洪军队大败，赵仲卿从乐宁镇率军截击达头军队，斩首一千余级。

　　十二月乙未（初四），都蓝可汗被部下杀死，达头可汗自立为步迦大可汗，突厥国内大乱。长孙晟对文帝说："如今官军已逼近突厥边境，并且取得数次胜利。敌国内部分崩离析，可汗被杀，如果乘机前去招抚，突厥部落会全部降附。请求派遣启民可汗染干的部下分道去招抚慰问。"文帝听从了他的建议。突厥部落很多归附隋朝。

资治通鉴第一百七十九卷

隋纪三

【原文】

高祖文皇帝中开皇二十年（庚申，600年）

初，上使太子勇参决军国政事，时有损益；上皆纳之。勇性宽厚，率意任情，无矫饰之行。上性节俭，勇尝文饰蜀铠，上见而不悦，戒之曰："自古帝王未有好奢侈而能久长者。汝为储后，当以俭约为先，乃能奉承宗庙。吾昔日衣服，各留一物，时复观之以自警戒。恐汝以今日皇太子之心忘昔时之事，故赐汝以我旧所带刀一枚，并菹酱一合，汝昔作上士时常所食也。若存记前事，应知我心。"

后遇冬至，百官皆诣勇，勇张乐受贺。上知之，问朝臣曰："近闻至日内外百官相帅朝东宫，此何礼也？"太常少卿辛亶对曰："于东宫，乃贺也，不得言朝。"上曰："贺者正可三数十人，随情各去，何乃有司征召，一时普集！太子法服设乐以待之，可乎？"因下诏曰："礼有等差，君臣不杂。皇太子虽居上嗣，义兼臣子，而诸方岳牧正冬朝贺，任土作贡，别上东宫；事非典则，宜悉停断。"自是恩宠始衰，渐生猜阻。

勇多内宠，昭训云氏尤幸。其妃元氏无宠，遇心疾，二日而薨，独孤后意有他故，甚责望勇。自是云昭训专内政，生长宁王俨，平原王裕，安成王筠；高良娣生安平王嶷，襄城王恪；王良媛生高阳王该，建安王韶；成姬生颍川王煚；后宫生孝实、孝范。后弥不平，颇遣人伺察，求勇过恶。

晋王广弥自矫饰，唯与萧妃居处，后庭有子皆不育，后由是数称广贤。大臣用事者，广皆倾心与交。上及后每遣左右至广所，无贵贱，广必与萧妃迎门接引，为设美馔，申以厚礼；婢仆往来者，无不称其仁孝。上与后尝幸其第，广悉屏匿美姬于别室，唯留老丑者，衣以缦彩，给事左右；屏帐改用缣素；故绝乐器之弦，不令拂去尘埃。上见之，以为不好声色，还宫，以语侍臣，意甚喜，侍臣皆称庆，由是爱之特异诸子。

晋王广美姿仪，性敏慧，沈深严重；好学，善属文；敬接朝士，礼极卑屈；由是声名籍甚，冠于诸王。

广为扬州总管，入朝，将还镇，入宫辞后，伏地流涕，后亦泫然泣下。广曰："臣性识愚下，常守平生昆弟之意，不知何罪失爱东宫，恒蓄盛怒，欲加屠陷。每恐谗谮生于投杼，鸩毒遇于杯勺，是以勤忧积念，惧履危亡。"后忿然曰："睍地伐渐不可耐，我为之娶元氏女，竟不以夫妇礼待之，专宠阿云，使有如许豚犬。前新妇遇毒而夭，我亦不能穷治，何故复于汝发如此意！我在尚尔，我死后，当鱼肉汝乎！每思东宫竟无正嫡，至尊千秋万岁之后，遣汝等兄弟向阿云儿前再拜问讯，此是几许苦痛邪！"广又拜，呜咽不能止，后亦悲不自胜。自是后决意欲废勇立广矣。

广与安州总管宇文述素善，欲述近己，奏为寿州刺史。广尤亲任总管司马张衡，衡为广画夺宗之策。广问计于述。

约时为大理少卿，素凡有所为，皆先筹于约而后行之。述请约，盛陈器玩，与之酣畅，因而共博，每阳不胜，所赍金宝尽输之约。约所得既多，稍以谢述，述因曰："此晋王之赐，令述与公为欢乐耳。"约大惊曰："何为尔？"述因通广意，说之曰："夫守正履道，固人臣之常致；反经合义，亦达者之令图。自古贤人君子，莫不与时消息以避祸患。公之兄弟，功名盖世，当途用事有年矣，朝臣为足下家所屈辱者，可胜数哉！又，储后以所欲不行，每切齿于执政；公虽自结于人主，而欲危公者固亦多矣！主上一旦弃群臣，公亦何以取庇！今皇太子失爱于皇后，主上素有废黜之心，此公所知也。今若请立晋王，在贤兄之口耳。诚能因此时建大功，王必永铭骨髓，斯则去累卵之危，成太山之安也。"约然之，因以白素。素闻之，大喜，抚掌曰："吾之智思殊不及此，赖汝启予。"约知其计行，复谓素曰："今皇后之言，上无不用，宜因机会早自结托，则长保荣禄，传祚子孙。兄若迟疑，一旦有变，令太子用事，恐祸至无日矣！"素从之。

后数日，素入侍宴，微称"晋王孝悌恭俭，有类至尊。"用此揣后意。后泣曰：

"公言是也！吾儿大孝爱，每闻至尊及我遣内使到，必迎于境首；言及违离，未尝不泣。又其新妇亦太可怜，我使婢去，常与之同寝共食。岂若睍地伐与阿云对坐，终日酣宴，昵近小人，疑阻骨肉！我所以益怜阿孩者，常恐其潜杀之。"素既知后意，因盛言太子不才。后遂遗素金，使赞上废立。

上知勇不自安，在仁寿宫，使杨素观勇所为。素至东宫，偃息未入，勇束带待之，素故久不进以激怒勇；勇衔之，形于言色。素还言："勇怨望，恐有他变，愿深防察！"上闻素谮毁，甚疑之。后又遣人伺觇东宫，纤介事皆闻奏，因加诬饰以成其罪。

上遂疏忌勇，乃于玄武门达至德门量置候人，以伺动静，皆随事奏闻。又，东宫宿卫之人，侍宫以上，名籍悉令属诸卫府，有勇健者咸屏去之。出左卫率苏孝慈为淅州刺史，勇愈不悦。太史令袁充言于上曰："臣观天文，皇太子当废。"上曰："玄象久见，群臣不敢言耳。"

晋王广又令督王府军事姑臧段达私赂东宫幸臣姬威，令伺太子动静，密告杨素；于是内外喧谤，过失日闻。段达因胁姬威曰："东宫过失，主上皆知之矣。已奉密诏，定当废立；君能告之，则大富贵！"威许诺，即上书告之。

左卫大将军五原公元旻谏曰："废立大事，诏旨若行，后悔无及。谗言罔极，惟陛下察之。"

上不应，命姬威悉陈太子罪恶。威对曰："太子由来与臣语，唯意在骄奢，且云：'若有谏者，正当斩之，不杀百许人，自然永息。'营起台殿，四时不辍。前苏孝慈解左卫率，太子奋髯扬肘曰：'大丈夫会当有一日，终不忘之，决当快意。'又宫内所须，尚书多执法不与，辄怒曰：'仆射以下，吾会戮一二人，使知慢我之祸。'每云：'至尊恶我多侧庶，高纬、陈叔宝岂孽子乎！'尝令师姥卜吉凶，语臣云：'至尊忌在十八年，此期促矣。'"上泫然曰："谁非父母生，乃至于此！朕近览《齐书》，见高欢纵其儿子，不胜忿愤，安可效尤邪！"于是禁勇及诸子、部分收其党与。杨素舞文巧诋，锻炼以成其狱。

素又发东宫服玩，似加珠饰者，悉陈之于庭，以示文武群臣，为太子之罪。上及皇后迭遣使责问勇，勇不服。

冬，十月，乙丑，上使人召勇，勇见使者惊曰："得无杀我邪？"上戎服陈兵，御武德殿，集百官立于东面，诸亲立于西面，引勇及诸子列于殿庭，命内史侍郎薛道衡宣诏，废勇及其男、女为王、公主者。勇再拜言曰："臣当伏尸都市，为将来鉴戒；幸蒙哀怜，得全性命！"言毕，泣下流襟，既而舞蹈而去，左右莫不闵默。长宁王俨上表乞宿卫，辞情哀切；上览之闵然。杨素进曰："伏望圣心同于螫手，不宜复留意。"

十一月，戊子，立晋王广为皇太子。

五牙战船

杨素建造的高五层可容纳八百人的战船。

【译文】

隋文帝开皇二十年（庚申，公元600年）

当初，隋文帝让太子杨勇参与决策军国政事，他经常提出批评建议，文帝都采纳了。杨勇性情宽厚，直率热情，平易近人，无弄虚作假的品行。文帝本性崇尚节俭，杨勇曾经在已经很精美华丽的蜀地出的铠甲上再加装饰，文帝看到后很不高兴，他告诫杨勇说："自古以来帝王无一喜好奢侈而能长久的，你作为皇位继承人，应当以节俭为先，这样才能承继宗庙。我过去的衣服，都各留一件，时常取出它们观看以告诫自己。恐怕你已经以当今皇太子自居而忘却了过去的事情，因此我赐给你一把我旧时所佩带的刀，一盒你旧日为上士时常常吃的腌菜。要是你还能记得以前的事，你就应该懂得我的良苦用心。"

后来到了冬至，百官都去见杨勇，杨勇排列乐队接受百官的祝贺。文帝知道了这件事，就问朝臣："最近听说冬至那天朝廷内外百官都去朝见太子，这是什么礼法？"太常少卿辛亶回答："百官到东宫，是祝贺，不能说是朝见。"文帝说："祝贺的人应该三五十人，随意各自去，为什么由有关部门召集，一时间百官都集中起来同去？太子身穿礼服奏乐来接待百官，能这样吗？"于是文帝下诏说："礼法有等级差别，君臣之间不能混杂。皇太子虽然是皇帝的继承人，但从礼义上讲也是臣子，各地方长官在冬至节来朝贺，进献自己辖地的特产，但另外给皇太子上贡，这就不符合典章制度了，应该全部停止。"从此，文帝对杨勇的恩宠开始衰落，渐渐有了猜疑和戒心。

杨勇有很多姬妾，他对昭训云氏尤其宠爱。杨勇的妃子元氏不得宠，突然得了心疾，两天就死了。独孤皇后认为这里还有别的缘故，对杨勇很是责备。此后，云昭训总揽东宫内的事务，她生了长宁王杨俨、平原王杨裕、安成王杨筠；高良娣生了安平王杨嶷、襄城王杨恪；王良媛生了高阳王杨该、建安王杨韶；成姬生了颍川王杨煚；其他的宫人生了杨孝实、杨孝范。独孤皇后更加不高兴，经常派人来窥伺探查，找杨勇的过失和罪过。

晋王杨广了解这件事后就更加伪装自己，他只和萧妃住在一起，对后宫所生子女都不去抚育，独孤皇后因此多次称赞杨广有德行。朝廷中执掌朝政的重臣，杨广都尽心竭力地与他们结交。文帝和独孤皇后每次派身边的人到杨广的住处，无论来人的地位高低，杨广必定和萧妃一起在门口迎接，为来人摆设盛宴，并厚赠礼品。于是来往的奴婢仆人没有不称颂杨广为人仁爱贤孝的。文帝与独孤皇后曾经驾临杨广的府第，杨广将他的美姬都藏到别的房间里，只留下年老貌丑之人，身着没有文饰的衣服来服侍伺候。房间里的屏账都改用朴素的幔帐，故意弄断琴瑟丝弦，不让拂去上面的灰尘。文帝看到这种情况，以为杨广不爱好声色，返回皇宫后，告诉侍臣这一情况。他感到非常高兴，侍臣们也都向文帝祝贺。从此，文帝喜爱杨广超出别的儿子。

晋王杨广容貌俊美，举止优雅，性情聪颖机敏，性格深沉持重，喜好学习，擅长做文章，对朝中之士恭敬结交，待人非常礼貌谦卑，因此他的声誉很盛，高于文帝其他的儿子。

杨广被任命为扬州总管,去朝见文帝,将要返回扬州,他进皇宫向独孤皇后辞行,跪在地上流泪,独孤皇后也潸然泪下。杨广说:"我性情见识愚笨低下,常常顾念平时兄弟之间的感情,不知什么地方得罪了皇太子,他常常满怀怒气,想对我诬陷杀害。我常常恐惧谗言出于亲人之口、酒具食器中被投入毒药的事情发生,因此我非常忧虑,念念在心,忧惧遭到危亡的命运。"独孤皇后气愤地说:"睍地伐越发让人无法忍受了。我给他娶了元氏的女儿,他竟然不以夫妇之礼对待元氏,却特别宠爱阿云,使她生下了这么多猪狗一般的儿子。先前,儿媳妇元氏被毒害而死,我也不能特别地追究此事。为什么他对你又生出如此念头!我还活着,他就如此!我死后,他就该残害你们了!我每每想到东宫皇太子竟然没有正室,在你们皇父百年之后,让你们兄弟几个跪拜问候阿云儿,这是多么痛苦的事啊!"杨广又跪在地上,鸣咽不止,独孤皇后也悲伤得不能自抑。从此独孤皇后下决心要废掉杨勇而立杨广为太子。

杨广与安州总管宇文述素来要好,他想拉拢宇文述,于是奏请任命宇文述为寿州刺史。杨广尤其亲近信任总管司马张衡,张衡为杨广筹划谋取皇太子地位。杨广向宇文述请教计策。

杨约当时是大理少卿,杨素凡是要做什么事,都先和杨约商量后再做。宇文述邀请杨约,陈设了许多玩物器皿,和他一起畅饮,一起赌博。每次宇文述都装作赌输了,把杨广所送的金宝都输给了杨约。杨约得到很多金宝,就向宇文述略表谢意。宇文述就说:"这些金宝是晋王杨广的赏赐,让我与你一块玩乐的。"杨约大吃一惊,说:"为什么?"宇文述就转达了杨广的意思,劝说杨约:"恪守常规固然是人臣的本分,但是违反常规以符合道义,也是明智之人的期望。自古的贤人君子,没有不关注世情以避免祸患的。你们兄弟功名盖世,执掌大权有多年了,朝臣中被您家压制受辱的人数得清吗?还有,皇太子因想做的事而不能做到,常常切齿痛恨当政的大臣;您虽然主动地结好于皇上,但是要危害您的人本来就很多啊!皇上一旦弃群臣而去,您又靠谁来庇护呢?现在皇太子不为皇后所喜爱,皇上平素就有废黜皇太子的意思,这您是知道的。现在要是请皇上立晋王杨广为太子,那就全凭您哥哥的嘴了。要是真能在这时建立大功,晋王必定永远将这事铭记心中,这样您就可以去掉累卵之危,而地位像泰山一样的安全稳固了。"杨约深以为然,就将此话告诉了杨素。杨素听了,非常高兴,拍着手说:"我的智慧思虑远远达不到这儿,全仗你启发了我。"杨约知道他的计策成功了,又对杨素说:"现在皇后的建议,皇帝无不采纳。应当趁机会早早自动结交依靠皇后,就会长久地保住荣华富贵,并传给子孙后代。兄长若是迟疑,一旦情况发生变化,太子执掌朝政,恐怕灾祸很快就要临头了!"杨素听从了杨约的话。

过了几天,杨素进入皇宫侍奉宴会,他婉转地说:"晋王杨广孝悌恭俭,像他父亲一样。"用此话来揣摩独孤皇后的意思。独孤皇后流着泪说:"您的话说得对!我儿阿𪟝非常孝敬友爱,每次听到皇上和我派宫内的使者去,必定亲自远迎;说到远离双亲,没有一次不落泪的。还有他的妻子也很令人怜爱,我派婢女去她那里,她常与婢女同寝共食,哪像睍地伐和阿云面对面地坐着,整天沉溺于酒宴,亲近小人,猜疑防备骨肉至亲!所以我愈加爱怜阿𪟝,常常怕睍地伐将他暗害。"杨素已经了解了皇后的意思,因此就竭力地说太子杨勇不成器,于是皇后就给杨素财物,让他辅佐文帝进行废立太子之事。

文帝知道杨勇为此不安,在仁寿宫派杨素去观察杨勇的行为。杨素到了东宫,停住不进,杨勇换好衣服等待杨素进来,杨素故意很久不进门,以此激怒杨勇;杨勇怀恨杨素,并在言行上表现出来。杨素回去报告:"杨勇怨恨,恐怕会发生变故。希望陛下多多防备观察。"文帝听了杨素的谗言和诋毁之辞,对杨勇更加猜疑了。独孤皇后又派人暗中探察东宫,细碎琐事都上报给文帝,并乘机添油加醋来构成杨勇的罪状。

于是文帝就对杨勇疏远、猜忌,竟然在玄武门到至德门之间的路上,派人观察杨勇的动静,事无巨细都要随时上报。另外,东宫值宿警卫侍官以上的,名册都令归属各个卫府管辖,勇猛矫健的人都要调走。左卫率苏孝慈被调出任命为淅州刺史,杨勇愈加不高兴。太史令袁充对文帝说:"我观察天象,皇太子应当废黜。"文帝说:"玄象出现很久了,群臣不敢说罢了。"

晋王杨广又命令姑臧人督王府军事段达私下贿赂东宫受宠信的官吏姬威,让他暗中观察太子的动静,密报给杨素。于是朝廷内外到处是对杨勇的议论诽谤,天天可以听到杨勇的罪过。段达趁机威胁姬威说:"东宫的过失,皇上都知道了。我已得到密诏，一定要废黜太子。你要是能告发杨勇的过失，就会大富大贵！"姬威答应了，随即就上书告发杨勇。

左卫大将军五原公元旻劝说文帝："废立太子是大事，诏书若颁布实行了，后悔就来不及了。谗言说起来是无定准的，希望陛下再仔细调查这些事。"

文帝不听元旻的话，他命令姬威把太子的罪恶都讲出来。姬威回答："太子向来对我讲话，意气极为骄横，还说：'要是有劝我的人，就该杀掉他。杀百把人，自然就永远清静了。'太子又营建楼台宫殿，一年四季都不停止。先前苏孝慈被解除左卫率官职的时候，太子愤怒得胡子都翘起来了，他挥着胳膊说：'大丈夫终会有一天，不会忘记此事，一定要杀伐决断以求痛快！'另外，东宫内所索取的东西，尚书经常恪守制度不给，太子往往立即发怒，说：'仆射以下的人，我可以杀一、两个，让你们知道怠慢我的灾祸。'太子常说：'皇父厌恶我有许多姬妾，北齐后主高纬、陈后主陈叔宝难道是孽子吗？'太子曾令女巫占卜吉凶，他对我说：'皇帝的忌期在开皇十八年，这个期限快到了。'"文帝流着泪说："谁不是父母所生，他竟然这样！我近来翻阅《齐书》，看到高欢纵容他的儿子，就非常气愤。怎么能仿效这种人呢？"于是把杨勇和他的几个儿子都拘禁起来，并安排逮捕了他的党羽。杨素舞文弄墨，巧言诋毁，罗织罪名以构成下狱之罪。

杨素又找出东宫的服饰玩器，凡是有雕刻缕画装饰的器物都陈列在宫廷里，展示给文武群臣，作为太子的罪证。文帝和独孤皇后屡次派人去责问杨勇，杨勇不服气。

冬季，十月，乙丑（初九），文帝派人召来杨勇。杨勇见到使者，吃惊地说："不是要杀我吧？"文帝身着戎装，陈列军队，来到武德殿。召集来的百官立在殿东面，皇室宗亲立在殿西面，引着杨勇和他的几个儿子排列在武德殿的庭院里，文帝命令内史侍郎薛道衡宣读诏书，将杨勇和他封王封公主的子女都废为庶人。杨勇跪伏在地，说："我应该被斩首于闹市以为后人的借鉴，幸而得到陛下的哀怜，我才得以保全性命！"说完，眼泪流满了衣襟，随即跪拜行礼后离去。文帝身边的人没有不怜悯沉默的。长宁王杨俨给文帝上表乞求允许他担当文帝的宿卫。奏表中的文辞非常哀婉凄切，文帝看后感到很难过。杨素向文帝进言："希望圣上对这件事应像蝮蛇螫手一样，不应再留此意。"

十一月，戊子（初三），文帝立晋王杨广为皇太子。

【原文】

二年（壬戌，602年）

益州总管蜀王秀，容貌瑰伟，有胆气，好武艺。帝每谓独孤后曰："秀必以恶终，我在当无虑，至兄弟，必反矣。"大将军刘侩之讨西爨也，帝令上开府仪同三司杨武通将兵继进。秀以嬖人万智光为武通行军司马。帝以秀任非其人，谴责之，因谓群臣曰："坏我法者，子孙也。譬如猛虎，物不能害，反为毛间虫所损食耳。"遂分秀所统。

及太子勇以谗废，晋王广为太子，秀意甚不平。太子恐秀终为后患，阴令杨素求其罪而谮之。

八月，甲子，皇后独孤氏崩。太子对上及宫人哀恸绝气，若不胜丧者；其处私室，饮食言笑如平常。又，每朝令进二溢米，而私令取肥肉脯鲊，置竹桶中，以蜡闭口，衣袱裹而纳之。

太子阴作偶人，缚手钉心，枷锁杻械，书上及汉王姓名，仍云："请西岳慈父圣母收杨坚、杨谅神魂，如此形状，勿令散荡。"密埋之华山下，杨素发之；又云秀妄述图谶，称京师妖异，造蜀地征祥；并作檄文，云"指期问罪"，置秀集中，俱以闻奏。上曰："天下宁有是邪！"十二月，癸巳，废秀为庶人，幽之内侍省，不听与妻子相见，唯獠婢二人驱使，连坐者百余人。

杨素弟约及从父文思、文纪、族父忌并为尚书、列卿，诸子无汗马之劳，位至柱国、刺史；广营资产，自京师及诸方都会处，邸店、碾硙、便利田宅，不可胜数；家僮千数，后庭妓妾曳绮罗者以千数；第宅华侈，制拟宫禁；亲故吏布列清显。既废一太子及一王，威权愈盛。朝臣有违忤者，或至诛夷；有附会及亲戚，虽无才用，必加进擢；朝廷靡然，莫不畏附。敢与素抗而不桡者，独柳彧及尚书右丞李纲、大理卿梁毗而已。

始，毗为西宁州刺史，凡十一年，蛮夷酋长皆以金多者为豪隽，递相攻夺，略无宁岁，毗患之。后因诸酋长相帅以金遗毗，毗置金坐侧，对之恸哭，而谓之曰：

"此物饥不可食,寒不可衣,汝等以此相灭,不可胜数,今将此来,欲杀我邪!"一无所纳。于是蛮夷感悟,遂不相攻击。上闻而善之,征为大理卿,处法平允。

【译文】

(仁寿)二年(壬戌,公元602年)

益州总管蜀王杨秀,容貌奇特雄伟,有胆量气魄,喜好武艺。文帝常对独孤皇后说:"杨秀肯定会不得好死,我活着他还不会出什么问题,要是他兄弟当政,他一定会造反。"大将军刘哙去讨伐西爨的时候,文帝命令上开府仪同三司杨武通率兵随后出发。杨秀任命一个受他宠信的叫万智光的人作杨武通的行军司马。文帝认为杨秀任命的人不称职,就责备他,并对群臣说:"破坏我的法度的是我的子孙。就好比猛虎,别的动物不能伤害它,它反而被毛里的虫损害、蚕食了。"于是削减了杨秀统领的辖区。

太子杨勇因谗言被废黜后,晋王杨广被立为太子,杨秀为此愤愤不平。太子杨广怕杨秀终归是个祸患,就暗地命令杨素搜罗杨秀的罪状以诬陷诋毁他。

八月,甲子(十九日),皇后独孤氏去世。太子杨广当着文帝和宫人的面悲痛欲绝,好像是不胜哀痛,而在自己府内饮食谈笑如同平常。另外,杨广每天早上命令进米二溢,私下却命令取来肥肉、干肉、酿鱼肉,装在竹筒里以蜡封口,用衣帕包起来偷偷运入府内。

太子杨广暗中制作了偶人,捆住偶人的手脚,用针钉住偶人的心,将偶人上了枷锁,并写上文帝及汉王杨谅的姓名,还写上"请西岳慈父圣母收去杨坚、杨谅的神魂,就保持这样的形状,不要使它散开流失。"秘密将偶人埋在华山下,杨素发掘出偶人;又控告杨秀说他编造图谶,称京师有妖异现象,制造蜀地的祥瑞现象;并做好了檄文,说"指日就可以问罪。"将这些材料都收到杨秀的文集里,全都奏报了文帝。文帝说:"天下哪有这样的人!"十二月,癸巳(二十日),将杨秀废为庶人,幽禁在内侍省,不许他与妻子儿女见面,只派两名獠人奴仆供他使用。牵连获罪的人有百余名。

杨素的弟弟杨约和叔父杨文思、杨文纪、同族的叔父杨忌都官居尚书、列卿,他们的儿子没有什么汗马功劳，却位居柱国、刺史；杨家广营资产，从京师到各地的都会，客店、磨坊、丰腴的田产和房宅不计其数，家中的奴仆有几千人，府内穿着华丽罗绮的歌妓姬妾有千人；宅第豪华奢侈，规制模仿皇宫禁城，亲戚朋友旧部下都官列显要之职。杨素已经废黜了一个太子和一个王，权势更加显赫。朝臣忤逆他们的，有人就被处死甚至夷灭全家；附会他们的人和他们的亲朋故旧，即使没有才能，也必定加官晋爵。朝廷内外的人都屈服于杨家的势力，无人不畏附杨素。敢于与杨素对抗而不屈从的人，只有柳彧和尚书右丞李纲、大理卿梁毗而已。

当初，梁毗被任命为西宁州刺史，共十一年。西宁州的蛮夷酋长都以金子多的人为豪强，他们互相攻击掠夺，简直没有宁静的年月。梁毗对此感到忧虑。后来因为各酋长竞相送梁毗金子，梁毗把金子放在座椅旁，对着金子痛哭道："金子这东西饥不能食，寒不能衣，你们为了它相互残害，争战之事多得数不过来。现在你们送金子来，是要杀我啊！"他一点都没有接受。于是那些蛮夷人都受感动而醒悟，不再互相攻掠了。文帝听到后很高兴，任命梁毗为大理卿。梁毗执掌司法公平允正。

资治通鉴第一百八十卷

隋纪四

【原文】

高祖文皇帝下仁寿四年（甲子，604年）

甲子，幸仁寿宫。乙丑，诏赏赐支度，事无巨细，并付皇太子。夏，四月，乙卯，帝不豫。六月庚申，赦天下。秋，七月，甲辰，上疾甚，卧与百僚辞诀，并握手歔欷，命太子赦章仇太翼。丁未，崩于大宝殿。

高祖性严重，令行禁止。每旦听朝，日昃忘倦。虽啬于财，至于赏赐有功，既无所爱；将士战没，必加优赏，仍遣使者劳问其家。爱养百姓，劝课农桑，轻徭薄赋。其自奉养，务为俭素，乘舆御物，故弊者随宜补用；自非享宴，所食不过一肉；后宫皆服浣濯之衣。天下化之，开皇、仁寿之间，大夫率衣绢布，不服绫绮，装带不过铜铁骨角，无金玉之饰。故衣食滋殖，仓库盈溢。受禅之初，民户不满四百万，末年，逾八百九十万，独冀州已一百万户。然猜忌苛察，信受谗言，功臣故旧，无始终保全者；乃至子弟，皆如仇敌，此其所短也。

初，文献皇后既崩，宣华夫人陈氏、容华夫人蔡氏皆有宠。陈氏，陈高宗之女；蔡氏，丹杨人也。上寝疾于仁寿宫，尚书左仆射杨素、兵部尚书柳述、黄门侍郎元岩皆入阁侍疾，召皇太子人居大宝殿。太子虑上有不讳，须预防拟，手自为书，封出问素；素条录事状以报太子。宫人误送上所，上览而大恚。陈夫子平旦出更衣，为太子所逼，拒之，得免，归于上所；上怪其神色有异，问其故。夫人泫然曰："太子无礼！"上恚，抵床曰："畜生何足付大事！独孤误我！"乃呼柳述、元岩曰："召我儿！"述等将呼太子，上曰："勇也。"述、岩出阁为敕书。杨素闻之，以白太子，矫诏执述、岩系大理狱；追东宫兵士帖上台宿卫，门禁出入，并取宇文述、郭衍节度；令右庶子张衡入寝殿侍疾，尽遣后宫出就别室；俄而上崩。故中外颇有异论。

乙卯，发丧，太子即皇帝位。会伊州刺史杨约来朝，太子遣约入长安，易留守者，矫称高祖之诏，赐故太子勇死，缢杀之，然后陈兵集众，发高祖凶问。

汉王谅有宠于高祖，为并州总管，自山以东，至于沧海，南距黄河，五十二州皆隶焉；特许以便宜从事，不拘律令。谅自以所居天下精兵处，见太子勇以谗废，居常怏怏；及蜀王秀得罪，尤不自安，阴蓄异图。言于高祖，以"突厥方强，宜修武备。"于是大发工役，缮治器械，招集亡命，左右私人殆将数万。

及高祖崩，炀帝遣车骑将军屈突通以高祖玺书征之。先是，高祖与谅密约："若玺书召汝，敕字傍别加一点，又与玉麟符合者，当就征。"及发书无验，谅知有变。诘通，通占对不屈，乃遣归长安。谅遂发兵反。

于是从谅反者凡十九州。

【译文】

隋文帝仁寿四年（甲子，公元604年）

甲子（正月二十七日），文帝驾临仁寿宫。乙丑（正月二十八日），文帝下诏凡赏赐、财政支出，事无巨细一并交付皇太子杨广处理。夏季，四月，乙卯（疑误），文帝感到身体不适。六月庚申（疑误），大赦天下。秋季，七月，甲辰（初十），文帝病重，他躺在床上和文武百官诀别，并握住大臣们的手歔欷不止。文帝命太子杨广赦免章仇太翼。丁未（十三日），文帝在大宝殿驾崩。

隋文帝性格谨严持重，办事令行禁止，每日清晨处理朝政，到日偏西时还不知疲倦。虽然吝啬钱财，但赏赐有功之臣则不吝惜；将士战死，文帝必定从优抚恤，并派使者慰问死者家属。他爱护百姓，鼓励督促农桑，轻徭薄赋。自己生活务求节俭朴素，所乘车驾及所用之物，旧了坏了都随时修理使用；如果不是享宴，吃饭不过一个肉菜；后宫都身着洗旧了的衣服。天下人都为文帝的行为所感化。开皇、仁寿年间，男子都身穿绢布衣服，不穿绫绮；衣带饰品用的不过是铜铁骨角所制，没有金玉的装饰。因此国家的财富日益增长，仓库丰盈。文帝受禅之初，隋朝的民户不满四百万户；到了隋文帝仁寿末年，超过了八百九十万户，仅冀州就已有一百万户。但是文帝好猜忌苛察，容易听信谗言，他的功臣故旧，没有能始终保全的；至于他的子弟辈，都像仇敌一样，这是他的短处。

当初，独孤皇后去世，宣华夫人陈氏、容华夫人蔡氏都受到文帝的宠爱。陈氏是陈宣帝的女儿，蔡氏是丹杨人。文帝患病住在仁寿宫，尚书左仆射杨素、兵部尚书柳述、黄门侍郎元岩都进入仁寿宫侍奉。文帝召皇太子杨广入内居住在大宝殿。杨广考虑到如果文帝去世，必须预先做好防备措施，他亲

隋文帝

手写了一封信封好，派人送出来询问杨素。杨素把情况一条条写下来回复太子。宫人误把回信送到了文帝的寝宫，文帝看后极为愤怒。天刚亮，陈夫人出去更衣，被太子杨广所逼迫。陈夫人拒绝了他才得以脱身。她回到文帝的寝宫，文帝奇怪她神色不对，问什么原因，陈夫人流着泪说："太子无礼！"文帝愤怒，捶着床说："这个畜生！怎么可以将国家大事交付给他！独孤误了我！"于是他叫来柳述、元岩说："召见我的儿子！"柳述等人要叫杨广来。文帝说："是杨勇。"柳述、元岩出了文帝的寝宫，起草敕书。杨素闻知此事，告诉了太子杨广。杨广假传文帝的旨意将柳述、元岩逮捕，送进大理狱。他们迅速调来东宫的裨将兵士来宿卫仁寿宫，宫门禁止出入，并派宇文述、郭衍进行调度指挥；命令右庶子张衡进入文帝的寝宫侍候文帝。后宫的人员全被赶到别的房间去。一会儿，文帝死了。因此朝廷内外有很多不同的说法。

乙卯（七月二十一日），为文帝发丧。太子杨广即皇帝位。正好伊州刺史杨约来朝见，杨广派杨约进入长安，调换了留守者。诈称文帝的诏命，将前太子杨勇赐死，杨勇被勒死。然后陈兵集众，发布文帝去世的凶信。

汉王杨谅受到文帝的宠爱,他是并州总管,崤山以东到沧海,南至黄河,五十二州都隶属于并州。杨谅得到特许可以便宜行事,可以不拘泥于法律条文。杨谅自认为他所在的地方是天下精兵的聚集地,他看到太子杨勇因谗言被废黜,常常怏怏不乐;到蜀王杨秀获罪,杨谅极为不安,暗中怀有异图。他对文帝说,由于"突厥正处于强盛时期,应该修整军备。"于是他大规模地征发工匠夫役,修造武器,招集亡命之徒,身边的私人门客将近数万。

到文帝去世时,炀帝派车骑将军屈突通持印有文帝玉玺的诏书召杨谅进京。原先,文帝与杨谅秘密约定:"要是玺书召你,敕字旁另加一点,还要与玉麟符相契合,才可以应召。"杨谅打开玺书与原约不能验证,就知道出了事,他盘问屈突通,屈突通闪烁其词而不回答,于是,屈突通被打发回长安,杨谅起兵造反。

此时跟从杨谅造反的共有十九个州。

【原文】

炀皇帝上之上大业元年(乙丑,605年)

三月,丁未,诏杨素与纳言杨达、将作大匠宇文恺营建东京,每月役丁二百万人,徙洛州郭内居民及诸州富商大贾数万户以实之。废二崤道,开葰册道。

敕宇文恺与内史舍人封德彝等营显仁宫,南接皂涧,北跨洛滨。发大江之南、五岭以北奇材异石,输之洛阳;又求海内嘉木异草,珍禽奇兽,以实园苑。辛亥,命尚书右丞皇甫议发河南、淮北诸郡民,前后百余万,开通济渠。自西苑引谷、洛水达于河;复自板渚引河历荥泽入汴;又自大梁之东引汴水入泗,达于淮;又发淮南民十余万开邗沟,自山阳至杨子入江。渠广四十步,渠旁皆筑御道,树以柳;自长安至江都,置离宫四十余所。庚申,遣黄门侍郎王弘等往江南造龙舟及杂船数万艘。东京官吏督役严急,役丁死者什四五,所司以车载死丁,东至城皋,北至河阳,相望于道。又作天经宫于东京,四时祭高祖。

【译文】

隋炀帝大业元年（乙丑，公元605年）

三月，丁未（十七日），炀帝下诏派杨素和纳言杨达、将作大匠宇文恺营建东京，每个月役使壮丁二百万人，迁徙洛州城内的居民和各州的富商大贾几万户充实东京。废弃二崤道，开辟蒉册道。

炀帝命令宇文恺和内史舍人封德彝等人营建显仁宫，显仁宫南边连接皁涧，北边跨越洛水，征调大江以南五岭以北的奇才异石，输送到洛阳；又搜求海内的嘉木异草，珍禽奇兽，用以充实皇家园林。辛亥（三月二十一日），命令尚书右丞皇甫议征发河南、淮北各郡的百姓前后一百余万人，开辟通济渠。从西苑引谷水、洛水到黄河，又从板渚引黄河水经过荥泽进入汴水，从大梁以东引汴水进入泗水到淮河。又征发淮南的百姓十余万人开凿邗沟从山阳到杨子进入长江。通济渠宽四十步，渠两旁都筑有御道，栽种柳树。从长安到江都设置离宫四十余所。庚申（三月三十日），派遣黄门侍郎王弘等人到江南建造龙舟和各种船只几万艘。东京的官吏监督工程严酷急迫，服役的壮丁死去十之四、五。有关部门用车装着死去的役丁，东到城皋，北至河阳，载尸之车连绵不断。炀帝又在东京建造天经宫，每年四季祭祀文帝。

【原文】

三年（丁卯，607年）

牛弘等造新律成，凡十八篇，谓之《大业律》；甲申，始颁行之。民久厌严刻，喜于宽政。其后征役繁兴，民不堪命，有司临时迫胁以求济事，不复用律令矣。旅骑尉刘炫预修律令，弘尝从容问炫曰："《周礼》士多而府史少，今令史百倍于前，减则不济，其故何也？"炫曰："古人委任责成，岁终考其殿最，案不重校，文不繁悉，府史之任，掌要目而已。今之文簿，恒虑覆治，若锻炼不密，则万里追证百年旧案。故谚云：'老吏抱案死。'事繁政弊，职此之由也。"弘曰："魏、齐之时，令史从容而已，今则不遑宁处，何故？"炫曰："往者州唯置纲纪，郡置守、丞，县置令而已。其余具僚则长官自辟，受诏赴任，每州不过数十。今则不然，大小之官，悉由吏部，纤介之迹，皆属考功。省官不如省事，官事不省而望从容，其可得乎！"弘善其言而不能用。

又诏发丁男百余万筑长城，西拒榆林，东至紫河。尚书左仆射苏威谏，上不听，筑之二旬而毕。帝之征散乐也，太常卿高颎谏，不听。颎退，谓太常丞李懿曰："周天元以好乐而亡，殷鉴不远，安可复尔！"颎又以帝遇启民过厚，谓太府卿何稠曰："此虏颇知中国虚实，山川险易，恐为后患。"又谓观王雄曰："近来朝廷殊无纲纪。"礼部尚书宇文弼私谓颎曰："天元之侈，以今方之，不亦甚乎？"又言："长城之役，幸非急务。"光禄大夫贺若弼亦私议宴可汗太侈。并为人所奏。帝以为诽谤朝政，丙子，高颎、宇文弼、贺若弼皆坐诛，颎诸子徙边，弼妻子没官为奴婢。事连苏威，亦坐免官。颎有文武大略，明达世务，自蒙寄任，竭诚尽节，进引贞良，以天下为己任；苏威、杨素、贺若弼、韩擒虎皆颎所推荐，自余立功立事者不可胜数；当朝执政将二十年，朝野推服，物无异议，海内富庶，颎之力也。及死，天下莫不伤之。

【译文】

三年（丁卯，公元607年）

牛弘等人制定新法律，共十八篇，称之为《大业律》；甲申（四月初六），开始颁布施行。百姓久已厌恶法律严酷苛繁，对宽政十分高兴。但后来频繁的劳役征发，使百姓无法忍受，官吏们常常临时胁迫百姓服役以应付差事，也就不再按律令执行了。旅骑尉刘炫参与修订律令，牛弘曾从容地问刘炫："《周礼》记载是士多而吏员少，现在吏员比从前多出百倍，减少则无法应付事务，这是什么原因呢？"刘炫说："古人委任吏员须要有责任有成绩，年终考核成绩，案卷不用重新审理，文牍不求繁多琐碎，吏员的责任，只是掌握工作的要点而已。现在的吏员总是担心文簿要重新审理考核，假若文辞考虑不周密，就会不远万里去追查印证百年的旧案。"所以有谚语说："老吏伏抱文案而死。"事物繁杂这是为政的弊端，这就是吏员多而效率低的原因。牛弘说："北魏、北齐之时，吏员们办事很从容，现在则匆匆忙忙不得安宁，这是什么缘故？"刘炫说："过去州只设置长吏、司马，郡只设置郡守、郡丞，县仅设县令而已。其余应配备的僚属，则由长官自己挑选任命，得到诏命后就赴任，每州吏员不过几十人。如今则不然，大大小小的官吏，全部由吏部掌管，零零碎碎的事务都属于考绩范围。减少官吏不如减少事务，官员们的事务不减，却希望他们办事从容，那可能吗？"牛弘很同意刘炫的话，但却不能采纳。

炀帝又下诏征发男丁一百余万人修筑长城，西起榆林，东至紫河。尚书左仆射苏威劝阻，炀帝不听，修筑了二十天完工。炀帝征召全国的散乐艺人，太常卿高颎劝阻，炀帝不听。高颎退下来对太常丞李懿说："北周天元帝因为好乐而亡国，殷鉴并不远，怎么可以再重复呢？"高颎又认为炀帝对启民可汗的待遇过厚，对太府卿何稠说："这个胡虏很清楚中国的虚实，山川的险易，恐怕会成为后患。"他又对观王杨雄说："近来朝廷太无纲纪了。"礼部尚书宇文弼私下对高颎说："周天元的奢侈，以今天的情况与之比较，也不算太过分吧？"又说："修长城的工程，幸而不是急迫的任务。"光禄大夫贺若弼也私下议论宴请启民可汗的规模太奢侈。这些话都被人报告了炀帝。炀帝认为他们诽谤朝政。丙子（七月二十九日），高颎、宇文弼、贺若弼都获罪被杀。高颎的几个儿子流放到边地；贺若弼的妻子儿女被没收为官奴婢。事情还牵连到苏威，也获罪而被免官。高颎有文韬武略，明晓世务，通达事理，自从蒙受重任以来，竭诚尽力，推荐引进忠诚贤良之士，以天下为己任。苏威、杨素、贺若弼、韩擒虎都是高颎推荐的，其他建有功劳做成大事的人不可胜数。他当朝执政将近二十年，朝野上下都非常敬重他，对他无异议。国家富庶，是高颎努力的结果。及至他被杀，天下人没有不伤感的。

隋纪五

【原文】

炀皇帝上之下大业四年（戊辰，608年）

春，正月，乙巳，诏发河北诸军五百余万穿永济渠，引沁水南达于河，北通涿郡。丁男不供，始役妇人。

帝无日不治宫室，两京及江都，苑囿亭殿虽多，久而益厌，每游幸，左右顾瞩，无可意者，不知所适。乃备责天下山川之图，躬自历览，以求胜地可置宫苑者。夏，四月，诏于汾州之北汾水之源，营汾阳宫。

秋，七月，辛巳，发丁男二十余万筑长城，自榆谷而东。

【译文】

隋炀帝大业四年（戊辰，公元608年）

春季，正月，乙巳（初一），炀帝下诏征发黄河以北各军一百多万人开凿永济渠，引沁水向南到黄河，向北通涿郡。男丁不足，开始役使妇女。

炀帝没有一天不在营建宫室，两京以及江都，苑囿亭殿虽然很多，时间久了炀帝仍非常感到厌倦，每次到来，左顾右盼，觉得这些宫殿苑林都没有中意的，不知道怎样好。于是遍求天下山川图册，亲自察看，以寻求名胜之地营造宫苑。夏季，四月，炀帝下诏在汾州之北，汾水的源头营建汾阳宫。

秋季，七月，辛巳（初十），炀帝征发壮丁二十余万人修筑长城，从榆谷向东。

【原文】

五年（己巳，609 年）

癸丑，置西海、河源、鄯善、且末等郡，谪天下罪人为戍卒以守之。命刘权镇河源郡积石镇，大开屯田，捍御吐谷浑，以通西域之路。

是时天下凡有郡一百九十，县一千二百五十五，户八百九十万有奇。东西九千三百里，南北万四千八百一十五里。隋氏之盛，极于此矣。

帝谓裴矩有绥怀之略，进位银青光禄大夫。自西京诸县及西北诸郡，皆转输塞外，每岁钜亿万计；经途险远及遇寇钞，人畜死亡不达者，郡县皆征破其家。由是百姓失业，西方先困矣。

民部侍郎裴蕴以民间版籍，脱漏户口及诈注老小尚多，奏令貌阅，若一人不实，则官司解职。又许民纠得一丁者，令被纠之家代输赋役。是岁，诸郡计帐进丁二十万三千，新附口六十四万一千五百。

隋炀帝

突厥启民可汗卒，上为之废朝三日，立其子咄吉，是为始毕可汗；表请尚公主，诏从其俗。

【译文】

五年（己巳，公元 609 年）

癸丑（六月十八日），设置西海、河源、鄯善、且末等郡，将天下的罪人流放这里，作为戍卒守卫这些地方。炀帝命刘权镇守河源郡积石镇，大规模开发屯田，以抵御吐谷浑，保持西域道路的畅通。

这时，全国共置郡一百九十个，县一千二百五十五个；有户八百九十多万；国土东西九千三百里，南北宽一万四千八百一十五里。隋朝的强盛，这时已达到了顶点。

炀帝说裴矩有安抚、怀柔的韬略，提升他为银青光禄大夫。从西京各县以及西北各郡，都辗转输送财物到塞外，每年耗费以钜万亿计，路途遥远险阻，或遇上强盗抢劫，凡人畜因死亡不能到达目的地的，郡县都要再行征调，以致使他们家业破产。因此百姓失去生计，西部地区先贫困起来了。

民部侍郎裴蕴认为民间的名册、户籍，有很多脱漏户口以及诈骗注册为老少的情况。就奏请炀帝进行查阅面貌以验老小。如果一个人的情况不属实，那么有关的官员就被解职。又许诺如果百姓检举出一个壮丁，就命令被检举的人家替检举者缴纳赋役。这一年，各郡总计增加了男丁二十万三千人，新归附的人口六十四万一千五百人。

突厥的启民可汗去世，炀帝为启民可汗之死，停止上朝三天。立启民的儿子咄吉为始毕可汗。始毕可汗上表请求娶义成公主，炀帝下诏，命遵从突厥的习俗。

【原文】

六年（庚午，610年）

帝复遣朱宽招抚流求，流求不从，帝遣虎贲郎将庐江陈棱、朝请大夫同安张镇周发东阳兵万余人，自义安泛海击之。行月余，至其国，以镇周为先锋。流求王渴刺兜遣兵逆战；屡破之，遂至其都。渴刺兜自将出战，又败，退入栅；棱等乘胜攻拔之，斩渴刺兜，虏其民万余口而还。二月，乙巳，棱等献流求俘，颁赐百官，进棱位右光禄大夫，镇周金紫光禄大夫。

【译文】

六年（庚午，公元610年）

炀帝又派朱宽去招抚流求国。流求不顺从，炀帝派虎贲郎将庐江人陈棱、朝请大夫同安人张镇周征发东阳兵一万余人,从义安渡海去进攻流求。他们在海上航行了一个多月,才到达流求,以张镇同为先锋。流求国王渴剌兜派兵迎战,隋军屡次击败流求军,于是就攻到流求国都。渴剌兜亲自率军出战,又被打败,退入营栅内,陈棱等人乘胜攻克了流求国都,杀死渴剌兜,俘获流求人一万余名返回。二月,乙巳(十三日),陈棱等人向炀帝献流求俘虏,炀帝赏赐百官,提升陈棱为右光禄大夫,张镇周为金紫光禄大夫。

【原文】

七年(辛未,611年)

壬午,下诏讨高丽。敕幽州总管元弘嗣往东莱海口造船三百艘,官吏督役,昼夜立水中,略不敢息,自腰以下皆生蛆,死者什三四。夏,四月,庚午,车驾至涿郡之临朔宫,文武从官九品以上,并令给宅安置。先是,诏总征天下兵,无问远近,俱会于涿。又发江淮以南水手一万人,弩手三万人,岭南排镩手三万人,于是四远奔赴如流。五月,敕河南、淮南、江南造戎车五万乘送高阳,供载衣甲幔幕,令兵士自挽之,发河南、北民夫以供军须。秋,七月,发江、淮以南民夫及船运黎阳及洛口诸仓米至涿郡,舳舻相次千余里,载兵甲及攻取之具,往还在道常数十万人,填咽于道,昼夜不绝,死者相枕,臭秽盈路,天下骚动。

帝自去岁谋讨高丽,诏山东置府,令养马以供军役。又发民夫运米,积于泸河、怀远二镇,车牛往者皆不返,士卒死亡过半,耕稼失时,田畴多荒。加之饥馑,谷价踊贵,东北边尤甚,斗米直数百钱。所运米或粗恶,令民籴而偿之。又发鹿车夫六十余万,二人共推米三石,道途险远,不足充糇粮,至镇,无可输,皆惧罪亡命。重以官吏贪残,因缘侵渔,百姓困穷,财力俱竭,安居则不胜冻馁,死期交急,剽掠则犹得延生,于是始相聚为群盗。

【译文】

七年(辛未,公元611年)

壬午(二月二十六日),炀帝下诏征讨高丽。命令幽州总管元弘嗣到东莱海口造船三百艘，官吏们督促工程，工匠、役丁们昼夜站立在水中，不敢停下稍微休息一下，他们自腰以下都生了蛆，病累而死去的人有十之三、四。夏季，四月，庚午（十五日），炀帝车驾到涿郡的临朔宫，随从车驾的文武官员九品以上的，都命令给宅邸安置。原先，炀帝下诏征发天下兵卒，无论远近，都在涿郡集中。又征发江淮以南的水手一万人，弩手三万人，岭南排䂎手三万人，于是从全国各地奔赴涿郡的兵卒川流不息。五月，命令河南、淮南、江南等地制造兵车五万辆送往高阳，以供装载衣甲幔幕，命令士兵们自己拉车；征发河南、河北民夫以供应军需。秋季，七月，征发江、淮以南民夫以及船只运输黎阳和洛口各粮仓的米到涿郡，船只首尾相连绵延千余里。运载兵器铠甲以及攻城器械的人来往于道路上的常达几十万人，拥挤于道，昼夜不停。病累而死的人互相枕着，路上到处散发臭气，天下都为攻打高丽的事闹得骚扰不安。

炀帝自从去年就计划征伐高丽，下诏在山东置府，命令养马以供军队役使。又征发民夫运米，储存在泸河、怀远二镇。运粮车的牛都没有返回的，士卒死亡过半。耕种失时，田地荒芜，再加上饥荒，谷价腾贵，东北边境地区尤其突出，一斗米要值几百钱。运来的米有的很粗恶，却命令百姓买进这些米而用钱来补偿损失。炀帝又征发小车夫六十余万，两个人推三石米，运粮的道路艰难险阻且又遥远，这三石米还不够车夫路上吃的，到达泸河、怀远二镇时，车夫们已没有可以缴纳的粮食，只好畏罪而逃亡了。再加上官吏贪狠暴虐，借机鱼肉百姓，百姓穷困，财力都枯竭了。安分守己则无法忍受饥寒，死期也将迫近；抢劫掠夺则还可能活命，于是百姓开始聚众闹事作盗贼。

【原文】

八年（壬申，612年）

壬午，诏左十二军出镂方、长岑、溟海、盖马、建安、南苏、辽东、玄菟、扶余、朝鲜、沃沮、乐浪等道，右十二军出黏蝉、含资、浑弥、临屯、候城、提奚、踢顿、肃慎、碣石、东暆、带方、襄平等道，骆驿引途，总集平壤，凡一百一十三万三千八百人，号二百万，其馈运者倍之。宜社于南桑乾水上，类上帝于临朔宫南，祭马祖于蓟城北。帝亲授节度：每军大将、亚将各一人；骑兵四十队，队百人，十队为团，步卒八十队，分为四团，团各有偏将一人；其铠胄、缨拂、旗幡，每团异色；受降使者一人，承诏慰抚，不受大将节制；其辎重散兵等亦为四团，使步卒挟之而行；进止立营，皆有次叙仪法。癸未，第一军发；日遣一军，相去四十里，连营渐进；终四十日，发乃尽，首尾相继，鼓角相闻，旌旗亘九百六十里。御营内合十二卫、三台、五省、九寺，分隶内、外、前、后、左、右六军，次后发，又亘八十里。近古出师之盛，未之有也。

诸将之东下也，帝亲戒之曰："今者吊民伐罪，非为功名。诸将或不识朕意，欲轻兵掩袭，孤军独斗，立一身之名以邀勋赏，非大军行法。公等进军，当分为三道，有所攻击，必三道相知，毋得轻军独进，以致失亡。又，凡军事进止，皆须奏闻待报，毋得专擅。"辽东数出战不利，乃婴城固守，帝命诸军攻之。又敕诸将，高丽若降，即宜抚纳，不得纵兵。辽东城将陷，城中人辄言请降；诸将奉旨不敢赴机，先令驰奏，比报至，城中守御亦备，随出拒战。如此再三，帝终不寤。既而城久不下，六月，己未，帝幸辽东城南，观其城池形势，因召诸将诘责之曰："公等自以官高，又恃家世，欲以暗懦待我邪！在都之日，公等皆不愿我来，恐见病败耳。我今来此，正欲观公等所为，斩公辈耳！公今畏死，莫肯尽力，谓我不能杀公邪！"诸将咸战惧失色。帝因留城西数里，御六合城。高丽诸城各坚守不下。右翊卫大将军来护儿帅江、淮水军，舳舻数百里，浮海先进，入自浿水，去平壤六十里，与高丽相遇，进击，大破之。护儿欲乘胜趣其城，副总管周法尚止之，请俟诸军至俱进。护儿不听，简精甲四万，直造城下。高丽伏兵于罗郭内空寺中，出兵与护儿战而伪败，护儿逐之入城，纵兵俘掠，无复部伍。伏兵发，护儿大败，仅而护免，士卒还者不过数千人。高丽追至船所，周法尚整阵待之，高丽乃退。护儿引兵还屯海浦，不敢复留应接诸军。

【译文】

八年（壬申，公元612年）

壬午（正月初二），炀帝下诏命令左十二军出镂方、长岑、溟海、盖马、建安、南苏、辽东、玄菟、扶余、朝鲜、沃沮、乐浪等道；右十二军出粘蝉、含资、浑弥、临屯、候城、提奚、蹋顿、肃慎、碣石、东暆、带方、襄平等道。人马相继不绝于道，在平壤城总汇集，总计一百一十三万三千八百人，号称二百万，运送军需的人加倍。炀帝在桑干水的南面祭祀土地，在临朔宫南祭祀上天，在蓟城北祭祀马祖。炀帝亲自指挥：每军设大将、亚将各一人；骑兵四十队，每队一百人，十队为一团；步兵八十队，分为四团，每团各有偏将一名；每团的铠甲、缨拂、旗幡颜色各异；设受降使者一名，负责奉授诏书，慰劳巡抚之职，不受大将节制；其他的辎重、散兵等也分为四团，由步兵挟路护送；军队的前进、停止或设营，都有一定的次序规矩。癸未（初三），第一军出发，以后每日发一军，前后相距四十里，一营接一营前进，经过四十天才出发完毕。各军首尾相接，鼓角相闻，旌旗相连九百六十里。炀帝的御营共有十二卫、三台、九省、九寺，分别隶属内、外、前、后、左、右六军，依次最后出发，又连绵八十里。这样的出师盛况，近古未有。

诸位将领将向东进军时，炀帝亲自告诫说："今天我们吊民伐罪，不是为了功名。诸将若是有人不理解朕的意图，想以轻兵掩袭，孤军独斗，建立自身的功名以邀赏请封，这不符合大军征行之法。你们进军应当分为三路，有攻战之事，一定要三路人马互相配合，不许轻军独进，以致失利败亡。还有，凡是军事上的进止，都须奏报，等待命令，不许擅自行事。"辽东高丽军几次出战不利，于是就闭城固守。炀帝命令各军功城，同时又命令诸将，高丽人若请求投降，立即就宣布安抚接纳，不得纵兵进攻。辽东城将要攻陷时，城中高丽人就声称要投降，将领们奉炀帝旨意，不敢抓住这一时机，先命人飞马奏报炀帝，等到答复回来，城中的防守已调整巩固好了，随即高丽军又坚守城池。如此再三，炀帝仍是不醒悟。因而城池久攻不下。六月，己未（十一日），炀帝来到辽东城南，观看辽东城的形势，他把将领们召集起来斥责说："你们自以为官居高位，又依恃着家世显赫，想要暗中怠慢欺骗朕吗？在京师的时候，你们都不愿意让我来，恐怕我看见你们的私弊和腐败。今天我到这里来，正是要观察你们的所作所为，要杀你们这些人！今天你们怕死，不肯尽力，以为我不能杀你们吗？"诸将都惊惧、战栗而变了脸色。炀帝因此就留在辽东城西几里外的地方，住在六合城。高丽的城池都各自坚守，未能攻下。右翊卫大将军来护儿率领江、淮水军，船只连绵几百里，渡海先行，从浿水进入高丽。距平壤六十里时，与高丽军相遇，隋水军进攻，大破高丽军。来护儿想乘胜进取平壤，副总管周法尚阻止他，请他等待各路军队到达后，一同进攻。来护儿不听，他挑选精锐甲士四万人，直趋城下。高丽人在罗郭内空寺中设下伏兵，先出兵与来护儿交战，然后佯装战败，来护儿率兵追入城内，他纵兵俘获抢掠，队伍乱不成伍，这时高丽的伏兵出击，来护儿大败，仅只身逃出，士卒生还的不过几千人。高丽军追杀到隋军的船只停泊处，周法尚严阵以待，高丽军才退。来护儿率军返回，屯兵于海边，不敢再留下接应各路军队。

资治通鉴第一百八十二卷

隋纪六

【原文】

炀皇帝中大业九年（癸酉，613 年）

帝谓侍臣曰："高丽小虏，侮慢上国；今拔海移山，犹望克果，况此虏乎！"乃复议伐高丽。左光禄大夫郭荣谏曰："戎狄失礼，臣下之事；千钧之弩，不为鼷鼠发机，奈何亲辱万乘以敌小寇乎！"帝不听。

时所在盗起：齐郡王薄、孟让、北海郭方预、清河张金称、平原郝孝德、河间格谦、勃海孙宣雅各聚众攻剽，多者十余万，少者数万人。

夏，四月，庚午，车驾渡辽。壬申，遣宇文述与上大将军杨义臣趣平壤。

左光禄大夫王仁恭出扶余道。仁恭进军至新城，高丽兵数万拒战，仁恭帅劲骑一千击破之，高丽婴城固守。帝命诸将攻辽东，听以便宜从事。飞楼、橦、云梯、地道四面俱进，昼夜不息，而高丽应变拒之，二十余日不拔，主客死者甚众。冲梯竿长十五丈，骁果吴兴沈光升其端，临城与高丽战，短兵接，杀十数人，高丽竟击之而坠；未及地，适遇竿有垂縆，光接而复上。帝望见，壮之，即拜朝散大夫，恒置左右。

素恃功骄倨，朝宴之际，或失臣礼，帝心衔而不言，素亦觉之。及素薨，帝谓近臣曰："使素不死，终当夷族。"玄感颇知之，且自以累世贵显，在朝文武多父之故吏，见朝政日紊，而帝多猜忌，内不自安，乃与诸弟潜谋作乱。帝方事征伐，玄感自言："世荷国恩，愿为将领。"帝喜曰："将门必有将，相门必有相，固不虚也。"由是宠遇日隆，颇预朝政。

【译文】

隋炀帝大业九年（癸酉，公元613年）

　　炀帝对侍臣说："高丽这个小虏，竟敢侮慢我隋朝上国，如今就是拔海移山，也是可以办到的，何况这个小虏呢！"于是又商议出兵征伐高丽。左光禄大夫郭荣劝道："戎狄之国无礼，是臣子应该处理的事情，千钧之弩，不会为小老鼠而发射，陛下为什么亲自屈尊去征讨这样的小小敌寇呢！"炀帝不听。

　　当时盗贼到处蜂起：齐郡人王薄、孟让，北海人郭方预，清河人张金称，平原人郝孝德，河间人格谦，勃海人孙宣雅分别聚众攻城抢劫，他们多的达十余万人，少的有几万人。

　　夏季，四月，庚午（二十七日），炀帝的车驾渡过辽水。壬申（二十九日），炀帝派遣宇文述和上大将军杨义臣率军进军平壤。

　　左光禄大夫王仁恭率军出扶余道，王仁恭进军到达新城，高丽军队几万人阻击隋军，王仁恭率领劲骑一千名击败高丽军，高丽军队闭城固守。炀帝命令诸将进攻辽东，允许诸将可相机从事。隋军用飞楼、橦、云梯、地道，从城池四面昼夜不停地进攻，但高丽守军随机应变抗击隋军，隋军攻城二十余天还未攻克，双方都有大批人员阵亡。隋军所用的冲梯竿长十五丈，骁果吴兴人沈光爬到冲梯顶端，面对城墙与高丽士兵交战。双方短兵相接，沈光杀死高丽士兵十余人，高丽士兵竞相攻击沈光，沈光从冲梯上掉下来，还没掉到地上，正好冲梯的竿上有垂下的绳索，沈光抓住绳子又向上爬，炀帝望见这种场面，感到沈光的行为极为英勇，就任命他为朝散大夫，常让他随侍左右。

　　杨素依恃自己有功，骄横倨傲，在朝宴上有时就有失作臣子的礼节，炀帝心中怀恨但不说。杨素也觉察出来了。等杨素去世，炀帝对身旁的侍臣说："假使杨素不死，最终也得被诛灭九族。"杨玄感很清楚这一点，而且他自认为自己是累世显贵，朝廷中的文武大臣很多人都是他父亲过去的部下，他看到朝政日益混乱，炀帝对他又很猜忌，心里感到非常不安，就和他的几个弟弟暗地策划谋反。炀帝正在准备征伐高丽，杨玄感请求说："我家世世代代蒙爱国恩，愿做征伐高丽的将领。"炀

帝高兴地说："将门必出将，相门必出相，果然不假。"因此杨玄感受到的宠信日重，他越来越多地参与朝政。

【原文】

十年（甲戌，614年）

春，二月，辛未，诏百僚议伐高丽，数日，无敢言者。戊子，诏复征天下兵，百道俱进。

三月，壬子，帝行幸涿郡，士卒在道，亡者相继。癸亥，至临渝宫，禡祭黄帝，斩叛军者以衅鼓，亡者亦不止。

秋，七月，癸丑，车驾次怀远镇。时天下已乱，所征兵多失期不至，高丽亦困弊。来护儿至毕奢城，高丽举兵逆战，护儿击破之，将趣平壤，高丽王元惧，甲子，遣使乞降，因送斛斯政。帝大悦，遣使持节召护儿还。

八月，己巳，帝自怀远镇班师。邯郸贼帅杨公卿帅其党八千人抄驾后第八队，得飞黄上厩马四十二匹而去。

【译文】

十年（甲戌，公元614年）

春季，二月，辛未（初三），炀帝下诏命文武百官商议出兵征伐高丽之事。一连几天，没有敢说话的人。戊子（二十日），炀帝下诏再次征发全国军队，分百路并进。

三月，壬子（十四日），炀帝出行到涿郡，路途中士兵不断逃亡。癸亥（二十五日），炀帝到达临渝宫，在野外祭祀黄帝，斩杀叛逃的士兵并将死者的血涂在鼓上，但逃亡仍然不止。

秋季，七月，癸丑（十七日），炀帝车驾临时停留于怀远镇。当时天下已乱，所征发的士兵很多过了期限还未来，高丽国也困顿疲惫，来护儿率军到达毕奢城，高丽发兵迎战。来护儿将高丽军队打败，将要逼近平壤。高丽王高元恐惧，甲子（二十八日），派遣使者来乞求投降，并把斛斯政关在囚车里押送而来。炀帝大为高兴，他派遣使者持节召来护儿返回。

八月，己巳，（初四），炀帝从怀远镇班师回朝。邯郸贼帅杨公卿率领部众八千人抢劫车驾后面的第八队，抢走飞黄上厩的马四十二匹而去。

【原文】

十一年（乙亥，615年）

秋，八月，乙丑，帝巡北塞。

初，裴矩以突厥始毕可汗部众渐盛，献策分其势，欲以宗女嫁其弟叱吉设，拜为南面可汗；叱吉不敢受，始毕闻而渐怨。突厥之臣史蜀胡悉多谋略，为始毕所宠任，矩诈与为互市，诱至马邑下，杀之。遣使诏始毕曰："史蜀胡悉叛可汗来降，我已相为斩之。"始毕知其状，由是不朝。

戊辰，始毕帅骑数十万谋袭乘舆，义成公主先遣使者告变。壬申，车驾驰入雁门，齐王暕以后军保崞县。癸酉，突厥围雁门，上下惶怖，撤民屋为守御之具，城中兵民十五万口，食仅可支二旬，雁门四十一城，突厥克其三十九，唯雁门、崞不下。突厥急攻雁门，矢及御前；上大惧，抱赵王杲而泣，目尽肿。

帝亲巡将士，谓之曰："努力击贼，苟能保全，凡在行陈，勿忧富贵，必不使有司弄刀笔破汝勋劳。"乃下令："守城有功者，无官直除六品，赐物百段；有官以次增益。"使者慰劳，相望于道，于是众皆踊跃，昼夜拒战，死伤甚众。

帝遣问使求救于义成公主，公主遣使告始毕云："北边有急。"东都及诸郡援兵亦至忻口；九月，甲辰，始毕解围去。

樊子盖固请，以为不宜失信，帝曰："公欲收物情邪！"子盖惧，不敢对。帝性吝官赏。初平杨玄感，应授勋者多，乃更置戎秩：建节尉为正六品，次奋武、宣惠、绥德、怀仁、秉义、奉诚、立信等尉，递降一阶。将士守雁门者万七千人，得勋者才千五百人，皆准平玄感勋，一战得第一勋者进一阶，其先无戎秩者止得立信尉，三战得第一勋者至秉义尉，其在行陈而无勋者四战进一阶，亦无赐。会仍议伐高丽，由是将士无不愤怨。

城父朱粲始为县佐史，从军，遂亡命聚众为盗，谓之"可达寒贼"，自称迦楼罗王,众至十余万,引兵转掠荆、沔及山南郡县,所过噍类无遗。

【译文】

十一年(乙亥,公元615年)

秋季,八月,乙丑(初五),炀帝巡游北塞。

当初,裴矩认为突厥始毕可汗部众逐渐强盛,就向炀帝献策分散突厥始毕可汗的势力。打算以宗室女嫁给始毕的弟弟叱吉设,并封他为南面可汗,叱吉设不敢接受册封。始毕知道了此事就对隋朝逐渐产生了怨恨。突厥的大臣史蜀胡悉善于谋略,受到始毕可汗的宠信。裴矩诈称与史蜀胡悉做买卖,将史蜀胡悉诱骗到马邑,将他杀害。然后派使者向始毕宣布诏命说:"史蜀胡悉背叛可汗来投降,我已经帮您将他处死。"始毕知道了这个情况,从此就不再入朝。

戊辰(八月初八),始毕可汗率领几十万名骑兵策划袭击炀帝的车驾。义成公主先派遣使者向炀帝报告发生了变故。壬申(八月十二日),炀帝的车驾迅速驰入雁门城,齐王杨暕率领后军进驻了崞县。癸酉(八月十三日),突厥军队包围了雁门郡,隋军上下惊惧恐怖,折毁民房用作守卫城池的材料,城中有军、民十五万人,粮食仅够供应二十天。雁门郡的四十一座城池,突厥军队已经攻破了其中的三十九座,只有雁门、崞县没被攻下,突厥军队急攻雁门,箭都射到了炀帝面前,炀帝大为恐惧,抱着赵王杨杲哭泣,眼睛全哭肿了。

炀帝亲自巡视军队,他对将士们说:"你们要努力打击敌军,如果这次能够保全的话,凡是参加战斗的人都不愁没有富贵,一定不允许有关部门的官吏耍弄刀笔吞没你们的功劳。"于是他下令:"守城有功的人,没有官职的直接授予六品官职,赏赐物品百段;已有官职的人级别和赏赐依次增长。"他派出慰问将士的使者络绎不绝。于是大家都踊跃杀敌,昼夜抗击突厥人,伤亡很多。

炀帝暗中派使者向义成公主求救,公主派人告诉始毕说:"北部边境告急。"这时东都和各郡的援兵也都到达忻口。九月,甲辰(十五日),始毕可汗解围退走。

樊子盖恳切请求遵守先前的许诺,认为不应失信于将士。炀帝说:"你打算收买人心吗?"樊子盖害怕了,不敢再答话。炀帝生性吝惜官爵赏赐,当初平定杨玄感时，应该论功授勋的人很多，他就改变军队的职位级别：规定建节尉为正六品，以下依次是奋武、宣惠、绥德、怀仁、秉义、奉诚、立信等尉，依次降低一级。参加保卫雁门的将士有一万七千人，可是得到勋位的才有一千五百人，都是比照平定杨玄感时行赏的标准，打一仗得第一功的人晋升一级，此前没有军职的人仅授予立信尉的职位；打三次仗得第一功的人只作到秉义尉；那些虽在战场但未立功的人打四次仗晋升一级，也不赏赐物品。正好炀帝又商议攻伐高丽，因此将士们无不愤怒怨恨。

　　城父人朱粲，开始是个县佐史，后来他参加了军队，就逃亡聚众为盗，人们称之为"可达寒贼"，朱粲自称迦楼罗王，拥有部众达十万人。他率兵在荆州、沔阳转战抢掠，一直到终南山南一带的郡县，所经过之处即无人烟。

资治通鉴第一百八十三卷

隋纪七

【原文】

炀皇帝下大业十二年（丙子，616年）

江都新作龙舟成，送东都；宇文述劝幸江都，右候卫大将军酒泉赵才谏曰："今百姓疲劳，府藏空竭，盗贼蜂起，禁令不行，愿陛下还京师，安兆庶。"帝大怒，以才属吏，旬日，意解，乃出之。朝臣皆不欲行，帝意甚坚。无敢谏者。建节尉任宗上书极谏，即日于朝堂杖杀之。甲子，帝幸江都，命越王侗与光禄大夫段达、太府卿元文都、检校民部尚书韦津、右武卫将军皇甫无逸、右司郎卢楚等总留后事。津，孝宽之子也。帝以诗留别宫人曰："我梦江都好，征辽亦偶然。"奉信郎崔民象以盗贼充斥，于建国门上表谏；帝大怒，先解其颐，然后斩之。

让遂亡命于瓦岗为群盗，同郡单雄信，骁健，善用马槊，聚少年往从之。离狐徐世勣家于卫南，年十七，有勇略，说让曰："东郡于公与勣皆为乡里，人多相识，不宜侵掠。荥阳、梁郡，汴水所经，剽行舟，掠商旅，足以自资。"让然之，引众入二郡界，掠公私船，资用丰给，附者益众，聚徒至万余人。

时又有外黄王当仁、济阳王伯当、韦城周文举、雍丘李公逸等皆拥众为盗。李密自雍州亡命，往来诸帅间，说以取天下之策，始皆不信。久之，稍以为然，相谓曰："斯人公卿子弟，志气若是。今人人皆云杨氏将灭，李氏将兴。吾闻王者不死，斯人再三获济，岂非其人乎！"由是渐敬密。

密察诸帅唯翟让最强，乃因王伯当以见让，为让画策，往说诸小盗，皆下之。

让悦,稍亲近密,与之计事,密因说让曰:"刘、项皆起布衣为帝王。今主昏于上,民怨于下,锐兵尽于辽东,和亲绝于突厥,方乃巡游扬、越,委弃东都,此亦刘、项奋起之会也。以足下雄才大略,士马精锐,席卷二京,诛灭暴虐,隋氏不足亡也!"让谢曰:"吾侪群盗,旦夕偷生草间,君之言者,非吾所及也。"

会有李玄英者,自东都逃来,经历诸贼,求访李密,云"斯人当代隋家。"人问其故,玄英言:"比来民间谣歌有《桃李章》曰:'桃李子,皇后绕扬州,宛转花园里。勿浪语,谁道许!''桃李子',谓逃亡者李氏之子也;皇与后,皆君也;'宛转花园里',谓天子在扬州无还日,将转于沟壑也;'莫浪语,谁道行'者,密也。"既与密遇,遂委身事之。

密因说让曰:"今四海糜沸,不得耕耘,公士众虽多,食无仓廪,唯资野掠,常苦不给。若旷日持久,加以大敌临之,必涣然离散。未若先取荥阳,伏兵馆谷,待士马肥充,然后与人争利。"让从之,于是破金堤关,攻荥阳诸县,多下之。

鄱阳贼帅操师乞自称元兴王,建元始兴,攻陷豫章郡,以其乡人林士弘为大将军。诏治书侍御史刘子翊将兵讨之。师乞中流矢死,士弘代统其众,与子翊战于彭蠡湖,子翊败死。士弘兵大振,至十余万人。十二月,壬辰,士弘自称皇帝,国号楚,建元太平;遂取九江、临川、南康、宜春等郡,豪杰争杀隋守令,以郡县应之。其地北自九江,南及番禺,皆为所有。

建德还平原,收士达散兵,收葬死者,为士达发丧,军复大振,自称将军。先是,群盗得隋官及士族子弟,皆杀之,独建德善遇之;由是隋官稍以城降之,声势日盛,胜兵至十余万人。

内史侍郎虞世基以帝恶闻贼盗,诸将及郡县有告败求救者,世基皆抑损表状,不以实闻,但云:"鼠窃狗盗,郡县捕逐,行当殄尽,愿陛下勿以介怀!"帝良以为然;或杖其使者,以为妄言,由是盗贼遍海内,陷没郡县,帝皆弗之知也。

帝至江都,江、淮郡官谒见者,专问礼饷丰薄,丰则超迁丞、守,薄则率从停解。

乐舞队衣饰图 隋

乐队演奏者的服饰为隋代妇女的典型服饰，裙腰高系，身材颀长。乐器各式各样，笙箫琴笛齐备，为研究隋代服饰与音乐的重要资料。

【译文】

隋炀帝大业十二年（丙子，公元616年）

江都新制造的龙舟完工，送到东都。宇文述劝炀帝巡游江都，右候卫大将军酒泉人赵才劝阻说："如今百姓疲惫劳苦，国库空竭，盗贼蜂起，禁令不行，希望陛下返回京师，安抚天下百姓。"炀帝勃然大怒，把赵才交法官处治，过了十天，炀帝才平息了怒气，将赵才放出。朝中的大臣都不想让炀帝出行，但炀帝去江都之意非常坚决，没有敢于进谏的人。建节尉任宗上书极力劝谏，当天就在朝堂上被用杖打死。甲子（初十），炀帝驾临江都，他命令越王杨侗与光禄大夫段达、太府卿元文都、检校民部尚书韦津、右武卫将军皇甫无逸、右司郎卢楚等人共同负责留守东都之事。韦津是韦孝宽的儿子。炀帝以诗向宫人留别："我梦江都好，征辽亦偶然。"信奉郎崔民象以盗贼充斥全国为由，在建国门上表劝阻江都之行，炀帝勃然大怒，先摘掉崔民象的下巴，然后将他斩杀。

于是翟让逃亡到瓦岗为盗。与他同郡的单雄信，骁勇矫健，擅长骑马使槊，他招集年轻人去投奔翟让。离狐人徐世勣家在卫南，十七岁，有勇有谋，他劝说翟让："东郡对于您和我都是乡里，那里的人大都认识，不宜去侵犯抢掠他们。荥阳、梁郡，是汴水流经的地方，我们抢劫行船，掠夺商人的旅客，就足以自给。"翟让同意他的建议，于是就率众进入荥阳、梁郡的境界，抢掠公私船只，因此供给充裕，来归附的人越来越多，徒众达一万余人。

当时还有外黄人王当仁，济阳人王伯当，韦城人周文举，雍丘人李公逸等都聚众为盗。李密从雍州逃亡后，就往来于各部首领之间，向他们游说夺取天下的谋略。开始大家都不信，时间长了，他们渐渐相信了，互相说道："此人是公卿子弟，有这样的志气、抱负，现在人们都说杨氏将灭，李氏将兴，我听说能成王业的人不会死，此人多次能渡过难关，难道他不是将成帝业的人吗！"于是他们渐渐敬重李密。

李密观察各部统帅，只有翟让势力最强，于是由王伯当引见见到了翟让，他为翟让出谋划策，去游说劝导那些小股盗贼，他们都归附了翟让。翟让很高兴，渐渐信任李密，与他商议事情。李密趁机劝翟让说："刘邦、项羽都出身平民而作了帝王，如今上面是皇帝昏庸，下面是百姓怨愤，精锐兵力都在辽东丧失了，突厥也断绝了和亲的关系，炀帝还在巡游扬州、东越一带，丢弃了东都，现在也是刘邦、项羽之辈奋起的机会。以您的雄才大略、兵马的精良，可以席卷东西二京，诛灭暴君，隋氏完全可以灭掉！"翟让向李密推辞说："我辈身为群盗，旦夕都在草丛之间偷生，你所说的，不是我辈所能想到的。"

正好有个叫李玄英的人从东都逃来，经过了各部盗贼，以求访李密，并说："此人当替代隋家坐天下。"别人问他缘故，李玄英说："近来民间有一叫《桃李章》的歌谣，歌谣唱道：'桃李子，皇后绕扬州，宛转花园里。勿浪语，谁道许！''桃李子'，是说逃亡的人是李氏之子；皇与后都是君主；'宛转花园里'指的是天子在扬州不会有回来的日子了，将会死无葬身之地；'莫浪语，谁道许'是密的意思。"不久他遇到李密，于是就投靠李密。

李密就劝翟让说："如今国内沸腾，百姓无法耕耘，您兵马虽多，但吃粮没有仓储，只靠外出抢掠，常常苦于供给不足，若是旷日持久，加之大敌临头，部众必然会离散，不如先攻取荥阳，休兵取食仓储之粮，待兵强马壮，然后再与他人争夺利益。"翟让听从了他的意见，率军攻破了金堤关，进而攻打荥阳郡各县，大多数县城都被攻破。

鄱阳的贼帅操师乞自称元兴王，建年号始兴。他率兵攻陷了豫章郡，任命同乡林士弘为大将军。炀帝下诏命治书侍御史刘子翊率兵前去讨伐操师乞。操师乞中流矢而死，林士弘替代他统帅部众。林士弘与刘子翊在彭蠡湖交战，刘子翊战败身亡。林士弘军威大振，兵力达到十余万人。十二月，壬辰（初十），林士弘自称皇帝，国号楚，建年号太平。于是林士弘又攻取九江、临川、南康、宜春等郡，各地豪杰竞相杀死隋朝的郡守县令，以整个郡县来响应林士弘。北自九江、南到番禺的广大地域都为林士弘所据有。

窦建德返回平原，收集高士达所部的散兵，收集安葬死者，为高士达发丧，军威又重新大振。窦建德自称将军。原先，群盗抓住隋官及士族子弟都杀掉，唯独窦建德很好地对待他们，因此越来越多的隋官举城投降他，窦建德声势日渐浩大，拥有精兵达十余万。

内史侍郎虞世基因为炀帝厌恶听到贼盗的情况，所以诸将及各地郡县告败求救的表奏，虞世基都把它们加以删改处理，不据实上报，只说："鼠窃狗盗之徒，郡县官吏搜捕追逐，快要被彻底消灭了。希望陛下不要放在心上！"炀帝很以为然，有时还用杖责打据实报告的使者，以为说的都是谎话。因此盗贼遍布海内，攻陷郡县，炀帝都不知道。

炀帝到了江都，凡江、淮各郡官员谒见的，炀帝专问进献礼品的多少。礼多则越级升迁郡丞、县守，礼少的往往黜免官职。

【原文】

恭皇帝上义宁元年（丁丑，617年）
丙辰，窦建德为坛于乐寿，自称长乐王，置百官，改元丁丑。
李密说翟让曰："今东都空虚，兵不素练；越王冲幼，留守诸官政令不壹，士民离心。段达、元文都，暗而无谋，以仆料之，彼非将军之敌。若将军能用仆计，天下可指麾而定。"乃遣其党裴叔方觇东都虚实，留守官司觉之，始为守御之备，且驰表告江都。密谓让曰："事势如此，不可不发。兵法曰：'先则制于己，后则制于人。'今百姓饥馑，洛口仓多积粟，去都百里有余，将军若亲帅大众，轻行掩袭，彼远未能救，又先无豫备，取之如拾遗耳。比其闻知，吾已获之，发粟以赈穷乏，远近孰不归附！百万之众，一朝可集，枕威养锐，以逸待劳，纵彼能来，吾有备矣。然后檄召四方，引贤豪而资计策，选骁悍而授兵柄，除亡隋之社稷，布将军之政令，岂不盛哉！"让曰："此英雄之略，非仆所堪；惟君之命，尽力从事，请君先发，仆为后殿。"庚寅，密、让将精兵七千人出阳城北，逾方山，自罗口袭兴洛仓，破之；开仓恣民所取，老弱襁负，道路相属。

越王侗遣虎贲郎将刘长恭、光禄少卿房崱帅步骑二万五千讨密。时东都人皆以密为饥贼盗米，乌合易破，争来应募，国子三馆学士及贵胜亲戚皆来从军，器械修整，衣服鲜华，旌旗钲鼓甚盛。长恭等当其前，使河南讨捕大使裴仁基等将所部兵自汜水而入以掩其后，约十一日会于仓城南，密、让具知其计。东都兵先至，士卒未朝食，长恭等驱之渡洛水，陈于石子河西，南北十余里。密、让选骁雄，分为十队，令四队伏横岭下以待仁基，以六队陈于石子河东。长恭等见密兵少，轻之。让先接战，不利，密帅麾下横冲之。隋兵饥疲，遂大败，长恭等解衣潜窜得免，奔还长都，士卒死者什五六。越王侗释长恭等罪，慰抚之。密、让尽收其辎重器甲，威声大振。

让于是推密为主，上密号为魏公；庚子，设坛场，即位，称元年，大赦。其文书行下，称行军元帅府；其魏公府置三司、六卫，元帅府置长史以下官属。拜翟让为上柱国、司徒、东郡公，亦置长史以下官，减元帅府之半；以单雄信为左武侯大将军，徐世勣为右武侯大将军，各领所部；房彦藻为元帅左长史，东郡邴元真为右长史，杨德方为左司马，郑德韬为右司马，祖君彦为记室，其余封拜各有差。于是赵、魏以南，江、淮以北，群盗莫不响应，孟让、郝孝德、王德仁及济阴房献伯、上谷王君廓、长平李士才、淮阳魏六儿、李德谦、谯郡张迁、魏郡李文相、谯郡黑社、白社、济北张青特、上洛周比洮、胡驴贼等皆归密。密悉拜官爵，使各领其众，置百营簿以领之。道路降者不绝如流，众至数十万。乃命其护军田茂广筑洛口城,方四十里而居之,密遣房彦藻将兵东略地,取安陆、汝南、淮安、济阳、河南郡县多陷于密。

雁门郡丞河东陈孝意与虎贲郎将王智辩共讨刘武周,围其桑乾镇。壬寅,武周与突厥合兵击智辩,杀之;孝意奔还雁门。三月,丁卯,武周袭破楼烦郡,进取汾阳宫,获隋宫人,以赂突厥始毕可汗;始毕以马报之,兵势益振,又攻陷定襄。突厥立武周为定杨可汗,遗以狼头纛。武周即皇帝位,立妻沮氏为皇后,改元"天兴"。

【译文】

隋恭帝义宁元年（丁丑,公元617年）

丙辰（正月初五）,窦建德在乐寿县设坛,自称长乐王,设置百官,改年号丁丑。

李密劝说翟让:"现在东都空虚,军队平时又都没有训练,越王杨侗年幼,留守的诸位官员政令不一,士民离心。段达、元文都愚昧而无谋略,以我来看,他们不是将军的对手。要是将军能用我的计策,天下可以挥手而定。"于是派遣他的党羽裴叔方去侦探东都的虚实,留守东都的官员觉察到了这一情况,开始做防卫的准备,并且驰马送奏表去江都报告炀帝。李密对翟让说:"事情已经到了这个地步,我军不能不行动了。兵法云:'先动手则争取主动,后动手则受人挟制。'如今百姓饥馑,洛口仓有很多积存的粮食,离东都有百余里,将军要是亲率大军,轻装前进,掩杀袭击,他们因路远无法救援,事先又无防备,取洛口仓就像拾丢在地上的一件东西一样容易,等对方知道消息,我们已经得手了。发放粮食以赈济贫苦的百姓,远近之人谁不归附我们呢?百万之众,一个早晨就可以召集到。我们依恃所得的威风,养精蓄锐,以逸待劳,纵然东都派军队来,我们也有防备了。然后我们就传布檄文号召四方响应,引用豪杰贤士,听取他们的谋略,挑选骁勇强悍之将才,授以兵权,推翻隋朝,颁布将军的政令,难道这不是一件盛举吗?"翟让说:"这是英雄的韬略,不是我所能承担的,我只是听命于您,尽力办事,请您先行进发,我作殿后。"庚寅（二月初九）,李密、翟让率领精兵七千人出阳城北,越过方山,从罗口袭击并攻破了兴洛仓，打开粮仓听任百姓取粮，取粮的老弱妇孺，在路上接连不断。

越王杨侗派遣虎贲郎将刘长恭，光禄少卿房崱率领步兵骑兵两万五千人去讨伐李密。当时东都人都认为李密是饥饿的抢米盗贼，只是一伙乌合之众，容易击破，都争相来应募，国子、太学、四门三馆的学士以及贵胄勋戚都来从军。官军器械完备整齐，衣服鲜明华美，旌旗钲鼓极为壮观。刘长恭等人率兵在前，让河南讨捕大使裴仁基等率所部自汜水进入兴洛仓以掩杀李密军后部，约好十一日在兴洛仓城南面会合。李密、翟让完全了解他们的意图。东都的官军先到，士兵们还没吃早饭，刘长恭等人就驱赶他们渡过洛水，在石子河西列阵，阵南北长十余里。李密、翟让挑选骁勇强壮之士分作十队，令其中的四队埋伏在横岭下等待裴仁基，其余的六队在石子河以东列阵。刘长恭等人见李密的军队人少，就很轻视他们。翟让先率兵与隋军交战，交战不利，李密即率所部横冲隋军，隋兵饥饿疲惫，于是被打得大败。刘长恭等人脱掉衣服潜逃才得以幸免逃回东都，隋军士卒死伤十之五六。越王杨侗赦免了刘长恭等人的罪过，慰问安抚了他们。李密、翟让将隋军的辎重、器械、铠甲全部缴获，因而威名大振。

于是翟让推举李密为主，给李密上尊号为魏公。庚子（二月十九日），设坛场，李密即位，称元年，大赦天下。李密向下颁发的公文书信等，署名为行军元帅府。魏公府设置三司、六卫，元帅府设置长史以下的官属。李密授翟让为上柱国、司徒、东郡公，东郡公府也设置长史以下的官属，数目比元帅府减少一半。任命单雄信为左武侯大将军，徐世勣为右武侯大将军，各自统领自己的部队。房彦藻被任命为元帅左长史，东郡人邴元真为右长史，杨德方为左司马，郑德韬为右司马，祖君彦为记室，其余的人封爵拜官各有等次。于是赵、魏以南，江、淮以北地区的群盗莫不响应。孟让、郝孝德、王德仁以及济阳人房献伯，上谷人王君廓，长平人李士才，淮阳人魏六儿、李德谦，谯郡人张迁，魏郡人李文相，谯郡的黑社、白社，济北人张青特，上洛人周比洮、胡驴贼等都归附李密。李密给他们全部封官授爵，让他们各自统领本部人马，设置百营簿来总管他们。前来归降的人络绎不绝如流水一般，李密的部众达几十万人。于是李密命令护军田茂广修筑洛口城，方圆四十里，李密住在城内。他派房彦藻率兵向东攻占城池，取下安陆、汝南、淮安、济阳，河南的郡县大多为李密所攻取。

雁门郡丞河东人陈孝意与虎贲郎将王智辩共同讨伐刘武周,包围他的桑干镇。壬寅(二月二十一日),刘武周与突厥人合兵攻击并杀死了王智辩,陈孝意逃回雁门。三月,丁卯(十七日),刘武周袭击攻取了楼烦郡,并夺取了汾阳宫,俘获宫中的宫人,用她们去贿赂突厥的始毕可汗。始毕可汗以马回报刘武周,刘武周兵势越发强盛,又攻陷定襄,突厥封刘武周为定杨可汗,赠给他狼头旗。刘武周即皇帝位,立妻子沮氏为皇后,改年号为"天兴"。

隋纪八

【原文】

恭皇帝下义宁元年（丁丑，617年）

寂等乃请尊天子为太上皇，立代王为帝，以安隋室；移檄郡县；改易旗帜，杂用绛白，以示突厥。渊曰："此可谓'掩耳盗钟，'然逼于时事，不得不尔。"乃许之，遣使以此议告突厥。

渊开仓以赈贫民，应募者日益多。渊命为三军，分左右，通谓之义士。裴寂等上渊号为大将军，癸巳，建大将军府。

壬子，李渊以子元吉为太原太守，留守晋阳宫，后事悉以委之。癸丑，渊帅甲士三万发晋阳，立军门誓众，并移檄郡县，谕以尊立代王之意；西突厥阿史那大奈亦帅其众以从。甲寅，遣通议大夫张纶将兵徇稽胡。丙辰，渊至西河，慰劳吏民，赈赡穷乏；民年七十以上，皆除散官，其余豪俊，随才授任，口询功能，手注官秩，一日除千余人；受官皆不取告身，各分渊所书官名而去。渊入雀鼠谷；壬戌，军贾胡堡，去霍邑五十余里。代王侑遣虎牙郎将宋老生帅精兵二万屯霍邑，左武侯大将军屈突通屯河东以拒渊。

渊以书招李密。密自恃兵强，欲为盟主，使祖君彦复书曰："与兄派流虽异，根系本同。自唯虚薄，为四海英雄共推盟主。所望左提右挚，戮力同心，执子婴咸阳，殪商辛于牧野，岂不盛哉！"且欲使渊以步骑数千自至河内，面结盟约。渊得书，笑曰："密妄自矜大，非折简可致。吾方有事关中，若遽绝之，乃是更生一敌；不如卑辞推奖以骄其志，使为我塞成皋之道，缀东都之兵，我得专意西征。俟关中平定，据险养威，徐观鹬蚌之势以收渔人之功，未为晚也。"乃使温大雅复书曰：
"吾虽庸劣，幸承余绪，出为八使，入典六屯，颠而不扶，通贤所责。所以大会义
兵，和亲北狄，共匡天下，志在尊隋。天生烝民，必有司牧，当今为牧，非子而
谁！老夫年逾知命，愿不及此。欣戴大弟，攀鳞附翼，唯弟早膺图箓，以宁兆民！
宗盟之长，属籍见容，复封于唐，斯荣足矣。殪商辛于牧野，所不忍言；执子婴于
咸阳，未敢闻命。汾晋左右，尚须安辑；盟津之会，未暇卜期。"密得书甚喜，以
示将佐曰："唐公见推，天下不足定矣！"自是信使往来不绝。

渊赏霍邑之功，军吏疑奴应募者不得与良人同，渊曰："矢石之间，不辨贵贱，
论勋之际，何有等差，宜并从本勋授。"壬午，渊引见霍邑吏民，劳赏如西河，选
其丁壮使从军；关中军士欲归者，并授五品散官，遣归。或谏以官太滥，渊曰：
"隋氏吝惜勋赏，此所以失人心也，奈何效之！且收众以官，不胜于兵乎！"

河南、山东大水，饿殍满野，炀帝诏开黎阳仓赈之，吏不时给，死者日数万
人。徐世勣言于李密曰："天下大乱，本为饥馑。今更得黎阳仓，大事济矣。"密遣
世勣帅麾下五千人自原武济河，会元宝藏、郝孝德、李文相及洹水贼帅张升、清河
贼帅赵君德共袭破黎阳仓，据之，开仓恣民就食，浃旬间，得胜兵二十余万。武
安、永安、义阳、弋阳、齐郡相继降密。窦建德、朱粲之徒亦遣使附密。

渊欲引兵西趣长安，犹豫未决。裴寂曰："屈突通拥大众，凭坚城，吾舍之而
去，若进攻长安不克，退为河东所蹑，腹背受敌，此危道也。不若先克河东，然后
西上。长安恃通为援，通败，长安必破矣。"李世民曰："不然。兵贵神速，吾席累
胜之威，抚归顺之众，鼓行而西，长安之人望风震骇，智不及谋，勇不及断，取之
若振槁叶耳。若淹留自弊于坚城之下，彼得成谋修备以待我，坐费日月，众心离
沮，则大事去矣。且关中蜂起之将，未有所属，不可不早招怀也。屈突通自守虏
耳，不足为虑。"渊两从之，留诸将围河东，自引军而西。

王世充、韦霁、王辩及河内通守孟善谊、河阳郡尉独孤武都各帅所领会东都，
唯王隆后期不至。己未，越王侗使虎贲郎将刘长恭等帅留守兵，庞玉等帅偃师兵，
与世充等合十余万众，击李密于洛口，与密夹洛水相守。炀帝诏诸军皆受世充
节度。

【译文】

　　隋恭帝义宁元年（丁丑，公元617年）

　　裴寂等人就请李渊尊炀帝为太上皇，立代王杨侑为皇帝，以安定隋王室；传布檄文到各郡县；改换旗帜，用红、白掺杂的颜色，以此向突厥示意不完全与隋室相同。李渊说："这可以说是'掩耳盗钟'，但这是形势所迫，不得不如此啊。"于是就同意这样做，派使者将这个决定通知突厥。

　　李渊开仓赈济贫民，应募当兵的人日益增多。李渊命令将招募来的人分为三军，分左、右军，通称为义士。裴寂等人给李渊上尊号为大将军。癸巳（六月十四日），设置大将军府。

　　壬子（七月初四），李渊任命儿子李元吉为太原太守，留守晋阳宫，一切后方事务都委托他处理。癸丑（七月初五），李渊统帅甲士三万人从晋阳出发，在军营门前誓师，并向各郡县发布檄文，宣布尊立代王为帝的意义。西突厥的阿史那大奈也率其部众跟随李渊出征。甲寅（七月初六），李渊派通议大夫张纶率兵攻略稽胡部落。丙辰（七月初八），李渊到达西河，慰劳西河的官吏百姓，赈济贫民。凡年纪在七十岁以上的人，都授予散官的职务，其余的豪强俊杰，都根据才能授予职务。李渊一边询问来人的功劳、才能，一边注册授予的官职等级。一天就任命官员一千余人。接受官职的人都不拿任命状，他们各自拿着李渊所写的官名状离去。李渊率军进入雀鼠谷。壬戌（七月十四日），在贾胡堡驻军，贾胡堡距霍邑五十余里。代王杨侑派遣虎牙郎将宋老生率领精兵两万人在霍邑驻防。左武侯大将军屈突通驻军河东以抵御李渊。

　　李渊写书信招附李密。李密自恃兵强势盛想自做盟主。他让祖君彦回信说："我和兄长虽然家支派系不同，但同是李姓，根系是相同的。我自认为势单力薄，但却为天下的英雄共推为盟主。希望互相扶持，同心协力，完成在咸阳抓住秦子婴、在牧野灭掉商纣这样的大业，岂不很宏伟吗？"他还想让李渊亲自率领步骑兵几千人到河内郡，二人当面缔结盟约。李渊接到信后，笑着说："李密妄自尊大，不是书信就能招来的，我在关中正有战事，若马上断绝了与他的来往，就是又树了一个敌人，不如用阿谀奉承之语吹捧他，使他心志骄横，让他替我挡住成皋之道，牵制东都之兵，我就可以专心一意地进行西征。待到关中平定以后，我们依据险要之地，养精蓄锐，慢慢地观看鹬蚌之争以坐收渔人之利，也并不晚啊。"于是他让温大雅回信说："我虽然平庸愚昧，幸而承继了祖宗的功业，使我出任为八使之要职，回朝任将军。国家有难而不出来扶助，是所有的贤人君子都要责备的，所以我才大规模地招集义兵，与北狄和亲，共同救助天下，志向在于尊崇隋王室。天生众生，必要有管理他们的人，而今为治民之官的人，不是您又能是谁呢？老夫我已过了知命之年，没有这个心愿了。我很高兴拥戴您，这已经是攀鳞附翼了，希望您早些应验图谶，以安定万民！您是宗盟之长，我的宗属之籍都还须得到您的容纳。您将我还封在唐地，这样的殊荣已经够了。将商纣诛灭于牧野这样的大业，我是不敢说的，至于在咸阳抓住秦子婴之事，我也是不敢听命于您的。汾晋一带，还需要我安抚管理，盟津之会盟，我还顾不上卜定日期。"李密收到李渊的信后很是高兴，他将信给僚佐们看，说："唐公推举我，天下很容易就平定了！"从此，双方的信使往来不绝。

李渊奖赏攻取霍邑的有功将士，军吏们怀疑以奴隶身份应募的人不能和良人同样论功。李渊悦："在箭与石之间战斗，不分贵贱，论功行赏时，有什么等级差别？应该同样按功颁赏授官。"壬午（八月初四），李渊接见了霍邑的吏民，慰劳赏赐，如同西河郡一样，并挑选霍邑强壮的男丁从军。关中的军士要回乡的，都授予五品散官，让他们回去。有人劝李渊说授官太多，李渊说："隋氏吝惜勋位赏赐，因而失去人心。我怎么能效仿他们呢？况且用官职来收拢众人，不比用兵要好吗？"

河南、山东发大水，饿殍遍野。炀帝下诏开黎阳仓赈济饥民，但官吏们不按时赈济，每天有几万人死去。徐世勣对李密说："天下大乱，本来就是因为饥馑的缘故，现在若是再得黎阳仓，大事就告成功。"李密派徐世勣率部下五千人从原武渡黄河，会同元宝藏、郝孝德、李文相及洹水贼帅张升、清河贼帅赵君德共同袭取了黎阳仓并在那里据守，开仓听任百姓来吃粮，十天之内得到精兵二十余万人。武安、永安、义阳、弋阳、齐郡相继投降李密。窦建德、朱粲之类的人也派遣使者依附李密。

李渊想率兵向西直达西安，但仍犹豫不决。裴寂说："屈突通拥有大批军队，凭借着坚固的城池，我们若舍弃他而去，进攻长安而不能攻克，后退就会遇到河东方面的追击，腹背受敌，这是危险的策略。不如先攻下河东，然后挥师西上。长安是依恃屈突通为后援的，屈突通被打败，长安也必定被攻破。"李世民说："不对！兵贵神速，我们乘着屡战屡胜的军威，安抚归顺的众军，大张旗鼓地西进，长安的人就会望风而震惊骇惧，智者还来不及谋划，勇者还来不及决断，取长安就如同震动树上的枯叶一样容易。我们要是滞留，自己将自己耽误在坚城之下，他们则有时间加强防备以对待我们。而我们白白浪费了时间，大家的心就会沮丧溃散，那么大事就全完了。况且关中蜂拥而起的将领还没有归属，不能不早些将他们招抚来。屈突通是仅能自守之敌，不足为虑。"两方面的意见李渊都采纳了，他留下诸将包围河东，自己率军西进。

　　王世充、韦霁、王辩以及河内通守孟善谊、河阳都尉独孤武都各自率领所部军队汇集东都，只有王隆过了期限还没到。己未（九月十一日），越王杨侗派虎贲郎将刘长恭等将领统领留守的军队，庞玉等统领偃师的军队，与王世充等人合在一起有十余万人，在洛口攻击李密。隋军与李密军队隔着洛水相互防卫。炀帝下诏命令各军都受王世充的指挥。

资治通鉴第一百八十五卷

唐纪一

【原文】

高祖神尧大圣光孝皇帝上之上武德元年（戊寅，618年）

唐王既克长安，以书谕诸郡县，于是东自商洛，南尽巴、蜀，郡县长吏及盗贼渠帅、氐、羌酋长，争遣子弟入见请降，有司复书，日以百数。

密乘胜进据金墉城，修其门堞、庐舍而居之，钲鼓之声，闻于东都；未几，拥兵三十万，陈于北邙，南逼上春门。

时江都粮尽，从驾骁果多关中人，久客思乡里，见帝无西意，多谋叛归，郎将窦贤遂帅所部西走，帝遣骑追斩之，而亡者犹不止，帝患之。虎贲郎将扶风司马德戡素有宠于帝，帝使领骁果屯于东城，德戡与所善虎贲郎将元礼、直阁裴虔通谋曰："今骁果人人欲亡，我欲言之，恐先事受诛；不言，于后事发，亦不免族灭，奈何？又闻关内沦没，李孝常以华阴叛，上囚其二弟，欲杀之。我辈家属皆在西，能无此虑乎！"二人皆惧，曰："然则计将安出？"德戡曰："骁果苦亡，不若与之俱去。"二人皆曰："善！"因转相招引，内史舍人元敏、虎牙郎将赵行枢、鹰扬郎将孟秉、符玺郎牛方裕、直长许弘仁、薛世良、城门郎唐奉义、医正张恺、勋侍杨士览等皆与之同谋，日夜相结约，于广座明论叛计，无所畏避。

赵行枢与将作少监宇文智及素厚，杨士览，智及之甥也，二人以谋告智及；智及大喜。德戡等期以三月望日结党西遁，智及曰："主上虽无道，威令尚行，卿等亡去，正如窦贤取死耳。今天实丧隋，英雄并起，同心叛者已数万人，因行大事，此帝王之业也。"德戡等然之。行枢、薛世良请以智及兄右屯卫将军许公化及为主，结约既定,乃告化及。化及性驽怯,闻之,变色流汗,既而从之。

德戡等引兵自玄武门入,帝闻乱,易服逃于西阁。虞通与元礼进兵排左阁,魏氏启之,遂入永巷,问:"陛下安在?"有美人出,指之。校尉令狐行达拔刀直进,帝映窗扉谓行达曰:"汝欲杀我邪?"对曰:"臣不敢,但欲奉陛下西还耳。"因扶帝下阁。虞通,本帝为晋王时亲信左右也,帝见之,谓曰:"卿非我故人乎!何恨而反?"对曰:"臣不敢反,但将士思归,欲奉陛下还京师耳。"帝曰:"朕方欲归,正为上江米船未至,今与汝归耳!"虞通因勒兵守之。

至旦,孟秉以甲骑迎化及,化及战栗不能言,人有来谒之者,但俯首据鞍称罪过。化及至城门,德戡迎谒,引入朝堂,号为丞相。裴虞通谓帝曰:"百官悉在朝堂,陛下须亲出慰劳。"进其从骑,逼帝乘之;帝嫌其鞍勒弊,更易新者,乃乘之。虞通执辔挟刀出宫门,贼徒喜噪动地。化及扬言曰:"何用持此物出,亟还与手。"帝问:"世基何在?"贼党马文举曰:"已枭首矣!"于是引帝还至寝殿,虞通、德戡等拔白刃侍立。帝叹曰:"我何罪至此?"文举曰:"陛下违弃宗庙,巡游不息,外勤征讨,内极奢淫,使丁壮尽于矢刃,女弱填于沟壑,四民丧业,盗贼蜂起;专任佞谀,饰非拒谏:何谓无罪!"帝曰:"我实负百姓;至于尔辈,荣禄兼极,何乃如是!今日之事,孰为首邪?"德戡曰:"溥天同怨,何止一人!"化及又使封德彝数帝罪,帝曰:"卿乃士人,何为亦尔?"德彝赧然而退。帝爱子赵王杲,年十二,在帝侧,号恸不已,虞通斩之,血溅御服。贼欲弑帝,帝曰:"天子死自有法,何得加以锋刃!取鸩酒来!"文举等不许,使令狐行达顿帝令坐。帝自解练巾授行达,缢杀之。

又杀内史侍郎虞世基、御史大夫裴蕴、左翊卫大将军来护儿、秘书监袁充、右翊卫将军宇文协、千牛宇文皛、梁公萧钜等及其子。

化及自称大丞相,总百揆。以皇后令立秦王浩为帝,居别宫,令发诏画敕书而已,仍以兵监守之。

宇文化及以左武卫将军陈棱为江都太守,综领留事。壬申,令内外戒严,云欲还长安。皇后六宫皆依旧式为御营,营前别立帐,化及视事其中,仗卫部伍,皆拟乘舆。夺江都人舟楫,取彭城水路西归。

于是德戡、行枢与诸将李本、尹正卿、宇文导师等谋,以后军袭杀化及,更立德戡为主；遣人诣孟海公，结为外助，迁延未发，待海公报。许弘仁、张恺知之，以告化及，化及遣宇文士及阳为游猎，至后军，德戡不知事露，出营迎谒，因执之。化及让之曰："与公戮力共定海内，出于万死。今始事成，方愿共守富贵，公又何反也？"德戡曰："本杀昏主，苦其淫虐；推立足下，而又甚之；逼于物情，不得已也。"化及缢杀之，并杀其支党十余人。孟海公畏化及之强，帅众具牛酒迎之。李密据巩洛以拒化及，化及不得西，引兵向东郡，东郡通守王轨以城降之。

萧铣即皇帝位，置百官，准梁室故事。谥其从父琮为孝靖皇帝，祖岩为河间忠烈王，父璇为文宪王，封董景珍等功臣七人皆为王。遣宋王杨道生击南郡，下之，徙都江陵，修复园庙。引岑文本为中书侍郎，使典文翰，委以机密。又使鲁王张绣徇岭南，隋将张镇周、王仁寿等拒之；既而闻炀帝遇弑，皆降于铣。钦州刺史宁长真亦以郁林、始安之地附于铣。

于是东自九江，西抵三峡，南尽交趾，北距汉川，铣皆有之，胜兵四十余万。

戊午，隋恭帝禅位于唐，逊居代邸。甲子，唐王即皇帝位于太极殿，遣刑部尚书萧造告天于南郊，大赦，改元。罢郡，置州，以太守为刺史。推五运为土德，色尚黄。

隋炀帝凶问至东都，戊辰，留守官奉越王即皇帝位，大赦，改元皇泰。

【译文】

唐高祖武德元年（戊寅，公元618年）

唐王攻克长安之后，便致函通告各郡县，于是东起商洛，南至巴蜀，各地的郡县长官、盗贼首领、氐羌酋长，争相派遣子弟见唐王请求归顺，有关衙门每天要回复数以百计的信函。

李密乘胜进据金墉城，修复城门城堞、房屋，住在城内，战鼓的声音由此传到东都。不久，李密拥兵三十万，在北邙列战阵，南边逼近东都上春门。

当时江都的粮食吃完了，隋炀帝南来的骁果大多是关中人，长期在外，思恋故乡，见炀帝没有回长安的意思，大都策划叛逃回乡。郎将窦贤便带领部下西逃，炀帝派骑兵追赶，杀了他，但仍然不断有人逃跑，令炀帝很头痛。虎贲郎将扶风人司马德戡一向得炀帝信任,炀帝派他统领骁果,驻扎在东城,司马德戡与平时要好的虎贲郎将元礼、直阁裴虔通商量,说:"现在骁果人人想逃跑,我想说,又怕说早了被杀头;不说,事情真发生了,也逃不了族灭,怎么办?又听说关内沦陷,李孝常以华阴反叛,皇上囚禁了他的两个弟弟,准备杀掉。我们这些人的家属都在西边,能不担心这事吗?"元、裴二人都慌了,问:"既然如此,有什么好办法吗?"司马德戡说:"如果骁果逃亡,我们不如和他们一齐跑。"元、裴二人都说:"好主意!"于是相互联络,内史舍人元敏、虎牙郎将赵行枢、鹰扬郎将孟秉、符玺郎牛方裕、直长许弘仁、薛世良、城门郎唐奉义、医正张恺、勋侍杨士览等人都参与同谋,日夜联系,在大庭广众之下公开商议逃跑的事,毫无顾忌。

赵行枢与将作少监宇文智及历来很要好,杨士览是宇文智及的外甥,赵、杨二人把他们的计划告诉了宇文智及,智及很高兴。司马德戡等人定于三月月圆那天结伴西逃,宇文智及说:"皇上虽然无道,可是威令还在,你们逃跑,和窦贤一样是找死。现在实在是老天爷要隋灭亡,英雄并起,同样心思想反叛的已有数万人,乘此机会起大事,正是帝王之业。"司马德戡等人同意他的意见。赵行枢、薛世良要求由宇文智及的兄长右屯卫将军许公宇文化及为首领,协商定了,才告诉宇文化及。宇文化及性格怯懦,能力低下,听说后,脸色都变了,直冒冷汗,接着听从了众人的安排。

司马德戡等人领兵从玄武门进入宫城,炀帝听到消息,换了衣服逃到西阁。裴虔通和元礼进兵推撞左阁门,魏氏开阁,乱兵进了永巷,问:"陛下在哪里?"有位美人出来指出了炀帝的所在。校尉令狐行达拔刀冲上去,炀帝躲在窗后对令狐行达说:"你想杀我吗?"令狐行达回答:"臣不敢,不过是想奉陛下西还长安罢了。"说完扶炀帝下阁。裴虔通本来是炀帝作晋王时的亲信,炀帝见到他,对他说:"你不是我的旧部吗!有什么仇要谋反?"裴虔通回答:"臣不敢谋反,但是将士想回家,我不过是想奉陛下回京师罢了。"炀帝说:"朕正打算回去,只为长江上游的运米船未到,现在和你们回去吧!"裴虔通于是领兵守住炀帝。

天明后,孟秉派武装骑兵迎接宇文化及,宇文化及浑身颤抖说不出话,有人来参见,他只会低头靠在马鞍上连说"罪过"表示感谢。宇文化及到宫城门前,司马德戡迎接他入朝堂,称丞相。裴虔通对炀帝说:"百官都在朝堂,需陛下亲自出去慰劳。"送上自己随从的坐骑，逼炀帝上马，炀帝嫌他的马鞍笼头破旧，换过新的才上马。裴虔通牵着马缰绳提着刀出宫城门，乱兵欢声动地。宇文化及扬言："哪用让这家伙出来，赶快弄回去结果了。"炀帝问："虞世基在哪儿？"乱党马文举说："已经枭首了。"于是将炀帝带回寝殿，裴虔通、司马德戡等拔出兵刃站在边上。炀帝叹息道："我有什么罪该当如此？"马文举说："陛下抛下宗庙不顾，不停地巡游，对外频频作战，对内极尽奢侈荒淫，致使强壮的男人都死于刀兵之下，妇女弱者死于沟壑之中，民不聊生，盗贼蜂起；一味任用奸佞，文过饰非，拒不纳谏，怎么说没罪！"炀帝说："我确实对不起老百姓，可你们这些人，荣华富贵都到了头，为什么还这样？今天这事，谁是主谋？"司马德戡说："整个天下的人都怨恨，哪止一个人！"宇文化及又派封德彝宣布炀帝的罪状。炀帝说："你可是士人，怎么也干这种事？"封德彝羞红了脸，退了下去。炀帝的爱子赵王杨杲才十二岁，在炀帝身边不停地号啕大哭，裴虔通杀了赵王，血溅到炀帝的衣服上。这些人要杀炀帝，炀帝说："天子自有天子的死法，怎么能对天子动刀，取鸩酒来！"马文举等人不答应，让令狐行达按着炀帝坐下。炀帝自己解下练巾交给令狐行达，令狐行达绞死了炀帝。

乱兵又杀了内史侍郎虞世基、御史大夫裴蕴、左翊卫大将军来护儿、秘书监袁充、右翊卫将军宇文协、千牛宇文晶、梁公萧钜等人及其儿子。

宇文化及自称大丞相，总理百官。以炀帝皇后的命令立秦王杨浩为皇帝，住在别宫，只让皇帝签署发布诏敕而已，仍然派兵监守。

宇文化及以左武卫将军陈棱为江都太守，总管留守事宜。壬申（三月二十七日），命令内外戒严，声称准备回长安。皇后和六宫都按照老规矩作为御营，营房前另外搭帐，宇文化及在里面办公，仪仗和侍卫的人数，都比照着皇帝的规模。他们抢了江都人的船，取道彭城由水路向西行。

于是，司马德戡、赵行枢与几位将领李本、尹正卿、宇文导师等策划，准备用后军袭击诛杀宇文化及，改立司马德戡为主。派人到孟海公那里，联结他做外援，拖延着没有发动，等着孟海公的回音。许弘仁、张恺知道了他们的计划，报告了宇文化及，宇文化及派宇文士及装作游猎，到后军，司马德戡不知道事情败露，出营迎接，宇文士及趁势逮捕他。宇文化及责备司马德戡道："我和阁下共同努力平定海内，冒着天大的风险。如今事情刚刚成功，正想一起保富贵，阁下又为何要谋反呢？"司马德戡说："本来杀昏主，就是受不了他的荒淫暴虐；推立足下，却比昏主有过之而无不及；迫于人心，也是不得已。"宇文化及绞死了司马德戡，并杀了司马德戡十九名同党。孟海公害怕宇文化及的强盛，率领部下备办了牛和酒迎接宇文化及。李密占领了巩洛抵抗宇文化及，宇文化及不能向西前进，便领着队伍朝着东郡进发，东郡通守王轨以城投降了宇文化及。

萧铣即皇帝位，设置属官，完全遵照梁朝的制度。追谥他的叔父萧琮为孝靖皇帝，祖父萧岩为河间忠烈王，父亲萧璇为文宪王，董景珍等七位功臣都封为王。派宋王杨道生进攻并攻克了南郡，把都城迁到江陵，修复了园林宗庙。招岑文本为中书侍郎。派他掌管诏令文书，把机密委托给他。又派鲁王张绣攻占岭南，隋朝将领张镇周、王仁寿等人抵抗张绣的进攻，不久听说隋炀帝遇弑，都投降了萧铣。钦州刺史宁长真也以郁林、始安地区归附于萧铣。

于是东边从九江，西边到三峡，南到交趾，北到汉川，都为萧铣所有，萧铣有四十万能作战的军队。

戊午（五月十四日），隋恭帝禅位给唐，让出皇宫住在代邸。甲子（二十日），唐王在太极殿即皇帝位，派刑部尚书萧造在南郊祭告上天，大赦天下，改换年号为武德。停止用郡，设置州，改太守为刺史。推求五行的运行属土德，颜色以黄色为尊。

隋炀帝的死讯传到东都，戊辰（五月二十四日），留守东都的隋朝官员拥戴隋越王杨侗即皇帝位，大赦，改年号为"皇泰"。

资治通鉴第一百八十六卷

唐纪二

【原文】

高祖神尧大圣光孝皇帝上之中武德元年（戊寅，618年）

世充简练精锐得二万余人，马二千余匹。壬子，出师击密，旗幡之上皆书永通字，军容甚盛。癸丑，至偃师，营于通济渠南，作三桥于渠上。密留王伯当守金墉，自引精兵出偃师，阻邙山以待之。

密召诸将会议，裴仁基曰："世充悉众而至，洛下必虚，可分兵守其要路，令不得东，简精兵三万，傍河西出以逼东都。世充还，我且按甲；世充再出，我又逼之。如此，则我有余力，彼劳奔命，破之必矣。"密曰："公言大善。今东都兵有三不可当：兵仗精锐，一也；决计深入，二也；食尽求战，三也。我但乘城固守，蓄力以待之；彼欲斗不得，求走无路，不过十日，世充之头可致麾下。"陈智略、樊文超、单雄信皆曰："计世充战卒甚少，屡经摧破，悉已丧胆。《兵法》曰，'倍则战'，况不啻倍哉！且江、淮新附之士，望因此机展其勋效，及其锋而用之，可以得志。"于是诸将喧然，欲战者什七八，密惑于众议而从之。仁基苦争不能得，击地叹曰："公后必悔之。"魏徵言于长史郑颋曰："魏公虽骤胜，而骁将锐卒多死，战士心怠，此二者难以应敌。且世充乏食，志在死战，难与争锋，未若深沟高垒以拒之，不过旬月，世充粮尽，必自退，追而击之，蔑不胜矣。"颋曰："此老生之常谈耳。"徵曰："此乃奇策，何谓常谈！"拂衣而起。

密新破宇文化及，有轻世充之心，不设壁垒。世充夜遣二百余骑潜入北山，伏溪谷中，命军士皆秣马蓐食。甲寅旦，将战，世充誓众曰："今日之战，非直争胜负；死生之分，在此一举。若其捷也，富贵固所不论；若其不捷，必无一人获免。所争者死，非独为国，各宜勉之！"迟明，引兵薄密。密出兵应之，未及成列，世充纵兵击之。世充士卒皆江、淮剽勇，出入如飞。世充先索得一人貌类密者，缚而匿之，战方酣，使牵以过陈前，噪曰："已获李密矣！"士卒皆呼万岁，其伏兵发，乘高而下，驰压密营，纵火焚其庐舍。密众大溃，其将张童仁、陈智略皆降，密与万余人驰向洛口。

其众多亡，化及自知必败，叹曰："人生固当死，岂不一日为帝乎！"于是鸩杀秦王浩，即皇帝位于魏县，国号许，改元天寿，署置百官。

李密将至，上遣使迎劳，相望于道。密大喜，谓其徒曰："我拥众百万，一朝解甲归唐，山东连城数百，知我在此，遣使招之，亦当尽至；比于窦融，功亦不细，岂不以一台司见处乎！"己卯，至长安，有司供待稍薄，所部兵累日不得食，众心颇怨。既而以密为光禄卿、上柱国，赐爵邢国公。密既不满望，朝臣又多轻之，执政者或来求贿，意甚不平；独不亲礼之，常呼为弟，以舅子独孤氏妻之。

世民知仁果将士离心，命行军总管梁实营于浅水原以诱之。罗睺大喜，尽锐攻之，梁实守险不出；营中无水，人马不饮者数日。罗睺攻之甚急；世民度贼已疲，谓诸将曰："可以战矣！"迟明，使右武侯大将军庞玉陈于浅水原。罗睺并兵击之，玉战，几不能支，世民引大军自原北出其不意，罗睺引兵还战。世民帅骁骑数十先陷陈，唐兵表里奋击，呼声动地，罗睺睺士卒大溃，斩首数千级。世民帅二千余骑追之，窦轨叩马苦谏曰："仁果犹据坚城，虽破罗睺，未可轻进，请且按兵以观之。"世民曰："吾虑之久矣，破竹之势，不可失也，舅勿复言！"遂进。仁果陈于城下，世民据泾水临之，仁果骁将浑幹等数人临陈来降。仁果惧，引兵入城拒守。日向暮，大军继至，遂围之。夜半，守城者争自投下。仁果计穷，己酉，出降；得其精兵万余人，男女五万口。

诸将皆贺，因问曰："大王一战而胜，遽舍步兵，又无攻具，轻骑直造城下，众皆以为不克，而卒取之，何也？"世民曰："罗睺所将皆陇外之人，将骁卒悍；吾特出其不意而破之，斩获不多。若缓之，则皆入城，仁果抚而用之，未易克也；急之，则散归陇外，折墌虚弱，仁果破胆，不暇为谋，此吾所以克也。"众皆悦服。

【译文】

唐高祖武德元年（戊寅，公元618年）

王世充挑出二万多精锐，马二千多匹。壬子（九月初十），出兵攻打李密，旗帜上都写上"永通"二字，军容很强大。癸丑（九月十一日），到偃师，驻扎在通济渠南边，在渠水上搭设了三座桥梁。李密留王伯当守卫金墉城，自己带领精兵去偃师，以邙山为屏障等候王世充的军队。

李密召集各位将领开会商议，裴仁基说："王世充率领他的全部军队到这儿，洛阳必然空虚，我们可以分出兵力把守王世充军队要经过的要道，使他不能再向东前进，另挑选三万精兵，沿黄河向西进逼东都。王世充回军，我方就按兵不动；王世充再次出军，我方就再逼东都。这样，我方还有富余的力量，对方疲于奔命，肯定能打败他。"李密说："您说得很好。但现在东都的军队有三个不可抵挡：武器精良，这是一；决计深入我方，这是二；粮食吃完了决战，这是三。我们只要利用城池坚守，保存力量等待，对方想交战打不成，求退兵又没退路，过不了十天，王世充的头就可以到我们手中。"陈智略、樊文超、单雄信都说："算算王世充的士兵少得很，又好几次打了败仗，都已经吓破了胆。《兵法》说，'己方力量是对方一倍则作战'，何况不只是一倍！况且刚刚来归附的江淮人士，正希望乘此机会一展身手建立功勋，趁他们的锐气利用他们作战，正可以成功。"于是众将领大声表示赞同，想打的占十分之七八，李密受众人的意见影响，决定照办。裴仁基苦苦争辩却不能说服众人，敲着地叹息道："阁下以后一定会后悔今天的决定。"魏徵对长史郑颋说："魏公虽然屡次打了胜仗，但是精兵骁将伤亡很多，战士心身很疲倦，有这两点很难应敌，况且王世充缺粮，志在决一死战，很难和他争战以决胜负，不如挖深壕沟、加高壁垒以拒敌，过不了十天半个月，王世充粮食吃完了，必须自己退兵，那时再追击他，没有不胜的。"郑颋说："这是老生常谈了。"魏徵道："这是奇策，怎么说是老生常谈！"拂袖起身而去。

李密刚刚打败了宇文化及，有些轻视王世充，不设防御敌人的围墙。王世充派二百多骑兵夜里秘密进入北邙山，埋伏在山谷中，命令士兵喂好马匹吃饱饭。甲寅

（九月十二日）清晨，准备出击，王世充告诫众将士说："今天这一仗，不仅仅是争胜负，而是生与死全在此一举。如果胜了，荣华富贵自然不在话下；如果败了，一个人也逃不了。我们争相赴死，不单是为了国家，各位要努力作战！"天亮后，带兵逼近李密。李密出兵应战，还没来得及排好队，王世充就放兵攻击。王世充的士兵都是长江、淮河流域的人，剽悍勇猛，出入迅捷。王世充事先找到一个长得很像李密的人，捆起来藏好，战斗正激烈时，让人牵着通过阵前，大喊："已经捉住李密了！"士兵们都呼万岁。王世充埋伏的骑兵出击，从高处冲下来，驰向李密营地，放火焚烧房屋。李密部众溃散，将领张童仁、陈智略都投降了王世充，李密和一万多人逃往洛口。

宇文化及的部下大多逃跑了，化及自己知道肯定要失败，叹息道："人生自然是要死的，怎能不当一天皇帝呢？"于是用鸩酒毒死了秦王杨浩，在魏县即皇帝位，国号许，改年号天寿，设置百官。

李密就要到长安了，高祖接连不断地派人前去迎接慰问。李密非常高兴，对他的部下说："我拥有百万兵力，一朝脱去战袍归顺唐，崤山以东几百座城镇，知道我在这里，派人去招降，也会全部来归顺的；比起窦融，功劳也不小，还能不给我安排一个要职吗？"己卯（十月初八），李密到长安，负责部门对他们的供应颇差，李密部下的士兵接连几天没饭吃，众人心里颇生怨气。不久唐以李密为光禄卿、上柱国，赐他邢国公的爵位。李密没能满足原来的期望，大臣们大多又轻视他，有些掌权的人向李密索取贿赂，李密内心很不满意；唯有高祖对待他很好，经常称他为弟，将舅舅的女儿独孤氏嫁给他。

李世民了解到薛仁果手下的将领士卒有离异之心，命令行军总管梁实在浅水原扎营引诱薛仁果部下。宗罗睺知道后非常高兴，出动全部精锐攻梁实，梁实守住险要不出战。营地中没有水源，好几天人马没有水喝。宗罗睺的攻击很猛烈；李世民估计对方已经疲劳，对诸位将领说："可以打了！"快到天亮，李世民让右武侯大将军庞玉在浅水原列阵。宗罗睺合兵攻庞玉，庞玉作战，几乎不能坚持了，李世民带领大军出其不意从浅水原北方出现，宗罗睺带军迎战。世民率领几十名骁骑率先冲入敌阵，唐军内外奋力搏斗，呼声动地，宗罗睺的部队大败，唐军杀了几千人。世民率领二千多骑兵追击宗罗睺，窦轨拉住马苦苦地劝道："薛仁果还占据着坚固的城池，我们虽然打败了宗罗睺，但不能轻易冒进，我请求暂且按兵不动，观察一下薛仁果的动静。"李世民说："我考虑这个问题很久了，现在我军取胜势如破竹，机不可失，舅舅不要再说了！"于是进军。薛仁果在城下列阵，李世民依据泾河面对薛仁果营地，薛仁果手下的骁将浑幹等人到唐军阵前投降。薛仁果怕了，带兵进城拒守。天快黑时，唐大军相继到达，于是包围了城池。半夜，守城的人纷纷下城投降。薛仁果无计可施，己酉（十一月初八），出城投降；唐得薛仁果的一万多名精兵，五万名男女。

诸位将领都来祝贺，顺便问："大王一仗就取得了胜利，骤然舍弃步兵，又没有攻城的用具，轻骑直到城下，众人都认为无法攻克城池，却很快就取胜，是什么原因呢？"李世民说："宗罗睺的部下都是陇山之西的人，将领骁勇，士卒剽悍；我只是出其不意打败了他，杀伤不多。如果迟迟不追击，则都会返回城内，薛仁果加以抚慰再派他们作战，就不容易战胜了；如果迅速追击，则将跑散回到陇山之西，折墌城的防守就虚弱，薛仁果吓破了胆，没有时间谋划，这就是我取胜的原因。"众人都心悦诚服。

资治通鉴第一百八十七卷

唐纪三

【原文】

高祖神尧大圣光孝皇帝上之下武德二年（己卯，619年）

朱粲有众二十万，剽掠汉、淮之间，迁徙无常，攻破州县，食其积粟未尽，复他适，将去，悉焚其余资；又不务稼穑，民馁死者如积。粲无可复掠，军中乏食，乃教士卒烹妇人、婴儿啖之。

初定租、庸、调法，每丁租二石，绢二匹，绵三两；自兹以外，不得横有调敛。

窦建德谓其群下曰："吾为隋民，隋为吾君；今宇文化及弑逆，乃吾仇也，吾不可以不讨！"乃引兵趣聊城。

建德与化及连战，大破之，化及复保聊城。建德纵兵四面急攻，王薄开门纳之。建德入城，生擒化及，先谒隋萧皇后，语皆称臣，素服哭炀帝尽哀；收传国玺及卤簿仪仗，抚存隋之百官，然后执逆党宇文智及、杨士览、元武达、许弘仁、孟景；集隋官而斩之，枭首军门之外。以槛车载化及并二子承基、承趾至襄国，斩之。化及且死，更无余言，但云："不负夏王！"

上遣殿内监窦诞、右卫将军宇文歆助并州总管齐王元吉守晋阳。诞，抗之子也，尚帝女襄阳公主。元吉性骄侈，奴客婢妾数百人，好使之被甲，戏为攻战，前后死伤甚众，元吉亦尝被伤。其乳母陈善意苦谏，元吉醉，怒，命壮士殴杀之。性好田猎，载罔罟三十年，尝言："我宁三日不食，不能一日不猎。"常与诞游猎，蹂践人禾稼。又纵左右夺民物，当衢射人，观其避箭。夜，开府门，宣淫他室。百姓

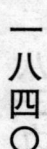

愤怨，歆屡谏不纳，乃表言其状。壬戌，元吉坐免官。

乙巳，王世充备法驾入宫，即皇帝位；丙午，大赦，改元开明。

窦建德闻王世充自立，乃绝之，始建天子旌旗，出警入跸，下书称诏，追谥隋炀为闵帝。

李轨将安脩仁兄兴贵，仕长安，表请说轨，谕以祸福。上曰："轨阻兵恃险，连结吐谷浑、突厥，吾兴兵击之，尚恐不克，岂口舌所能下乎！"兴贵曰："臣家在凉州，奕世豪望，为民夷所附；弟脩仁为轨所信任，子弟在机近者以十数。臣往说之，轨听臣固善，若其不听，图之肘腋，易矣！"上乃遣之。

兴贵至武威，轨以为左右卫大将军。兴贵乘间说轨曰："凉地不过千里，土薄民贫。今唐起太原，取函秦，宰制中原，战必胜，攻必取，此殆天启，非人力也。不若举河西归之，则窦融之功复见于今日矣！"轨曰："吾据山河之固，彼虽强大，若我何！汝自唐来，为唐游说耳。"兴贵谢曰："臣闻富贵不归故乡，如衣绣夜行，臣阖门受陛下荣禄，安肯附唐！但欲效其愚虑，可否在陛下耳。"于是退与脩仁阴结诸胡起兵击轨，轨出战而败，婴城自守。兴贵徇曰："大唐遣我来诛李轨，敢助之者夷三族！"城中人争出就兴贵。轨计穷，与妻子登玉女台，置酒为别。庚辰，兴贵执之以闻，河西悉平。

乙酉，西突厥统叶护可汗、高昌王麴伯雅各遣使入贡。

初，西突厥曷娑那可汗入朝于隋，隋人留之，国人立其叔父，号射匮可汗。射匮者，达头可汗之孙也，既立，拓地东至金山，西至海，遂与北突厥为敌，建庭于龟兹北三弥山。射匮卒，子统叶护立。统叶护勇而有谋，北并铁勒，控弦数十万，据乌孙故地，又移庭于石国北千泉；西域诸国皆臣之，叶护各遣吐屯监之，督其征赋。

丁未，窦建德陷洺州，总管袁子幹降之。乙卯，引兵趣相州，淮安王神通闻之，帅诸军就李世勣于黎阳。

刘武周进逼并州，齐王元吉给其司马刘德威曰："卿以老弱守城，吾以强兵出战。"辛巳，元吉夜出兵，携其妻妾弃州奔还长安。元吉始去，武周兵已至城下，晋阳土豪薛深以城纳武周。上闻之，大怒，谓礼部尚书李纲曰："元吉幼弱，未必时事，故遣窦诞、宇文歆辅之。晋阳强兵数万，食支十年，兴王之基，一旦弃之。

闻宇文歆首画此策，我当斩之！"纲曰："王年少骄逸，窦诞曾无规谏，又掩覆之，使士民愤怒，今日之败，诞之罪也。歆谏，王不悛，寻皆闻奏，乃忠臣也，岂可杀哉！"明日，上召纲人，升御座曰："我得公，遂无滥刑。元吉自为不善，非二人所能禁也。"并诞赦之。卫尉少卿刘政会在太原，为武周所虏，政会密表论武周形势。

武周据太原，遣宋金刚攻晋州，拔之，虏右骁卫大将军刘弘基，弘基逃归。金刚进逼绛州，陷龙门。

癸卯，以左武侯大将军庞玉为梁州总管。时集州獠反，玉讨之，獠据险自守，军不得进，粮且尽。熟獠与反者皆邻里亲党，争言贼不可击，请玉还。玉扬言："秋谷将熟，百姓毋得收刈，一切供军，非平贼吾不返。"闻者大惧曰："大军不去，吾曹皆将馁死。"其中壮士乃入贼营，与所亲潜谋，斩其渠帅而降，余党皆散，玉追讨，悉平之。

刘武周将宋金刚进攻浍州，陷之，军势甚锐。裴寂性怯，无将帅之略，唯发使骆驿，趣虞、泰二州居民入城堡，焚其积聚。民惊扰愁怨，皆思为盗。

时王行本犹据蒲反，未下，亦与武周相应，关中震骇。上出手敕曰："贼势如此，难与争锋，宜弃大河以东，谨守关西而已。"秦王世民上表曰："太原，王业所基，国之根本；河东富实，京邑所资，若举而弃之，臣窃愤恨。愿假臣精兵三万，必冀平殄武周，克复汾、晋。"上于是悉发关中兵以益世民所统，使击武周。乙卯，幸华阴，至长春宫以送之。

【译文】

唐高祖武德二年（己卯，公元619年）

朱粲有二十万人，在汉水、淮河之间剽掠，迁徙没有规律，每攻破一个州县，还没有吃尽该州县积聚的粮食，就又转移，将离州县时，把州县其余的物资全部焚毁；又不注重农业，饿死的老百姓堆得像山那样高。朱粲没有再可掠夺的了，军队中缺乏吃的，就教士兵烧煮妇女、小孩吃。

唐初步制定租、庸、调法，每个成年男子每年交租二石，绢二匹，绵三两；除此之外，不复横征暴敛。

窦建德对他的部下说："我是隋朝百姓，隋是我的君主；现在宇文化及叛逆杀了皇帝，就是我的仇人，我不能不讨伐！"于是带兵开赴聊城。

　　窦建德和宇文化及连续交锋，大败宇文化及，宇文化及重又保守聊城。窦建德率兵从四面猛攻，王薄开城门迎入窦军。窦建德进城，活捉了宇文化及，先去拜谒了隋萧皇后，言语都自称臣下，身着白色服装哭隋炀帝以尽哀节；收拾隋传国玉玺及车驾仪仗，安抚隋朝的百官，然后，捉住叛逆的同党宇文智及、杨士览、元武达、许弘仁、孟景，集合隋朝官员当面斩了这几个人，割下首级悬挂在军营门外。用槛车载宇文化及和他的两个儿子宇文承基、宇文承趾到襄国，将他们斩首。宇文化及临死，没有什么要说的，只说道："不负夏王！"

　　唐高祖派遣殿内监窦诞、右卫将军宇文歆协助并州总管齐王李元吉镇守晋阳。窦诞是窦抗的儿子，娶了高祖的女儿襄阳公主。李元吉性情骄横，生活奢侈，有几百名奴婢侍妾，喜欢让他们穿上战袍，作打仗的游戏，前后死伤了很多人，李元吉也曾受伤。元吉的奶妈陈善意苦苦劝说，元吉喝醉，听到她的话很生气，命令力士打死了陈善意。李元吉生性喜欢打猎，有三十车捕捉鸟兽鱼虾的网，曾经说："我宁可三天不吃饭，也不能一天不打猎。"常常和窦诞游猎，践踏百姓的庄稼。他还放纵身边的人抢夺民物，在大街上射人，看人避箭的样子。夜里打开王府大门，公然在别人家做出淫秽之事。百姓十分愤恨，宇文歆屡次规劝元吉都不听，于是宇文歆上表报告了李元吉的情况。壬戌（闰二月二十二日），李元吉获罪被免官。

　　乙巳（四月初七），王世充用全套皇帝车驾进入宫城，即皇帝位。丙午（初八），大赦天下，改年号为"开明"。

　　窦建德听说王世充自立为帝，于是与王世充断绝了关系，开始自己设立天子使用的旗帜，出入都像天子一样清道警戒。下达的文书称为诏，追谥隋炀帝为隋闵帝。

　　李轨的将领安修仁的兄长安兴贵，在长安做官，上表请求去说服李轨，对他讲明祸福。高祖说："李轨依仗军队凭借险要，连结吐谷浑、突厥，我起兵攻打他，还怕不能取胜，哪里是一番口舌就可以拿下的？"安兴贵回答："臣下的家在凉州，累世豪门望族，各族百姓多加依附，弟弟修仁受李轨信任，有十几名子弟为李轨机密近要官员，臣前去说服李轨，李轨能听我的话固然好，如果不听，在他的身边解决他，也容易了！"于是高祖派他前往凉州。

安兴贵到达武威，李轨任命他为左右卫大将军。安兴贵找机会劝李轨说："凉的辖地不过千里，土地瘠薄百姓贫困，如今唐从太原兴起，夺取了函秦，统制中原，战必胜，攻必取，这大概是天意，不是人力能做到的。您不如带整个河西归附唐，那么汉代窦融的功勋又可以在今天重现了！"李轨说："我凭着山河的牢固，他们虽然强大，又能拿我怎么样？你从唐朝来，是为唐游说吧。"安兴贵连忙谢罪道："我听说富贵不回乡，就像穿着锦绣衣服在夜间行走不为人所知一样，臣下我全家受陛下的荣禄，怎么肯归附唐？只不过想呈上我的想法，行不行在陛下您了。"于是退下和安脩仁秘密联合各胡部起兵攻打李轨，李轨出战，打了败仗，于是环城自守。安兴贵宣告："大唐派我来诛灭李轨，有胆敢援助他的，诛杀三族。"城中的人争相出城投奔安兴贵。李轨无计可施，和妻儿登上玉女台，摆酒话别。庚辰（五月十三日），安兴贵捉住李轨上报唐廷，河西全部平定。

乙酉（七月十九日），西突厥统叶护可汗、高昌王麴伯雅分别派遣使节入朝纳贡于唐。

当初，西突厥曷婆那可汗到隋朝见，隋朝留下了他，西突厥国人立曷娑那的叔父为可汗，称射匮可汗。射匮是达头可汗的孙子，即位后，开拓疆土东到金山，西到西海，于是与北突厥相对抗，在龟兹以北三弥山建立朝廷。射匮死后，他的儿子统叶护成为可汗。统叶护英勇而有谋略，北面吞并了铁勒，拥有几十万兵马，占据了乌孙原来的地域，又将朝廷迁到石国北面的千泉，西域各国都臣服于他，叶护分别派遣吐屯监理各国，督察他们交纳赋税。

丁未（八月十一日），窦建德攻陷洺州，唐总管袁子幹投降了窦建德。乙卯（八月十九日），窦建德又领兵马开赴相州，淮安王李神通闻讯，率领各路兵马到黎阳投靠李世勣。

刘武周进逼并州，齐王李元吉欺骗他的司马刘德威说："你带老弱守城，我带强兵出战。"辛巳（十六日），李元吉半夜出兵，携带妻妾放弃并州逃回长安。李元吉刚离开，刘武周的大军就抵达城下，晋阳当地豪强薛深献城池接纳了刘武周。高祖闻讯，极为震怒，对礼部尚书李纲说："元吉年轻，不熟悉时事，所以才派窦诞、宇文歆辅佐他。晋阳有几万强兵，足够吃十年的粮食，它是王业兴起的根基，却一下就放弃了。听说是宇文歆首先提出这主意，我一定要杀了他！"李纲说："齐王年轻骄奢放纵，窦诞不曾有所规谏，反而为他掩饰，使百姓愤怒，今天的失败，是窦诞的罪过。宇文歆劝谏，齐王不改，他将所有的情况上奏朝廷，是忠臣，怎么能杀掉？"第二天，高祖召李纲入见，登上御座说道："我有了你，才能够没有滥施刑罚。元吉自己不学好，不是窦诞、宇文歆两个人能禁止得了的。"于是连窦诞也一起赦免了罪过。卫尉少卿刘政会在太原，被刘武周俘虏，政会秘密上表分析了刘武周的形势。

刘武周占据太原，派宋金刚进攻并攻克了晋州，俘虏了唐右骁卫大将军刘弘基，刘弘基逃回了唐。宋金刚进逼绛州，攻陷了龙门。

癸卯（十月初八），唐任命左武侯大将军庞玉为梁州总管。当时集州獠民反叛，庞玉讨伐叛獠，獠民凭借险要固守，唐军队不能前进，而且军粮将尽。靠近边境的熟獠与反叛的獠民都是乡亲，争相进言说无法攻打叛獠，请求庞玉回军。庞玉故意宣扬说："秋谷即将成熟，百姓不得收割，一切供给军需，不平叛贼我不撤军。"听说此话的人大为惊恐，说："大军不走，我们这些人都要被饿死。"其中的壮士便进入叛獠营地，和认识的叛獠暗中谋划，杀了叛獠头领投降唐军，余众全部溃散，庞玉追逐讨伐，全部平定了叛獠。

刘武周的将领宋金刚进攻并攻克了浍州，军势很猛。裴寂性格怯懦，没有将帅的才干，只是不断地派出使者，催促虞、泰二州的居民进入城堡，并焚毁了他们的积蓄。百姓惊恐不安忧愁抱怨，都想去当强盗。

当时王行本还占据着蒲反，没有被攻下，也与刘武周相互呼应，关中震惊，高祖下亲笔敕书道："贼势到如此地步，很难与他们抗争，宜放弃黄河以东地区，谨守关西。"秦王李世民上表称："太原是王业的基础，国家的根本；河东地区富饶，京城靠它供给，如果全部放弃，臣深感愤恨。希望给臣三万精兵，必定可望消灭刘武周，收复汾、晋。"于是高祖征发关中所有兵力扩充李世民的部队，让他攻打刘武周。乙卯（十月二十日），高祖驾临华阴，至长春宫为秦王送行。

唐纪四

【原文】

高祖神尧大圣光孝皇帝中之上武德二年（己卯，619年）

秦王世民引兵自龙门乘冰坚渡河，屯柏壁，与宋金刚相持。时河东州县，俘掠之余，未有仓廪，人情恇扰，聚入城堡，征敛无所得，军中乏食。世民发教谕民，民闻世民为帅而来，莫不归附，自近及远，至者日多，然后渐收其粮食，军食以充。乃休兵秣马，唯令偏裨乘间抄掠，大军坚壁不战，由是贼势日衰。

世民尝自帅轻骑觇敌，骑皆四散，世民独与一甲士登丘而寝。俄而贼兵四合，初不之觉，会有蛇逐鼠，触甲士之面，甲士惊寤，遂白世民俱上马，驰百余步，为贼所及，世民以大羽箭射殪其骁将，贼骑乃退。

诸将咸请与宋金刚战，世民曰："金刚悬军深入，精兵猛将，咸聚于是，武周据太原，倚金刚为捍蔽。军无蓄积，以虏掠为资，利在速战。我闭营养锐以挫其锋，分兵汾、隰，冲其心腹，彼粮尽计穷，自当遁走。当待此机，未宜速战。"

【译文】

唐高祖武德二年（己卯，公元619年）

秦王李世民乘冰冻坚硬，带兵从龙门渡过黄河，驻扎在柏壁，与宋金刚对峙。当时黄河以东的州县遭抢劫后，没有粮仓，人情惧怕侵扰，聚居在城堡中，征集不到东西，军队缺粮。李世民发布王教晓谕百姓，百姓听说李世民率军前来，无不前来归顺，由近及远，前来的人日益增加，然后唐军逐渐征收粮食，军粮因此充足。于是休兵喂马，只命非主力部队的将佐找空子抄掠，大军则坚壁不战，宋金刚的势力因此日益衰落。

李世民曾经亲自带轻骑兵去侦察敌情，随从的骑兵四下分散，世民只和一名穿铠甲的士卒登上山丘睡觉。不久，敌人从四下包围了二人，开始二人毫不知觉，恰巧蛇追老鼠，碰到了甲士的脸，甲士惊醒后告诉了李世民，二人一起上马，才走了百余步，就被敌人追上，李世民用大羽箭射死了敌人的骁将，敌骑兵于是退去。

各位将领都请求与宋金刚交战，李世民说："宋金刚孤军深入，麾下集中了精兵猛将，刘武周占据太原，依仗宋金刚为屏障。宋金刚的军队没有储备，靠掠夺补充军需，利于速战。我们关闭营门不出，养精蓄锐，可以挫败他的锐气；分兵攻汾州、隰州，骚扰他的要害之地，他们粮尽无计可施，自然会退军。我们应当等待这个机会，目前不宜速战。"

骑兵交战图　唐

【原文】

三年（庚辰，620年）

王世充将帅、州县来降者，时月相继。世充乃峻其法，一人亡叛，举家无少长就戮，父子、兄弟、夫妇许相告而免之。又使五家为保，有举家亡者，四邻不觉，皆坐诛。杀人益多而亡者益甚，至于樵采之人，出入皆有限数；公私愁窘，人不聊生。又以宫城为大狱，意所忌者，并其家属收系宫中；诸将出讨，亦质其家属于宫中，禁止者常不减万口，馁死者日有数十。世充又以台省官为司、郑、管、原、伊、殷、梁、凑、嵩、榖、怀、德等十二州营田使，丞、郎得为此行者，喜若登仙。

秦王世民追及寻相于吕州，大破之，乘胜逐北，一昼夜行二百余里，战数十合。至高壁岭，总管刘弘基执辔谏曰："大王破贼，逐北至此，功亦足矣，深入不已，不爱身乎！且士卒饥疲，宜留壁于此，侯兵粮毕集，然后复进，未晚也。"世民曰："金刚计穷而走，众心离沮；功难成而易败，机难得而易失，必乘此势取之。若更淹留，使之计立备成，不可复攻矣。吾竭忠徇国，岂顾身乎！"遂策马而进，将士不敢复言饥。追及金刚于雀鼠谷，一日八战，皆破之，俘斩数万人。夜，宿于雀鼠谷西原，世民不食二日，不解甲三日矣，军中止有一羊，世民与将士分而食之。丙辰，陕州总管于筠自金刚所逃来。世民引兵趣介休，金刚尚有众二万，出西门，背城布陈，南北七里。世民遣总管李世勣与战，小却，为贼所乘，世民帅精骑击之，出其陈后，金刚大败，斩首三千级。金刚轻骑走，世民追之数十里，至张难堡。浩州行军总管樊伯通、张德政据堡自守，世民免胄示之，堡中喜噪且泣，左右告以王不食，献浊酒、脱粟饭。

尉迟敬德收余众守介休，世民遣任城王道宗、宇文士及往谕之，敬德与寻阳举介休及永安降。世民得敬德，甚喜，以为右一府统军，使将其旧众八千，与诸营相参。屈突通虑其变，骤以为言，世民不听。

刘武周闻金刚败，大惧，弃并州走突厥。金刚收其余众，欲复战，众莫肯从，亦与百余骑走突厥。

世民至晋阳，武周所署仆射杨伏念以城降。唐俭封府库以待世民，武周所得州县皆入于唐。

上议击王世充，世充闻之，选诸州镇骁勇皆集洛阳，置四镇将军，募人分守四城。秋，七月，壬戌，诏秦王世民督诸军击世充。陕东道行台屈突通二子在洛阳，上谓通曰："今欲使卿东征，如卿二子何？"通曰："臣昔为俘囚，分当就死，陛下释缚，加以恩礼。当是之时，臣心口相誓，期以更生余年为陛下尽节，但恐不获死所耳。今得备先驱，二儿何足顾乎！"上叹曰："徇义之士，一至此乎！"

刘武周降将寻相等多叛去。诸将疑尉迟敬德，囚之军中，行台左仆射屈突通、尚书殷开山言于世民曰："敬德骁勇绝伦，今既囚之，心必怨望，留之恐为后患，不如遂杀之。"世民曰："不然，敬德若叛，岂在寻相之后邪！"遽命释之，引入卧内，赐之金，曰："丈夫意气相期，勿以小嫌介意，吾终不信谗言以害忠良，公宜体之。必欲去者，以此金相资，表一时共事之情也。"辛巳，世民以五百骑行战地，登魏宣武陵。王世充帅步骑万余猝至，围之，单雄信引槊直趋世民，敬德跃马大呼，横刺雄信坠马，世充兵稍却，敬德翼世民出围。世民、敬德更帅骑兵还战，出入世充陈，往反无所碍。屈突通引大兵继至，世充兵大败，仅以身免；擒其冠军大将军陈智略，斩首千余级，获排稍兵六千。世民谓敬德曰："公何相报之速也！"赐敬德金银一箧，自是宠遇日隆。

萧铣性褊狭，多猜忌。诸将恃功恣横，好专诛杀，铣患之，乃宣言罢兵营农，实欲夺诸将之权。大司马董景珍弟为将军，怨望，谋作乱；事泄，伏诛。景珍时镇长沙，铣下诏赦之，召还江陵。景珍惧，甲子，以长沙来降，诏峡州刺史许绍出兵应之。

是月，窦建德济河击孟海公。

【译文】

三年（庚辰，公元620年）

王世充的将领、州县官络绎不绝地前来降唐。王世充于是加重了刑法，一人叛逃，全家无论老少全部杀死，父子、兄弟、夫妻相互告发的可以免死。又让五家结为一保，有举家逃亡、四邻未察觉的，四家均获死罪。但杀的人越多，逃亡的人也越多，以至于出城砍柴的人，出入城都有限额；上下愁怨窘迫，民不聊生。王世充又将宫城作为大监牢，心里嫉恨的人，连家属一道囚禁在宫内；诸将如要出城作战，也要把家属留在宫内当人质，囚禁的人经常不下一万人，每天都有几十人饿死。王世充又任命中央台省的官员为司、郑、管、原、伊、殷、梁、凑、嵩、穀、怀、德十二州的营田使，尚书左右丞、诸曹郎官得了此任的，高兴得像做了神仙。

秦王李世民在吕州追上寻相，将他打得大败，并乘胜追击逃敌，一昼夜走了二百多里，打了几十仗。到高壁岭，总管刘弘基抓住马缰绳规劝道："大王打败敌人，追击逃敌到了这里，功劳也足够了，不断深入，就不爱惜自己吗？况且士兵们饥饿疲惫，应当在此停留扎营，等到兵马粮草都齐备了，然后再进击也不晚。"李世民说："宋金刚无计可施才逃跑，军心涣散；功劳难立，失败却很容易，机会难得，失去却很容易，一定要趁此机会消灭他。如果我们滞留不前，让他有时间考虑对策加强防备，就不可能轻易打败他了。我尽心竭力效忠国家，怎么能只顾惜自己的身体呢？"于是打马追击，将士们也不敢再提饥饿。唐军在雀鼠谷追上宋金刚，一天交锋八次，都打了胜仗，杀死、俘虏了几万人。当夜，在雀鼠谷西原蓿营。李世民已经两天没有吃东西，三天没有脱下战袍了，全军只有一只羊，世民与将士们分吃了这一只羊。丙辰（四月二十三日），唐陕州总管于筠从宋金刚手下脱身逃回唐军中。李世民带兵赴介休，宋金刚还有二万人，出西门，背对城墙排列战阵，南北长七里。李世民派总管李世勣出战，不利，稍稍退却，宋金刚乘机反扑，李世民率领精骑从宋金刚背后袭击，宋金刚大败，唐军杀了三千人。宋金刚骑马逃走，李世民追出几十里，来到张难堡。唐浩州行军总管樊伯通、张德政占据堡垒自卫，李世民摘下头盔示意堡内，堡中守军见后欢呼雀跃，高兴得流下泪来。随从告诉守军秦王还未进食，守军献上浊酒、粗米饭。

尉迟敬德收拾残部守介休，李世民派任城王李道宗、宇文士及前去晓谕，尉迟敬德于是和寻相以介休、永安二县降唐。李世民得到尉迟敬德非常高兴，任命尉迟敬德为右一府统军，并让他仍然统领八千旧部，和各营相杂在一起。屈突通恐怕尉迟敬德会反复，屡次向李世民提起，但李世民不听。

刘武周听说宋金刚失败，大为惊恐，放弃并州逃入突厥。宋金刚收拾残部，准备再战，但众人都不肯跟随他与唐作战，于是宋金刚也和一百多骑兵逃往突厥。

李世民到晋阳，刘武周任命的仆射杨伏念以晋阳城投降。唐俭封存了刘武周的仓库留待李世民处置，刘武周先后所占领的州县全部并入唐。

唐高祖商议攻打王世充之事，王世充闻讯，从各州镇选拔骁勇，都集中到洛阳，设置四镇将军，又招募人分别守卫洛阳四城。秋季，七月，壬戌（初一），高祖下诏命秦王李世民统率诸军攻打王世充。唐陕东道行台的左仆射屈突通的两个儿子都在洛阳，高祖对屈突通说："现在想让你东征洛阳，你的两个儿子怎么办？"屈突通回答道："臣下我过去作为阶下囚，理当被处死的，陛下不但释放了我，还施予很多恩惠。那时我就在内心发誓，希望能在有生之年为陛下尽节，只是唯恐没有机会尽节捐躯罢了。如今有幸得以充任前锋，两个儿子又有什么值得顾惜的！"高祖赞叹道："真是一位舍生取义之士，竟能做到这样！"

降唐的原刘武周将领寻相等人大多又叛唐而去。唐军诸将怀疑尉迟敬德也会叛离，将他囚禁在军中，行台左仆射屈突通、尚书殷开山向李世民进言道："尉迟敬德骁勇绝伦，现在被囚禁，内心必然怨恨，留着恐怕会成为后患，不如索性杀了他。"李世民说："不然，敬德如果真要叛离，又怎么会在寻相之后呢？"马上下令放开尉迟敬德，把他带入卧室之中，赐给他金子，说："男子汉大丈夫相互之间讲的是意气相投，不要因为一点小仇怨而介意，我最终没有相信谗言而害了忠良，您应该明白。如果您一定要走，这点金子就算作路费，以表这一段共事之情。"辛巳（九月二十一日），李世民带五百骑兵巡视战区地形，登上魏宣武帝陵，王世充率领一万多步兵骑兵突然而至，包围了李世民，单雄信挺长枪直奔李世民而去，尉迟敬德跳上马大喊着横里将单雄信刺下马，王世充军稍稍后退，敬德又护卫着李世民突出包围。李世民、尉迟敬德重新率领兵回击，出入王世充队伍，如入无人之境。屈突通带领大军随后赶到，王世充军队大败，王世充只身逃脱；唐军活捉了王世充的冠军大将军陈智略，斩首一千多级，俘虏六千手持盾牌长矛的士兵。李世民对尉迟敬德说："怎么这么快就得到了您的回报？"赐给尉迟敬德一箱金银，尉迟敬德从此日见宠遇。

萧铣性格狭隘，爱猜忌。他手下的将领依仗功劳恣意骄横，又好擅自杀人，萧铣对此深感不安，于是宣布命令要裁军兴农，实际是想夺诸将的兵权。大司马董景珍之弟是将军，心怀不满，谋划反叛。事情泄露，被杀死。董景珍当时镇守长沙，萧铣下诏赦免了董景珍，召他返回江陵。董景珍惧怕，甲子（十一月初五），以长沙投降唐，唐诏令峡州刺史许绍出兵接应。

本月，窦建德渡过黄河攻击孟海公。

【原文】

四年（辛巳，621年）

秦王世民选精锐千余骑，皆皂衣玄甲，分为左右队，使秦叔宝、程知节、尉迟敬德、翟长孙分将之。每战，世民亲被玄甲帅之为前锋，乘机进击，所向无不摧破，敌人畏之。行台仆射屈突通、赞皇公窦轨引兵按行营屯，猝与王世充遇，战不利。秦王世民帅玄甲救之，世充大败，获其骑将葛彦璋，俘斩六千余人。世充遁归。

辛丑，世民移军青城宫，壁垒未立，王世充帅众二万自方诸门出，凭故马坊垣堑，临穀水以拒唐兵，诸将皆惧。世民以精骑陈于北邙，登魏宣武陵以望之，谓左右曰："贼势窘矣，悉众而出，徼幸一战，今日破之，后不敢复出矣！"命屈突通帅步卒五千渡水击之，戒通曰："兵交则纵烟。"烟作，世民引骑南下，身先士卒，与通合势力战。世民欲知世充陈厚薄，与精骑数十冲之，直出其背，众皆披靡，杀伤甚众。既而限以长堤，与诸骑相失，将军丘行恭独从世民，世充数骑追及之，世民马中流矢而毙。行恭回骑射追者，发无不中，追者不敢前。乃下马以授世民，行恭于马前步执长刀，距跃大呼，斩数人，突陈而出，得人大军。世充亦帅众殊死战，散而复合者数四，自辰至午，世充兵始退。世民纵兵乘之，直抵城下，俘斩七千人，遂围之。

秦王世民围洛阳宫城，城中守御甚严，大炮飞石重五十斤，掷二百步，八弓弩箭如车辐，镞如巨斧，射五百步。世民四面攻之，昼夜不息，旬余不克。城中欲翻城者凡十三辈，皆不果发而死。唐将士皆疲弊思归，总管刘弘基等请班师，世民曰："今大举而来，当一劳永逸。东方诸州已望风款服，唯洛阳孤城，势不能久，功在垂成，奈何弃之而去！"乃下令军中曰："洛阳未破，师必不还，敢言班师者斩！"众乃不敢复言。上闻之，亦密敕世民使还，世民表称洛阳必可克，又遣参谋军事封德彝入朝面论形势。德彝言于上曰："世充得地虽多，率皆羁属，号令所行，唯洛阳一城而已，智尽力穷，克在朝夕。今若旋师，贼势复振，更相连结，后必难图！"上乃从之。世民遗世充书，谕以祸福；世充不报。

【译文】

四年（辛巳，公元621年）

秦王李世民挑选一千多精锐骑兵，全部着黑衣黑甲，分为左右队，分别由秦叔宝、程知节、尉迟敬德、翟长孙统领。每次作战，李世民都亲自披上黑甲率领他们作为先锋，乘机进击，所向披靡，令敌人畏惧。行台仆射屈突通、赞皇公窦轨带兵巡行营屯，突然与王世充遭遇，交战失利。秦王李世民带领黑甲队救援，王世充大败，唐俘获王世充的骑将葛彦璋，俘虏歼灭了六千多敌人。王世充逃跑回城。

辛丑（二月十三日），李世民将军营转移到青城宫，尚未修好壁垒，王世充就率二万兵马从方诸门而出，凭借旧马坊的墙垣沟堑，靠近谷水抵御唐军，唐诸将全都惊慌。李世民让精骑在北邙山列阵，自己登上北魏宣武帝陵观察郑军，对身边的人说："贼子的处境已窘迫了，倾巢而出，想侥幸打一战，今日打败他，以后他再也不敢出战了！"李世民命令屈突通率领五千步兵渡过谷水进击王世充，并告诫屈突通道："军队一交锋立即放烟火。"待到烟起，李世民带领骑兵向南冲击，身先士卒，与屈突通会合兵力奋力战斗。李世民想了解王世充军阵兵力分布情况，率几十精锐骑兵冲入敌阵，一直冲到敌阵背后，不可阻挡，杀伤很多敌人。不久因长堤所限，李世民和众骑兵走散，唯有将军丘行恭跟随着李世民，几名王世充的骑兵追上来，李世民的坐骑中箭倒毙。丘行恭调转马射击追赶的郑兵，箭无虚发，追兵不敢向前。于是丘行恭下马将自己的坐骑让给李世民，自己在马前步行，手执长刀，跳跃大喊，斩杀几人，冲出王世充军阵，得以回归唐军大部队。王世充也率领部下殊死战斗，军队几次三番打散后重又集合起来，从上午辰时直到中午，王世充的军队才退兵。李世民挥军追击，直到城下，俘虏歼灭了七千人，于是包围了洛阳。

秦王李世民包围了洛阳宫城。城中王世充的防御十分严密，大炮可以射五十斤重的石头，投出二百步远，有八个弓的弩，箭杆像车辐，箭镞如同巨斧，可以射五百步远。李世民四面攻城，昼夜不停，十几天未能攻克。城中先后有十三个人想以城倒戈应唐，均没有来得及发动就被杀死。唐军将士都疲惫不堪想回关中，总管刘弘基等人请求班师回朝，李世民说："如今大举而来，应当一劳永逸。洛阳以东的各州已望风归服，唯有洛阳一座孤城，其势已不能持久，成功在即，怎么能放弃而回朝呢？"于是下令全军："洛阳不破，决不回军，再有胆敢提班师的一律斩首。"众人才不敢再提班师一事。高祖听说后，也下密敕让李世民还军，李世民上表说明洛阳必定可以攻克，又派参谋军事封德彝回朝面陈军前形势。封德彝对皇上说："王世充得到的地方虽然多，但都不过是略有联系的部属，实际号令所能管辖的只不过洛阳一城而已，他已经智尽力穷，克城之日就在近期之内。现在如果回师，他的势力就会重新振作起来，再加上各地互相联合，以后想要消灭他就难了！"于是高祖听从李世民的建议。李世民写信给王世充，晓以祸福利害，王世充没有回复。

资治通鉴第一百八十九卷

唐纪五

【原文】

高祖神尧大圣光孝皇帝中之中武德四年（辛巳，621年）

突厥颉利可汗承父兄之资，士马雄盛，有凭陵中国之志。妻隋义成公主，公主从弟善经，避乱在突厥，与王世充使者王文素共说颉利曰："昔启民为兄弟所逼，脱身奔隋，赖文皇帝之力，有此土宇，子孙享之。今唐天子非文皇帝子孙，可汗宜奉杨政道以伐之，以报文皇帝之德。"颉利然之。上以中国未宁，待突厥甚厚，而颉利求请无厌，言辞骄慢。甲戌，突厥寇汾阴。

唐兵围洛阳，掘堑筑垒而守之。城中乏食，绢一匹直粟三升，布十匹直盐一升，服饰珍玩，贱如土芥。民食草根木叶皆尽，相与澄取浮泥，投米屑作饼食之，皆病，身肿脚弱，死者相枕倚于道。皇泰主之迁民入宫城也，凡三万家，至是无三千家。虽贵为公卿，糠核不充，尚书郎以下，亲自负戴，往往馁死。

窦建德陷管州，杀刺史郭士安；又陷荥阳、阳翟等县，水陆并进，泛舟运粮，溯河西上。王世充之弟徐州行台世辩遣其将郭士衡将兵数千会之，合十余万，号三十万，军于成皋之东原，筑宫板渚，遣使与王世充相闻。

世民曰："世充兵摧食尽，上下离心，不烦力攻，可以坐克。建德新破海公，将骄卒惰，吾据武牢，扼其咽喉。彼若冒险争锋，吾取之甚易。若狐疑不战，旬月之间，世充自溃。城破兵强，气势自倍，一举两克，在此行矣。若不速进，贼入武牢，诸城新附，必不能守；两贼并力，其势必强，何弊之承！吾计决矣！"通等又请解围据险以观其变，世民不许。中分麾下，使通等副齐王元吉围守东都，世民将

骁勇三千五百人东趣武牢。时正昼出兵，历北邙，抵河阳，趋巩而去。王世充登城望见，莫之测也，竟不敢出。

窦建德迫于武牢不得进，留屯累月，战数不利，将士思归。丁巳，秦王世民遣王君廓将轻骑千余抄其粮运，又破之，获其大将军张青特。

凌敬言于建德曰："大王悉兵济河，攻取怀州、河阳，使重将守之，更鸣鼓建旗，逾太行，入上党，徇汾、晋，趣蒲津，如此有三利：一则蹈无人之境，取胜可以万全；二则拓地收众，形势益强；三则关中震骇，郑围自解。为今之策，无以易此。"建德将从之，而王世充遣使告急相继于道，王琬、长孙安世朝夕涕泣，请救洛阳，又阴以金玉啖建德诸将，以挠其谋。诸将皆曰："凌敬书生，安知战事，其言岂可用也！"建德乃谢敬曰："今众心甚锐，天赞我也，因之决战，必将大捷，不得从公言。"敬固争之，建德怒，令扶出。

谍者告曰："建德伺唐军刍尽，牧马于河北，将袭武牢。"五月，戊午，秦王世民北济河，南临广武，察敌形势，因留马千余匹，牧于河渚以诱之，夕还武牢。己未，建德果悉众而至，自板渚出牛口置陈，北距大河，西薄汜水，南属鹊山，亘二十里，鼓行而进。诸将皆惧，世民将数骑升高丘而望之，谓诸将曰："贼起山东，未尝见大敌，今度险而嚣，是无纪律，逼城而陈，有轻我心；我按甲不出，彼勇气自衰，陈久卒饥，势将自退，追而击之，无不克者。与公等约，甫过日中，必破之矣！"建德意轻唐军，遣三百骑涉汜水，距唐营一里所止。遣使与世民相闻曰："请选锐士数百与之剧。"世民遣王君廓将长槊二百以应之，相与交战，乍进乍退，两无胜负，各引还。王琬乘隋炀帝骢马，铠仗甚鲜，迥出陈前以夸众。世民曰："彼所乘真良马也！"尉迟敬德请往取之，世民止之曰："岂可以一马丧猛士。"敬德不从，与高甑生、梁建方三骑直入其陈，擒琬，引其马驰归，众无敢当者。世民使召河北马，待其至乃出战。

建德列陈，自辰至午，士卒饥倦，皆坐列，又争饮水，逡巡欲退。世民命宇文士及将三百骑经建德陈西，驰而南上，戒之曰："贼若不动，尔宜引归，动则引兵东出。"士及至陈前，陈果动，世民曰："可击矣！"时河渚马亦至，乃命出战。世民帅轻骑先进，大军继之，东涉汜水，直薄其陈。建德群臣方朝谒，唐骑猝来，朝臣趋就建德，建德召骑兵使拒唐兵，骑兵阻朝臣不得过，建德挥朝臣令却，进退之间，唐兵已至，建德窘迫，退依东陂。窦抗引兵击之，战小不利。世民帅骑赴之，所向皆靡。淮阳王道玄挺身陷陈，直出其后，复突陈而归，再入再出，飞矢集其身如猬毛，勇气不衰，射人，皆应弦而仆。世民给以副马，使从己。于是诸军大战，尘埃涨天。世民帅史大奈、程知节、秦叔宝、宇文歆等卷斾而入，出其陈后，张唐旗帜，建德将士顾见之，大溃，追奔三十里，斩首三千余级。建德中槊，窜匿于牛口渚。车骑将军白士让、杨武威逐之，建德坠马，士让援槊欲刺之，建德曰："勿杀我，我夏王也，能富贵汝。"武威下擒之，载以从马，来见世民。世民让之曰："我自讨王世充，何预汝事，而来越境，犯我兵锋！"建德曰："今不自来，恐烦远取。"建德将士皆溃去，所俘获五万人，世民即日散遣之，使还乡里。

　　世充将王德仁弃故洛阳城而遁，亚将赵季卿以城降。秦王世民囚窦建德、王琬、长孙安世、郭士衡等至洛阳城下，以示世充。世充与建德语而泣，仍遣安世等入城言败状。世充召诸将议突围，南走襄阳，诸将皆曰："吾所恃者夏王，夏王今已为擒，虽得出，终必无成。"丙寅，世充素服帅其太子、群臣、二千余人诣军门降。世民礼接之，世充俯伏流汗。世民曰："卿常以童子见处，今见童子，何恭之甚邪？"世充顿首谢罪。于是部分诸军，先入洛阳，分守市肆，禁止侵掠，无敢犯者。

　　窦建德之败也，其诸将多盗匿库物，及居间里，暴横为民患，唐官吏以法绳之，或加棰挞，建德故将皆惊惧不安。高雅贤、王小胡家在洺州，欲窃其家以逃，官吏捕之，雅贤等亡命至贝州。会上征建德故将范愿、董康买、曹湛及雅贤等，于是愿等相谓曰："王世充以洛阳降唐，其将相大臣段达、单雄信等皆夷灭；吾属至长安，必不免矣。吾属自十年以来，身经百战，当死久矣，今何惜余生，不以之立事。且夏王得淮安王，遇以客礼，唐得夏王即杀之。吾属皆为夏王所厚，今不为之报仇，将无以见天下之士！"乃谋作乱，卜之，以刘氏为主吉，因相与之漳南，见建德故将刘雅，以其谋告之。雅曰："天下适安定，吾将老于耕桑，不愿复起兵！"众怒，且恐泄其谋，遂杀之。故汉东公刘黑闼，时屏居漳南，诸将往诣之，告以其谋，黑闼欣然从之。黑闼方种蔬，即杀耕牛与之共饮食定计，聚众得百人。甲戌，袭漳南县据之。是时，诸道有事则置行台尚书省，无事则罢之。朝廷闻黑闼作乱，乃置山东道行台于洺州，魏、冀、定、沧并置总管府。丁丑，以淮安王神通为山东道行台右仆射。

【译文】

唐高祖武德四年（辛巳，公元621年）

突厥颉利可汗继承了父兄的兵马，势力强盛，颇有侵辱中原王朝的志向。颉利的妻子是隋朝的义成公主，公主的堂弟杨善经在突厥躲避战乱。杨善经和王世充的使者王文素一同劝颉利道："过去启民可汗遭兄弟逼迫，脱身后投奔隋朝，全靠文皇帝的力量，才拥有了突厥的领土君权，子孙后代享用不尽。现在唐天子非隋文皇帝的子孙，可汗您应当立杨政道为帝并伐唐，来报答昔日文皇帝的恩德。"颉利也深表赞同。唐高祖因为中原尚未平定，对待突厥十分优厚，而颉利可汗要求无度，言辞又很傲慢。甲戌（三月十六日），突厥侵犯汾阴县。

唐军包围洛阳，挖沟筑垒困守。洛阳城内缺粮，一匹绢才值三升粟，十匹布才值一升盐，服饰珍玩，贱如土芥。百姓把草根树叶都吃光了，就一起澄取浮泥，放入米屑做成饼吃，食后都得病，身体肿胀脚跟发软，饿死的人交错着倒在路上。当初皇泰主

尉迟敬德

迁百姓入宫城时，有三万家，到这时不足三千家。就是地位高贵的公卿，这时连粗糠都吃不饱，尚书郎以下官吏，需自己亲自参加劳动，还往往饿死。

窦建德攻陷管州，杀了管州刺史郭士安；又攻陷了荥阳、阳翟等县，水陆并进，用船运粮，向西溯黄河而上。王世充的弟弟徐州行台王世辩派遣手下的将领郭士衡带几千兵马与窦建德会合，共十几万人，号称有三十万，在成皋东原扎营，在板渚修筑宫室，派人和王世充互通消息。

李世民说："王世充损兵折将，粮食吃尽，上下离心，我们不必花气力攻打，可以坐等他败亡。窦建德刚刚打败了孟海公，将领骄傲，士卒疲惫，我们占据武牢，等于扼住他的咽喉。他如果冒险决战，我们可以轻而易举打败他；如果他犹豫不决，不

来交战，要不了十天半个月，王世充自己就会溃败。破城后兵力增强，士气军势自然倍增，一下打败两个敌人，就在这一仗了。如果不迅速进军，窦建德进入武牢，周围各城新归附，必然不能坚守；两敌合力，势力必然强大，怎么会有机可乘呢？我的计划决定了！"屈突通等人又请求解除洛阳之围，凭借险要以观敌人变化，李世民不答应。于是将军队平分为两部分，由屈突通等人辅助齐王李元吉围困东都，李世民率领三千五百名骁勇向东奔赴武牢。李世民于正午时分出发，过北邙，至河阳，取道巩县而去。王世充登上洛阳城望见唐军行动，不知唐军意图，竟不敢出城交战。

窦建德在武牢受阻不能前进，停留了一个多月，打了几仗都未能取胜，将士们人心思归。丁巳（四月三十日），秦王李世民派王君廓率领一千多轻骑抢夺窦建德的运粮队，再次打败了他，并俘获窦建德的大将军张青特。

凌敬对窦建德说："大王您不如出动全部兵力渡过黄河，攻取怀州、河阳，派重将守卫，又擂响战鼓竖起战旗，翻越太行山，进入上党，略地汾州、晋州，奔赴蒲津。这样做有三点好处：一是进入无人之境，取胜可以说是万无一失；二是开拓领土召收兵马，国势更加强盛；三是关中的唐国受震骇，郑国洛阳之围自然会解除。眼下的计策，没有比这更妥当的了。"窦建德准备按照凌敬的建议行事，但是王世充连续不断地派人来告急，王琬、长孙安世也日夜哭泣，请求窦建德援救洛阳，又暗地里用金玉收买窦建德手下的将领，阻挠凌敬的计划。诸将都说："凌敬是个书生，哪里懂得打仗的事，他的话怎么能听呢？"于是窦建德向凌敬道歉说："现在大家士气很高，这是上天在帮助我，趁此机会决战，必定能大胜，不能照您的意见办了。"凌敬再三争辩，窦建德不高兴，命人把他架了出去。

唐军密探报告："窦建德探听到唐军草料用完，在黄河以北放马，准备袭击武牢。"五月，戊午（初一），秦王李世民向北渡过黄河，从南面逼近广武，侦察敌情，乘机留下一千多匹马，在黄河边放牧以引诱窦建德，当晚返回武牢。己未（初二），窦建德果然倾巢而出，从板渚出牛口列战阵，北靠黄河，西临汜水，南连鹊山，连绵二十里，擂鼓前进。唐军诸将都十分惊慌，李世民带几名骑兵登上高丘瞭望敌阵，对诸将说："敌人从山东起兵，还没有碰见过强大的对手；如今身涉险境却很喧嚣，是没有纪律；逼近城池排列战阵，有轻视我们的意思。我们如果按兵不动，他们的勇气自然就会衰竭，列阵时间一长，士卒饥饿，势必就会自动撤退，我们再追上去攻击，必然会取胜。我和各位相约，一过正午，肯定能打败他们！"窦建德轻视唐军，派三百骑兵涉过汜水，在离唐营一里地方停下。派人通报李世民说："请挑选几百名精兵和他们打着玩玩。"李世民派王君廓带领二百名长枪手应战，相互交锋，骤进骤退，双方不分胜负，各自返回营地。王琬骑着隋炀帝的青骢马，铠甲兵器都很新，远离阵前向众人夸耀。李世民说："他骑的真是匹好马！"尉迟敬德请求去夺马，李世民制止他说："怎么能为了一匹马损失一员猛士呢？"尉迟敬德不听，和高甑生、梁建方三人骑马直冲入敌阵，活捉了王琬，牵着他的坐骑奔回唐营，众人没有敢阻挡的。李世民派人征调黄河以北的牧马，等到来后才出战。

　　窦建德排列战阵，从早晨到中午，士卒们饥饿疲惫，都成排地坐了下来，又争着喝水，迟疑着想撤退。李世民命令宇文士及带三百骑兵经过窦建德军阵西边向南奔驰，告诫他："敌人如果不动，你就带兵返回，如果动了，就领兵东进。"宇文士及到窦建德阵前，敌阵果然动了，李世民说："可以打了！"这时黄河滩上的牧马也已到达，于是下令出击。李世民率领轻骑先出发，大军跟随在后，向东涉过汜水，直扑敌阵。窦建德的群臣正在朝谒，唐军骑兵突然降临，朝臣都跑向窦建德，窦建德召骑兵抵御唐军，因朝臣阻隔骑兵过不去，窦建德挥手令朝臣退下，这一进一退之际，唐军已到阵前，窦建德形势窘迫，后撤靠近东面的山坡。窦抗带兵攻打他，交战后形势稍不利。李世民率领骑兵赴援，所向披靡。淮阳王李道玄挺身冲锋陷阵，直冲出敌阵后方，又重新返回冲入阵中，几番进出，身上聚集的箭像刺猬毛一样，勇气仍然不减，放箭射人，都应声倒地。李世民把自己备用的战马送给他，让他跟随自己。于是各军大战，战场上尘土飞扬遮天蔽日。李世民率领史大奈、程知节、秦叔宝、宇文歆等人将旌旗卷起，冲入敌阵，从阵后而出，打开唐军旗帜，窦建德的士兵回头看见唐旗在阵后飘扬，迅速崩溃，唐军追出三十里，杀了三千多人。窦建德被长枪刺中，逃窜到牛口渚躲避。唐车骑将军白士让、杨武威追逐窦建德，窦建德落马，白士让挺枪欲刺，窦建德说："别杀我，我是夏王，献上我可以使你们得到富贵荣华。"杨武威下马捉住窦建德，用备用马驮着窦建德，来见李世民。李世民斥责窦建德道："我们讨伐王世充，与你有什么相干，竟跑到你的领土之外，来与我们交战！"窦建德说："现在我不自己来，恐怕以后还得烦您远途去攻取。"窦建德的将士都逃走了，唐军俘虏了五万人，李世民当天就遣散了俘虏，让他们返回家乡。

　　王世充的将领王德仁放弃旧洛阳城逃跑,副将赵季卿以城降唐。秦王李世民押解着窦建德、王琬、长孙安世、郭士衡等人到洛阳城下,给王世充看。王世充流着泪和窦建德接话,于是李世民让长孙安世等人进城叙说失败的情况。王世充召集诸将商议突围,准备南奔襄阳,众将领都说:"我们依赖的是夏王窦建德,如今夏王已被俘,我们就是突围,最终也无法成功。"丙寅(五月初九),王世充身穿白衣带领郑国的太子、百官及二千多人到军营门前投降。李世民按礼节接受他们投降,王世充俯下身汗流浃背。李世民说道:"你总认为我是个小孩,如今见了小孩,为什么这么恭敬?"王世充叩头谢罪。于是李世民分派出一部分人,先进入洛阳,分别把守市场商店,禁止骚扰抢掠,没有一人敢违犯禁令。

　　窦建德败亡时,他手下的将领有不少盗窃了仓库中的财物藏起来,待到在民间安居,又暴虐横行乡里,成了老百姓的祸害,唐朝官吏将他们绳之以法,有时用鞭子痛答他们,因此窦建德的旧将领都惊恐不安。高雅贤、王小胡的家在洺州,打算私下带着家财逃跑,官吏追捕他们,高雅贤等人逃到贝州。恰好高祖征召窦建德的旧将范愿、董康买、曹湛以及高雅贤等人,于是范愿等人互相商量:"王世充以洛阳降唐,他的将相大臣段达、单雄信等人都遭满门抄斩;我们到长安,肯定也逃不脱。自大业十年以来,我们这些人身经百战,早就该死了,现在为什么还吝惜余生,而不用有生之年干一番大事呢?况且夏王抓住唐淮安王李神通,以客人的礼节对待他,而唐捉住夏王却马上杀了他。我们这些人都受到夏王的厚待,现在不替他报仇,以后怎么见天下的人?"于是策划反叛,占卜的结果,以姓刘的人为首领吉利,于是一同到漳南县,去见窦建德的旧将领刘雅,将计划告诉了刘雅。刘雅说:"天下刚刚安定,我打算在乡下养老,不想再起兵!"众人很生气,又怕计划被泄露,于是杀了刘雅。窦建德所封汉东公刘黑闼,这时在漳南隐居,众将领去拜见他,告诉了他计划,刘黑闼欣然从命。刘黑闼正在种菜,当即杀了耕牛和众将领一同边吃边商定大计,集合了一百人。甲戌(七月十九日),他们袭击并占领了漳南县。当时,各道如若有事就设置行台尚书省,无事就停罢。唐朝廷得知刘黑闼作乱,于是在洺州设置了山东行台,在魏、冀、定、沧等州都设置了总管府。丁丑(七月二十二日),唐任命淮安王李神通为山东道行台右仆射。

唐纪六

【原文】

高祖神尧大圣光孝皇帝中之下武德五年（壬午，622年）

春，正月，刘黑闼自称汉东王，改元天造，定都洺州。以范愿为左仆射，董康买为兵部尚书，高雅贤为右领军；征王琮为中书令，刘斌为中书侍郎；窦建德时文武悉复本位。其设法行政，悉师建德，而攻战勇决过之。

丙子，李艺取刘黑闼定、栾、廉、赵四州，获黑闼尚书刘希道，引兵与秦王世民会洺州。

刘黑闼攻洺水甚急。城四旁皆有水，广五十余步，黑闼于城东北筑二甬道以攻之；世民三引兵救之，黑闼拒之，不得进。世民恐王君廓不能守，召诸将谋之，李世勣曰："若甬道达城下，城必不守。"行军总管郯勇公罗士信请代君廓守之。世民乃登城南高冢，以旗招君廓，君廓帅其徒力战，溃围而出；士信帅左右二百人乘之入城，代君廓固守。黑闼昼夜急攻，会大雪，救兵不得往，凡八日，丁丑，城陷。黑闼素闻其勇，欲生之，士信词色不屈，乃杀之，时年二十。

秦王世民与刘黑闼相持六十余日。黑闼潜师袭李世勣营，世民引兵掩其后以救之，为黑闼所围，尉迟敬德帅壮士犯围而入，世民与略阳公道宗乘之得出。道宗，帝之从子也。世民度黑闼粮尽，必来决战，乃使人堰洺水上流，谓守吏曰："待我与贼战，乃决之。"丁未，黑闼帅步骑二万南渡洺水，压唐营而陈，世民自将精骑击其骑兵，破之，乘胜蹂其步兵。黑闼帅众殊死战，自午至昏，战数合，黑闼势不能支。王小胡谓黑闼曰："智力尽矣，宜早亡去。"遂与黑闼先遁，余众不知，犹格战。守吏决堰，洺水大至，深丈余，黑闼众大溃，斩首万余级，溺死数千人，黑闼与范愿等二百骑奔突厥，山东悉平。

辛酉，上谓群臣曰："突厥入冠而复求和，和与战孰利？"太常卿郑远璹曰："战则怨深，不如和利。"中书令封德彝曰："突厥恃犬羊之众，有轻中国之意，若不战而和，示之以弱，明年将复来。臣愚以为不如击之，既胜而后与和，则恩威兼著矣！"上从之。

己巳，并州大总管襄邑王神符破突厥于汾东；汾州刺史萧顗破突厥，斩首五千余级。

丙子，突厥寇廉州；戊寅，陷大震关。上遣郑元璹诣颉利。是时，突厥精骑数十万，自介休至晋州，数百里间，填溢山谷。元璹见颉利，责以负约，与相辨诘，颉利颇惭。元璹因说颉利曰："唐与突厥，风俗不同，突厥虽得唐地，不能居也。今虏掠所得，皆入国人，于可汗何有？不如旋师，复修和亲，可无跋涉之劳，坐受金币，又皆入可汗府库，孰与弃昆弟积年之欢，而结子孙无穷之怨乎！"颉利悦，引兵还。元璹自义宁以来，五使突厥，几死者数焉。

林士弘遣其弟鄱阳王药师攻循州，刺史杨略与战，斩之，其将王戎以南昌州降。士弘惧，己巳，请降。寻复走保安成山洞，袁州人相聚应之；洪州总管若干则遣兵击破之。会士弘死，其众遂散。

淮阳王道玄之败也，山东震骇，洺州总管庐江王瑗弃城西走，州县皆叛附于黑闼，旬日间，黑闼尽复故地，乙亥，进据洺州。十一月，庚辰，沧州刺史程大买为黑闼所迫，弃城走。齐王元吉畏黑闼兵强，不敢进。

上之起兵晋阳也，皆秦王世民之谋，上谓世民曰："若事成，则天下皆汝所致，当以汝为太子。"世民拜且辞。及为唐王，将佐亦请以世民为世子，上将立之，世民固辞而止。太子建成，性宽简，喜酒争游畋；齐王元吉，多过失；皆无宠于上。世民功名日盛，上常有意以代建成，建成内不自安，乃与元吉协谋，共倾世民，各引树党友。

【译文】

唐高祖武德五年（壬午，公元622年）

春季，正月，刘黑闼自称汉东王，改年号为天造，都城设在洺州。任命范愿为

左仆射，董康买为兵部尚书，高雅贤为右领军，征召王琮为中书令，刘斌为中书侍郎，窦建德时期的文武官员全部恢复了原来的职位。刘黑闼的法令行政，全部效法窦建德，但他作战勇猛果敢则超过窦建德。

丙子（二月二十四日），李艺夺取刘黑闼占据的定、栾、廉、赵四州，抓获刘黑闼的尚书刘希道，然后带兵与秦王李世民在洺州会师。

刘黑闼攻洺水很猛。洺水城四周都是水，水宽五十多步，刘黑闼在城东北修建二条甬道用来攻城；秦王李世民三次带军救援，都受到刘黑闼的阻拦，无法前进。李世民怕王君廓守不住城池，召集众将领商议救援之事，李世勣说："如果甬道修到城下，城池必定失守。"行军总管郯勇公罗士信请求代替王君廓守城，李世民于是登上城南的高坟，用旗语招王君廓，王君廓率领部下奋战，突出包围，罗士信趁机率二百士卒进城，代替王君廓坚守城池。刘黑闼昼夜猛攻洺水，恰逢大雪，唐军无法增援，经过八天，丁丑（二月二十五日），洺水城陷落。刘黑闼早就听说罗士信勇猛，不想杀他，罗士信言语态度威武不屈，于是刘黑闼杀了他，当时罗士信仅二十岁。

秦王李世民与刘黑闼相持六十多天。刘黑闼暗中率军袭击李世勣的营地，李世民带兵突然袭击刘黑闼的背后，以救援李世勣，结果被刘黑闼包围，尉迟敬德率领壮士冲入包围圈，李世民与略阳公李道宗趁势脱险。李道宗是皇帝的侄子。李世民推测刘黑闼的粮食已经吃光，必定前来决战，于是命人在洺水上游筑坝截断河水，对看守堤坝的官吏说："等我和敌人交战时，就决开堤坝。"丁未（三月十六日），刘黑闼率领两万步兵骑兵向南渡过洺水，逼近唐军营寨列阵，李世民亲自统率精锐骑兵攻打刘黑闼的骑兵，打败了刘军，乘胜用马踩踏刘的步兵。刘黑闼带领部队殊死战斗，从中午到黄昏，几度交锋，刘黑闼的兵力无法再坚持下去。王小胡对刘黑闼说："我们的计谋和体力都已穷尽，应该快点逃走。"王小胡便和刘黑闼先逃跑，其余的将士不知道头领已经逃走，还在继续格斗。唐看守堤坝的官吏决开堤坝，洺水一下子涌到战场，水深一丈多，刘黑闼的军队大败，一万多人被杀，几千人被淹死，刘黑闼与范愿等二百人骑马逃入突厥，唐平定了整个山东地区。

辛酉（八月十二日），高祖对群臣说："突厥入侵，但又来求和，和与战哪个更有利？"太常卿郑元璹说："交战会加深仇怨，不如讲和有利。"中书令封德彝认为:"突厥仗着兵力众多,轻视我们中原的大唐王朝,如果不战而和,是向他们显示软弱,明年还会重来。以臣的愚见不如打击他们,取胜以后再讲和,这样就恩威并重了!"皇上听从了封德彝的意见。

己巳(八月二十日),唐并州大总管襄邑王李神符在汾东打败突厥;汾州刺史萧颙打败突厥,斩首五千多级。

丙子(八月二十七日),突厥侵犯廉州,戊寅(八月二十九日),攻陷大震关。高祖派郑元璹去见颉利可汗。当时,突厥几十万精骑兵,充斥着从介休到晋州几百里之间的山谷。郑元璹见到颉利,责备他背叛盟约,与颉利展开辩论,颉利颇为惭愧。郑元璹趁机劝颉利道:"唐与突厥,风俗不同,突厥就是得到唐的领土,也不能居住。如今俘虏与抢夺的财物,都给了突厥百姓,可汗您得到了什么?不如回军,重新和亲,可以免除了跋涉的辛劳,坐享金银财物,并且都进了可汗您的仓库,比起抛弃了兄弟之间多年的交情,给子孙后代结下无穷的仇怨,哪一个更好呢?"颉利愉快地听从了他的意见,带兵撤回突厥。郑元璹从义宁年间以来,五次出使突厥,多次面临死亡的威胁。

林士弘派遣他的弟弟鄱阳王林药师攻打循州,唐循州刺史杨略与林药师交战,杀了他,林药师的将领王戎以南昌州投降。林士弘害怕了,己巳(十月二十一日),也请求投降。随即又逃入安成的山洞,袁州百姓相互聚合响应林士弘,唐洪州总管若干则派兵打败了他们。恰好林士弘死亡,他的部下便散去。

淮阳王李道玄失败,山东地区感到震惊,唐循州总管庐江王李瑗放弃城池向西逃跑,州县也都反叛归附了刘黑闼,十天之内,刘黑闼就收复了他原来的全部地盘,乙亥(十月二十七日),进军占据了洺州。十一月,庚辰(初三),唐沧州刺史程大买因为刘黑闼的逼近,放弃城池逃跑。齐王李元吉畏惧刘黑闼军队的强盛,不敢进军。

高祖在晋阳起兵,都是秦王李世民的计谋,高祖对李世民说:"如果事业成功,那么天下都是你带来的,该立你为太子。"李世民拜谢并推辞。待到高祖成为唐王,将领们也请求以李世民为世子,高祖准备立他,李世民坚决推辞才作罢。太子李建成性情松缓惰慢,喜欢饮酒,贪恋女色,爱打猎;齐王李远吉,常有过错,均不受高祖宠爱。李世民功勋名望日增,高祖常常有意让他取代李建成为太子,李建成心中不安,于是与李元吉共同谋划,一起排挤李世民,他们各自交结建立自己的党羽。

【原文】

六年（癸未，623年）

春，正月，己卯，刘黑闼所署饶州刺史诸葛德威执黑闼，举城降。时太子遣骑将刘弘基追黑闼，黑闼为官军所迫，奔走不得休息，至饶阳，从者才百余人，馁甚。德威出迎，延黑闼入城，黑闼不可；德威涕泣固请，黑闼乃从之。至城旁市中憩止，德威馈之食；食未毕，德威勒兵执之，送诣太子，并其弟十善斩于洺州。黑闼临刑叹曰："我幸在家锄菜，为高雅贤辈所误至此！"

突厥数为边患，并州大总管府长史窦静表请于太原置屯田以省馈运；议者以为烦扰，不许。静切论不已，敕征静入朝，使与裴寂、萧瑀、封德彝相论难于上前，寂等不能屈，乃从静议，岁收谷数千斛，上善之，命检校并州大总管。静，抗之子也。十一月，辛巳，秦王世民复请增置屯田于并州之境，从之。

【译文】

六年（癸未，公元623年）

春季，正月，己卯（初五），刘黑闼任命的饶州刺史诸葛德威捉住刘黑闼，举城降唐。当时太子李建成派骑兵将领刘弘基追击刘黑闼，刘黑闼被唐军追赶，日夜奔逃无法休息，到达饶阳，随行的才一百多人，十分饥饿。诸葛德威出城迎接刘黑闼，请他进城，刘黑闼不进城，诸葛德威流泪反复请求，于是刘黑闼答应了他的邀请。到城旁边的市场中休息，诸葛德威送给他们食物，还没吃完，诸葛德威便带兵把刘黑闼抓了起来，送到李建成处，刘黑闼和他的弟弟刘十善一起在洺州被斩首。刘黑闼在临刑前叹息道："我有幸在家种菜，却被高雅贤这些人害得落到如此下场！"

突厥屡次为祸边境，唐并州大总管府长史窦静上表请求在太原设置屯田以省军粮的运输，议政者认为过于麻烦，不批准，窦静不停地极力论说此事，高祖下敕令征窦静入朝，让他与裴寂、萧瑀、封德彝等人在皇上面前辩论此事，裴寂等人无法说服窦静，于是听从了窦静的建议，每年收获数千斛粮食，高祖很赞赏他，命安静为检校并州大总管。窦静是窦抗的儿子。十一月，辛巳（初九），秦王李世民又请求在并州境内增设屯田，高祖批准了他的请求。

【原文】

七年（甲申，24年）

三月，初定令，以太尉、司徒、司空为三公，次尚书、门下、中书、秘书、殿中、内侍为六省，次御史台，次太常至太府为九寺，次将作监，次国子学，次天策上将府，次左、右卫至左、右领卫为十四卫；东宫置三师、三少、詹事及两坊、三寺、十率府；王、公置府佐、国官，公主置邑司，并为京职事官。州、县、镇、戍为外职事官。自开府仪同三司至将仕郎，二十八阶，为文散官；骠骑大将军至陪戎副尉三十一阶，为武散官；上柱国至武骑尉十二等，为勋官。

初定均田租、庸、调法：丁、中之民，给田一顷，笃疾减什之六，寡妻妾减七，皆以什之二为世业，八为口分。每丁岁入租，粟二石。调随土地所宜，绫、绢、絁、布。岁役二旬；不役则收其佣，日三尺；有事而加役者，旬有五日，免其调；三旬，租、调俱免。水旱虫霜为灾，什损四以上免租，损六以上免调，损七以上课役俱免。凡民赀业分九等。百户为里，五里为乡，四家为邻，四邻为保。在城邑者为坊，田野者为村。食禄之家，无得与民争利；工商杂类，无预士伍。男女始生为黄，四岁为小，十六为中，二十为丁，六十为老。岁造计帐，三年造户籍。

【译文】

七年（甲申，公元624年）

三月，唐初次定令，以太尉、司徒、司空为三公，其次是尚书、门下、中书、秘书、殿中、内侍六个省，其次是御史台，其次太常至太府等九个寺，其次是将作监，其次国子学，其次天策上将府，其次左、右卫至左、右领卫等十四卫；东宫设置三师、三少、詹事以及两坊、三寺、十率府；王、公设置府佐、国官，公主设置邑司，以上部门官员均为京职事官。州、县、镇、戍的官员为外职事官。从开府仪同三司到将仕郎，共二十八阶，为文散官；骠骑大将军至陪戎副尉，共三十一阶，为武散官；上柱国到武骑尉，共十二等，为勋官。

　　唐初次制定均田制与租、庸、调的办法：每位成年丁男及十六岁以上二十以下的中男，给一顷田，有严重疾病者减去十分之六，寡妻、寡妾减去十分之七，所有授田均以其中十分之二为世业田，十分之八为口分田。每一成年男子每年交纳的租是二石粟。调按照当地物产情况，分别交纳绫、绢、绝、布。每年劳役二十日，不服劳役则收取佣，每天三尺；有事增加劳役者，加十五日劳役，免除应交之调；加三十日劳役，应交纳的租、调均予免除。如遇水、旱、虫、霜等自然灾害，收成损失十分之四以上，免除租；损失十分之六以上，免除调；损失在十分之七以上，免去全部应交纳的租调及应服劳役。百姓的资产分为九等。一百户为一里，五个里成为一乡，四家为邻，四个邻成一保。在城镇居住区为坊，在乡村居住区为村。官宦之家有国家俸禄，不准与百姓争夺利益；工商杂色人等，不准加入士人阶层。男女初生为黄，四岁以上为小，十六岁以上为中，二十岁以上为丁，六十岁以上为老。每年编制计账，每三年编造一次户籍。

资治通鉴第一百九十一卷

唐纪七

【原文】

高祖神尧大圣光孝皇帝下之上武德七年（甲申，624年）

壬戌，庆州都督杨文幹反。

初，齐王元吉劝太子建成除秦王世民，曰："当为兄手刃之！"世民从上幸元吉第，元吉伏护军宇文宝于寝内，欲刺世民；建成性颇仁厚，遽止之。元吉愠曰："为兄计耳，于我何有！"

建成擅募长安及四方骁勇二千余人为东宫卫士，分屯左、左长林，号长林兵。又密使右虞候率可达志从燕王李艺发幽州突骑三百，置宫东诸坊，欲以补东宫长上。为人所告，上召建成责之，流可达志于巂州。

杨文幹尝宿卫东宫，建成与之亲厚，私使募壮士送长安。上将幸仁智宫，命建成居守，世民、元吉皆从。建成使元吉就图世民，曰："安危之计，决在今岁。"又使郎将尔朱焕、校尉桥公山以甲遗文幹。二人至豳州，上变，告太子使文幹举兵，使表里相应；又有宁州人杜凤举亦诣宫言状。上怒，托他事，手诏召建成，令诣行在。建成惧，不敢赴。太子舍人徐师谟劝之据城举兵；詹事主簿赵弘智劝之贬损车服，屏从者，诣上谢罪，建成乃诣仁智宫。未至六十里，悉留其官属于毛鸿宾堡，以十余骑往见上，叩头谢罪，奋身自掷，几至于绝。上怒不解，是夜，置之幕下，饲以麦饭，使殿中监陈福防守，遣司农卿宇文颖驰召文幹。颖至庆州，以情告之，文幹遂举兵反。上遣左武卫将军钱九陇与灵州都督杨师道击之。

元吉与妃嫔更迭为建成请，封德彝复为之营解于外，上意遂变，复遣建成还京师居守。惟责以兄弟不睦，归罪于太子中允王珪、左卫率韦挺、天策兵曹参军杜淹，并流于巂州。

杨文幹袭陷宁州，驱掠吏民出据百家堡。秦王世民军至宁州，其党皆溃。癸酉，文幹为其麾下所杀，传首京师。获宇文颖，诛之。

是时，颉利、突利二可汗举国入寇，连营南上，秦王世民引兵拒之。会关中久雨，粮运阻绝，士卒疲于征役，器械顿弊，朝廷及军中咸以为忧。世民与虏遇于豳州，勒兵将战。己卯，可汗帅万余骑奄至城西，陈于五陇阪，将士震恐。

世民谓元吉曰："今虏骑凭陵，不可示之以怯，当与之一战，汝能与我俱乎？"元吉惧曰："虏形势如此，奈何轻出，万一失利，悔可及乎！"世民曰："汝不敢出，吾当独往，汝留此观之。"世民乃帅骑驰诣虏陈，告之曰："国家与可汗和亲，何为负约，深入我地！我秦王也，可汗能斗，独出与我斗；若以众来，我直以此百骑相当耳。"颉利不之测，笑而不应。世民又前，遣骑告突利曰："尔往与我盟，有急相救；今乃引兵相攻，何无香火之情也！"突利亦不应。世民又前，将渡沟水，颉利见世民轻出，又闻香火之言，疑突利与世民有谋，乃遣止世民曰："王不须渡，我无他意，更欲与王申固盟约耳。"乃引兵稍却。是后霖雨益甚，世民谓诸将曰："虏所恃者弓矢耳，今积雨弥时，筋胶俱解，弓不可用，彼如飞鸟之折翼；吾屋居火食，刀槊犀利，以逸制劳，此而不乘，将复何待！"乃潜师夜出，冒雨而进，突厥大惊。世民又遣说突利以利害，突利悦，听命。颉利欲战，突利不可，乃遣突利与其夹毕特勒阿史那思摩来见世民，请和亲，世民许之。思摩，颉利之从叔也。突利因自托于世民，请结为兄弟；世民亦以恩意抚之，与盟而去。

【译文】

唐高祖武德七年（甲申，公元624年）

壬戌（六月二十四日），庆州都督杨文幹反叛朝廷。

当初，齐王李元吉劝说太子李建成除去秦王李世民，他说："我自当替哥哥亲手将他杀掉！"李世民随从高祖前往李元吉的府第，李元吉将护军宇文宝埋伏在寝室里面，准备刺杀李世民，李建成生性颇为仁爱宽厚，连忙制止了他。元吉恼怒地说："我这是为哥哥着想罢了，对我有什么好处！"

李建成擅自招募长安及各地的骁勇之士两千多人，充当东宫卫士，让他们分别在东宫左右长林门驻扎下来，号称长林兵。李建成还暗中让右虞候率可达志从燕王李艺那里调集来幽州骁勇精锐的骑兵三百人，将他们安置在东宫东面的各个坊市中，准备用他们来补充在东宫担任警卫的低级军官，结果被人告发。于是，高祖把李建成叫去责备了一番，将可达志流放到巂州去了。

杨文幹曾经在东宫担任警卫，李建成亲近并厚待他，私下里让他募集勇士，送往长安。高祖准备前往仁智宫。命令李建成留守京城，李世民与李元吉一起随行。李建成让李元吉乘机图谋李世民，他说："无论我们的打算是平安无事还是面临危险，都要在今年决定下来。"李建成又指使郎将尔朱焕和校尉桥公山将盔甲赠给杨文幹。两人来到豳州的时候，上面发生变故，有人告发太子指使杨文幹起兵，让他与自己内外呼应。还有一位宁州人杜凤举也前往仁智宫讲了这一情形。高祖大怒，借口别的事情，以亲笔诏书传召李建成，让他前往仁智宫，李建成心中害怕，不敢前去。太子舍人徐师謩劝他占据京城，发兵起事；詹事主簿赵弘智劝他免去太子的丰驾章服，屏除随从人员，到高祖那里去承认罪责。于是，李建成决定前往仁智宫。还没有走完六十里的路程，李建成便将所属官员，全部留在北魏毛鸿宾遗留下来的堡栅中，带领十多个人骑马前去觐见皇帝，向皇帝伏地叩头，承认罪责，把身子猛然用力撞了出去，弄得几乎晕死过去。但是，高祖的怒气仍然没有消除。这一天夜里，高祖将他放在帐篷里，给他麦饭充饥，让殿中监陈福看守着他，派遣司农卿宇文颖速去传召杨文幹。宇文颖来到庆州，将情况告诉了杨文幹。于是，杨文幹起兵造反。高祖派遣左武卫将军钱九陇和灵州都督杨师道进击杨文幹。

李元吉与嫔妃轮番替李建成讲情，封德彝又在外朝设法解救李建成。于是，高祖改变了原意，又让李建成回去驻守京城。高祖只以兄弟关系不睦责备他，将罪责推给了太子史允王珪、左卫率韦挺和天策兵曹参军杜淹，将他们一并流放到了巂州。

杨文幹掩袭并攻陷宁州，驱赶劫掠官吏与百姓出城，占据了百家堡。秦王李世民的军队来到宁州以后，杨文幹的党羽便全部溃散。癸酉（七月初五），杨文幹被自己的部下杀死，他的头颅被传送到京城。李世民捉获了宇文颖，将他杀掉。

这时候，颉利、突利两可汗率领全国兵马前来侵犯，兵营相互连接着向南进军，秦王李世民带领兵马抵御敌兵。适逢关中地区多日降雨不止，粮食运输被隔断，将士们因行军跋涉而疲惫不堪，军用器械钝损破败，朝廷百官与军中将领都为此担忧。李世民在豳州与突厥遭遇，准备率领兵马接战，己卯（八月十二日），突厥可汗率领骑兵一万多人突然来到豳州城的西面，在五陇阪布成阵势，唐军将士惊恐不安。李世民对李元吉说："现在突厥进逼我军，我军不能够向他们显示出畏缩不前的样子来，应当与他们大战一场，你能够与我一同前去迎敌吗？"李元吉害怕地说："突厥军队的阵势这样盛大，怎么能够轻易出击呢？万一交战失利，后悔还来得及吗！"李世民说："既然你不敢前去，我就独自前往，你留在这里看我的吧。"于是，李世民便率领骑兵疾驰到突厥的军阵前面，告诉他们说："我国与可汗议和，结为姻亲，为什么违背盟约，深入到我国的领土中来！我就是秦王，如果可汗能够比武，就独自出来与我比武；倘若可汗让大家一齐上，我就只有用这一百名骑兵来抵挡了。"颉利摸不清李世民的底细，只是笑了一笑，并不回答。李世民又向前推进，派遣骑兵告诉突利说："以往你与我订有盟约，约定在发生急难的时候互相援救。现在你却率领兵马攻打我，怎么连一点盟誓的情分都不讲呢！"突利也没有回答。李世民再次向前推进，准备渡一条河沟，颉利看到李世民轻易出战，又听到他关于订盟立誓的话，怀疑突利与李世民另有计谋，便派人阻止李世民说："秦王不必渡过河沟，我没有别的意思，只是打算与秦王重申并加强原有的盟约罢了。"于是，颉利率领兵马略微后退。此后，连绵大雨愈发落个不停，李世民对各位将领说："突厥所仗恃着的是弓箭，现在雨水经久不息，筋弦松弛，胶性失粘，弓就不能够使用了，这使他们像飞鸟折断了翅膀一样。我们居住在房屋里，吃熟食，兵器锐利，可以养精蓄锐，相机制服疲乏的敌军。假如对这一时机都不加利用，还准备等待什么样的时机呢！"于是，李世民在夜间暗中出兵，冒雨前进，突厥大为震惊。李世民又派人向突利陈述利弊得失，突利很高兴，愿意服从命令。颉利打算出战，突利不同意，颉利这才派遣突利和他的夹毕特勒阿史那思摩前来会见李世民，请求通和修好，李世民答应了他们。阿史那思摩是颉利的堂叔。突利于是主动依托李世民，请求与李世民结拜成兄弟。李世民也以恩情安抚他，与他立下盟约，突利这才离去。

【原文】

九年（丙戌，626年）

建成夜召世民，饮酒而鸩之，世民暴心痛，吐血数升，淮安王神通扶之还西宫。

建成、元吉与后宫日夜谮诉世民于上，上信之，将罪世民。

世民召玄龄谋之，玄龄曰："大王功盖天地，当承大业；今日忧危，乃天赞也，愿大王勿疑。"乃与府属杜如晦共劝世民诛建成、元吉。

建成、元吉以秦府多骁将，欲诱之使为己用，密以金银器一车赠左二副护军尉迟敬德，并以书招之曰："愿迂长者之眷，以敦布衣之交。"敬德辞曰："敬德，蓬户瓮牖之人，遭隋末乱离，久沦逆地，罪不容诛。秦王赐以更生之恩，今又策名藩邸，唯当杀身以为报；于殿下无功，不敢谬当重赐。若私交殿下，乃是贰心，徇利忘忠，殿下亦何所用！"建成怒，遂与之绝。敬德以告世民，世民曰："公心如山岳，虽积金至斗，知公不移。相以但受，何所嫌也！且得以知其阴计，岂非良策！不然，祸将及公。"即而元吉使壮士夜刺敬德，敬德知之，洞开重门，安卧不动，刺客屡至其庭，终不敢入。元吉乃谮敬德于上，下诏狱讯治，将杀之，世民固请，得免。又谮左一马军总管程知节，出为康州刺史。知节谓世民曰："大王股肱羽翼尽矣，身何能久！知节以死不去，愿早决计。"又以金帛诱右二护军段志玄，志玄不从。建成谓元吉曰："秦府智略之士，可惮者独房玄龄、杜如晦耳。"皆谮之于上而逐之。

世民腹心唯长孙无忌尚在府中，与其舅雍州治中高士廉、右候车骑将军三水侯君集及尉迟敬德等，日夜劝世民诛建成、元吉。世民犹豫未决。

会突厥郁射设将数万骑屯河南，入塞，围乌城，建成荐元吉代世民督诸军北征，上从之，命元吉督右武卫大将军李艺、天纪将军张瑾等救乌城。元吉请尉迟敬德、程知节、段志玄及秦府右三统军秦叔宝等与之偕行，简阅秦王帐下精锐之士以益元吉军。率更丞王晊密告世民曰："太子语齐王：'今汝得秦王骁将精兵，拥数万之众，吾与秦王饯汝于昆明池，使壮士拉杀之于幕下，奏云暴卒，主上宜无不信。

吾当使人进说，令授吾国事。敬德等既人汝手，宜悉坑之，孰敢不服！'"世民以晖言告长孙无忌等，无忌等劝世民先事图之。世民叹曰："骨肉相残，古今大恶。吾诚知祸在朝夕，欲俟其发，然后以义讨之，不亦可乎！"敬德曰："人情谁不爱其死！今众人以死奉王，乃天授也。祸机垂发，而王犹晏然不以为忧，大王纵自轻，如宗庙社稷何！大王不用敬德之言，敬德将窜身草泽，不能留居大王左右，交手受戮也！"无忌曰："不从敬德之言，事今败矣。敬德等必不为王有，无忌亦当相随而去，不能复事大王矣！"世民曰："吾所言亦未可全弃，公更图之。"敬德曰："王今处事有疑，非智也；临难不决，非勇也。且大王素所蓄养勇士八百余人，在外者今已入宫，擐甲执兵，事势已成，大王安得已乎！"

世民访之府僚，皆曰："齐王凶戾，终不肯事其兄。比闻护军薛实尝谓齐王曰：'大王之名，合之成"唐"字，大王终主唐祀。'齐王喜曰：'但除秦王，取东宫如反掌耳。'彼与太子谋乱未成，已有取太子之心。乱心无厌，何所不为！若使二人得志，恐天下非复唐有。以大王之贤，取二人如拾地芥耳，奈何徇匹夫之节，忘社稷之计乎！"世民犹未决，众曰："大王以舜为何如人？"曰："圣人也。"众曰："使舜浚井不出，则为井中之泥，涂廪不下，则为廪上之灰，安能泽被天下，法施后世乎！是以小杖则受，大杖则走，盖所存者大故也。"世民命卜之，幕僚张公谨自外来，取龟投地，曰："卜以决疑；今事在不疑，尚何卜乎！卜而不吉，庸得已乎！"于是定计。

庚申，世民帅长孙无忌等人，伏兵于玄武门。张婕妤窃知世民表意，驰语建成。建成召元吉谋之，元吉曰："宜勒宫府兵，托疾不朝，以观形势。"建成曰："兵备已严，当与弟入参，自问消息。"乃俱入，趣玄武门。上时已召裴寂、萧瑀、陈叔达等，欲按其事。

建成、元吉至临湖殿，觉变，即跋马东归宫府。世民从而呼之，元吉张弓射世民，再三不彀，世民射建成，杀之。尉迟敬德将七十骑继至，左右射元吉坠马。世民马逸入林下，为木枝所絓，坠不能起。元吉遽至，夺弓将扼之，敬德跃马叱之。元吉步欲趣武德殿，敬德追射，杀之。翊卫车骑将军冯翊冯立闻建成死，叹曰："岂有生受其恩而死逃其难乎！"乃与副护军薛万彻、屈咥直府左车骑万年谢叔方帅东宫、齐府精兵二千驰趣玄武门。张公谨多力，独闭关以拒之，不得入。云麾将军敬君弘掌宿卫兵，屯玄武门，挺身出战，所亲止之曰："事未可知，且徐观变，俟兵集，成列而战，未晚也。"君弘不从，与中郎将吕世衡大呼而进，皆死之。君弘，显隽之曾孙也。守门兵与万彻等力战良久，万彻鼓噪欲攻秦府，将士大惧；尉迟敬德持建成、元吉首示之，宫府兵遂溃。万彻与数十骑亡入终南山。冯立既杀敬君弘，谓其徒曰："亦足以少报太子矣！"遂解兵，逃于野。

上方泛舟海池，世民使尉迟敬德入宿卫，敬德擐甲持矛，直至上所。上大惊，问曰："今日乱者谁邪？卿来此何为？"对曰："秦王以太子、齐王作乱，举兵诛之，恐惊动陛下，遣臣宿卫。"上谓裴寂等曰："不图今日乃见此事，当如之何？"萧瑀、陈叔达曰："建成、元吉本不预义谋，又无功于天下，疾秦王功高望重，共为奸谋。今秦王已讨而诛之，秦王功盖宇宙，率土归心，陛下若处以元良，委之国事，无复事矣！"上曰："善！此吾之夙心也。"时宿卫及秦府兵与二宫左右战犹未已，敬德请降手敕，令诸军并受秦王处分，上从之。天策府司马宇文士及自东上阁门出宣敕，众然后定。上又使黄门侍郎裴矩至东宫晓谕诸将卒，皆罢散。上乃召世民，抚之曰："近日以来，几有投杼之惑。"世民跪而吮上乳，号恸久之。

诸将欲尽诛建成、元吉左右百余人，籍没其家，尉迟敬德固争曰："罪在二凶，既伏其诛；若及支党，非所以求安也！"乃止。是日，下诏赦天下。凶逆之罪，止于建成、元吉，自余党与，一无所问。其僧、尼、道士、女冠并宜依旧。国家庶事，皆取秦王处分。

癸亥，立世民为皇太子。又诏："自今军国庶事，无大小悉委太子处决，然后闻奏。"

【译文】

九年（丙戌，公元 626 年）

李建成在夜间叫来李世民，与他饮酒，用经过鸩羽浸泡的毒酒毒害他。李世民突然心脏痛楚，吐了几升血，淮安王李神通搀扶着他返回西宫。

李建成、李元吉与后宫的嫔妃日夜不停地向高祖诬陷李世民，高祖信以为真，便准备惩治李世民。

李世民传召房玄龄计议此事，房玄龄说："大王的功劳足以遮盖天地，应当继承皇帝的伟大勋业。现在大王心怀忧虑戒惧，正是上天在帮助大王啊。希望大王不要疑惑不定了。"于是，房玄龄与秦王府属杜如晦共同劝说李世民诛杀李建成与李元吉。

　　由于秦王府拥有许多骁勇的将领，李建成与李元吉打算引诱他们为己所用，便暗中将一车金银器物赠送给左二副护军尉迟敬德，并且写就一封书信招引他说："希望得到您的屈驾眷顾，以便加深我们之间的布衣之交。"尉迟敬德推辞说："我是编蓬为户、破瓮作窗人家的小民，遇到隋朝末年战乱不息、百姓流亡的时局，长期沦落在抗拒朝廷的境地里，罪大恶极，死有余辜。秦王赐给我再生的恩典，现在我又在秦王府注册为官，只应当以死报答秦王。我没有为殿下立过尺寸之功，不敢凭空接受殿下如此丰厚的赏赐。倘若我私自与殿下交往，就是对秦王怀有二心，就是因贪图财利而忘掉忠义，殿下要这种人又有什么用处呢！"李建成大怒，便与他断绝了往来。尉迟敬德将此事告诉了李世民，李世民说："您的心就像山岳那样坚实牢靠，即使他赠送给您的金子堆积得顶住了北斗星，我知道您的心还是不会动摇的。他赠给您什么，您就接受什么，这又有什么值得猜疑的呢！况且，这样做能够了解他的阴谋，难道不是一个上好的计策吗！否则，祸事就将降临到您的头上了。"不久，李元吉指使勇士在夜间刺杀尉迟敬德，尉迟敬德得知这一消息以后，将层层门户敞开，自己安然躺着不动，刺客屡次来到他的院子，终究没敢进屋。于是，李元吉向高祖诬陷尉迟敬德，敬德被关进奉诏命特设的监狱里审问处治，准备将他杀掉，由于李世民再三请求保全他的生命，这才得以不死。李元吉又诬陷左一马军总管程知节，高祖将他外放为康州刺史。程知节对李世民说："大王的辅佐之臣快走光了，大王自身又怎么能够长久呢！我誓死不离开京城，希望大王及早将计策决定下来。"李元吉又用金银布帛引诱右二护军段志玄，段志玄不肯从命。李建成对李元吉说："在秦王府有智谋才略的人物中，值得畏惧的是房玄龄和杜如晦。"李建成与李元吉又向高祖诬陷他们二人，使他们遭到斥逐。

　　李世民的亲信只剩下长孙无忌还留在秦王府中，他与他的舅舅雍州治中高士廉、右候车骑将军三水人侯君集以及尉迟敬德等人，夜以继日地劝说李世民诛讨李建成和李元吉，李世民犹豫不决。

适逢突厥郁射设带领数万骑兵驻扎在黄河以南,进入边塞,包围乌城,李建成便推荐李元吉代替李世民督率各军北征突厥。高祖听从了他的建议,命令李元吉督率右武卫大将军李艺、天纪将军张瑾等人前去援救乌城。李元吉请求让尉迟敬德、程知节、段志玄以及秦王府右三统军秦叔宝等人与自己一同前往,检阅并挑选秦王军中精悍勇锐的将士,来增强李元吉的军队。率更丞王晊秘密禀告李世民说:"太子对齐王说:'现在,你已经得到秦王骁勇的将领和精悍的士兵,拥有数万人马了。我与秦王在昆明池为你饯行,让勇士就在帐幕里摧折秦王的身体,将他杀死,上奏时就说他暴病身亡,皇上该不会不相信。我自当让人进言申说,使皇上将国家事务交给我。尉迟敬德等人被你掌握以后,应该将他们悉数活埋,有谁敢不服呢!'"李世民将王晊的话告诉了长孙无忌等人,长孙无忌等人劝说李世民在事发以前设法对付他们。李世民叹息着说:"骨肉相互残杀,是古往今来的大丑事。我诚然知道祸事即将来临,但我打算在祸事发动以后,再仗义讨伐他们,这不也是可以的吗!"尉迟敬德说:"作为人们的常情,有谁能够舍得死去!现在大家誓死拥戴大王,这是上天所授。祸患的机栝就要发动,大王却仍旧态度安然,不为此事担忧。即使大王把自己得看很轻,又怎么对得起宗庙社稷呢!如果大王不肯采用我的主张,我就准备逃身荒野了。我是不能够留在大王身边,拱手任人宰割的!"长孙无忌说:"如果大王不肯听从尉迟敬德的主张,事情现在便没有指望了。尉迟敬德等人肯定不会再追随大王,我也应当跟着他们离开大王,不能够再事奉大王了!"李世民说:"我讲的意见也不能够完全舍弃,您再计议一下吧。"尉迟敬德说:"如今大王处理事情犹豫不定,这是不明智的;面临危难,不能决断,这是不果敢的。况且,大王平时蓄养的八百多名勇士,凡是在外面的,现在已经进入宫中,他们穿好衣甲,握着兵器,起事的形势已经形成,大王怎么能够制止得住呢!"

李世民就此事征求秦王府僚属的意见,大家都说:"齐王凶恶乖张,是终究不愿意事奉自己的兄长的。近来听说护军薛实曾经对齐王说:'大王的名字,合起来可以成为一个唐字,看来大王终究是要主持大唐的祭祀的。'齐王欢喜地说:'只要能够除去秦王,捉拿太子就易如反掌了。'李元吉与太子谋划作乱还没有成功,就已经有了捉拿太子的心思。作乱的心思没个满足,又有什么事情做不出来呢!假使这两个人如愿以偿了,恐怕天下就不再归大唐所有。凭着大王的贤能,捉拿这两个人就像拾取地上的草芥一般容易，怎么能够为了信守平常人的节操，而忘记了国家大计呢！"李世民仍然没有做出决定。大家说："大王认为虞舜是什么样的人呢？"李世民说："是圣人。"大家说："假如虞舜在疏浚水井的时候没有躲过父亲与哥哥在上面填土的毒手，他便化为井中的泥土了，假如他在涂饰粮仓的时候没有逃过父亲和哥哥在下面放火的毒手，他便化为粮仓上的灰烬了，还怎么能够使自己恩泽遍及天下，法度流传后世呢！所以，虞舜在遭到父亲用小棍棒笞打的时候便忍受了，在遭到父亲用大棍棒笞打的时候便逃走了，这恐怕是因为虞舜心里所想的是大事啊。"李世民让人卜算是否应该采取行动，恰好秦王幕府的属僚张公谨从外面进来，便将龟甲拿过来扔在地上说："占卜是为了决定疑难之事的，现在事情并无疑难，还占卜什么呢！如果卜算的结果是不吉利的，难道就能够不采取行动了吗"于是，大家便定下了采取行动的计划。

庚申（六月初四），李世民率领长孙无忌等人入朝，将兵力埋伏在玄武门。张婕妤暗中得知了李世民上表的大意，急忙前去告诉李建成。李建成将李元吉叫来商议此事，李元吉说："我们应当统率好东宫与齐王府中的军队，托称有病，不去上朝，以便观察形势。"李建成说："军队的防备已很严密了，我与你应当入朝参见，亲自打听消息。"于是，二人一起入朝，向着玄武门走来，当时，高祖已经将裴寂、萧瑀、陈叔达等人召集前来，准备查验这件事情了。

李建成与李元吉来到临湖殿的时候，察觉到发生了变故，立即勒转马头，准备向东返回东宫和齐王府。李世民跟在后面招呼他们，李元吉拉开弓射李世民，一连两三次，都没有将弓拉满，李世民箭射李建成，却将他射死了。尉迟敬德带领骑兵七十人相继赶到，他身边的将士将李元吉射下马来。李世民的坐骑奔入树林，被树枝挂住，倒在地上，不能起来。李元吉迅

李世民

速赶到，夺过弓来，准备掐死李世民，尉迟敬德跃马奔来大声呵斥他。李元吉打算步行前往武德殿，尉迟敬德追着射他，将他射死了。翊卫车骑将军冯翊人冯立得知李建成死去消息以后，叹息说："难道能够人家活着时蒙受人家的恩惠，人家一死便逃避人家的祸难吗！"于是，他与副护军薛万彻、屈咥直府左车骑万年人谢叔方率领东宫和齐王府的精锐兵马两千人，急驰玄武门。张公谨膂力过人，他独自关闭了大门，挡住冯立等人，冯立等人无法进入。云麾将军敬君弘掌管着宿卫军，驻扎在玄武门。他挺身而起，准备出战，与他亲近的人阻止他说："事情未见分晓，姑且慢慢观察事态的发展变化，等到兵力集合起来，结成阵列再出战，也是为时不晚的啊。"敬君弘不肯听从，便与中郎将吕世衡大声呼喊着奔向前去，结果全部战死。敬君弘是敬显隽的曾孙。把守玄武门的士兵与薛万彻等人奋力交战，持续了很长时间，薛万彻擂着鼓，呼喊着，准备进攻秦王府，将士们大为恐惧。这时，尉迟敬德提着李建成和李元吉的头颅，给薛万彻等人看，东宫和齐王府的人马因而溃散，薛万彻与骑兵数十人逃进终南山。冯立杀死敬君弘以后，对手下人说："这也足够略微报答太子了。"于是，他丢掉兵器，落荒而逃。

高祖正在海池划船。李世民让尉迟敬德入宫担任警卫，尉迟敬德身披铠甲，手握长矛，径直来到高祖所在的地方。高祖极为震惊，便问他说："今天作乱的人是谁呀？你到这里来做什么？"尉迟敬德回答说："由于太子和齐王作乱，秦王起兵诛杀了他们。秦王担心惊动陛下，便派我担任警卫。"高祖对裴寂等人说："不料今天竟然会出现这种事情，你们认为应当怎么办呢？"萧瑀和陈叔达说："李建成与李元吉原来就没有参与举义反隋的谋议，又没有为天下立下功劳。他们嫉妒秦王功勋大，威望高，便一起策划邪恶的阴谋。现在，秦王已经声讨并诛杀了他们，秦王的功绩布满天下，我国疆域以内的人们都诚心归向于他。如果陛下能够决定立他为太子，将国家政务交托给他，就不会再发生事端了。"高祖说："好！这也正是我平素的心愿啊。"当时，宿卫军和秦王府的兵马与东宫和齐王府的亲信交战还没有停止，尉迟敬德请求高祖颁布亲笔敕令，命令各军一律接受秦王的处置，高祖听从了他的建议。天策府司马宇文士及由东上阁门出来宣布敕令，大家便安定下来。高祖又让黄门侍郎裴矩前往东宫晓谕开导各个将士，将士们便都散开。于是，高祖传召李世民前来，抚慰他说："近些日子以来，我几乎出现了曾母误听曾参杀人而丢开织具逃走的疑惑。"李世民跪了下来，伏在高祖的胸前，长时间地放声痛哭。

　　各位将领准备将李建成和李元吉的一百多名亲信全部诛除，将他们的家产没收官府，尉迟敬德再三争辩说："罪过都在两个元凶身上，他们已经受到死刑的处罚了。倘若还要牵连他们的党羽，就不是谋求安定的做法了！"于是各位将领停止追杀下去。当天，高祖颁诏赦免天下罪囚，叛逆的罪名只加给李建成和李元吉二人，对其余的党羽，一概不加追究。僧人、尼姑和男女道士都应当依照原先颁布的诏令处理。国家的各项政务，全部听候秦王的处置。

　　癸亥（六月初七），高祖将李世民立为皇太子，还颁布诏书说："从今天起，军队和国家的各项事务，无论大小，全部交付太子处置决定，然后再报告朕知。"

唐纪八

【原文】

高祖神尧大圣光孝皇帝下之下武德九年（丙戌，626年）

九月，突厥颉利献马三千匹，羊万口；上不受，但诏归所掠中国户口，征温颜博还朝。

上尝言："吾自少经略四方，颇知用兵之要。每观敌陈，则知其强弱，常以吾弱当其强，强当其弱。彼乘吾弱，逐奔不过数十百步，吾乘其弱，必出其陈后反击之，无不溃败，所以取胜，多在此也！"

上于弘文殿聚四部书二十余万卷，置弘文馆于殿侧，精选天下文学之士虞世南、褚亮、姚思廉、欧阳询、蔡允恭、萧德言等，以本官兼学士，令更日宿直，听朝之隙，引入内殿，讲论前言往行，商榷政事，或至夜分乃罢。又取三品已上子孙充弘文馆学士。

癸亥，立皇子中山王承乾为太子，生八年矣。

初，上皇欲强宗室以镇天下，故皇再从、三从弟及兄弟之子，虽童孺皆为王，王者数十人。上从容问群臣："遍封宗子，于天下利乎？"封德彝对曰："前世唯皇子及兄弟乃为王，自余非有大功，无为王者。上皇敦睦九族，大封宗室，自两汉以来未有如今之多者。爵命既崇，多给力役，恐非示天下以至公也！"上曰："然。朕为天子，所以养百姓也，岂可劳百姓以养己之宗族乎！"十一月，庚寅，降宗室郡王皆为县公，惟有功者数人不降。

丙午，上与群臣论止盗。或请重法以禁之，上哂之曰"民之所以为盗者，由赋繁役重，官吏贪求，饥寒切身，故不暇顾廉耻耳。朕当去奢省费，轻徭薄赋，选用廉吏，使民衣食有余，则自不为盗，安用重法邪！"自是数年之后，海内升平，路不拾遗，外户不闭，商旅野宿焉。

上又尝谓侍臣曰："君依于国，国依于民。刻民以奉君，犹割肉以充腹，腹饱而身毙，君富而国亡。故人君之患，不自外来，常由身出。夫欲盛则费广，费广则赋重，赋重则民愁，民愁则国危，国危则君丧矣。朕常以此思之，故不敢纵欲也。"

上患吏多受赇，密使左右试赂之。有司门令史受绢一匹，上欲杀之，民部尚书裴矩谏曰："为吏受赂，罪诚当死；但陛下使人遗之而受，乃陷人于法也，恐非所谓'道之以德，齐之以礼。'"上悦，召文武五品已上告之曰："裴矩能当官力争，不为面从，傥每事皆然，何忧不治！"

臣光曰："古人有言：'君明臣直。'裴矩佞于隋而忠于唐，非其性之有变也。君恶闻其过，则忠化为佞；君乐闻直言，则佞化为忠。是知君者表也，臣者景也，表动则景随矣。"

【译文】

唐高祖武德九年（丙戌，公元626年）

九月，突厥颉利可汗进献三千匹马、一万头羊，唐太宗推辞不接受，只是下诏令其归还所掠夺的中原人口，并征召上一年被突厥俘虏的温彦博回到朝中。

太宗曾说过："我从小南征北战，东略西讨，颇知用兵之道。每次观察敌军阵势，即知道它的强弱，并常以我军弱旅抵挡其强兵，而以强师击其弱旅。敌军追逐我方弱旅不过走数百步，我军攻其弱旅，一定要突至其阵后乘势反击，敌军无不溃败奔逃，这就是我的取胜之道！"

太宗聚集经史子集四类书二十余万卷藏于弘文殿，并于殿旁设置弘文馆，遴选虞世南、褚亮、姚民廉、欧阳询、蔡允恭、萧德言等国内精通学术之人，以原职兼任弘文馆学士，让他们轮流值宿，皇上在听政之暇，领他们进入内殿，讲论先哲言行，商榷当朝大政，有时要到午夜时分才结束。又选取三品以上官员的子孙充任弘文馆学生。

癸亥（十月初八），朝廷立中山王李承乾为皇太子，时年仅八岁。

起初，高祖想以加强皇室宗族的力量来威震天下，所以与皇帝同曾祖、同高祖的远房堂兄弟以及他们的儿子，即使童孺幼子均封为王，达数十人。为此，太宗语气和缓地征求群臣的意见："遍封皇族子弟为王，对天下有利吗？"封德彝回答道："前世只有皇帝的儿子及兄弟才封为王，其他宗亲如果不是有大功勋，便没有封王的。太上皇帝善厚待皇亲国戚，大肆分封宗室，自东西汉以来都没有如此之多。封给的爵位既高，又多赐给劳力仆役，这恐怕不能向天下人显示自己的大公无私吧！"太宗说："有道理。朕做天子，就是为了养护百姓，怎么可以劳顿百姓来养护自己的宗族呢！"十一月，庚寅（初五），将宗室郡王降格为县公，只有功勋卓著的几位不降。

丙午（二十一日），太宗与群臣讨论防盗问题。有人请求设严刑重法以禁盗，太宗微笑着答道："老百姓之所以做盗贼，是因为赋役繁重，官吏贪财求贿，百姓饥寒交集，所以便顾不得廉耻了。朕主张应当杜绝奢侈浪费，轻徭薄赋，选用廉吏，使老百姓吃穿有余，自然不去做盗贼，何必用严刑重法呢！"从此经过数年之后，天下太平，路不拾遗，夜不闭户，商人旅客可在野外露宿。

太宗曾对身边的大臣说："君主依靠国家，国家仰仗百姓。剥削百姓来奉养君主，如同割下身上的肉来充腹，腹饱而身死，君主富了而国家灭亡。所以君主的忧虑，不来自于外面，而常在于自身。凡欲望多则花费大，花费大则赋役繁重，赋役繁重则百姓愁苦，百姓愁苦则国家危急，国家危急则君主地位不保。朕常常思考这些，所以不敢放纵自己的欲望。"

太宗担心官吏中多有接受贿赂的，便秘密安排身边的人去试探他们。有一个刑部的司门令史收受绢帛一匹，太宗得悉后想要杀掉他。民部尚书裴矩劝谏道："当官的接受贿赂，依罪的确应当处死；但是陛下派人送上门去让其接受，这是有意引诱人触犯法律，恐怕不符合孔子所谓'用道德加以诱导，以礼教来整齐民心'的古训。"太宗听了很高兴，召集文武五品以上的官员，对他们说："裴矩能够做到在位敢于力争，并不一味地顺从我，假如每件事情都能这样做，怎愁国家治理不好呢！"

臣司马光曰："古人说过：'君主贤明则臣下敢于直言。'裴矩在隋朝是位佞臣而在唐朝则是忠臣，不是他的品性有变化。君主讨厌听人揭短，则大臣的忠诚便转化为诌谈；君主乐意听到直言劝谏，则诌谈又会转化为忠诚。由此可知君主如同测影的表，大臣便似影子，表一动则影子随之而动。"

【原文】

太宗文武大圣大广孝皇帝上之上贞观元年（丁亥，627年）

上以兵部郎中戴胄忠清公直，擢为大理少卿。上以选人多诈冒资荫，敕令自首，不首者死。未几，有诈冒事觉者，上欲杀之。胄奏："据法应流。"上怒曰："卿欲守法而使朕失信乎？"对曰："敕者出于一时之喜怒，法者国家所以布大信于天下也。陛下忿选人之多诈，故欲杀之，而既知其不可，复断之以法，此乃忍小忿而存大信也。"上曰："卿能执法，朕复何忧！"胄前后犯颜执法，言如涌泉，上皆从之，天下无冤狱。

右骁卫大将军长孙顺德受人馈绢，事觉，上曰："顺德果能有益国家，朕与之共有府库耳，何至贪冒如是乎！"犹惜其有功，不之罪，但于殿庭赐绢数十匹。大理少卿胡演曰："顺德枉法受财，罪不可赦，奈何复赐之绢？"上曰："彼有人性，得绢之辱，甚于受刑；如不知愧，一禽兽耳，杀之何益！"

初，隋末丧乱，豪杰并起，拥众据地，自相雄长；唐兴，相帅来归，上皇为之割置州县以宠禄之，由是州县之数，倍于开皇、大业之间。上以民少吏多，思革其弊。二月，命大加并省，因山川形便，分为十道：一曰关内，二曰河南，三曰河东，四曰河北，五曰山南，六曰陇右，七曰淮南，八曰江南，九曰剑南，十曰岭南。

秋，七月，壬子，以吏部尚书长孙无忌为右仆射。无忌与上为布衣交，加以外戚，有佐命功，上委以腹心，其礼遇群臣莫及，欲用为宰相者数矣。文德皇后固请曰："妾备位椒房，家之贵宠极矣，诚不愿兄弟复执国政。吕、霍、上官，可为切骨之戒，幸陛下矜察！"上不听，卒用之。

初，突厥性淳厚，政令质略。颉利可汗得华人赵德言，委用之。德言专其威福，多变更旧俗，政令烦苛，国人始不悦。颉利又好信任诸胡而疏突厥，胡人贪冒，多反覆，兵革岁动。会大雪，深数尺，杂畜多死，连年饥馑，民皆冻馁。颉利用度不给，重敛诸部，由是内外离怨，诸部多叛，兵浸弱。言事者多请击之，上以问萧瑀、长孙无忌曰："颉利君臣昏虐，危亡可必。今击之，则新与之盟；不击，恐失机会；如何而可？"瑀请击之。无忌对曰："虏不犯塞而弃信劳民，非王者之师也。"上乃止。

上谓公卿曰："昔禹凿山治水而民无谤讟者，与人同利故也。秦始皇营宫室而人怨叛者，病人以利己故也。夫靡丽珍奇，固人之所欲，若纵之不已，则危亡立至。朕欲营一殿，材用已具，鉴秦而止。王公已下，宜体朕此意。"由是二十年间，风欲素朴，衣无锦绣，公私富给。

初，突厥既强，敕勒诸部分散，有薛延陀、回纥、都播、骨利幹、多滥葛、同罗、仆固、拔野古、思结、浑、斛薛、结、阿跌、契苾、白霫等十五部，皆居碛北，风俗大抵与突厥同；薛延陀于诸部为最强。

回纥等六部在郁督军山者，东属始毕可汗。统叶护可汗势衰，乙体钵之孙夷男帅部落七万余家，附于颉利可汗。颉利政乱，薛延陀与回纥、拔野古等相帅叛之。颉利遣其兄子欲谷设将十万骑讨之，回纥酋长菩萨将五千骑，与战于马鬣山，大破之。欲谷设走，菩萨追至天山，部众多为所虏，回纥由是大振。薛延陀又破其四设，颉利不能制。

颉利益衰，国人离散。会大雪，平地数尺，羊马多死，民大饥，颉利恐唐乘其弊，引兵入朔州境上，扬言会猎，实设备焉。鸿胪卿郑元璹使突厥还，言于上曰："戎狄兴衰，专以羊马为侯。今突厥民饥畜瘦，此将亡之兆也，不过三年。"上然之。群臣多劝上乘间击突厥，上曰："新与人盟而背之，不信；利人之灾，不仁；乘人之危以取胜，不武。纵使其种落尽叛，六畜无余，朕终不击，必待有罪，然后讨之。"

【译文】

唐太宗贞观元年（丁亥，公元627年）

太宗认为兵部郎中戴胄忠诚清正耿直，提升他为大理寺少卿。当时许多候选官员都假冒资历和门荫，太宗令他们自首，否则即处死。没过几天，有假冒被发觉

的，太宗要杀掉他。戴胄上奏道："根据法律应当流放。"太宗大怒道："你想遵守法律而让我失信于天下吗？"戴胄回答道："敕令出于君主一时的喜怒，法律则是国家用来向天下人昭示最大信用的。陛下气愤于候选官员的假冒，所以想要杀他们，但是现在已知道这样做不合适，再按照法律来裁断，这就是忍住一时的小愤而保全大的信用啊！"太宗说："你如此执法，朕还有何忧虑！"戴胄前后多次冒犯皇上而执行法律，奏答时滔滔不绝，太宗都听从他的意见，国内没有冤案。

右骁卫大将军长孙顺德接受别人送的绢帛，事情暴露，太宗说："长孙顺德如果能有益于国家，朕与他共享府库的资财，他何至于如此贪婪呢！"太宗仍爱惜他有功于大唐，不予惩罚，反而在宫殿上赐给他数十匹绢帛。大理寺少卿胡演说："长孙顺德贪赃枉法，犯下的罪不可饶恕，为什么又要赐他绢帛呢？"太宗说："如果他有人性的话，得到朕赐给绢帛的羞辱，远甚于受到刑罚；如果不知道羞耻，不过是禽兽而已，杀他又有何用呢！"

起初，隋朝末年天下大乱，英雄豪杰蜂拥而起，据地拥兵，各自称雄一方。唐兴起后相继归附，高祖为他们分置州县，施以功禄，由此州县的数目，大大超过隋朝开皇、大业年间。太宗认为官多民少，想革除其弊端。二月，下令州县大加合并，依山川地势条件，将全国分为十道：一关内，二河南，三河东，四河北，五山南，六陇右，七淮南，八江南，九剑南，十岭南。

秋季，七月，壬子（初二），任命吏部尚书长孙无忌为尚书右仆射。无忌与太宗早年为布衣之交，加上皇后兄长的外戚身份，又有辅佐太宗即位的大功，太宗视为心腹，对他的礼遇无人堪比，几次想重用他为宰相。文德皇后固执地请求："我身为皇后，家族的尊贵荣耀已达到顶点，实在不愿意我的兄弟再去执掌国政。汉代的吕、霍、上官三家外戚都是痛彻骨髓的前车之鉴，望陛下体恤明察！"太宗不听，最后还是予以重用。

起初，突厥族风俗淳厚，政令简质疏略。颉利可汗得到汉人赵德言，加以重用。赵德言恃势专权，大量地改变旧有风俗习惯，政令也变得繁琐苛刻，百姓们大为不满。颉利又信任各胡族人，而疏远突厥本族人，这些胡族人贪得无厌，反复无常，干戈连年不息。又赶上大雪天，雪深达数尺，牲畜多冻死，加以连年饥荒，百姓都饥寒交迫。颉利费用不足，便向各部落征收重税，由此上下离心，怨声载道，各部落多反叛，兵力渐弱。唐朝大臣们议事时多请求乘机出兵，太宗问萧瑀和长孙无忌："颉利君臣昏庸残暴，必然面临危亡。现在出兵讨伐，刚刚与突厥订立盟约，师出无名；不出兵，恐怕又要失去机会，怎么办呢？"萧瑀请求出兵。长孙无忌说："突厥并没有侵我边塞，却要背信弃义、劳民伤财，这不是正义之师的所为。"太宗于是没有出兵。

太宗对公卿说："从前大禹凿山治水而百姓没有怨谤之言，是因为与民利益攸关的缘故。秦始皇营造宫室而百姓怨声载道、图谋反叛，是因为秦始皇损民以利己的缘故。奇珍异宝，本是每个人都想得到的，假如放纵自己不止，那么国家就会立刻面临危亡。朕想要营造一个宫殿，材料已经齐备，有鉴于秦的灭亡，便停止了这项工程。亲王公卿以下，应当体会朕的这个想法。"从此二十年间，风俗质朴淳厚，穿着不用锦绣，官府与百姓均很富足。

起初，突厥族已经强大，敕勒各部落分散，有薛延陀、回纥、都播、骨利幹、多滥葛、同罗、仆固、拔野古、思结、浑、斛薛、结、阿跌、契苾、白霫等十五部，均居住在漠北地区，风俗习惯大致与突厥相同。薛延陀在各部落中实力最强。

回纥等六部聚居在郁督军山的，东隶属于突厥始毕可汗。西突厥统叶护可汗势力衰微，乙失钵的孙子夷男率本部落七万多户，依附于突厥颉利可汗。颉利政治混乱，薛延陀与回纥、拔野古等相继反叛。颉利可汗派他的侄子欲谷设统领十万骑兵讨伐，回纥酋长菩萨率五千骑兵迎战于马鬣山，大败欲谷设。欲谷设仓皇奔逃，菩萨追到天山，俘获其大部，回纥从此兴盛。薛延陀又乘机击，败突厥四个设的军队，颉利可汗无法控制。

颉利可汗日益衰败，百姓纷纷离散。正赶上天下大雪，雪深达数尺，羊、马多冻死，百姓饥寒交迫，颉利可汗担心大唐帝国乘突厥衰败进兵，于是带领兵马到朔州边境，扬言要会猎，实际上是防备唐朝。鸿胪寺卿郑元璹出使突厥还朝，对太宗说："戎狄族的兴衰隆替，专以羊马的情状作为征候。现在突厥百姓饥饿、牲畜瘦弱，这是将要灭亡的先兆，不会超过三年。"太宗颇以为然。众大臣都劝说太宗乘此机会袭击突厥，太宗说："刚刚与人家订盟却要背约，这是不守信用；利用人的灾祸，这是不仁义；乘人之危来取胜，这不是勇武的行为。即使突厥的各部落都叛离，牲畜所剩无几，朕还是不出击，一定要待到他们有罪过，然后讨伐他们。"

【原文】

二年（戊子，628年）

春，正月，辛亥，右仆射长孙无忌罢。时有密表称无忌权宠过盛者，上以表示之，曰："朕于卿洞然无疑，若各怀所闻而不言，则君臣之意有不通。"又召百官谓之曰："朕诸子皆幼，视无忌如子，非他人所能间也。"无忌自惧满盈，固求逊位，皇后又力为之请，上乃许之，以为开府仪同三司。

上问魏徵曰："人主何为而明，何为而暗？"对曰："兼听则明，偏信则暗。昔尧清问下民，故有苗之恶得以上闻；舜明四目，达四聪，故共、鲧、驩兜不能蔽也。秦二世偏信赵高，以成望夷之祸；梁武帝偏信朱异，以取台城之辱；隋炀帝偏信虞世基，以致彭城阁之变。是故人君兼听广纳，则贵臣不得拥蔽，而下情得以上通也。"上曰："善！"

二月，上谓侍臣曰："人言天子至尊，无所畏惮。朕则不然，上畏皇天之监临，下惮群臣之瞻仰，兢兢业业，犹恐不合天意，未副人望。"魏徵曰："此诚致治之要，愿陛下慎终如始，则善矣。"

上谓房玄龄等曰："为政莫若至公。昔诸葛亮窜廖立、李严于南夷，亮卒而立、严皆悲泣，有死者，非至公能如是乎！又高颎为隋相，公平识治体，隋之兴亡，系颎之存没。朕既慕前世之明君，卿等不可不法前世之贤相也！"

初，突厥突利可汗建牙直幽州之北，主东偏，奚、霫等数十部多叛突厥来降，颉利可汗以其失众责之。及薛延陀、回纥等败欲谷设，颉利遣突利讨之，突利兵又败，轻骑奔还。颉利怒，拘之十余日而挞之，突利由是怨，阴欲叛颉利。颉利数征兵于突利，突利不与，表请入朝。上谓侍臣曰："曩者突厥之强，控弦百万，凭陵中夏，用是骄恣以失其民。今自请入朝，非困穷，肯如是乎！朕闻之，且喜且惧。何则？突厥衰则边境安矣，故喜。然朕或失道，他日亦将如突厥，能无惧乎！卿曹宜不惜苦谏，以辅朕之不逮也。"

【译文】

二年（戊子，公元628年）

春季，正月，辛亥（初三），尚书右仆射长孙无忌离职。当时有人上密表称长孙无忌权力过大，荣宠太盛，太宗将密表拿给长孙无忌看，并说："朕对你丝毫不怀疑，假如各有所闻而不说，则君臣的想法便不能沟通。"又召集百官对他们说："朕的儿子均年幼，所以视无忌如亲子一般，不是其他人所能离间的。"长孙无忌自己担心富贵至极会带来灾祸，一再请求让位，长孙皇后也尽力为他请求，太宗于是准许离职，改封为开府仪同三司。

太宗问魏徵："君主如何做称为明，如何做称为暗？"魏徵答道："能听取各方面的意见，就是明，偏听偏信，就是暗。从前尧帝体恤下情，详细询问民间疾苦，所以能够知道有苗的恶行；舜帝目明能远视四方，耳聪能远听四方，所以共工、鲧、驩兜不能掩匿罪过。秦二世偏信赵高，造成望夷宫的灾祸；梁武帝偏信朱异，招来台城的羞辱；隋炀帝偏信虞世基，导致彭城阁的变故。所以君主善于听取各方面意见，则亲贵大臣就无法阻塞言路，下情也就得以上达。"太宗说："非常对！"

二月，太宗对亲近的大臣说："人们都说君主至为尊贵，无所畏惧。朕则并非如此，上怕皇天的监督，下惧群臣的注视，兢兢业业，还怕不符合上天的旨意和百姓的期望。"魏徵说："这的确是达到治世的要旨，希望陛下能慎始慎终，那就好了。"

太宗对房玄龄等人说："处理政务没有比大公无私更重要的了。以前诸葛亮流放廖立、李严到南夷之地，诸葛亮死的时候，廖立悲痛万分，李严哀伤而死，如果不是大公无私能这样吗？再如高颎为隋朝丞相，公正无私，颇识治国之本，隋朝的兴亡，与高颎的生死攸关。朕既然仰慕前代的明君，你们也不可不效法前代的贤相啊！"

起初，突厥突利可汗建牙帐于幽州北面，主持东部事务、奚、霫等数十部大多反叛突厥投降唐朝，颉利可汗责备他失去了这些部族。等到薛延陀、回纥等打败欲谷设，颉利派突利讨伐，突利的军队又吃败仗，单枪匹马逃回。颉利大怒，将突利拘禁了十几天，并鞭笞他，突利从此怨恨颉利，暗中想背叛颉利。颉利几次向他征兵，他都不给，向唐朝上表请求归附。太宗对大臣们说："以前突厥强盛，拥有百万兵马，侵凌中原，却因如此骄横放纵而失去百姓的支持。现在请求归附，如果不是深陷困境，能这么做吗？朕听到这个消息是又高兴又担心。为什么呢？突厥衰败则大唐边境即得安宁，所以高兴。然而朕若有过失，日后也会像突厥一样，能不担心忧虑吗？望你们直言苦谏，来帮助朕弥补不足。"

资治通鉴第一百九十三卷

唐纪九

【原文】

太宗文武大圣大广孝皇帝上之中贞观二年（戊子，628年）

徵状貌不逾中人，而有胆略，善回人主意，每犯颜苦谏。或逢上怒甚，徵神色不移，上亦为霁威。尝谒告上冢，还，言于上曰："人言陛下欲幸南山，外皆严装已毕，而竟不行，何也？"上笑曰："初实有此心，畏卿嗔，故中辍耳。"上尝得佳鹞，自臂之，望见徵来，匿怀中；徵奏事固久不已，鹞竟死怀中。

上曰："为朕养民者，唯在都督、刺史，朕常疏其名于屏风，坐卧观之，得其在官善恶之迹，皆注于名下，以备黜陟。县令尤为亲民，不可不择。"乃命内外五品已上，各举堪为县令者，以名闻。

西突厥统叶护可汗为其伯父所杀；伯父自立，是为莫贺咄侯屈利俟毗可汗。国人不服，弩矢毕部推泥孰莫贺设为可汗，泥孰不可。统叶护之子咥力特勒避莫贺咄之祸，亡在康居，泥孰迎而立之，是为乙毗钵罗肆叶护可汗，与莫贺咄相攻，连兵不息，俱遣使来请婚。上不许，曰："汝国方乱，君臣未定，何得言婚！"且渝以各守郡分，勿复相攻。于是西域诸国及敕勒先役属西突厥者皆叛之。

【译文】

唐太宗贞观二年（戊子，公元628年）

魏徵相貌平平，但是很有胆略，善于挽回皇帝的主意，常常犯颜直谏。有时碰上太宗非常恼怒的时候，他面不改色，太宗的神威也为之收敛。他曾经告假去祭扫祖墓，回来后，对太宗说："人们都说陛下要临幸南山，外面都已严阵以待、整装完毕，而您最后又没去，不知为什么？"太宗笑着说："起初确实有这个打算，害怕你又来嗔怪，所以中途停止了。"太宗曾得到一只好鹞鹰，将它置于臂膀上，远远望见魏徵走过来，便藏在怀里；魏徵站在那里上奏朝政大事，很久不停下来，鹞鹰最后竟死在太宗的怀里。

太宗说："为朕养护百姓的，唯有都督、刺史，朕常常将他们的名字书写在屏风上，坐卧都留心观看，得知在任内的善恶事迹，均注于他们的名下，以备升迁和降职时参考。县令尤其与百姓亲近，不可不慎加选择。"于是下令朝廷内外五品以上官员，各荐举能胜任县令职位的人，呈报他们的姓名。

西突厥统叶护可汗被其伯父杀死，其伯父自立为首领，是为莫贺咄侯屈利俟毗可汗。国人不服，弩矢毕部推举泥孰莫贺设为可汗，泥孰不应允。统叶护的儿子咥力特勒，为躲避莫贺咄的祸乱，逃到了康居，泥孰迎回他立为首领，这便是乙毗钵罗肆叶护可汗，与莫贺咄相攻伐，争斗不息，都派使臣请求与唐朝通婚。太宗不应允，说："你们的国家刚发生内部争斗，君臣尚未确定，怎么能谈得上求婚呢？"而且传谕各部保持稳定，不要再相攻伐。于是先前依附西突厥的敕勒和西域各国均叛离。

【原文】

三年（己丑，629年）

丁巳，上谓房玄龄、杜如晦曰："公为仆射，当广求贤人，随才授任，此宰相之职也。比闻听受辞讼，日不暇给，安能助朕求贤乎！"因敕"尚书细务属左右丞，唯大事应奏者，乃关仆射。"

玄龄明达政事，辅以文学，夙夜尽心，惟恐一物失所；用法宽平，闻人有善，若己有之，不以求备取人，不以己长格物，与杜如晦引拔士类，常如不及。至于台阁规模，皆二人所定。上每与玄龄谋事，必曰："非如晦不能决。"及如晦至，卒用玄龄之策。盖玄龄善谋，如晦能断故也。二人深相得，同心徇国，故唐世称贤相，推房、杜焉。玄龄虽蒙宠待，或以事被谴，辄累日诣朝堂，稽颡请罪，恐惧若无所容。

故事：凡军国大事，则中书舍人各执所见，杂署其名，谓之五花判事。中书侍郎、中书令省审之，给事中、黄门侍郎驳正之。上始申明旧制，由是鲜有败事。

茌平人马周，客游长安，舍于中郎将常何之家。六月，壬午，以旱，诏文武官极言得失。何武人不学，不知所言，周代之陈便宜二十余条。上怪其能，以问何，对曰："此非臣所能，家客马周为臣具草耳。"上即召之；未至，遣使督促者数辈。及谒见，与语，甚悦，令直门下省，寻除监察御史，奉使称旨。上以常何为知人，赐绢三百匹。

代州都督张公谨上言突厥可取之状，以为"颉利纵欲逞暴，诛忠良，昵奸佞，一也。薛延陀等诸部皆叛，二也。突利、拓设、欲谷设皆得罪，无所自容，三也。塞北霜旱，糇粮乏绝，四也。颉利疏其族类，亲委诸胡，胡人反覆，大军一临，必生内变，五也。华人入北，其众甚多，比闻所在啸聚，保据山险，大军出塞，自然响应，六也。"上以颉利可汗既请和亲，复援梁师都，丁亥，命兵部尚书李靖为行军总管讨之，以张公谨为副。

庚申，以行并州都督李世勣为通汉道行军总管，兵部尚书李靖为定襄道行军总管，华州刺史柴绍为金河道行军总管，灵州大都督薛万砌为畅武道行军总管，众合十余万，皆受李勣节度，分道出击突厥。

【译文】

三年（己丑，公元629年）

丁巳（三月十六日），太宗对房玄龄、杜如晦说："你们身为仆射，应当广求天下贤才，因才授官，这是宰相的职责。近来听说你们受理辞讼案情，目不暇接，怎么能帮助朕求得贤才呢？"因此下令"尚书省琐细事务归尚书左右丞掌管，只有应当奏明的大事，才由左右仆射处理。"

房玄龄通晓政务，又有文才，昼夜操劳，唯恐偶有差池；运用法令宽和平正，听到别人的长处，便如同自己所有，待人不求全责备，不以己之所长要求别人，与杜如晦提拔后进，不遗余力。至于尚书省的制度程式，均系二人所定。太宗每次与房玄龄谋划政事，一定要说："非杜如晦不能敲定。"等到杜如晦来，最后还是采用房玄龄的建议。这是因为房玄龄善于谋略，杜如晦长于决断。二人深相投合，同心为国出力。所以唐朝称为贤相者，首推房、杜二人。房玄龄虽然多蒙太宗宠爱，有时因某事受谴责，总是一连数日到朝堂内，磕头请罪，恐惧得好像无地自容。

按以前的惯例，诏书凡涉及军国大事，则让中书舍人各执所见，大家分别署名，称之为五花判事。中书侍郎、中书令加以审核，给事中、黄门侍郎予以驳正。太宗开始申明旧的规制，于是很少有错误。

茌平人马周，游历来到长安，住在中郎将常何家里。六月，壬午（十二日），天下大旱，诏令文武百官畅言得失。常何乃一介武夫，不学无术，不知道说什么，马周便代他上呈建议二十多条。太宗惊奇常何的能力。便问常何，常何答道："这不是我能写的，而是我的客人马周代我起草的。"太宗立刻召见马周，没有来，又派人催促了几次。马周到宫中谒见太宗，太宗与他谈论，十分高兴，令其暂在门下省做事，不久又任命为监察御史，奉使出巡很合旨意。太宗认为常何知人善任，赐给绢帛三百匹。

代州都督张公谨上奏可以攻取突厥的理由，认为："颉利可汗奢华残暴，诛杀忠良，亲近奸佞之人，是其一。薛延陀等各部落均已叛离，是其二。突利、拓设、欲谷设均得罪颉利，没有地方收留，是其三；塞北地区经历霜冻干旱，粮食匮乏，是其四。颉利疏离其族人，委重任于胡人，胡人反复无常，大唐帝国军队一到，必然内部纷乱，是其五。汉人早年到北方避乱，至此时人数较多，近来听说他们聚众武装，占据险要之地，大军出塞，自然内部响应，是其六。"太宗认为颉利可汗既然想与唐朝和亲，又出兵援助大唐的敌人梁师都，丁亥（八月十九日），任命兵部尚书李靖为行军总管，张公谨为副总管，率兵讨伐突厥。

庚申（十一月二十三日），任命兼任并州都督的李世勣为通汉道行军总管，兵部尚书李勣为定襄道行军总管，华州刺史柴绍为金河道行军总管，灵州大都督薛万彻为畅武道行军总管，合兵力十余万，均受李靖节度，分兵进攻突厥。

【原文】

四年（庚寅，630年）

春，正月，李靖帅骁骑三千自马邑进屯恶阳岭，夜袭定襄，破之。突厥颉利可汗不意靖猝至，大惊曰："唐不倾国而来，靖何敢孤军至此！"其众一日数惊，乃徙牙于碛口。靖复遣谍离其心腹，颉利所亲康苏密以隋萧后及炀帝之孙政道来降。乙亥，至京师。先是，有降胡言"中国人或潜通书启于萧后者"。至是，中书舍人杨文瓘请鞫之，上曰："天下未定，突厥方强，愚民无知，或有斯事。今天下已安，既往之罪，何须问也！"

李世勣出云中，与突厥占于白道，大破之。

甲辰，李靖破突厥颉利可汗于阴山。

先是，颉利既败，窜于铁山，馀众尚数万；遣执失思力入见，谢罪，请举国内附，身自入朝。上遣鸿胪卿唐俭等慰抚之，又诏李靖将兵迎颉利。颉利外为卑辞，内实犹豫，欲俟草青马肥，亡入漠北。靖引兵与李世勣会白道，相与谋曰："颉利虽败，其众犹盛，若走度碛北，保依九姓，道阻且远，追之难及，今诏使至彼，虏必自宽，若选精骑一万，赍二十日粮往袭之，不战可擒矣。"以其谋告张公谨，公谨曰："诏书已许其降，使者在彼，奈何击之！"靖曰："此韩信所以破齐也。唐俭辈何足惜！"遂勒兵夜发，世勣继之，军至阴山，遇突厥千余帐，俘以随军，颉利见使者大喜，意自安。靖使武邑苏定方帅二百骑为前锋，乘雾而行，去牙帐七里，虏乃觉之。颉利乘千里马先走，靖军至，虏众遂溃。唐俭脱身得归。靖斩首万余级，俘男女十余万，获杂畜数十万，杀隋义成公主，擒其子叠罗施。颉利帅万余人欲度碛，李世勣军于碛口，颉利至，不得度，其大酋长皆帅众降，世勣虏五万余口而还。斥地自阴山北至大漠，露布以闻。

突厥颉利可汗至长安。夏，四月，戊戌，上御顺天楼，盛陈文物，引见颉利，数之曰："汝借父兄之业，纵淫虐以取亡，罪一也。数与我盟而背之，二也。恃强好战，暴骨如莽，三也。蹂我稼穑，掠我子女，四也。我宥汝罪，存汝社稷，而迁延不来，五也。然自便桥以来，不复大入为寇，以是得不死耳。"颉利哭谢而退。

诏馆于太仆，厚廪食之。

上皇闻擒颉利，叹曰："汉高祖困白登，不能报；今我子能灭突厥，吾托付得人，复何忧哉！"上皇召上与贵臣十馀人及诸王、妃、主置酒凌烟阁，酒酣，上皇自弹琵琶，上起舞，公卿迭起为寿，逮夜而罢。

诸宰相侍宴，上谓王珪曰："卿识鉴精通，复善谈论，玄龄以下，卿宜悉加品藻，且自谓与数子何如？"对曰："孜孜奉国，知无不为，臣不如玄龄。才兼文武，出将入相，臣不如李靖。敷奏详明，出纳惟允，臣不如温彦博。处繁治剧，众务毕举，臣不如戴胄。耻君不及尧、舜，以谏争为己任，臣不如魏徵。至于激浊扬清，嫉恶好善，臣于数子，亦有微长。"上深以为然，众亦服其确论。

庄园生活图　敦煌石窟　唐

【译文】

四年（庚寅，公元630年）

春季，正月，李靖率领三千骁骑从马邑出发，进驻恶阳岭，当夜，突袭定襄城，取得大胜。突厥颉利可汗想不到李靖出兵如此神速，大惊失色道："唐朝没有倾全国兵力北来，李靖怎么敢孤军深入到这里。"突厥兵一天内数次受惊，于是将牙帐迁移至碛口。李靖又派间谍离间其心腹，颉利的亲信康苏密携带隋萧后及炀帝的孙子杨政道投降唐朝。乙亥（初九），到达长安，先前，有投降的胡人称"唐朝有人私下与隋萧皇后通书信"。到此时，中书舍人杨文瓘请求讯问，太宗说："大唐未定天下时，突厥正当强盛，百姓愚昧无知，或许会有这种事，现在天下已安定，既往的过错，何须追问呢！"

李世勣出兵云中城，与突厥兵大战于白道，突厥大败。

甲辰（二月初八），李靖在阴山大败突厥颉利可汗的军队。

先前，颉利兵败后，逃窜到铁山，残余兵力尚有数万人。颉利派执失思力谒见太宗，当面谢罪，请求倾国降附，自己入朝抵罪。太宗派鸿胪寺卿唐俭等人抚慰，又令李靖领兵迎接颉利。颉利外表谦卑，内心尚在犹豫，想等到草青马肥的时候，再逃回到漠北重整旗鼓。李靖率领兵马与李世勣在白道会合，相互谋划道："颉利虽然被打败，其兵马还很强大，如果走碛北一带，颉利可依靠旧部族，道路阻隔而且遥远，恐怕一时很难追上。现在朝廷的使节已经到了突厥营地，突厥颉利可汗一定觉得宽慰，如果挑选精锐骑兵一万人，带着二十天的粮草前去袭击，可以不战而生擒颉利。"二人将他们的计谋告诉张公谨，张公谨说："圣上已下诏接受他们投降，大唐的使者在对方，怎么能进攻呢？"李靖说："当年韩信就是靠偷袭打败齐国的。唐俭等人不值得怜惜！"于是率兵夜间出发，李世勣随后，行军到阴山，遇上了突厥一千多营帐，全部俘获令随唐军。颉利见到大唐使者唐俭后十分高兴，内心稍稍安定。李靖派武邑人苏定方带领二百名骑兵作为前锋，趁大雾秘密行军，距离突厥牙帐只有七里，突厥兵才发现，颉利乘千里马先逃，李靖大军赶到，突厥兵纷纷溃败。唐俭及时脱身回到唐朝。李靖军队杀死突厥兵一万多人，俘虏男女十余万人，得牲畜数十万头，杀掉隋义成公主，生俘她的儿子叠罗施。颉利率领一万多人想要渡过沙漠，李世勣军队守住碛口，颉利兵至，通不过去，手下的部族首领均率兵众投降，李世勣俘虏五万多人还朝。开拓土地从阴山北到沙漠，捷报迅速传到了朝廷。

突厥颉利可汗被押送到长安。夏季，四月，戊戌（初三），太宗在顺天门城楼，陈列大量礼乐之器，召见颉利，责备他说："你借着父兄立下的功业，骄奢淫逸自取灭亡，这是第一条罪状。你几次与我订盟而反复背约，这是第二条罪状。你自恃强大崇武好战，造成白骨遍野，这是第三条罪状。践踏我大唐土地上的庄稼，抢夺人口，这是第四条罪状。我原宥你的罪过，保存你的社稷江山，而你却数次拖延不来朝，这是第五条罪状。自从武德九年我与你在渭水便桥订盟以来，没有大规模的入侵行为，就因这一点可免你一死。"颉利痛哭谢罪，退下宫去。太宗下诏让其住在太仆寺，赐给丰厚的食物。

太上皇李渊听说擒住了颉利可汗，感叹道："当年汉高祖刘邦被匈奴围困在白登城，不能报仇；现在我的儿子能一举剿灭突厥，证明我托付的人是对的，我还有什么忧虑呢！"太上皇召集太宗皇帝与十几位显贵大臣，以及诸王、王妃、公主等，在凌烟阁摆下酒宴，酒喝到兴处，太上皇自己弹奏琵琶，太宗翩翩起舞，公卿大臣纷纷起身祝寿，一直到深夜才散。

众位宰相陪太宗饮宴，太宗对王珪说："你精通鉴别人才，又很健谈，房玄龄以下宰臣，望你能详细加以品评，而且自己衡量与他们相比如何？"王珪答道："勤勤恳恳地事奉大唐，尽心竭力无所保留，我不如房玄龄。文武全才，出将入相，我不如李靖。议事详尽周到，传达诏令，反映群臣意见，都平允恰当，我不如温彦博。处理繁重、艰难的事务都能办好，我不如戴胄。唯恐君王赶不上尧、舜，专以苦言强谏为己任，我不如魏徵。说到辨别清浊，疾恶奖善，我与他们相比，倒是略有长处。"太宗非常赞同，众人也钦佩他的高论。

【原文】

五年（辛卯，631年）

初，上令群臣议封建，魏徵议以为："若封建诸侯，则卿大夫咸资俸禄，必致厚敛。又，京畿赋税不多，所资畿外，若尽以封国邑，经费顿阙。又，燕、秦、赵、代俱带外夷，若有警急，追兵内地，难以奔赴。"礼部侍郎李百药以为："运祚修短，定命自天，尧、舜大圣，守之而不能固；汉、魏微贱，拒之而不能却。今使勋戚子孙皆有民有社，易世之后，将骄淫自恣，攻战相残，害民尤深，不若守令之迭居也。"中书侍郎颜师古以为："不若分王诸子，勿令过大，间以州县，杂错而居，互相维持，使各守其境，协力同心，足扶京室；为置官寮，皆省司选用，法令之外，不得擅作威刑，朝贡礼仪，具为条式。一定此制，万世无虞。"十一月，诏："皇家宗室及勋贤之臣，宜令作镇藩部，贻厥子孙，非有大故，毋或黜免，所司明为条例,定等级以闻。"

【译文】

五年(辛卯,公元631年)

起初,太宗令大臣们议论分封诸王的事,魏徵认为:"如果分封诸王建诸侯国,则卿大夫们都靠俸禄生活,必然导致大量征赋。另外,京城一带赋税不多,原来依靠京都以外,如果都分封给诸侯国,则国家经费顿时短缺,再加上燕、秦、赵、代诸国均管辖有夷族,如有出现紧急情况,到内地调兵,难以及时奔赴所在地。"礼部侍郎李百药认为:"朝廷运祚的长短,命在上天,尧、舜都是大圣人,守定国祚却不能长久;汉、魏虽然微贱,恣纵却国运长久,推却不掉。如今让皇亲国戚子子孙孙均有自己封国的百姓与社稷,几代之后,将骄奢淫逸,相互攻伐残杀,对老百姓危害尤大,不如不断地更换郡守县令呢!"中书侍郎颜师古认为:"不如分封亲王宗子,不使他们过于强大,以州县相间隔,交错为界,互相维持牵制,让他们各自遵守自己的境土,同心协力,足以扶持京城皇室。并且为他们设置的官吏,均由尚书省选拔录用,除皇朝法令外,不许他们擅自施行刑罚,朝贡礼仪,都订立格式。这种制度一旦确定,千秋万代可保平安。"十一月,太宗下诏:"皇室宗亲以及勋贵大臣,应让他们担任地方长官,并传给其子孙,没有大的变故,不得随意黜免,各部门明文规定条例,定下不同等级上报朝廷。"

资治通鉴第一百九十四卷

唐纪十

【原文】

太宗文武大圣大广孝皇帝上之下贞观六年（壬辰，632年）

文武官复请封禅，上曰："卿辈皆以封禅为帝王盛事，朕意不然。若天下乂安，家给人足，虽不封禅，庸何伤乎！昔秦始皇封禅，而汉文帝不封禅，后世岂以文帝之贤不及始皇邪！且事天扫地而祭，何必登泰山之巅，封数尺之土，然后可以展其诚敬乎！"群臣犹请之不已，上亦欲从之，魏徵独以为不可。上曰："公不欲朕封禅者，以功未高邪？"曰："高矣！""德未厚邪？"曰："厚矣！""中国未安邪？"曰："安矣！""四夷未服邪？"曰："服矣！""年谷未丰邪？"曰："丰矣！""符瑞未至邪？"曰："至矣！然则何为不可封禅？"对曰："陛下虽有此六者，然承隋末大乱之后，户口未复，仓廪尚虚，而车驾东巡，千乘万骑，其供顿劳费，未易任也。且陛下封禅，则万国咸集，远夷君长，皆当扈从；今自伊、洛以东至于海、岱，烟火尚希，灌莽极目，此乃引戎狄入腹中，示之以虚弱也。况赏赉不赀，未厌远人之望；给复连年，不偿百姓之劳；崇虚名而受实害，陛下将焉用之！"会河南、北数州大水，事遂寝。

长乐公主将出降，上以公主，皇后所生，特爱之，敕有司资送倍于永嘉长公主。魏徵谏曰："昔汉明帝欲封皇子，曰：'我子岂得与先帝子比！'皆令半楚、淮阳。今资送公主，倍于长主，得无异于明帝之意乎！"上然其言，入告皇后。后叹曰："妾亟闻陛下称重魏徵，不知其故，今观其引礼义以抑人主之情，乃知真社稷之臣也！妾与陛下结发为夫妇，曲承恩礼，每言必先候颜色，不敢轻犯威严；况以人臣之疏远，乃能抗言如是，陛下不可不从。"因请遣中使赍钱四百缗、绢四百匹以赐征，且语之曰："闻公正直，乃今见之，故以相赏。公宜常秉此心，勿转移也。"上尝罢朝，怒曰："会须杀此田舍翁。"后问为谁，上曰："魏徵每廷辱我。"后退，具朝服立于庭，上惊问其故。后曰："妾闻主明臣直；今魏徵直，由陛下之明故也，妾敢不贺！"上乃悦。

上谓魏徵曰："为官择人，不可造次。用一君子，则君子皆至；用一小人，则小人竞进矣。"对曰："然。天下未定，则专取其才，不考其行；丧乱既平，则非才行兼备不可用也。"

魏徵

【译文】

唐太宗贞观六年（壬辰，公元632年）

文武百官又请行封禅大礼，太宗说："你们都认为登泰山封禅是帝王的盛举，朕不以为然。如果天下安定，百姓家家富足，即使不去封禅，又有什么伤害呢？从前秦始皇行封禅礼，而汉文帝不封禅，后代岂能认为文帝的贤德不如秦始皇吗！而且侍奉上天扫地而祭祀，何必要去登泰山之顶峰，封筑几尺的泥土，然后才算展示其诚心敬意呢！"群臣还是不停地请求，太宗也想听从此意见，唯独魏徵认为不可。太宗说："你不想让朕去泰山封禅，认为朕的功劳不够高吗？"魏徵说道："够高了！""德行不厚吗？"答道："很厚了！""国家不安定吗？"答道："安定！""四方夷族未归服吗？"答道："归服了。""年成没丰收吗？"答道："丰收了！""符瑞没有出现吗？"答道："出现了！""那么为什么不可以行封禅礼？"答道："陛下虽然有上述六点理由，然而承接隋亡大乱之后，户口没有恢复，国家府库粮仓还很空虚，而陛下的车驾东去泰山，大量的骑兵车辇，其劳顿耗费，必然难以承担。而且陛下封禅泰山，则各国君主咸集，远方夷族首领跟从，如今从伊水、洛水东到大海、泰山,人烟稀少,满目草木丛生,这是引戎狄进入大唐腹地,并展示我方的虚弱。况且赏赐供给无数,也不能满足这些远方人的欲望;几年免除徭役,也不能补偿老百姓的劳苦。像这样崇尚虚名而实际对百姓有害的政策,陛下怎么能采用呢。"正赶上黄河南北地区数州县发大水,于是就停止封禅事。

　　长乐公主将要出嫁长孙仲,太宗以公主是皇后亲生,特别疼爱,敕令有关部门所给陪送比皇姑永嘉长公主多一倍。魏徵劝谏说:"过去汉明帝想要分封皇子采邑,说:'我的儿子怎么能和先帝的儿子相比呢?'均令分给楚王、淮阳王封地的一半。如今公主的陪送,比长公主多一倍,岂不是与汉明帝的意思相差太远吗?"太宗觉得有理,进宫中告知皇后,皇后感慨系之:"我总是听得陛下称赞魏徵,不知是什么缘故,如今见其引征礼义来抑制君王的私情,这真是辅佐陛下的栋梁大臣呀!我与陛下是多年的结发夫妻,多蒙恩宠礼遇,每次讲话还都要察言观色,不敢轻易冒犯您的威严。何况大臣与陛下较为疏远,还能如此直言强谏,陛下不能不听从其意见。"于是皇后请求太宗派宦官去魏徵家中,赏赐给四百缗钱,四百匹绢。并且对他说:"听说您十分正直,今日得以亲见,所以赏赐这些。希望您经常秉持此忠心,不要有所改变。"有一次太宗曾罢朝回到宫中,怒气冲冲地说:"以后找机会一定杀了这个乡巴佬。"皇后问是谁惹怒陛下,太宗说:"魏徵常在朝堂上羞辱我。"皇后退下,穿上朝服站在庭院内,太宗惊奇地问这是何故。皇后说:"我听说君主开明则臣下正直,如今魏徵正直敢言,是因为陛下的开明,我怎能不祝贺呢!"太宗才转怒为喜。

　　太宗对魏徵说:"因官职而去选择人才,不可仓促行事。任用一位君子,则众位君子都会来到;任用一位小人,则其他小人竞相引进。"答道:"是这样。天下未平定时,则对于一个人专取其才能,并不看重和考察其德行;动乱平定后,则不是德才兼备的人才不能使用。"

【原文】

七年（癸巳,633年）

十一月,壬辰,以开府仪同三司长孙无忌为司空,无忌固辞,曰:"臣忝预外戚，恐天下谓陛下为私。"上不许，曰："吾为官择人，惟才是与。苟或不才，虽亲不用，襄邑王神符是也；如其有才，虽仇不弃，魏徵等是也。今日所举，非私亲也。"

帝谓左庶子于志宁、右庶子杜正伦曰："朕年十八，犹在民间，民之疾苦情伪，无不知之。及居大位，区处世务，犹有差失。况太子生长深宫，百姓艰难，耳目所未涉，能无骄逸乎！卿等不可不极谏！"太子好嬉戏，颇亏礼法，志宁与右庶子孔颖达数直谏，上闻而嘉之，各赐金一斤，帛五百匹。

上问魏徵曰："群臣上书可采，及召对多失次，何也？"对曰："臣观百司奏事，常数日思之，及至上前，三分不能道一。况谏者拂意触忌，非陛下借之辞色，岂敢尽其情哉！"上由是接群臣辞色愈温，尝曰："炀帝多猜忌，临朝对群臣多不语。朕则不然，与群臣相亲如一体耳。"

【译文】

七年（癸巳，公元633年）

十一月，壬辰（十八日），朝廷任命开府仪同三司长孙无忌为司空，长孙无忌执意推辞，说："我忝列外戚，担心天下说陛下徇私情。"太宗不允许，说："我根据官职来选择人，唯才是举。如果没有才能，即使是亲属也不任用，襄邑王李神符就是这样的人；如果有才能，即使过去有仇也不弃置，魏徵等人就是如此。今日推举你为司空，并不是徇私情。"

太宗对左庶子于志宁、右庶子杜正伦说："朕年十八岁的时候，还在民间，百姓的疾苦与真伪，都非常了解。等到即皇位，处理日常事务还有失误。何况太子生长在深宫，老百姓的艰难困苦，听不见看不到，能不产生骄逸吗？你们不能不极力强谏！"太子喜好玩耍，不遵守礼法，于志宁与右庶子孔颖达多次直言劝谏。太宗知道后赞扬他们，各赐给黄金一斤，帛五百匹。

太宗问魏徵："众位大臣的上书多有可取，等到当面对答时则多语无伦次，为什么呢？"魏徵答道："我观察各部门上奏言事，常常思考几天，等到了陛下的面前，则三分不能道出一分。况且行谏的人违背圣上的旨意触犯圣上的忌讳，如果不是陛下语色和

悦，怎么敢尽情陈述呢？"于是太宗接见大臣时语言脸色更加温和，曾说道："隋炀帝性情多猜忌，每次临朝与群臣相对多不说话。朕则不是这样，与大臣们亲近得如同一个人。"

【原文】

八年（甲午，634年）

甲申，吐蕃赞普弃宗弄赞遣使入贡，仍请婚。吐蕃在吐谷浑西南，近世浸强，蚕食他国，土宇广大，胜兵数十万，然未尝通中国。其王称赞普，俗不言姓，王族皆曰论，宦族皆曰尚。弃宗弄赞有勇略，四邻畏之。上遣使者冯德遐往慰抚之。

【译文】

八年（甲午，公元634年）

甲申（十一月十六日），吐蕃赞普弃宗弄赞派使臣进献贡品，仍然请求通婚。吐蕃在吐谷浑的西南面，近来国力渐强，便侵吞蚕食周围小国，疆域逐渐扩大，拥兵几十万，然而未曾与大唐交通。他们的君王称为赞普，按着他们的习惯不称姓，王族均叫论，官员家族均称作尚。弃宗弄赞有勇有谋，四方邻国均畏惧他。太宗派使者冯德遐前往吐蕃抚慰。

【原文】

十年（丙申，636年）

长孙皇后性仁孝俭素，好读书，常与上从容商略古事，因而献替，裨益弘多。上或以非罪谴怒宫人，后亦阳怒，请自推鞫，因命囚系，俟上怒息，徐为申理，由是宫壸之中，刑无枉滥。豫章公主早丧其母，后收养之，慈爱逾于所生。妃嫔以下有疾，后亲抚视，辍己之药膳以资之，宫中无不爱戴。训诸子，常以谦俭为先，太子乳母遂安夫人尝白后，以东宫器用少，请奏益之。后不许，曰："为太子，患在德不立，名不扬，何患无器用邪！"

及疾笃，与上诀。时房玄龄以谴归第，后言于帝曰："玄龄事陛下久，小心慎密，奇谋秘计，未尝宣泄，苟无大故，愿勿弃之。妾之本宗，因缘葭莩以致禄位，既非德举，易致颠危，欲使其子孙保全，慎勿处之权要，但以外戚奉朝请足矣。妾生无益于人，不可以死害人，愿勿以丘垄劳费天下，但因山为坟，器用瓦木而已。仍愿陛下亲君子，远小人，纳忠谏，屏谗慝，省作役，止游畋，妾虽没于九泉，诚无所恨。儿女辈不必令来，见其悲哀，徒乱人意。"因取衣中毒药以示上曰："妾于陛下不豫之日，誓以死从乘舆，不能当吕后之地耳。"己卯，崩于立政殿。

后尝采自古妇人得失事为《女则》三十卷，又尝著论驳汉明德马后以不能抑退外亲，使当朝贵盛，徒戒其车如流水马如龙，是开其祸败之源则防其末流也。及崩，宫司并《女则》奏之，上览之悲恸，以示近臣曰："皇后此书，足以垂范百世。朕非不知天命而为无益之悲，但入宫不复闻规谏之言，失一良佐，故不能忘怀耳！"乃召房玄龄，使复其位。

是岁，更命统军为折冲都尉，别将为果毅都尉。凡十道，置府六百三十四，而关内二百六十一，皆隶诸卫及东宫六率。凡上府兵千二百人，中府千人，下府八百人。三百人为团，团有校尉；五十人为队，队有正；十人为火，火有长。每人兵甲粮装各有数，皆自备，输之库，有征行则给之。年二十为兵，六十而免。其能骑射者为越骑，其余为步兵。每岁季冬，折冲都尉帅其属教战，当给马者官予其直市之。凡当宿卫者番上，兵部以远近给番，远疏、近数，皆一月而更。

【译文】

十年（丙申，公元636年）

长孙皇后仁义孝敬，生活俭朴，喜欢读书，经常和太宗随意谈论历史，乘机劝善规过，提出很多有益的意见。有一次太宗无故迁怒于宫女，皇后也佯装恼怒，请求亲自讯问，于是下令将宫女捆绑起来，等到太宗息怒了，才慢慢地为其申辩，从此后宫之中，没有出现枉滥刑罚。豫章公主早年丧母，皇后将她收养，慈爱胜过亲生。自妃嫔以下有疾病，皇后都亲自探视，并拿自己的药物饮食供其服用，宫中人人都爱戴皇后。训诫几个儿子，常常以谦虚节俭为主要话题。太子的乳母遂安夫人，曾对皇后说，东宫的器物用具比较少，请求皇后奏请皇上增加一些。皇后不允许，且说："身为太子，忧虑的事在于德行不立，声名不扬，又何愁没有器物用具呢？"

等到皇后病重，与太宗诀别时，房玄龄已受谴回家，皇后对太宗说："玄龄侍奉陛下多年，小心翼翼，做事缜密，朝廷机密要闻，不曾有一丝泄露，如果没有大的过错，望陛下不要抛弃他。我的亲属，由于沾亲带故而得到禄位，既然不是因德行而升至高位，便容易遭灭顶之灾，要使他们的子孙得以保全，望陛下不要将他们安置在权要的位置上，只是以外戚身份定期朝见皇上就足够了。我活着的时候对别人没有用处，死后更不能对人有害，希望陛下不要建陵墓而浪费国家财力，只要依山做坟，瓦木为随葬器物就可以了。仍然希望陛下亲近君子，疏远小人，接纳忠言直谏，摒弃谗言，节省劳役，禁止游猎，我即使在九泉之下，也毫无遗憾了。也不必让儿女们前来探视，看见他们悲哀，只会搅乱人心。"于是取出衣带上的毒药示意太宗，说道："我在陛下有病的日子，曾发誓以死跟定陛下到地下，不能走到吕后那样的地步。"己卯（六月二十一日），皇后在立政殿驾崩。

长孙皇后曾经搜集上古以来妇人得失诸事编为《女则》三十卷，又曾亲自做文章批驳汉朝德马皇后不能抑制外戚势力的发展，使他们在朝中显贵一时，而只是就他们车如流水马如龙提出警告，这是开启其祸乱的根源而防范其末流枝叶。皇后驾崩后，宫中尚仪局的司籍奏呈《女则》一书，太宗看后十分悲痛，展示给身边大臣，说道："皇后这本书，足以成为百世的典范。朕不是不知上天命数而沉溺无益的悲哀，只是在宫中再也听不见规谏的话了。失却了贤内助，所以不能忘怀呀！"于是征召房玄龄，官复原职。

这一年，唐朝将统军改名为折冲都尉，别将改为果毅都尉。全国设立十道，六百三十四府，其中关内占二百六十一府，均隶属于诸卫及东宫六率。凡上府有兵一千二百人，中府一千人，下府八百人。每三百人为团，团有校尉；五十人为队，队有正；十人为火，火有长。每人兵甲粮食装备都有数额，均自己筹备，平时放在库中，有征战时再发给个人。二十岁当兵，六十岁免役。其中能骑善射的称为越骑，其余皆为步兵。每年冬季，折冲都尉统率下属教习演练，应该给马的由官府出钱自己购买。凡应当宿卫者轮流值勤，兵部根据距离远近排班，路远的轮值次数较少，路近的轮值次数校勤，都是一个月一轮换。

资治通鉴第一百九十五卷

唐纪十一

【原文】

太宗文武大圣大广孝皇帝中之上贞观十一年（丁酉，637年）

故荆州都督武士彟女，年十四，上闻其美，召入后宫，为才人。

【译文】

唐太宗贞观十一年（丁酉，公元637年）

已故荆州都督武士彟的女儿，年方十四岁，太宗听说她貌美，召入后宫，册封为才人。

【原文】

十二年（戊戌，638年）

吏部尚书高士廉、黄门侍郎韦挺、礼部侍郎令狐德棻、中书侍郎岑文本撰《氏族志》成，上之。先是，山东人士崔、卢、李、郑诸族，好自矜地望，虽累叶陵夷，苟他族欲与为婚姻，必多责财币，或舍其乡里而妄称名族，或兄弟齐列而更以妻族相陵。上恶之，命士廉等遍责天下谱谍，质诸史籍，考其真伪，辩其昭穆，第其甲乙，褒进忠贤，贬退奸逆，分为九等。士廉等以黄门侍郎崔民幹为第一。上曰："汉高祖与萧、曹、樊、灌皆起闾阎布衣，卿辈至今推仰，以为英贤，岂在世禄乎！高氏偏据山东，梁、陈僻在江南，虽有人物，盖何足言！况其子孙才行衰薄，官爵陵替，而犹卬然以门地自负，贩鬻松槚，依托富贵，弃廉忘耻，不知世人何为贵之！今三品以上，或以德行，或以勋劳，或以文学，致位贵显。彼衰世旧门，诚何足慕！而求与为昏，虽多输金帛，犹为彼所偃蹇，我不知其解何也！今欲厘正讹谬，舍名取实，而卿曹犹以崔民干为第一，是轻我官爵而徇流俗之情也。"乃更命刊定，专以今朝品秩为高下，于是以皇族为首，外戚次之，降崔民幹为第三。凡二百九十三姓，千六百五十一家，颁于天下。

初，上遣使者冯德遐抚慰吐蕃，吐蕃闻突厥、吐谷浑皆尚公主，遣使随德遐入朝，多赍金宝，奉表求婚；上未之许。使者还，言于赞普弃宗弄赞曰："臣初至唐，唐待我甚厚，许尚公主。会吐谷浑王入朝，相离间，唐礼遂衰，亦不许婚。"弄赞遂发兵击吐谷浑。吐谷浑不能支，遁于青海之北，民畜多为吐蕃所掠。

吐蕃进破党项、白兰诸羌，帅众二十余万屯松州西境，遣使贡金帛，云来迎公主。寻进攻松州，败都督韩威；羌酋阔州刺史别丛卧施、诺州刺史把利步利并以州叛归之。连兵不息，其大臣谏不听而自缢者凡八辈。壬寅，以吏部尚书侯君集为当弥道行军大总管，甲辰，以右领军大将军执失思力为白兰道、左武卫将军牛进达为阔水道、左领军将军刘简为洮河道行军总管，督步骑五万击之。

吐蕃攻城十余日，进达为先锋，九月，辛亥，掩其不备，败吐蕃于松州城下，斩首千馀级。弄赞惧，引兵退，遣使谢罪，因复请婚。上许之。

【译文】

十二年（戊戌，公元638年）

吏部尚书高士廉、黄门侍郎韦挺、礼部侍郎令狐德棻、中书侍郎岑文本编撰《氏族志》，书成，上奏给太宗。这以前，山东崔、卢、李、郑等世家大族，喜欢自我标榜门第族望，虽然好几代已衰落，但如果非世族人家想与他们通婚，定要多索财物，导致当时的风俗有人丢弃原来的里贯而冒称名门士族，有的兄弟二人族望相等便以妻族背景相互比斗。太宗非常厌恶这些，命高士廉等人普查全国的谱牒，质证于史籍，考辨其真伪，辨别其昭穆伦序，编排行次，褒扬奖进忠贤，贬斥奸逆，分做九等。士廉等人将黄门侍郎崔民幹列为第一。太宗说:"汉高祖与萧何、曹参、樊哙、灌婴等人均以布衣起兵,你们至今仍然十分推重景仰,认为是一代英豪,难道在乎他们的世卿世禄地位吗?高氏偏守山东,梁、陈二朝僻居江南,虽然也有个别英豪,又何足挂齿!何况他们的子孙才气衰竭,德行浅薄,官爵降低,然而还很骄傲地以门第族望自负,挂羊头卖狗肉,依赖高贵人家,寡廉鲜耻,不知道世上的人为什么要尊贵他们?如今三品以上公卿大臣,有的以仁德行世,有的以功勋称道,有的以文章练达,致身显赫。那些衰微的世族们,不值得羡慕。然而那些希望与世族们通婚的,即使多供给金银财物,还为他们所看不起,朕不知道他们在想什么!如今想要改正错谬,舍弃虚名追求实际,而你们仍然将崔民幹列为第一位,这是轻视大唐的官爵而依循流俗的观念。"于是下令重新刊正,专以当朝品秩高下订定标准,于是便以皇族李姓为首位,外戚次之,将崔民幹降为第三。共定二百九十三姓,一千六百五十一家,颁行全国。

起初,太宗派遣使者冯德遐安抚慰问吐蕃,吐蕃听说突厥、吐谷浑都曾娶唐室公主为妻,便派使节随冯德遐到长安,带着大量金银财宝,上表请求通婚;太宗没有答应。使者回到吐蕃,对其首领赞普弃宗弄赞说:"我初次到大唐,大唐待我礼遇甚厚,答应嫁公主。正赶上吐谷浑首领入朝,相与离间,唐朝礼节渐淡,也不答应通婚了。"弃宗弄赞于是发兵攻打吐谷浑,吐谷浑军队抵抗不住,逃到青海北面,百姓的牲畜多被吐蕃掠走。

吐蕃进而攻占党项、白兰等羌族,率兵二十多万驻扎在松州西部边境,派使节进献金银绸缎,声称前来迎接公主。不久进攻松州,打败都督韩威;羌族首领阔州刺史别丛卧施、诺州刺史把利步利一同举州投降吐蕃。吐蕃连年征战不息,大臣劝谏不听而自杀的总共有八个人。壬寅(八月二十七日),唐朝廷任命吏部尚书侯君集为当弥道行军大总管,甲辰(二十九日),任命右领军大将军执失思力为白兰道、左武卫将军牛进达为阔水道、左领军将军刘简为洮河道行军总管,统率步、骑兵五万人攻打吐蕃。

吐蕃进攻松州城十多天,牛进达为唐军先锋,九月,辛亥(初六),乘吐蕃军毫无防备,大败吐蕃于松州城下,杀死一千多人。弃宗弄赞害怕,率兵退回本地,派人到长安请罪,借此再次请求通婚。太宗应允。

【原文】

十四年（庚子，640年）

二月，丁丑，上幸国子监，观释奠，命祭酒孔颖达讲《孝经》，赐祭酒以下至诸生高第帛有差。是时上大征天下名儒为学官，数幸国子监，使之讲论，学生能明一大经已上皆得补官。增筑学舍千二百间，增学生满二千二百六十员，自屯营飞骑，亦给博士，使授以经，有能通经者，听得贡举。于是四方学者云集京师，乃至高丽、百济、新罗、高昌、吐蕃诸酋长亦遣子弟请入国学，升讲筵者至八千余人。上以师说多门，章句繁杂，命孔颖达与诸儒撰定《五经》疏，谓之《正义》，令学者习之。

高昌王文泰闻唐兵起，谓其国人曰："唐去我七千里，沙碛居其二千里，地无水草，寒风如刀，热风如烧，安能致大军乎！往吾入朝，见秦、陇之北，城邑萧条，非复有隋之比。今来伐我，发兵多则粮运不给；三万已下，吾力能制之。当以逸待劳，坐收其弊。若顿兵城下，不过二十日，食尽必走，然后从而虏之。何足忧也！"及闻唐兵临碛口，忧惧不知所为，发疾卒，子智盛立。

军至柳谷，諜者言文泰刻日将葬，国人咸集于彼，诸将请袭之，侯君集曰："不可，天子以高昌无礼，故使吾讨之，今袭人于墟墓之间，非问罪之师也。"于是鼓行而进，至田城，谕之，不下，诘朝攻之，及午而克，虏男女七千余口。以中郎将辛獠儿为前锋，夜，趋其都城，高昌逆战而败；大军继至，抵其城下。

智盛致书于君集曰："得罪于天子者，先王也，天罚所加，身已物故。智盛袭位未几，惟尚书怜察！"君集报曰："苟能悔过，当束手军门。"智盛犹不出。君集命填堑攻之，飞石雨下，城中人皆室处。又为巢车，高十丈，俯瞰城中。有行人及飞石所中，皆唱言之。先是，文泰与西突厥可汗相结，约有急相助；可汗遣其叶护屯可汗浮图城，为文泰声援。及君集至，可汗惧而西走千餘里，叶护以城降。智盛穷蹙，癸酉，开门出锋。君集分兵略地，下其二十二城，户八千四十六，口一万七千七百，地东西八百里，南北五百里。

上欲以高昌为州县，魏徵谏曰："陛下初即位，文泰夫妇首来朝，其后稍骄倨，故王诛加之。罪止文泰可矣，宜抚其百姓，存其社稷，复立其子，则威德被于遐荒，四夷皆悦服矣。今若利其土地以为州县，则常须千馀人镇守，数年一易，往来死者什有三四，供办衣资，违离亲戚，十年之后，陇右虚耗矣。陛下终不得高昌撮粟尺帛以佐中国，所谓散有用以事无用，臣未见其可。"上不从，九月，以其地为西州，以可汗浮图城为庭州，各置属县。乙卯，置安西都护府于交河城，留兵镇之。

君集虏高昌王智盛及其群臣豪杰而还。于是唐地东极于海，西至焉耆，南尽林邑，北抵大漠，皆为州县，凡东西九千五百一十里，南北一万九百一十八里。

【译文】

十四年（庚子，公元640年）

二月，丁丑（初十），太宗临幸国子监，观看释奠礼，命国子监祭酒孔颖达讲解《孝经》，赏赐祭酒以下直至成绩优异诸生多少不等的绢帛。此时太宗大量征召全国名儒学者为学官，并多次亲临国子监，让他们讲论古代经典，学生中如有能够通晓《礼记》《春秋左氏传》中的一种或更多的均得补为官员。又扩建学舍一千二百间，增加学生满二千二百六十人，连屯营飞骑，也派去博士，给他们传授经典，有能通晓经义的，便可入贡举。于是全国各地学生云集长安，甚至高丽、百济、新罗、高昌、吐蕃等首领派他们的子弟请求入国子监学习，一时间就读学生达八千多人。太宗认为古书师出多门，注释也较为繁杂，便命孔颖达与其他学者共同撰定《五经》的注疏，称之为《正义》，令学生们研习。

高昌王鞠文泰听说唐朝已发兵前来讨伐，对其臣僚说："唐朝距离我们有七千里，其中两千里是沙漠地带，地无水草，寒风刮起来如同刀割一样，热风如同火烧一般，怎么能派大部队呢？以前我去唐朝，看见秦、陇北面一带，城邑萧条，人烟稀少，不能与隋朝时相比。如今唐朝派军队来攻伐，发兵多则粮草供应不上，三万以内的兵力我们足能对付他们。应当以逸待劳，坐等他们凋敝。如果他们陈兵城下，不超过二十天，粮绝必然撤退，而后我们可以俘虏他们。有什么值得忧虑的呢？"但等到听说唐朝军队兵临碛口，他又内心恐惧，不知怎么办才好，最后发病死去。他的儿子智盛即可汗位。

　　唐朝的军队到了柳谷，探马禀报说文泰近日即将安葬，高昌国内人士都聚集在葬地，众位将领请求袭击他们，侯君集说："不能这么做，大唐天子认为高昌怠慢无礼，所以派我们讨伐他们，如今要是在安葬墓地袭击他们，不是问罪的正义之师。"于是擂鼓进军，到达田城，下书晓谕他，高昌不应，便于清晨发动进攻，到了中午便攻下城池，俘虏男女七千多人。又让中郎将辛獠儿为前锋，当夜，直逼其都城，高昌人迎击后被击败，唐朝大部队赶到，直抵其城下。

　　智盛给侯君集写集说："得罪大唐天子的是我的父亲，由于上天的惩罚，已经死去。智盛刚刚即位不久，请尚书谅宥！"君集回信写道："如果你真的悔过，应当主动到营门投降。"智盛还是不出来。侯君集命令填土攻城，城上飞石如雨下，城内人均躲在房屋中。唐军又造巢车，高十丈，可以俯瞰城内。城内行人走动以及飞石所中目标，在巢车上的人都大声告知唐军。先前，麴文泰与西突厥可汗相互勾结，约定一方遇急另一方相救援；西突厥可汗便派他的大臣驻守可汗浮图城，作为文泰的援助力量。等到侯君集兵临城下，西突厥可汗害怕，西逃一千多里，驻守大臣举城投降。智盛处境狼狈，癸酉（八月初八），开门出城投降。侯君集分兵占据各地，共攻下城池二十二座，获得八千零四十六户，一万七千七百人，占地东西八百里，南北五百里。

　　太宗想将高昌改为州县建置，魏徵劝谏道："陛下刚即位时，文泰夫妇首先来到朝中拜谒，此后逐渐骄傲自大，所以加以诛伐。只问罪文泰一人就可以了，应当安抚高昌百姓，保存其社稷，立他的儿子为可汗，则皇上的威德及于荒远之地，四方民族都会心悦诚服的。如今要是将其地改置州县，那么还要经常有一千多人镇守，几年一换，来来往往死掉十分之三四，置备衣物，远离亲人，十年以后，陇右一带将耗费殆尽。陛下最终还是不能使高昌的粮食布匹供给大唐，正所谓分散有用资财以供奉无用之地，我觉得不可行。"太宗不听从其意见，九月，将高昌所在地改置西州，改可汗浮图城为庭州，并各设所辖县。乙卯（二十一日），在交河城设立安西都护府，留下兵力镇守。

　　侯君集俘虏高昌王智盛及其贵族大臣还朝。于是唐朝地域东到大海，西至焉耆，南达林邑，北抵大沙漠，均设立州县，总共东西九千五百一十里，南北一万九百一十八里。

唐纪十二

【原文】

太宗文武大圣大广孝皇帝中之中贞观十五年（辛丑，641年）

丁丑，命礼部尚书江夏王道宗持节送文成公主于吐蕃。赞普大喜，见道宗，尽子婿礼，慕中国衣服、仪卫之美，为公主别筑城郭宫室而处之，自服纨绮以见公主。其国人皆以赭涂面，公主恶之，赞普下令禁之；亦渐革其猜暴之性，遣子弟入国学，受《诗》《书》。

上遣职方郎中陈大德使高丽；八月，己亥，自高丽还。大德初入其境，欲知山川风俗，所至城邑，以绫绮遗其守者，曰："吾雅好山水，此有胜处，吾欲观之。"守者喜，导之游历，无所不至，往往见国人，自云：'家在某郡，隋末从军，没于高丽，高丽妻以游女，与高丽错居，殆将半矣。'因问亲戚存没，大德绐之曰："皆无恙。"咸涕泣相告。数日后，隋人望之而哭者，遍于郊野。大德言于上曰："其国闻高昌亡，大惧，馆候之勤，加于常数。"上曰："高丽本四郡地耳，吾发卒数万攻辽东，彼必倾国救之，别遣舟师出东莱，自海道趋平壤，水陆合势，取之不难。但山东州县彫瘵未复，吾不欲劳之耳！"

乙巳，上谓侍臣曰："朕有二喜一惧。比年丰稔，长安斗粟直三、四钱，一喜也；北虏久服，边鄙无虞，二喜也。治安则骄侈易生，骄侈则危亡立至，此一惧也。"

【译文】

唐太宗贞观十五年（辛丑，公元641年）

丁丑（正月十五日），太宗令礼部尚书、江夏王李道宗持旌节护送文成公主到吐蕃。吐蕃赞普非常高兴，见到李道宗，完全按婿礼行事，羡慕唐朝的服装和仪仗之美，将公主安置在特意营筑的城郭宫室之内，自己穿戴着精美的丝绸服装与公主见面。吐蕃人的脸上都涂着红褐色，公主感到厌恶，赞普便下令禁止涂面；并且逐渐改变其猜忌粗暴的本性，派遣本族子弟到长安国子学，学习《诗经》《尚书》等典籍。

太宗派职方郎中陈大德出使高丽国，八月，己亥（初十），从高丽返回长安。陈大德起初进入高丽境内时，很想知道当地山川名胜与风俗，经过某一城镇，将绫罗绸缎送给当地官员，说："我一向喜爱山水，此地如有名胜，我想去看一看。"当地官员十分高兴，引导他去游历，无处不去，处处见到有中原人，自我介绍说："家住在某郡，隋末充军东征，留在高丽，娶离家远游的女子为妻，与高丽杂错居处，几乎占当地人的一半。"并向陈大德询问他们中原的亲属的生死状况，大德哄骗他们说："均完好无恙。"他们听后挥泪互相转告。几天后，隋朝留在高丽的中原人来见大德，都眼含泪水，城郊野外聚集着很多人。大德回到朝中对太宗说："高丽人听说高昌已经灭亡，大为惊恐，频频去馆舍中问候，超过以往。"太宗说："高丽本来是汉武帝所设四郡，我大唐如果发动数万兵力攻打辽东，高丽必然要倾国相救，如果另外派水师出东莱，从海道直驱平壤，水陆合围，攻取高丽并不难。只是关东一带州县凋疲，尚未复原，朕不想再疲劳百姓了！"

乙巳（十六日），太宗对身边大臣说："朕有两件喜事一件忧事。连年丰收，长安城一斗粟仅值三、四钱，这是一喜；北方部族久已服顺，边境没有祸患，这是二喜。政治安定则容易滋生骄奢淫逸，骄奢淫逸则立刻招致危亡，此是一件忧虑的事。"

【原文】

十六年（壬寅，642年）

春，正月，乙丑，魏王泰上《括地志》。泰好学，司马苏勖说泰，以古之贤王皆招士著书，故泰奏请修之。于是大开馆舍，广延时俊，人物辐凑，门庭如市。泰月给逾于太子，谏议大夫褚遂良上疏，以为："圣人制礼，尊嫡卑庶，世子用物不会，与王者共之。庶子虽爱，不得逾嫡，所以塞嫌疑之渐，除祸乱之源也。若当亲者疏，当尊者卑，则佞巧之奸，乘机而动矣。昔汉窦太后宠梁孝王，卒以忧死；宣帝宠淮阳宪王，亦几至于败。今魏王新出阁，宜示以礼则，训以谦俭，乃为良器，此所谓'圣人之教不肃而成'者也。"上从之。

【译文】

十六年（壬寅，公元642年）

春季，正月，乙丑（初九），魏王李泰进呈《括地志》一书。李泰勤勉好学，司马苏勖劝说李泰，古代的贤能王子均招揽学者著书立说，故而李泰奏请修撰《括地志》。于是大开馆舍，广泛延请天下俊彦贤才，人才济济，门庭若市。李泰每月的费用超过了太子，谏议大夫褚遂良上奏疏言道："圣人制定礼仪，是为了尊嫡卑庶，供太子用的物品不做计算，与君王待遇相共。对庶出的儿子虽然喜欢，也不得超过嫡生子，这是为了堵塞嫌疑的发生，除去祸乱的根源。如果应当亲近的人反而疏远，应当尊贵的人反而卑贱，则那些奸佞之人，必然会乘此时机得势。从前西汉窦太后宠幸梁孝王，最后忧虑而死；汉宣帝宠幸淮阳宪王，也几乎导致败亡。如今魏王刚刚作藩王，应该向他显示礼仪制度，用谦虚节俭来训导，如此才能使他成为良才，正所谓'圣人的教导不待严肃而自然有成'。"太宗听从其意见。

【原文】

十七年（癸卯，643年）

春，正月，丙寅，上谓群臣曰："闻外间士人以太子有足疾，魏王颖悟，多从游幸，遽生异议，徼幸之徒，已有附会者。太子虽病足，不废步履。且《礼》，嫡子死，立嫡孙。太子男已五岁，朕终不以孽代宗，启窥窬之源也！"

郑文贞公魏徵寝疾，上遣使者问讯，赐以药饵，相望于道。又遣中郎将李安俨宿其第，动静以闻。上复与太子同至其第，指衡山公主欲以妻其子叔玉。戊辰，徵薨，命百官九品以上皆赴丧，给羽葆鼓吹，陪葬昭陵。其妻裴氏曰："徵平生俭素，今葬以一品羽仪，非亡者之志。"悉辞不受，以布车载柩而葬。上登苑西楼，望哭尽哀。上自制碑文，并为书石。上思徵不已，谓侍臣曰："人以铜为镜，可以正衣冠，以古为镜，可以见兴替，以人为镜，可以知得失；魏徵没，朕亡一镜矣！"

戊申，上命图画功臣赵公长孙无忌、赵郡元王孝恭、莱成公杜如晦、郑文贞公魏徵、梁公房玄龄、申公高士廉、鄂公尉迟敬德、卫公李靖、宋公萧瑀、褒忠壮公段志玄、夔公刘弘基、蒋忠公屈突通、郧节公殷开山、谯襄公柴绍、邳襄公长孙顺德、郧公张亮、陈公侯君集、郯襄公张公谨、卢公程知节、永兴文懿公虞世南、渝襄公刘政会、莒公唐俭、英公李世勣、胡壮公秦叔宝等于凌烟阁。

【译文】

十七年（癸卯，公元643年）

夏季，正月，丙寅（十五日），太宗对大臣们说："听说外面士大夫传言承乾太子有脚病行走不便，魏王李泰聪颖。由于李泰多次跟随朕游幸，他们便突生疑义，一些别有企图的人，已有依附的。太子虽然脚有病，但并不妨碍行走。而且依据《礼记》：嫡长子死，应立嫡长孙。承乾的儿子已有五岁，朕终究不会以庶子取代嫡生子，来开觊觎皇位的根源。"

郑文虎公魏徵卧病不起，太宗派人前去问讯，赐给他药饵，送药的人往来不绝。又派中郎将李安俨在魏徵的宅院里留宿，一有动静便立即报告。太宗又和太子一同到其住处，指着衡山公主，想要将她嫁给魏徵的儿子魏叔玉。戊辰（十七日），魏徵去世，太宗命九品以上文武百官均去奔丧，赐给手持羽葆的仪仗队和吹鼓手，陪葬在昭陵。魏徵的妻子裴氏说："魏徵平时生活俭朴，如今用鸟羽装饰旌旗，用一品官的礼仪安葬，这并不是死者的愿望。"全都推辞不受，仅用布罩上车子载着棺材安葬。太宗登上禁苑西楼,望着魏徵灵车痛哭,非常悲哀。太宗亲自撰写碑文,并且书写墓碑。太宗不停地思念魏徵,对身边的大臣说:"人们用铜做成镜子,可以用来整齐衣帽,将历史作为镜子,可以观察到历朝的兴衰更替,将人比做镜子,可以确知自己行为的得失。魏徵死去,朕失去了一面镜子了!"

戊申(二月二十八日),太宗命人在凌烟阁画上朝廷的大功臣,他们是:赵公长孙无忌、赶郡元王李孝恭、莱成公杜如晦、郑文贞公魏徵、梁公房玄龄、申公高士廉、鄂公尉迟敬德、卫公李靖、宋公萧瑀、褒忠壮公段志玄、夔公刘弘基、蒋忠公屈交通、郧节公殷开山、谯襄公柴绍、邳襄公长孙顺德、郧公张亮、陈公侯召集、郯襄公张公谨、卢公程知节、永兴文懿公虞世南、渝襄公刘政会、莒公唐俭、英公李世勣、胡壮公秦叔宝等二十四人。

唐纪十三

【原文】

太宗文武大圣大广孝皇帝中之下贞观十七年（癸卯，643年）

夏，四月，庚辰朔，承基上变，告太子谋反。敕长孙无忌、房玄龄、萧瑀、李世勣与大理、中书、门下参鞫之，反形已具。上谓侍臣："将何以处承乾？"群臣莫敢对，通事舍人来济进曰："陛下不失为慈父，太子得尽天年，则善矣！"上从之。济，护儿之子也。

乙酉，诏废太子承乾为庶人，幽于右领军府。上欲免汉王元昌死，群臣固争，乃赐自尽于家，而宥其母、妻、子。侯君集、李安俨、赵节、杜荷等皆伏诛。左庶子张玄素、右庶子赵弘智、令狐德棻等以不能谏争，皆坐免为庶人。余当连坐者，悉赦之。詹事于志宁以数谏，独蒙劳勉。以纥干承基为祐川府折冲都尉，爵平棘县公。

承乾既废，上御两仪殿，群臣俱出，独留长孙无忌、房玄龄、李世勣、褚遂良，谓曰："我三子一弟，所为如是，我心诚无聊赖！"因自投于床，无忌等争前扶抱；上又抽佩刀欲自刺，遂良夺刀以授晋王治。无忌等请上所欲，上曰："我欲立晋王。"无忌曰："谨奉诏；有异议者，臣请斩之！"上谓治曰："汝舅许汝矣，宜拜谢。"治因拜之。上谓无忌等曰："公等已同我意，未知外议何如？"对曰："晋王仁孝，天下属心久矣，乞陛下试召问百官，有不同者，臣负陛下万死。"上乃御太极殿，召文武六品以上，谓曰："承乾悖逆，泰亦凶险，皆不可立。朕欲选诸子

为嗣,谁可者?卿辈明言之。"众皆欢呼曰:"晋王仁孝,当为嗣。"上悦。是日,泰从百余骑至永安门;敕门司尽辟其骑,引泰入肃章门,幽于北苑。

丙戌,诏立晋王治为皇太子,御承天门楼,赦天下,酺三日。上谓侍臣曰:"我若立泰,则是太子之位可经营而得。自今太子失道,藩王窥伺者,皆两弃之,传诸子孙,永为后法。且泰立,承乾与治皆不全;治立,则承乾与泰皆无恙矣。"

闰月,辛亥,上谓侍臣曰:"朕自立太子,遇物则诲之,见其饭,则曰:'汝知稼穑之艰难,则常有斯饭矣。'见其乘马,则曰:'汝知其劳逸,不竭其力,则常得乘之矣。'见其乘舟,则曰:'水所以载舟,亦所以覆舟,民犹水也,君犹舟也。'见其息于木下,则曰:'木从绳则正,后从谏则圣'。"

九月,庚辰,新罗遣使言百济攻取其国四十余城,复与高丽连兵,谋绝新罗入朝之路,乞兵救援。上命司农丞相里玄奖赍玺书赐高丽曰:"新罗委质国家,朝贡不乏,你与百济各宜戢兵;若更攻之,明年发兵击尔国矣!"

【译文】

唐太宗贞观十七年（癸卯,公元643年）

夏季四月,庚辰朔（初一）,纥干承基上书告发太子李承乾谋反。太宗敕令长孙无忌、房玄龄、萧瑀、李世勣与大理寺、中书省、门下省一同参与审问,谋反的情形已经昭彰。太宗对身边的大臣说:"你们看将如何处置承乾?"众位大臣不敢应答,通事舍人来济进言说:"陛下不失为慈父的形象,让太子享尽自然寿数,就不错了。"太宗听从其意见。来济是来护儿的儿子。

乙酉（初六）,太宗下诏废黜太子李承乾为平民,幽禁在右领军府。太宗想要免除汉王李元昌的死罪,群臣执意争辩,于是便赐他在家中自尽,宽宥他的母亲、妻子儿女。侯君集、李安俨、赵节、杜荷等人皆处斩。左庶子张玄素、右庶子赵弘智、令狐德棻等人以不能劝谏太子,均获罪免官为平民。其余应当连坐的,全部赦免。詹事于志宁因为曾多次劝谏,单独蒙受嘉勉。任命纥干承基为祐川府折冲都尉,封爵平棘县公。

李承乾被废掉太子后，太宗亲御两仪殿，群臣都退朝，只留下长孙无忌、房玄龄、李世勣、褚遂良四人，太宗对他们说："朕的三个儿子、一个弟弟，如此作为，我的心里实在是苦闷、百无聊赖。"于是将身体向床头撞去，长孙无忌等人争抢上前抱住他；太宗又抽出佩刀想要自杀，褚遂良夺下刀交给晋王李治。长孙无忌等请求太宗告知有什么要求，太宗说："朕想要立晋王为太子。"无忌说："我等谨奉诏令；如有异议者，我请求将其斩首。"太宗对李治说："你舅父许诺你为太子，你应当拜谢他。"李治拜谢长孙无忌。太宗对长孙无忌等人说："你们已经与朕的意见相同，但不知外朝议论如何？"答道："晋王仁义孝敬，天下百姓属心很久了，望陛下召见文武百官试探问一下，如有不同意的，就是臣等有负陛下罪该万死。"太宗于是亲临太极殿，召见六品以上文武大臣，对他们说"李承乾大逆不道，李泰也居心险恶，都不

举旗骑兵俑　唐

能立为太子。朕想要从众位皇子中选一人为继承人，谁可以为太子？你们须当面明讲。"众人都高声说道："晋王仁义孝敬，应当做太子。"太宗十分高兴。这一天，李泰率领一百多骑兵到永安门；太宗敕令城门官员遣散李泰的护骑，带李泰进入肃章门，将其幽禁在北苑。

丙戌（初七），太宗下诏立晋王李治为皇太子，太宗亲临承天门楼，大赦天下，饮宴三天。太宗对身边大臣说："朕如果立李泰为太子，那就表明太子的位置可以苦心经营而得到。自今往后，太子失德背道，而藩王企图谋取的，两人都要弃置不用，这一规定传给子孙，永为后代效法。而且李泰为太子，则李承乾和李治均难以保全，李治为太子，则李承乾与李泰均安然无恙。"

闰六月，辛亥（初四），太宗对身边大臣说："朕自从立李治为太子，遇见任何事情都亲加教诲，看见他用饭，就说：'你知道耕稼的艰难，就能常吃上这些饭

了。'看见他骑马，就说：'你知道马要劳逸结合，不耗尽马的力量，就能经常骑着它了。'看见他坐船，则说：'水能够载船，也能够翻船，百姓便如同这水，君主便如同这船。'见到他在树下休息，则说：'木头依从墨线处理才能正直，君主纳谏言才为圣君'。"

九月，庚辰（初四），新罗派使节来称百济攻取他国中四十多座城，又与高丽国联合，图谋断绝新罗到唐朝的通道，因而请求派兵救援。太宗命令司农寺丞相里玄奖带皇帝玺书前往高丽，对他们说："新罗归顺我大唐，每年不停朝贡，你们与百济都停止兵战，假如再行攻打，明年大唐就要发兵攻伐你们国家了！"

【原文】

十八年（甲辰，644年）

八月，壬子，上谓司徒无忌等曰："人苦不自知其过，卿可为朕明言之。"对曰："陛下武功文德，臣等将顺之不暇，又何过之可言！"上曰："朕问公以己过，公等乃曲相谀悦，朕欲面举公等得失以相戒而改之，何如？"皆拜谢。上曰："长孙无忌善避嫌疑，应物敏速，决断事理，古人不过；而总兵攻战，非其所长。高士廉涉猎古今，心术明达，临难不改节，当官无朋党；所乏者骨鲠规谏耳。唐俭言辞辩捷，善和解人；事朕三十年，遂无言及于献替。杨师道性行纯和，自无愆违；而情实怯懦，缓急不可得力。岑文本性质敦厚，文章华赡；而持论恒据经远，自当不负于物。刘洎性最坚贞，有利益；然其意尚然诺，私于朋友。马周见事敏速，性甚贞正，论量人物，直道而言，朕比任使，多能称意。褚遂良学问稍长，性亦坚正，每写忠诚，亲附于朕，譬如飞鸟依人，人自怜之。"

甲午，以刑部尚书张亮为平壤道行军大总管，帅江、淮、岭、峡兵四万，长安、洛阳募士三千，战舰五百艘，自莱州泛海趋平壤；又以太子詹事、左卫率李世勣为辽东道行军大总管，帅步骑六万及兰、河二州降胡趣辽东，两军合势并进。庚子，诸军大集于幽州，遣行军总管姜行本、少府少监丘行淹先督众工造梯冲于安萝山。时远近勇士应募及献攻城器械者不可胜数，上皆亲加损益，取其便易。又手诏谕天下，以"高丽盖苏文弑主虐民，情何可忍！今欲巡幸幽、蓟，问罪辽、碣，所过营顿，无为劳费。"且言："昔隋炀帝残暴其下，高丽王仁爱其民，以思乱之军击安和之众，故不能成功。今略言必胜之道有五：一曰以大击小，二曰以顺讨逆，三曰以治乘乱，四曰以逸待劳，五曰以悦当怨，何忧不克！布告元元，勿为疑惧！"于是凡顿舍供费之具，减者大半。

【译文】

十八年（甲辰，公元644年）

八月，壬子（十一日），太守对司徒长孙无忌等说："人们苦于不自知过错，你可以为朕言明。"无忌答道："陛下的文德武功，我们这些人承顺都应接不暇，又有什么过错而言呢？"太宗说："朕向你们询问我的过失，你们却要曲意逢迎使我高兴，朕想要当面列举出你们的优缺点以互相鉴戒改正，你们看怎么样？"众大臣急忙磕头称谢。太宗说："长孙无忌善于避开嫌疑，应答敏捷，断事果决超过古人；然而领兵作战，并非他所擅长。高士廉涉猎古今，心术明正通达，面临危难不改气节，做官没有私结朋党；所缺乏的是直言规谏。唐俭言辞敏捷善辩，善解人纠纷；事奉朕三十年，却很少批评朝政得失。杨师道性情温和，自身少有过失；而性格实怯懦，缓急之力不可依托。岑文本性情质朴敦厚，文章做的华美；然而持论常依远大规划，自然不违于事理。刘洎性格最坚贞，讲究利人；然而崇尚然诺信用，对朋友有私情。马周处事敏捷，性情正直，品评人物，直抒胸臆，朕近来委任他做事，多能称心如意。褚遂良学问优于他人，性格也耿直坚贞，每每倾注他的忠诚，亲附于朕，如同飞鸟依人，人见了自然怜悯。"

甲午（十一月二十四日），任命刑部尚书张亮为平壤道行军大总管，率领江、淮、岭、峡四州兵马四万人，又在长安、洛阳招募士兵三千人，战舰五百艘，从莱州渡海直逼平壤；又任命太子詹事、左卫率李世勣为辽东道行军大总管，率领步骑兵六万人以及兰、河二州投降的胡族兵马进逼辽东，两支部队合围并进。庚子（三十日），各路大军会集在幽州，太宗派行军总管姜行本、少府少监丘行淹先行在安萝山监督众工匠制造练习登高冲锋用的云梯。当时远近的勇士纷纷应召当兵以及献出各种攻城器械不计其数，太宗都亲自加以挑选淘汰，取其方便简易的器械。又手书诏令传令天下，说道："高丽盖苏文杀死君王肆虐百姓，其情形实在是忍无可忍！如今朕要亲自巡幸幽、蓟二州，向辽东、碣石一带兴师问罪，所经过之地停留食宿，不要过于劳费钱财。"而且说："从前隋炀帝残暴百姓，高丽王却对百姓仁爱，以人心思乱的军队去进攻求安思和的民众，所以不能取得胜利。现在朕略说必胜之道有五条：一是以强大进攻弱小，二是以顺应时势去讨伐倒行逆施，三是以安定去乘机进攻敌方的内乱，四是以逸待劳，五是以百姓悦服的国家去进攻百姓积怨的国家，何愁不能取胜！以此布告黎民百姓，不要产生疑惧。"于是各种行军征战的物资费用减少了一大半。

【原文】

十九年（乙巳，645年）

庚戌，上自将诸军发洛阳，以特进萧瑀为洛阳宫留守。乙卯，诏："朕发定州后，宜令皇太子监国。"开府仪同三司致仕尉迟敬德上言："陛下亲征辽东，太子在定州，长安、洛阳心腹空虚，恐有玄感之变。且边隅小夷，不足以勤万乘，愿遣偏师征之，指期可殄。"上不从。以敬德为左一马军总管，使从行。

李世𪟝军发柳城，多张形势，若出怀远镇者，而潜师北趣甬道，出高丽不意。夏，四月，戊戌朔，世𪟝自通定济辽水，至玄菟。高丽大骇，城邑皆闭门自守。壬寅，辽东道副大总管江夏王道宗将兵数千至新城，折冲都尉曹三良引十余骑直压城门，城中惊扰，无敢出者。营州都督张俭将胡兵为前锋，过渡辽水，趋建安城，破高丽兵，斩首数千级。

壬子，李世𪟝、江夏王道宗攻高丽盖牟城。丁巳，车驾至北平。癸亥，李世𪟝等拔盖牟城，获二万余口，粮十余万石。

张亮帅舟师自东莱渡海，袭卑沙城，其城四面悬绝，惟西门可上。程名振引兵夜至，副总管王文度先登，五月，己巳，拔之，获男女八千口。分遣总管丘孝忠等曜兵于鸭绿水。

乙未,进军白岩城。丙申,右卫大将军李思摩中弩矢,上亲为之吮血;将士闻之,莫不感动。乌骨城遣兵万余为白岩声援,将军契苾何力以劲骑八百击之,何力挺身陷陈,槊中其腰,尚辇奉御薛万备单骑往救之,拔何力于万众之中而还。何力气益愤,束疮而战,从骑奋击,遂破高丽兵,追奔数十里,斩首千余级,会暝而罢。万备,万彻之弟也。

【译文】

十九年（乙巳,公元645年）

庚戌（二月十二日）,太宗亲自统率各路大军从洛阳出发东征,任命特进萧瑀为洛阳皇宫的留守。乙卯（十七日）,太宗下诏:"朕从定州发兵后,便由皇太子监国。"退休的开府仪同三司尉迟敬德上书言道:"陛下亲自征伐辽东,皇太子在定州,长安、洛阳两地内部空虚,恐怕会发生像杨玄感那样的变乱。而且高丽是个地处边陲的小国,不足以由皇上去辛苦操劳,希望陛下派一支部队征伐,指日可灭。"太宗不听从。任命尉迟敬德为左一马军总管,让他随行。

李世勣部队从柳城出发,大张声势,假装要通过怀远镇,而秘密派部队北上直趋甬道,出其不意进攻高丽。夏季,四月,戊戌朔（初一）,李世勣从通定渡过辽水,到达玄菟。高丽人大为惊骇,各城都关闭城门自守。壬寅（初五）,辽东道副大总管江夏王李道宗领兵数千人到达新城,折冲都尉曹三良带领十多个骑兵直压近城门,城中人惊恐不安,没有人敢出来应战。营州都督张俭率领胡族士兵作为前锋,渡过辽水,直趋建安城,大败高丽兵,斩首几千人。

壬子（十五日）,李世勣、江夏王李道宗一道攻打高丽盖牟城。丁巳（二十日）,太宗的车驾到达北平城。癸亥（二十六日）,李世勣等人攻下盖牟城,俘虏二万多人,获得粮食十多万石。

张亮率领水师从东莱渡海,袭击卑沙城,该城四面环水悬隔,只有西门可以进入。程名振领兵夜间到达,副总管王文度先行登城,五月,己巳（初二）,攻下了该城，俘获男女八千人。太宗分派总管丘孝忠等人在鸭绿江阅兵。

乙未（二十八日），唐军进军白岩城。丙申（二十九日），右卫大将军李思摩身上中箭，太宗亲自为他吮血，将士们听说后，没有不受感动的。乌骨城派一万多士兵增援白岩的高丽兵，将军契苾何力派八百名精锐骑兵阻击，何力奋力挺身冲锋陷阵，腰上被长矛刺中，尚辇奉御薛万备单枪匹马前去救护，在万人丛中救出何力回到唐军帐内。何力情绪更为激愤，包扎上伤口又去拼杀，跟从的骑兵们奋勇出击，于是大败高丽兵，乘胜追击几十里，杀死一千多人，直到天黑才收兵。薛万备是薛万彻的弟弟。

资治通鉴第一百九十八卷

唐纪十四

【原文】

太宗文武大圣大广孝皇帝下之上贞观十九年（乙巳，645年）

上之克白岩也，谓李世勣曰："吾闻安市城险而兵精，其城主材勇，莫离支之乱，城守不服，莫离支击之不能下，因而与之。建安兵弱而粮少，若出其不意，攻之必克。公可先攻建安，建安下，则安市在吾腹中，此兵法所谓'城有所不攻'者也。"对曰："建安在南，安市在北，吾军粮皆在辽东；今逾安市而攻建安，若贼断吾运道，将若之何？不如先攻安市，安市下，则鼓行而取建安耳。"上曰："以公为将，安得不用公策。勿误吾事！"世勣遂攻安市。

安市人望见上旗盖，辄乘城鼓噪，上怒，世勣请克城之日，男女皆坑之，安市人闻之，益坚守，攻久不下。高延寿、高惠真请于上曰："奴既委身大国，不敢不献其城，欲天子早成大功，奴得与妻子相见。安市人顾惜其家，人自为战，未易猝拔。今奴以高丽十余万众，望旗沮溃，国人胆破，乌骨城耨萨老耄，不能坚守，移兵临之，朝至夕克。其馀当道小城，必望风奔溃。然后收其资粮，鼓行而前，平壤必不守矣。"群臣亦言："张亮兵在沙城，召之信宿可至，乘高丽凶惧，并力拔乌骨城，渡鸭绿水，直取平壤，在此举矣。"上将从之，独长孙无忌以为："天子亲征，异于诸将，不可乘危徼幸。今建安、新城之虏，众犹十万，若向乌骨，皆蹑吾后，不如先破安市，取建安，然后长驱而进，此万全之策也。"上乃止。

【译文】

唐太宗贞观十九年（乙巳，公元645年）

太宗领兵攻克高丽白岩城后，对李世勣说："我听说安市城地势险要、士兵精良，其城主智勇双全，当初莫离支叛乱时，城主不服命，莫离支久攻不能取胜，因而便仍由他管理此城。建安城兵力微弱、粮食稀少，如果出其不意进攻它，必然能够取胜。你可带兵先去进攻建安，建安城攻下后，则安市城便如在我胸腹中，这正是孙子兵法所说的'城有所不攻'的道理。"李世勣答道："建安在南面，安市在北面，我方军粮都在辽东城；如今我们越过安市去进攻建安，假如敌人切断我方运粮通道，那将怎么办呢？倒不如先去攻打安市，攻下安市，则可以一鼓作气轻取建安。"太宗说："你是统军将领，怎么能不用你的策略。但不要延误了我的军机大事。"李世勣于是领兵进攻安市。

铜制银像龙纹尊　高丽

安市人远远望见太宗的旗帜伞盖，总是登上城楼一起敲鼓呐喊，太宗大怒，李世勣请求攻下城池当天，将城中男女全部活埋，安市人听说后，更是顽强守城，唐军久攻不下。高延寿、高惠真向太宗请求道："我们既然委身于大唐帝国，便不敢不献上一份忠诚，这样可以让大唐天子早成大功，我们也得与妻儿老小相见。安市人顾惜自己的家庭，人们都各自为战，不容易立即攻克。如今我等以高丽兵十多万，望见旌旗即遭溃败，高丽人闻风丧胆，乌骨城首领多老迈无用，很难坚守城池，如果唐军移师临近该城，早晨到达晚上即可攻克，其余中途挡道的小城，必定望风溃逃。然后广收他们物资粮草，一鼓作气，平壤必定坚守不住。"众位大臣们也都说："张亮的部队在沙城，如果征召他们两个晚上即可到达，乘着高丽惊恐的时候，合力拿下乌骨城，渡过鸭绿江，直取平壤，就在于这次行动上。"太宗想要听从这个意见，唯独长孙无忌认为："天子亲自征战，与一般将领统兵不同，不可以冒着危险侥幸取胜。如今建安、新城的敌兵还有十万人，如果我们移师乌骨城，他们都会追袭我军的后路，倒不如先攻下安市，占取建安，然后再长驱直入，这才是万全之策。"太宗于是停止移师乌骨的计划。

【原文】

二十年（丙午，646年）

二月，乙未，上发并州。三月，己巳。车驾还京师。上谓李靖曰："吾以天下之众困于小夷，何也？"靖曰："此道宗所解。"上顾问江夏王道宗，具陈在驻跸时乘虚取平壤之言。上怅然曰："当时匆匆，吾不忆也。"

特进同中书门下三品宋公萧瑀，性狷介，与同寮多不合，尝言于上曰："房玄龄与中书门下众臣，朋党不忠，执权胶固，陛下不详知，但未反耳。"上曰："卿言得无太甚！人君选贤才以为股肱心膂，当推诚任之。人不可以求备，必舍其所短，取其所长。朕虽不能聪明，何至顿迷臧否，乃至于是！"瑀内不自得，既数忤旨，上亦衔之，但以其忠直居多，未忍废也。

上尝谓张亮曰："卿既事佛，何不出家？"瑀因自请出家。上曰："亦知公雅好桑门，今不违公意。"瑀须臾复进曰："臣适思之，不能出家。"上以瑀对群臣发言反覆，尤不能平；会称足疾不朝，或至朝堂而不入见。上知瑀意终怏怏，冬，十月，手诏数其罪曰："朕于佛教，非意所遵。求其道者未验福于将来，修其教者翻受辜于既往。至若梁武穷心于释氏，简文锐意于法门，倾帑藏以给僧祗，殚人力以供塔庙。及乎三淮沸浪。五岭腾烟，假余息于熊蹯，引残魂于雀鷇，子孙覆亡而不暇，社稷俄顷而为墟，报施之征，何其谬也！瑀践覆车之余轨，袭亡国之遗风；弃公就私，未明隐显之际；身俗口道，莫辨邪正之心。修累叶之殃源，祈一躬之福本，上以违忤君主，下则扇习浮华。自请出家，寻复违异。一回一惑，在乎瞬息之间；自可自否，变于帷扆之的。乖栋梁之体，岂具瞻之量乎！朕隐忍至今，瑀全无悛改。可商州刺史，仍除其封。"

【译文】

二十年（丙午，公元646年）

二月，乙未（初二），太宗从并州出发。三月，己巳（初七），太宗车驾回到了京城长安。太宗对李靖说："我倾全国兵力却受困于小小的高丽，这是什么缘故？"李靖说："这一点李道宗能够解释。"太宗又问江夏王李道宗，李道宗详细陈述在驻跸山时曾提出过乘机攻取平壤的话。太宗怅然若失，说道："当时匆匆忙忙，我已经记不起来了。"

特进同中书门下三品、宋公萧瑀，性情耿介狷狂，与同僚们多不合，曾对太宗言道："房玄龄与中书、门下省众位大臣，私结朋党对皇上不忠，操持权柄固执己见，陛下并不知道详情，只是尚未谋反罢了。"太宗说："你讲得过分了！君王选择有才能的作为股肱心腹之人，应当推诚置腹予以重任。人不可以求全责备，应当舍弃其短处，取其所长。朕虽然不能做到耳聪目明，也不至于一下子糊涂到好坏不分这个程度。"萧瑀内心很不自在，既已多次忤犯圣意，太宗也心中很不高兴，只是念其忠直之处居多，不忍心将其废弃。

太宗曾对张亮说："你既然敬事佛祖，为什么不出家呢？"萧瑀于是请求出家做和尚。太宗说："朕也知道你素来喜好佛门，现在不违背你的意思。"过了一会儿萧瑀又进言说："我刚刚考虑过了，不能出家。"太宗认为萧瑀当着大臣们讲话反复无常，心中愤愤不平；又赶上萧瑀声称有脚病不上朝，或者到了朝堂而不进去面见太宗，太宗知道他心情不快。冬季，十月，手书诏令数落其罪过说："朕对佛教，无意遵从。那些求佛的人并未能验证将来福祉，却反而在过去受尽苦罪。至于像梁武帝潜心于佛教，梁简文帝执意于法门，倾尽府库所藏财物供给僧寺，耗费人力修筑塔庙。直至造成三淮五岭，到处发生变乱，最终结局像战国时楚成王和赵武灵王那样悲惨，子孙灭亡而无暇顾及，江山社稷顷刻间化为废墟，佛教报答施恩的征兆，是何等的荒谬！萧瑀重蹈梁朝的覆辙，承袭亡国者的遗风；抛弃公义曲就私情，不懂得扬名隐世的道理；身在俗世口诵佛语，不能分辨邪恶正义。想修去累世孽源，祈求一己的福根，对上违犯君王，对下则煽动浮华风气。自己请求出家，不久又有反复。瞬息之间反复变化无常；自我肯定与否定，都是在天子与群臣议政之处。如此深乖国家栋梁的体面，这难道是宰相之才的度量吗？朕一直隐忍到今天，萧瑀全无悔改之意。将他降为商州刺史，免除他的封爵。"

【原文】

二十二年（戊申，648年）

春，正月，己丑，上作《帝范》十二篇以赐太子，曰《君体》《建亲》《求贤》《审官》《纳谏》《去谗》《戒盈》《崇俭》《赏罚》《务农》《阅武》《崇文》；且曰："修身治国，备在其中。一旦不讳，更无所言矣。"又曰："汝当更求古之哲王以为师，如吾，不足法也。夫取法于上，仅得其中；取法于中，不免为下。吾居位已来，不善多矣，锦绣珠玉不绝于前，宫室台榭屡有兴作，犬马鹰隼无远不致，行游四方，供顿烦劳，此皆吾之深过，勿以为是而法之。顾我弘济苍生，其益多；肇造区夏，其功大。益多损少，故人不怨；功大过微，故业不堕；然比之尽美尽善，固多愧矣。汝无我之功勤而承我之富贵，竭力为善，则国家仅安；骄惰奢纵，则一身不保。且成迟败速者，国也；失易得难者，位也；可不惜哉！可不慎哉！"

充容长城徐惠以上东征高丽，西讨龟兹，翠微、玉华，营缮相继，又服玩颇华靡，上疏谏，其略曰："以有尽之农功，填无穷之巨浪；图未获之他众，丧已成之我军。昔秦皇并吞六国，反速危亡之基，晋武奄有三方，翻成覆败之业；岂非矜功恃大，弃德轻邦，图利忘危，肆情纵欲之所致乎！是知地广非常安之术，人劳乃易乱之源也。"又曰："虽复茅茨示约，犹兴木石之疲，和雇取人，不无烦扰之弊。"又曰："珍玩伎巧，乃丧国之斧斤；珠玉锦绣，实迷心之鸩毒。"又曰："作法于俭，犹恐其奢；作法于奢，何以制后！"上善其言，甚礼重之。

【译文】

二十二年（戊申，公元648年）

春季，正月，己丑（初八），太宗完成《帝范》十二篇赐给太子，各篇名是《君体》《建亲》《求贤》《审官》《纳谏》《去谗》《戒盈》《崇俭》《赏罚》《务农》《阅武》《崇文》。太宗说道："修身治理国家的道理，都在这十二篇之中了。我一旦逝去，就没有别的话可说了。"又说："你应当以古代的先哲圣王为师，像我，则不足效法。古人说效法上等的，仅得其中，效法中等的，不免得其下。我即位以来，过失之处不少，锦绣珠玉不断于身前，又不停地修筑宫室台榭，犬马鹰鹘无论多远也要罗致来，游幸四方，使各地供给烦劳，这些都是我的大过失，千万不要认为正确而效法。回顾起来我普济苍生效益多，创建大唐基业功劳大。好处多损害少，所以百姓没有怨言；功劳大过失小，所以王业稳固；然而若是要求尽善尽美，实在是多有惭愧。你没有我这些功劳勤苦而承继我的富贵，竭力行善举，则国家仅得安定；如果骄奢懒惰，则自身都难保。而且成功来之不易，败亡却可迅速招致，是指国家而言；失去容易得之较难，是指皇位；能不珍惜吗！能不谨慎吗！"

宫中九嫔之一的充容、长城县人徐惠，认为太宗东征高丽，西讨龟兹，又相继营造翠微、玉华二宫，而且穿用颇为华丽奢靡，便上奏疏劝谏，大略说道："陛下以有限的农业收成，去填充无穷尽的欲望；图谋那些还未归附的他国部众，却损失已具规模的大唐军队。从前秦始皇吞并六国，反而加速动摇其已危亡的基础，晋武帝统一三国，反而成了覆败的基业；难道不是自夸有功自恃强大，放弃德行轻视国家，贪图小利忘记安危，肆情纵欲所造成的吗？由此可知地域辽阔并非长久安定的谋略，百姓劳苦才是容易动乱的根源。"又说道："即使将殿宇覆盖上茅草以示俭约，却还是大兴土木；名义是合理雇用，按价取值，实际仍然会有烦扰百姓的弊病。"又说："各种珍玩、奇技淫巧，乃是丧国殃民的武器；珠宝绸缎，实为迷乱心灵的毒药。"又说："制定法令节俭，还担心民风奢侈；如果法令本身就主张奢侈，怎么可能作为后人的榜样呢？"太宗非常欣赏她的话，待她十分有礼。

资治通鉴第一百九十九卷

唐纪十五

【原文】

太宗文武大圣大广孝皇帝下之下贞观二十三年（己酉，649年）

上苦利增剧，太子昼夜不离侧，或累日不食，发有变白者。上泣曰："汝能孝爱如此，吾死何恨！"丁卯，疾笃，召长孙无忌入含风殿。上卧，引手扪无忌颐，无忌哭，悲不自胜；上竟不得有所言，因令无忌出。己巳，复召无忌及褚遂良入卧内，谓之曰："朕今悉以后事付公辈。太子仁孝，公辈所知，善辅导之！"谓太子曰："无忌、遂良在，汝勿忧天下！"又谓遂良曰："无忌尽忠于我，我有天下，多其力也，我死，勿令谗人间之。"仍令遂良草遗诏。有顷，上崩。

太子拥无忌颈，号恸将绝，无忌揽涕，请处分众事以安内外，太子哀号不已，无忌曰："主上以宗庙社稷付殿下，岂得效匹夫唯哭泣乎！"乃秘不发丧。庚午，无忌等请太子先还，飞骑、劲兵及旧将皆从。辛未，太子入京城；大行御马舆，侍卫如平日，继太子而至，顿于两仪殿。以太子左庶子于志宁为侍中，少詹事张行成兼侍中，以检校刑部尚书、右庶子、兼吏部侍郎高季辅兼中书令。壬申，发丧太极殿，宣遗诏，太子即位。军国大事，不可停阙；平常细务，委之有司。诸王为都督、刺史者，并听奔丧，濮王泰不在来限。罢辽东之役及诸土木之功。四夷之人入仕于朝及来朝贡者数百人，闻丧皆恸哭，剪发、劙面、割耳，流血洒地。

六月，甲戌朔，高宗即位，赦天下。

【译文】

唐太宗贞观二十三年（己酉，公元649年）

太宗病情加重，上吐下泻，太子昼夜不离身边，有时一连几日不进食，头发有的已变白。太宗流着泪说："你这么孝敬疼爱我，我死了还有什么遗憾！"丁卯（五月二十四日），太宗病情危急，召长孙无忌到含风殿。太宗躺在床上，伸出手摸着长孙无忌的腮，无忌大声痛哭，不能自已；太宗竟说不出话来，于是令无忌出宫。己巳（二十六日），又召长孙无忌与褚遂良进入卧室内，对他们说："朕如今将后事全都托付给你们。太子仁义孝敬，你们也都知道的，望你们善加辅佐教导！"对太子说："有无忌、遂良在，你不用为大唐江山担忧！"又对褚遂良说："无忌为我竭尽忠诚，我能拥有大唐江山，无忌出力较多，我死之后，不要让小人进谗言挑拨离间。"于是令褚遂良草拟遗诏。过了不久，太宗去世。

唐太宗昭陵

太子抱着长孙无忌的脖子，号啕痛哭，悲痛欲绝，长孙无忌抹去眼泪，请求太子处理众事以安朝内外，太子不停地哀号，无忌说："皇上将宗庙社稷交付给殿下，怎么能效法一般人只知道哭泣呢？"于是秘不发丧。庚午（二十七日），长孙无忌等人请求太子先回到皇宫,飞骑、精悍步兵及旧将领纷纷跟随。辛未(二十八日),太子进入京城;辞世的天子所用的马车,侍卫兵如同平时一样,继太子之后到达京城,安顿在两仪殿。任命太子左庶子于志宁为侍中,少詹事张行成兼任侍中,任命检校刑部尚书、右庶子、兼吏部侍郎高季辅兼任中书令。壬申(二十九日),在太极殿发丧,宣示太宗遗诏,太子即皇帝位。军国大事,不可停下不办;平常琐细事务,委托给有关官署。诸王在外任都督、刺史的,都听凭他们前来奔丧,但濮王李泰不在奔丧的范围内。废止辽东的征战及各项土木工程。四方各部族在朝做官及来朝进贡的几百人,听说太宗死了,都失声痛哭,剪头发、用刀划脸、割耳朵等,流血满地。

六月,甲戌朔(初一),高宗李治即位,大赦天下。

【原文】

高宗天皇大圣大弘孝皇帝上之上永徽元年(庚戌,650年)

丙午,立妃王氏为皇后。后,思政之孙也。以后父仁祐为特进、魏国公。

【译文】

唐高宗永徽元年(庚戌,公元650年)

丙午(正月初六),高宗立妃子王氏为皇后。皇后乃是王思政的孙女。封皇后的父亲王仁祐为特进、魏国公。

【原文】

五年(甲寅,654年)

初,王皇后无子,萧淑妃有宠,王后疾之。上之为太子也,入侍太宗,见才人武氏而悦之。太宗崩,武氏随众感业寺为尼。忌日,上诣寺行香,见之,武氏泣,上亦泣。王后闻之,阴令武氏长发,劝上内之后宫,欲以间淑妃之宠。武氏巧慧,多权数，初入宫，卑辞屈体以事后；后爱之，数称其美于上。未几大幸，拜为昭仪，后及淑妃宠皆衰，更相与共谮之，上皆不纳。昭仪欲追赠其父而无名，故托以褒赏功臣，而武士彟预焉。

王皇后、萧淑妃与武昭仪更相谮诉，上不信后、淑妃之语，独信昭仪。后不能曲事上左右，母魏国夫人柳氏及舅中书令柳奭入见六宫，又不为礼。武昭仪伺后所不敬者，必倾心与相结，所得赏赐分与之。由是后及淑妃动静，昭仪必知之，皆以闻于上。

后宠虽衰，然上未有意废也。会昭仪生女，后怜而弄之，后出，昭仪潜扼杀之，覆之以被。上至，昭仪阳欢笑，发被观之，女已死矣，即惊啼。问左右，左右皆曰："皇后适来此。"上大怒曰："后杀吾女！"昭仪因泣数其罪。后无以自明，上由是有废立之志。又畏大臣不从，乃与昭仪幸太尉长孙无忌第，酣饮极欢，席上拜无忌宠姬子三人皆为朝散大夫，仍载金宝缯锦十车以赐无忌。上因从容言皇后无子以讽无忌，无忌对以他语，竟不顺旨，上及昭仪皆不悦而罢。昭仪又令母杨氏诣无忌第，屡有祈请，无忌终不许。礼部尚书许敬宗亦数劝无忌，无忌厉色折之。

【译文】

五年（甲寅，公元654年）

起初，王皇后没有儿子，萧淑妃得高宗宠幸，王皇后十分忌妒。高宗做太子的时候，进寝宫侍奉太宗，看见才人武氏便十分喜欢。太宗驾崩后，武氏随着众位妃嫔到感业寺当尼姑。到了太宗的忌日，高宗到感业寺行香拜佛，见到了她，武氏哭泣，高宗也流泪。王皇后听说后，暗中让武氏留发，劝说高宗纳武氏入后宫，想要以武氏来离间高宗对萧妃的宠爱。武氏机敏聪慧，善施权术，刚进宫时，侍奉皇后十分谦恭有礼；皇后十分喜欢她，多次在高宗面前称赞她。不久大得宠幸，拜为昭仪，皇后与萧妃均失宠，二人又一同诬告武氏，高宗均不予采纳。武昭仪想要追赠他的父亲武士彟的官爵，而苦于没有什么名义，于是便假托要褒奖赏赐十三位功臣，其中便有武士彟。

王皇后、萧淑妃与武昭仪之间相互诬告诽谤，高宗不相信王后、萧妃的话，唯独信任武昭仪。王皇后不会曲意事奉高宗身边的人，她的母亲魏国夫人柳氏及舅舅中书令柳奭进见六宫妃嫔，又不讲礼节。武昭仪观察到皇后讨厌的人，便与之倾心相交，所得到的赏赐也要分给她们。因此王皇后与萧妃的一举一动，武氏都知道，并且都告诉给高宗。

王皇后虽然失宠，但高宗并未有废后的想法。正巧此时武昭仪生下一个女孩，皇后怜爱她并逗弄她玩，皇后走出去后，武氏趁没人将女孩掐死，又盖上被子。正好高宗来到，武氏假装欢笑，打开被子一同看孩子，发现女婴已经死了，武氏大声哭闹。问身边的人是怎么回事，身边的人都说："皇后刚刚来过这里。"高宗勃然大怒，说道："皇后杀了我的女儿！"武昭仪借机哭泣着数落其罪过。皇后无法申辩，高宗从此有了废皇后立武昭仪为后的打算。又担心大臣们不服，于是便和武氏一道临幸太尉长孙无忌的宅第，宴饮酣畅欢乐到极点，酒席上将无忌宠姬的三个儿子都拜为朝散大夫，又命人装载金银财宝、锦缎丝绸等共十车赐给无忌。高宗乘机讲到王皇后没有子嗣，以此暗示无忌，无忌顾左右而言他，竟然没有顺从旨意，高宗与武氏二人在不愉快中结束这场酒宴。武昭仪又让自己的母亲杨氏到无忌的宅第，多次请求，无忌最终还是没有答应。礼部尚书许敬宗也曾多次劝说无忌，无忌正言厉色斥责了他。

褚遂良临《兰亭序帖》

【原文】

六年（乙卯，655年）

六月，武昭仪诬王后与其母魏国夫人柳氏为厌胜，敕禁后母柳氏不得入宫。秋，七月，戊寅，贬吏部尚书柳奭为遂州刺史。乘行至扶风，岐州长史于承素希旨奏奭漏泄禁中语，复贬荣州刺史。

唐因隋制，后宫有贵妃、淑妃、德妃、贤妃皆视一品。上欲特置宸妃，以武昭仪为之，韩瑗、来济谏，以为故事无之，乃止。

中书舍人饶阳李义府为长孙无忌所恶，左迁壁州司马。敕未至门下，义府密知之，问计于中书舍人幽州王德俭，德俭曰："上欲立武昭仪为后，犹豫未决者，直恐宰臣异议耳。君能建策立之，则转祸为福矣。"义府然之，是日，代德俭直宿，叩阁上表，请废皇后王氏，立武昭仪，以厌兆庶之心。上悦，召见，与语，赐珠一斗，留居旧职。昭仪又密遣使劳勉之，寻超拜中书侍郎。于是卫尉卿许敬宗、御史大夫崔义玄、中丞袁公瑜皆潜布腹心于武昭仪矣。

上一日退朝，召长孙无忌、李勣、于志宁、褚遂良入内殿。遂良曰："今日之召，多为中宫，上意既决，逆之必死。太尉元舅，司空功臣，不可使上有杀元舅及功臣之名，遂良起于草茅，无汗马之劳，致位至此，且受顾托，不以死争之，何以下见先帝！"勣称疾不入。无忌等至内殿，上顾谓无忌曰："皇后无子，武昭仪有子，今欲立昭仪为后，何如？"遂良对曰："皇后名家，先帝为陛下所娶。先帝临崩，执陛下手谓臣曰：'朕佳儿佳妇，今以付卿。'此陛下所闻，言犹在耳。皇后未闻有过，岂可轻废！臣不敢曲从陛下，上违先帝之命！"上不悦而罢。明日又言之，遂良曰："陛下必欲易皇后，伏请妙择天下令族，何必武氏。武氏经事先帝，众所具知，天下耳目，安可蔽也。万代之后，谓陛下为如何！愿留三思！臣今忤陛下，罪当死。"因置笏于殿阶，解巾叩头流血曰："还陛下笏，乞放归田里。"上大怒，命引出。昭仪在帘中大言曰："何不扑杀此獠！"无忌曰："遂良受先朝顾命，有罪不可加刑。"于志宁不敢言。

韩瑗因间奏事，涕泣极谏，上不纳。明日又谏，悲不自胜，上命引出。瑗又上疏谏曰："匹夫匹妇，犹相选择，况天子乎！皇后母仪万国，善恶由之，故嫫母辅佐黄帝，妲己倾覆殷王，诗云：'赫赫宗周，褒姒灭之。'每览前古，常兴叹息，不谓今日尘黩圣代。作而不法，后嗣何观！愿陛下详之，无为后人所笑！使臣有以益国，菹醢之戮，臣之分也！昔吴王不用子胥之言而麋鹿游于姑苏。臣恐海内失望，棘荆生于阙庭，宗庙不血食，期有日矣！"来济上表谏曰："王者立后，上法乾坤，必择礼教名家，幽闲令淑，副四海之望，称神祇之意。是故周文造舟以迎太姒，而兴《关雎》之化，百姓蒙祚；孝成纵欲，以婢为后，使皇统亡绝，社稷倾沦。有周之隆既如彼，大汉之祸又如此，惟陛下详察！"上皆不纳。

他日，李勣入见，上问之曰："朕欲立武昭仪为后，遂良固执以为不可。遂良既顾命大臣，事当且已乎？"对曰："此陛下家事，何必更问外人！"上意遂决。许敬宗宣言于朝曰："田舍翁多收十斛麦，尚欲易妇；况天子欲立后，何豫诸人事而妄生异议乎！"昭仪令左右以闻。庚午，贬遂良为潭州都督。

【译文】

六年（乙卯，公元655年）

六月，武昭仪诬陷王皇后和她的母亲魏国夫人柳氏求巫施厌胜术诅咒昭仪，高宗敕令禁止皇后母亲柳氏进入宫内。秋季，七月，戊寅（初十），将吏部尚书柳奭贬为遂州刺史。柳奭赴任走到扶风县，岐州长史于承素揣摩圣意上奏称柳奭泄漏宫禁秘密，又贬为荣州刺史。

唐朝因袭隋朝制度，后宫有贵妃、淑妃、德妃、贤妃，都是正一品。高宗想要特别设置一个宸妃，封给武昭仪，韩瑗、来济谏阻，认为无旧例可循，于是作罢。

中书舍人、饶阳人李义府为长孙无忌所厌恶，降职为壁州司马。敕令还未到门下省，李义府已经暗中得知，便向中书舍人、幽州人王德俭问计，德俭说："高宗想要立武昭仪为皇后，所犹豫不决的，只是担心宰相们会有异议。你如果能提建议立武氏为后，则转祸为福了。"李义府同意他的话，这一天，他代替德俭值宿，叩门向高宗上表章，请求废掉王皇后，立武昭仪为后，以满足黎民百姓的愿望。高宗十分高兴，亲自召见李义府，与他谈话，赐给珍珠一斗，留下他官居原职。武氏又暗中派人慰劳勉励他，不久破格提拔为中书侍郎。在此之后，卫尉卿许敬宗、御史大夫崔义玄、御史中丞袁公瑜都暗中向武氏表达其效忠之心。

有一天高宗退朝后，宣召长孙无忌、李世勣、于志宁、褚遂良进入内殿。褚遂良说："今天皇上宣召，多半是为了后宫的事，皇上的主意既已定了，违抗者必是死罪。太尉是元舅,司空是功臣,不可以让皇上承担杀元舅与功臣的不好名声。我褚遂良乃是自平民起家,没有汗马功劳,到了今日这个地位,而且接受先帝托孤,不以死谏诤,无颜去见先帝!"李世勣称病没去内殿。无忌等人到了内殿,高宗对他们说:"皇后没有子嗣,武昭仪有,如今朕想立武昭仪为皇后,你们看怎么样?"褚遂良答道:"皇后出身名家,是先帝为陛下娶的。先帝临死的时候,拉着陛下的手对我说:'朕的好儿子好儿媳,如今就交付给你了。'这些话都是陛下亲耳听到的,言犹在耳。未听说皇后有什么过错,怎么能够轻易废掉呢!我不敢曲意顺从陛下,以违背先帝的遗愿!"高宗十分不高兴,只好作罢。第二天又言及此事,褚遂良说:"陛下一定要更换皇后,我请求遴选全国的世家望族,何必非武氏不可。武氏曾经侍奉过先帝,这是众所周知,天下人的耳目,怎么能遮掩呢?千秋万代之后,人们又将怎么评价陛下呢?愿陛下三思而后行!我今日触怒陛下,罪该处死。"说完将朝笏放在殿内台阶上,解下头巾磕头直至血流满面,说道:"还给陛下朝笏,乞求放我回老家去。"高宗勃然大怒,命人将他带出去。武昭仪在隔帘内大声说道:"何不就地杀了这老东西!"长孙无忌说:"褚遂良是先朝顾命大臣,有罪也不可以加刑。"于志宁不敢说话。

　　韩瑗找个时机上奏疏,流泪极力劝阻废皇后,高宗不予采纳。他第二天又劝谏,悲伤得不能自已,高宗命人将他带出去。韩瑗又上奏疏劝谏道:"一般的夫妇,还要相互选择后再结合,何况天子呢?皇后乃是天下妇女的仪范,善恶由她而生,所以说嫫母辅佐黄帝,妲己倾覆殷朝,《诗经》说:'赫赫有名的宗周,就灭在褒姒之手。'每次观览前朝史事,常会发出感慨,没想到今天圣明之世也会受到玷污。做事不依法度,后世将如何看呢!希望陛下再三考虑,不要让后人讥笑。假使臣下我的话有益于国家,即使被剁成肉酱,臣也死得其所!当年吴王不听伍子胥的话,结果是国家败灭,麋鹿出没于都城姑苏。臣下我担心陛下令海内之人失望,使宫廷长满荆棘,宗庙不能继续享有祭祀的情况,为期不远了!"来济上表章劝谏说:"君主册立皇后,应该依据天地之理,必须选择名门礼教之家的淑女,幽雅娴静,贤淑美好,才可与人的厚望相符,也能符合神灵的意图。所以说周文王造船迎接太姒,这才有《关雎》的教化,百姓承受福祚;汉成帝纵欲成性,以婢女为皇后,使皇统断绝，社稷倾覆。周代的隆盛是那样，汉代的祸患又是这样，希望陛下明察！"高宗对这些谏言都不予采纳。

又一天，李世勣进宫见高宗，高宗问他："朕想要立武昭仪为皇后，褚遂良固执己见认为不可以。褚遂良既是顾命大臣，他反对，那么事情就应该停止吗？"李世勣答道："这是陛下的家事，何必又去问外人呢！"高宗废后主意于是定了下来。许敬宗在朝中扬言道："庄稼汉多收了十斛麦子，还想着要换个老婆呢？何况天子要立皇后，人们又何必管那么多事而妄生异议呢？"武昭仪让身边的人将此话讲给高宗听。庚午（九月初三），将就遂良贬为潭州都督。

唐纪十六

【原文】

高宗天皇大圣大弘孝皇帝上之下永徽六年（乙卯，655年）

冬，十月，己酉，下诏称："王皇后、萧淑妃谋行鸩毒，废为庶人，母及兄弟，并除名，流岭南。"许敬宗奏："故特进赠司空王仁祐告身尚存，使逆乱余孽犹得为荫，并请除削。"从之。

乙卯，百官上表请立中宫，乃下诏曰："武氏门著勋庸，地华缨黻，往以才行选入后庭，誉重椒闱，德光兰掖。朕昔在储贰，特荷先慈，常得侍从，弗离朝夕，宫壶之内，恒自饬躬，嫔嫱之间，未尝迕目，圣情鉴悉，每垂赏叹，遂以武氏赐朕，事同政君，可立为皇后。"

十一月，丁卯朔，临轩命司空李勣赍玺绶册皇后武氏。是日，百官朝皇后于肃义门。

故后王氏，故淑妃萧氏，并囚于别院，上尝念之，间行至其所，见其室封闭极密，惟窍壁以通食器，恻然伤之，呼曰："皇后、淑妃安在？"王氏泣对曰："妾等得罪为宫婢，何得更有尊称！"又曰："至尊若念畴昔，使妾等再见日月，乞名此院为回心院。"上曰："朕即有处置。"武后闻之，大怒，遣人杖王氏及萧氏各一百，断去手足，捉酒瓮中，曰："令二妪骨醉！"数日而死，又斩之。王氏初闻宣敕，再拜曰："愿大家万岁！昭仪承恩，死自吾分。"淑妃骂曰："阿武妖猾，乃至于此！愿他生我为猫，阿武为鼠，生生扼其喉。"由是宫中不畜猫。寻又改王氏姓为蟒氏，萧氏为枭氏。武后数见王、萧为祟,被发沥血如死时状。后徙居蓬莱宫,复见之,故多在洛阳,终身不归长安。

【译文】

唐高宗永徽六年（乙卯,公元655年）

冬季,十月,己酉（十三日）,高宗下诏说:"王皇后、萧淑妃因阴谋用毒酒杀人,废黜为平民。她们的母亲兄弟一并削除官爵,流放岭南。"许敬宗上奏说:"已故特进赠司空王仁祐授官的凭信还保存着,这将使逆乱的余孽还得以受荫任官,请一并削除他的官爵。"高宗采纳他的意见。

乙卯（十九日）,百官上奏表请求立皇后,于是高宗下诏说:"武氏出身于有大功劳的家庭,累世都任官职,以前因才德出众选入后宫,声誉满后宫,品德光照宫闱。朕从前当太子时,她蒙受我已故母亲的特殊恩宠,时常侍从皇帝,日夜不离左右,在后宫中经常检点自己的行为,嫔妃之间未曾闹矛盾,皇帝看得很清楚,时

武则天

常赞赏,于是将武氏赏赐给朕,就像汉宣帝将宫女王政君赏赐给了皇太子一样。武氏可以立为皇后。"

十一月,丁卯朔（初一）,高宗让司空李世勣携带印玺在殿前册封武则天为皇后。当天,百官朝拜皇后于肃义门。

原皇后王氏,原淑妃萧氏,一同被囚禁在后宫别院,高宗曾思念她们,私下去囚禁她们的地方,看见囚室封闭得极为严密,只在墙壁上凿开小洞以便送食物的器具能进出。他为她们感到悲伤,呼喊道:"皇后、淑妃在哪里?"王氏哭泣回答说:

"我等犯罪已成宫中奴婢,哪里还得再有后、妃等尊贵的称号!"又说:"至尊如果思念从前的情分,让我等再见天日,请命名这个院子为回心院。"高宗说:"朕即有所安排。"武后听说后,大怒,派人将王氏和萧氏各杖打一百下,砍去手足,投入酒瓮中,说:"让这两个女人连骨头都喝醉!"数日后她们死去,又被砍下脑袋。当皇后王氏听到宣布处置她们的命令时,拜了两拜说:"祝愿皇帝万岁!武昭仪承受皇恩,死自然是我的本分。"淑妃萧氏大骂道:"阿武邪恶狡诈,竟然到了这种地步!愿来生我变为猫,她变为鼠,我活生生地扼住她的咽喉。"从此宫中不养猫。不久又改王氏姓蟒氏,萧氏姓枭氏。武后多次看见王氏和萧氏的鬼魂作祟,披散着头发,浑身滴血,如同死时候的模样。她后来移居蓬莱宫,还是看见同样情形,所以她多居住在洛阳,终身不回长安。

【原文】

显庆元年（丙辰,656年）

韩瑷上疏,为褚遂良讼冤曰:"遂良体国忘家,捐身徇物,风霜其操,铁石其心,社稷之旧臣,陛下之贤佐。无闻罪状,斥去朝廷,内外甿黎,咸嗟举措。臣闻晋武弘裕,不贻刘毅之诛;汉祖深仁,无患周昌之直。而遂良被迁,已经寒暑,违忤陛下,其罚塞焉。伏愿缅鉴无辜,稍宽非罪,俯矜微款,以顺人情。"上谓瑷曰:"遂良之情,朕亦知之。然其悖戾好犯上,故以此责之,卿何言之深也!"对曰:"遂良社稷忠臣,为谗谀所毁。昔微子去而殷国以亡,张华存而纲纪不乱。陛下无故弃逐旧臣,恐非国家之福!"上不纳。瑷以言不用,乞归田里;上不许。

【译文】

显庆元年（丙辰,公元656年）

韩瑷上疏,为褚遂良申诉冤屈说:"褚遂良为国家着想而忘记自己的家,生命财产都愿意奉献,品行高洁,意志坚定,是国家的旧臣,是陛下有道德有才能的助手。没有听说他犯罪,就被斥退离开朝廷,朝廷内外和黎民百姓都为这种处置叹息。我听说晋武帝宽宏大量,不判处刘毅死罪;汉高祖仁德深厚,不怨恨周昌的耿直。而褚遂良被降职已经一年,违抗陛下的罪责,对他的处罚已经抵偿。希望陛下念他无辜,稍微宽恕无罪,同情他的忠诚,以顺应人心。高宗对韩瑗说:"褚遂良的情况,朕也知道。但他粗暴犯上,所以用这种办法责备他,你为什么说得那么严重!回答说:"褚遂良是国家的忠臣,被用恶言伤人以讨好上边的人诽谤。从前微子离去而殷国因而灭亡,张华留任而国家的法度不乱。陛下无故抛弃驱逐旧臣,恐怕不是国家之福。"高宗没有采纳他的意见。韩瑗因自己的话没有被采用,请求辞官回家乡,高宗不允许。

【原文】

二年(丁巳,657年)

许敬宗、李义府希皇后旨,诬奏侍中韩瑗、中书令来济与褚遂良潜谋不轨,以桂州用武之地,授遂良桂州都督,欲以为外援。八月,丁卯,瑗坐贬振州刺史,济贬台州刺史,终身不听朝觐。又贬褚遂良为爱州刺史,荣州刺史柳爽为象州刺史。

遂良至爱州,上表自陈:"往者濮王、承乾交争之际,臣不顾死亡,归心陛下。时岑文本、刘洎奏称'承乾恶状已彰,身在别所,其于东宫,不可少时虚旷,请且遣濮王往居东宫。'臣又抗言固争,皆陛下所见。卒与无忌等四人共定大策。及先朝大渐,独臣与无忌同受遗诏。陛下在草土之辰,不胜哀恸,臣以社稷宽譬,陛下手抱臣颈。臣与无忌区处众事,咸无废阙,数日之间,内外宁谧。力小任重,动罹愆过,蝼蚁余齿,乞陛下哀怜。"表奏,不省。

【译文】

二年(丁巳,公元657年)

许敬宗、李义府迎合皇后的旨意,诬奏侍中韩瑗、中书令来济与褚遂良私下图谋不轨,因桂州是用武的地方,他们授任褚遂良为桂州都督,是想利用他为外援。八月,丁卯(十一日),韩瑗因此被降职为振州刺史,来济被降职为台州刺史,终身不许朝见皇帝。又将褚遂良降职为爱州刺史，荣州刺州柳奭降职为象州刺史。

褚遂良来到爱州，上奏自我陈述说："以前濮王、承乾相互争斗的时候，我不顾死活，诚心归附陛下。当时岑文本、刘洎上奏说'承乾的罪状已经显露，已被关在别所，东宫不可有哪怕是短时间的空缺，请先派遣濮王去东宫居住。'我又高声坚持抗争，这些都是陛下所看见的。最后我又与长孙无忌等四人共同决定立陛下为皇太子的重大决策。及至太宗病危，只有我与长孙无忌共同接受遗诏。陛下在守丧的时候，经受不住哀痛，我以国家为重宽慰劝解，陛下还用手抱住我的脖子。我与长孙无忌分别处理众多的事情，全都没有荒废缺失，数日之间，内外安宁。我能力小，责任重，常常出现差错，微贱的余年，乞请陛下哀怜。"奏表上达后，唐高宗没有考虑处理。

【原文】

四年（己未，695 年）

武后以太尉赵公长孙无忌受重赐而不助己，深怨之。及议废王后，燕公于志宁中立不言，武后亦不悦。许敬宗屡以利害说无忌，无忌每面折之，敬宗亦怨。武后既立，无忌内不自安，后令敬宗伺其隙而陷之。

会洛阳人李奉节告太子洗马韦季方、监察御史李巢朋党事，敕敬宗与辛茂将鞫之。敬宗按之急，季方自刺，不死，敬宗因诬奏季方欲与无忌构陷忠臣近戚，使权归无忌，伺隙谋反，今事觉，故自杀。上惊曰："岂有此邪！舅为小人所间，小生疑阻则有之，何至于反！"敬宗曰："臣始末推究，反状已露，陛下犹以为疑，恐非社稷之福。"上泣曰："我家不幸，亲戚间屡有异志，往年高阳公主与房遗爱谋反，今元舅复然，使朕惭见天下之人。兹事若实，如之何？"对曰："遗爱乳臭儿，与一女子谋反，势何所成！无忌与先帝谋取天下，天下服其智；为宰相三十年，天下畏其威；若一旦窃发，陛下遣谁当之！今赖宗庙之灵，皇天疾恶，因按小事，乃得大奸，实天下之庆也。臣窃恐无忌知季方自刺，窘急发谋，攘袂一呼，同恶云集，必为宗庙之忧。臣昔见宇文化及父述为炀帝所亲任，结以婚姻，委以朝政；述卒，化及复典禁兵，一夕于江都作乱，先杀不附己者，臣家亦豫其祸，于是大臣苏威、裴矩之徒，皆舞蹈马首，唯恐不及，黎明遂倾隋室。前事不远，愿陛下速决之！"上命敬宗更加审察。明日，敬宗复奏曰：昨夜季方已承与无忌同反，臣又问季方："无忌与国至亲，累朝宠任，何恨而反？'季方答云："韩瑗尝语无忌云："柳奭、褚遂良劝公立梁王为太子，今梁王既废，上亦疑公，故出高履行于外。"自此无忌忧恐，渐为自安之计。后见长孙祥又出，韩瑗得罪，日夜与季方等谋反。'臣参验辞状，咸相符合，请收捕准法。"上又泣曰："舅若果尔，朕决不忍杀之，天下将谓朕何，后世将谓朕何！"敬宗对曰："薄昭，汉文帝之舅也，文帝从代来，昭亦有功，所坐止于杀人，文帝使百官素服哭而杀之，至今天下以文帝为明主。今无忌忘两朝之大恩，谋移社稷，其罪与薄昭不可同年而语也。幸而奸状自发，逆徒引服，陛下何疑，犹不早决！古人有言：'当断不断，反受其乱。'安危之机，间不容发。无忌今之奸雄，王莽、司马懿之流也；陛下少更迁延，臣恐变生肘腋，悔无及矣！"上以为然，竟不引问无忌。戊辰，下诏削无忌太尉及封邑，以为扬州都督，于黔州安置，准一品供给。祥，无忌之从父兄子也，前此自工部尚书出为荆州长史，故敬宗以此诬之。

敬宗又奏："无忌谋逆，由褚遂良、柳奭、韩瑗构扇而成；奭仍潜通宫掖，谋行鸩毒，于志宁亦党附无忌。"于是诏追削遂良官爵，除奭、瑗名，免志宁官。遣使发道次兵援送无忌诣黔州。无忌子秘书监驸马都尉冲等皆除名，流岭表。遂良子彦甫、彦冲流爱州，于道杀之。益州长史高履行累贬洪州都督。

【译文】

四年（己未，公元659年）

武后因太尉赵公长孙无忌受到优厚的赏赐而不肯帮助自己，十分怨恨他。在讨论废黜王皇后时，燕公于志宁持中立态度，不肯发言，武后也不高兴。许敬宗一再想用陈述利害的办法说服长孙无忌，长孙无忌每次都当面驳斥他，许敬宗因此也怨恨长孙无忌。武则天已立为皇后，长孙无忌内心不安，武后命令许敬宗寻找空子陷害他。

这时正遇到洛阳人李奉节告发太子洗马韦季方、监察御史李巢纠结宗派的事情，高宗命令许敬宗与辛茂将审讯他们。许敬宗讯问紧迫，韦季方自己刺杀自己，结果没有死。许敬宗因此诬奏韦季方想与长孙无忌诬陷忠臣和皇帝近亲，使权力归于长孙无忌，以便寻找机会谋反，现在事情暴露，所以自杀。高宗吃惊地说："哪里有这种事呢！舅舅被小人离间，产生小的猜疑隔阂是有的，哪里至谋反！"许敬宗说："我从始至终推求研究，谋反的情况已很明显，陛下还以为可疑，这恐怕不是国家之福。"高宗流泪说："我家不幸，亲戚之间一再出现有叛变意图的人，往年高阳公主与房遗爱谋反，现在大舅又这样，使朕愧见天下人。这事如果属实，怎么办？"回答说："房遗爱幼稚小子，与一个女子谋反，能成什么气候！长孙无忌与先帝谋划夺取天下，天下人佩服他的智谋；任宰相三十年，天下人畏惧他的权威；如果有一天暗地发动，陛下派遣谁能抵挡他！现在仰赖宗庙神灵，皇天憎恨邪恶，因审问小事，而发现大恶人，实在是天下之福。我私下担心长孙无忌知道韦季方自己刺杀自己，处境困迫而发动变乱，振臂一呼，同党聚集，必定成为国家的忧患。我以前看见过宇文化及的父亲宇文述为隋炀帝所亲信重用，互通婚姻，将朝政托付给他。宇文述死后，宇文化及又主管皇帝的亲兵，一天晚上在江都作乱，先杀死不归附自己的人，我家也受其害，于是大臣苏威、裴矩之流，在马前舞蹈庆贺还唯恐来不及，天刚亮就倾覆隋朝。这是不久以前发生的事情，希望陛下赶快拿主意！"高宗命令许敬宗进一步查审这件事。第二天，许敬宗又上奏说："昨天晚上韦季方已承认与长孙无忌一同谋反，我又问韦季方：'长孙无忌与皇帝是至亲，历朝受宠信重用，因什么仇恨而要谋反？'韦季方回答说：'韩瑗曾对长孙无忌说：柳奭、褚遂良劝您立梁王为太子，现在梁王已被废黜，皇帝也怀疑您，所以将您的亲戚高履行调任外地。从此长孙无忌忧虑恐惧，逐渐准备自我保护的计策。后来看到长孙祥又调任外地，韩瑗得罪，便日夜与韦季方等谋反。'我检验供词和事实，都相符合，请依法逮捕他。"高宗又流泪说："舅父果真如此，朕决不忍杀他，否则天下人将说朕什么，后代将说朕什么！"许敬宗回答说："薄昭是汉文帝的舅父，迎接汉文帝从代地回来即帝位，薄昭也有功劳，所犯的罪只限于杀人，汉文帝便让百官穿上丧服哭他使他自杀,到现在天下人将汉文帝视为明主。现在长孙无忌忘掉两朝的隆重恩宠,图谋窃取国家政权,他罪恶之大与薄昭简直不能同日而语。幸而邪恶的情状暴露,叛逆的人认罪,陛下有什么疑虑,还不早做决断!古人说:'当断不断,反受其乱。'平安和危险的机会相距极有限,中间没有容下一根头发的间隔。长孙无忌是当今富于权诈、才能足以欺世的野心家,属于王莽、司马懿一流人物;陛下稍经拖延,我恐怕事变即发生在身边,后悔都来不及了。"高宗认为他说的是对的,居然没有召见长孙无忌加以审问。戊辰(四月二十二日),高宗下令削除长孙无忌太尉职务和封地,任命他为扬州都督,在黔州安置,按一品官的标准供应。长孙祥是长孙无忌堂兄的儿子,这以前由工部尚书调出任荆州长史,所以许敬宗用这件事诬陷长孙无忌。

许敬宗又上奏:"长孙无忌图谋叛逆,是由褚遂良、柳奭、韩瑗串通煽动而成;柳奭屡次暗通后宫,图谋用毒酒杀人,于志宁也依附长孙无忌。"于是高宗下令削除褚遂良官爵,削除柳奭、韩瑗官爵,免去于志宁官职;派遣使者征发途中驻军帮助押送长孙无忌到黔州。长孙无忌的儿子秘书监驸马都尉长孙冲等都被削除官爵,流放岭南。褚遂良的儿子褚彦甫、褚彦冲流放爱州,在途中被杀。益州长史高履行接连降职为洪州都督。

三彩骑马女俑 唐

唐代三彩主要集中两个城市,北为洛阳,南为扬州。扬州的三彩风格更加绮丽,色彩浓艳,精工细作。这件三彩女骑马俑真实地再现了唐代妇女生活的一个侧面,妇女骑马,是盛唐风靡一时的生活习俗。

【原文】

五年(庚申,660年)

冬,十月,上初苦风眩头重,目不能视,百司奏事,上或使皇后决之。后性明敏，涉猎文史，处事皆称旨。由是始委以政事，权与人主侔矣。

【译文】

五年（庚申，公元660年）

　　冬季，十月，高宗开始因风邪两眼昏花头重，眼睛不能看东西，各部门上奏事情，高宗有时让皇后决定。皇后生性聪明机智，广泛阅读文史书籍，处理事情都符合高宗的旨意。从此高宗将国家政事委托她，她的权势与皇帝等同了。

资治通鉴第二百零一卷

唐纪十七

【原文】

高宗天皇大圣大弘孝皇帝中之上龙朔三年（癸亥，663年）

右相河间郡公李义府典选，恃中宫之势，专以卖官为事，铨综无次，怨讟盈路，上颇闻之，从容谓义府曰："卿子及婿颇不谨，多为非法，我尚为卿掩覆，卿宜戒之！"义府勃然变色，颈、颊俱张，曰："谁告陛下？"上曰："但我言如是，何必就我索其所从得邪！"义府殊不引咎，缓步而去。上由是不悦。

望气者杜元纪谓义府所居第有狱气，宜积钱二十万缗以厌之，义府信之，聚敛尤急。义府居母丧，朔望给哭假，辄微服与元纪出城东，登古冢，候望气色，或告义府窥觇灾眚，阴有异图。又遣其子右司议郎津召长孙无忌之孙延，受其钱七百缗，除延司津监，右金吾仓曹参军杨行颖告之。夏，四月，乙丑，下义府狱，遣司刑太常伯刘祥道与御史、详刑共鞫之，仍命司空李勣监焉。事皆有实。戊子，诏义府除名，流巂州；津除名，流振州；诸子及婿并除名，流庭州。朝野莫不称庆。

【译文】

唐高宗龙朔三年（癸亥，公元663年）

右相、河间郡公李义府主管选择官吏，依仗皇后武则天的权势，专以卖官为能事，选授没有次第，弄得怨声载道，唐高宗也时有所闻，曾从容不迫地对李义府说："你的儿子和女婿很不谨慎，做了不少违法的事，我还为你遮掩，你应当警告他们。"李义府

脸色骤变，涨红着脸和脖子说："是谁告诉陛下的？"唐高宗说："只是我这样说，何必向我追索从哪里得来的呢？"李义府根本不承认自己的过失，缓步离去。唐高宗因此不高兴。

望云气以预言吉凶的人杜元纪说李义府的住宅有冤狱造成的怨气，应当积蓄二十万缗钱抑制它。李义府相信他，于是搜括更加急切。李义府为母亲守丧期间，每月初一、十五朝廷给他哭吊亡母的假期，他总是换上平民服装与杜元纪出城东行，登上古坟墓，观望云气。有人告发李义府窥测灾异，图谋不轨。他又派遣儿子右司议郎李津找长孙无忌的孙子长孙延，收受七百缗钱后，授给长孙延司津监的官职。右金吾仓曹参军杨行颖将此事告发。夏季，四月，乙丑（疑误），朝廷将李义府逮捕入狱，派遣司刑太常伯刘祥道与御史、详刑寺官员共同审讯，还命令司空李世勣监督此事。他所犯罪行都属实。戊子（初五），唐高宗下诏令，将李义府削除名籍，流放巂州；将李津削除名籍，流放振州；他另外的几个儿子及女婿，都被削除名籍，流放庭州。朝廷和民间人人互相庆贺。

【原文】

麟德元年（甲子，664年）

初，武后能屈身忍辱，奉顺上意，故上排群议而立之；及得志，专作威福，上欲有所为，动为后所制，上不胜其忿。有道士郭行真，出入禁中，尝为厌胜之术，宦者王伏胜发之。上大怒，密召西台侍郎、同东西台三品上官仪议之。仪因言："皇后专恣，海内所不与，请废之。"上意亦以为然，即命仪草诏。

左右奔告于后，后遽诣上自诉。诏草犹在上所，上羞缩不忍，复待之如初；犹恐后怨怒，因绐之曰："我初无此心，皆上官仪教我。"仪先为陈王谘议，与王伏胜俱事故太子忠，后于是使许敬宗诬奏仪、伏胜与忠谋大逆。十二月，丙戌，仪下狱，与其子庭芝、王伏胜皆死，籍没其家。戊子，赐忠死于流所。右相刘祥道坐与仪善，罢政事，为司礼太常伯，左肃机郑钦泰等朝士流贬者甚众，皆坐与仪交通故也。

自是上每视事，则后垂帘于后，政无大小，皆与闻之。天下大权，悉归中宫，黜陟、杀生，决于其口，天子拱手而已，中外谓之二圣。

【译文】

麟德元年（甲子，公元664年）

当初，皇后武则天能屈身忍辱，顺从唐高宗的旨意，所以唐高宗排除不同意见，立她为皇后；等到她得志之后，恃势专权，唐高宗想有所作为，常为她所牵制，唐高宗非常愤怒。有道士叫郭行真，出入皇宫，曾施行用诅咒害人的"厌胜"邪术，太监王伏胜揭发了这件事。唐高宗大怒，秘密召来西台侍郎、同东西台三品上官仪商议。上官仪于是进言说："皇后专权自恣，天下人都不说好话，请废黜她。"唐高宗也认为应当这么办，立即命令上官仪起草诏令。

皇帝左右的人跑去告诉武后，武后赶忙来到唐高宗处诉说。当时废黜的诏令草稿还在唐高宗处，他羞惭畏缩，不忍心废黜，又像原来一样对待她；恐怕她怨恨恼怒，还哄骗她说："我本来没有这个想法，都是上官仪给我出的主意。"上官仪原先任陈王谘议，与王伏胜都曾事奉已被废黜的太子李忠，武后于是便指使许敬宗诬奏上官仪、王伏胜与李忠阴谋背叛朝廷。十二月，丙戌（十三日），上官仪被逮捕入狱，和他儿子上官庭芝以及王伏胜都被处死，家财被查抄没收。戊子（十五日），赐李忠自尽于流放处所。右相刘祥道因与上官仪友善，被免去相位，降职为司礼太常伯，左肃机郑钦泰等朝廷官员被流放贬谪的很多，都因与上官仪有来往的缘故。

此后，唐高宗每逢临朝治事，武后都在后边垂帘听政，政事无论大小，她都要参与。天下大权，全归于武后，官员升降生杀，取决于她一句话，皇帝只是拱拱手而已，朝廷内外称他们为"二圣"。

【原文】

乾封元年（丙寅，666年）

春，正月，戊辰朔，上祀昊天上帝于泰山南。己巳，登泰山，封玉牒，上帝册藏以玉匮，配帝册藏以金匮，皆缠以金绳，封以金泥，印以玉玺，藏以石䃭。庚午，降禅于社首，祭皇地祇。上初献毕，执事者皆趋下。宦者执帷，皇后升坛亚献，帷帘皆以锦绣为之；酌酒，实俎豆，登歌，皆用宫人。壬申，上御朝觐坛，受朝贺；赦天下，改元。文武官三品已上赐爵一等，四品已下加一阶。先是阶无泛加，皆以劳考叙进，至五品三品，仍奏取进止，至是始有泛阶；比及末年，服绯者满朝矣。

初，武士彟娶相里氏，生男元庆、元爽；又娶杨氏，生三女，长适越王府法曹贺兰越石，次皇后，次适郭孝慎。士彟卒，元庆、元爽及士兄子惟良、怀运皆不礼于杨氏，杨氏深衔之。越石、孝慎及孝慎妻并早卒，越石妻生敏之及一女而寡。后既立，杨氏号荣国夫人，越石妻号韩国夫人，惟良自始州长史超迁司卫少卿，怀运自瀛洲长史迁淄州刺史，元庆自右卫郎将为宗正少卿，元爽自安州户曹累迁少府少监。荣国夫人尝置酒，谓惟良等曰："颇忆畴昔之事乎？今日之荣贵复何如？"对曰："惟良等幸以功臣子弟，早登宦籍，揣分量才，不求贵达，岂意以皇后之故，曲荷朝恩，夙夜忧惧，不为荣也。"荣国不悦。皇后乃上疏，请出惟良等为远州刺史，外示谦抑，实恶之也。于是以惟良检校始州刺史，元庆为龙州刺史，元爽为濠州刺史。元庆至州，以忧卒。元爽坐事流振州而死。

韩国夫人及其女以后故出入禁中，皆得幸于上。韩国寻卒，其女赐号魏国夫人。上欲以魏国为内职，心难后未决，后恶之。会惟良、怀运兴诸州刺史诣泰山朝觐，从至京师，惟良等献食。后密置毒醢中，使魏国食之，暴卒，因归罪于惟良、怀运，丁未，诛之，改其姓为蝮氏。怀运兄怀亮早卒，其妻善氏尤不礼于荣国，坐惟良等没入掖庭，荣国令后以他事束棘鞭之，肉尽见骨而死。

冬，十二月，己酉，以李勣为辽东道行军大总管，以司列少常伯安陆郝处俊副之，以击高丽。庞同善、契苾何力并为辽东道行军副大总管兼安抚大使如故；其水陆诸军总管并运粮使窦义积、独孤卿云、郭待封等，并受勣处分。河北诸州租赋悉诣辽东给军用。待封，孝恪之子也。

【译文】

乾封元年（丙寅，公元666年）

春季，正月，戊辰朔（初一），唐高宗祭祀昊天上帝于泰山南。己巳（初二），登上泰山，亲自缄封玉册，上帝的玉册放在玉匮里，配帝的玉册放在金匮里，都缠上金绳子，封上金泥，加盖玉玺，藏入封禅专用的石匣中。庚午（初三），在泰山下面的社首山祭祀皇地祇。唐高宗第一个献祭品完了，执事人都退下。太监用手张起帷幔，皇后登坛第二个献祭品，帷幔和帐幕都用锦绣做成；斟酒、往俎豆中放祭品、登坛唱歌都用宫女。壬申（初五），唐高宗登上朝觐坛，接受朝贺；大赦天下罪人，更改年号。文武官员三品以上的赐爵一等，四品以下加一阶。以前没有普遍加封官阶的先例，都是依据劳绩的考核依次进升，到了五品、三品官，还要奏请皇帝决定，到这时才开始有普遍加阶的事；到了高宗末年，穿红色衣服的官员已满朝都是了。

当初，武士彟娶相里氏，生儿子武元庆、武元爽；又娶杨氏，生三个女儿，长女嫁给越王府法曹贺兰越石，二女儿即皇后武则天，三女儿嫁给郭孝慎。武士彟死后，武元庆、武元爽及武士彟哥哥的儿子武惟良、武怀运等都不依礼对待杨氏，杨氏对他们怀恨在心。贺兰越石、郭孝慎及他的妻子都早死，贺兰越石妻生儿子贺兰敏之和一个女儿后守寡。武则天立为皇后，杨氏封为荣国夫人，贺兰越石妻封为韩国夫人，武惟良由始州长史越级提升为司卫少卿，武怀运由瀛洲长史提升为淄州刺史，武元庆由右卫郎将任宗正少卿，武元爽由安州户曹连续提升到少府少监。荣国夫人杨氏曾设酒席，对武惟良等说："还记得从前的事情吗？今日的荣耀贵显又如何？"回答说："我等因是功臣子弟，有幸很早地进入官吏行列，揣度名分衡量才能，不求富贵显达，没有想到因皇后的关系，得到朝廷的非常恩宠，日夜忧虑畏惧，不觉得荣耀。"荣国夫人听后很不高兴。皇后武则天于是给唐高宗上书，请求让武惟良等出任边远州的刺史，表面上是谦虚抑制自己的亲属，实际上是憎恶他们。结果任命武惟良为检校始州刺史，武元庆为龙州刺史，武元爽为濠州刺史。武元庆到龙州后，因忧虑得病而死。武元爽因事定罪流放振州而死。

韩国夫人和她的女儿因皇后武则天的关系，出入皇宫中，都得到唐高宗的宠爱。韩国夫人不久去世，她女儿被赐号为魏国夫人。唐高宗想让她担任宫廷女官，心里害怕皇后而没有决定，皇后武则天因此憎恶她。恰好武惟良、武怀运与各州刺史到泰山朝见皇帝，跟随皇帝回到京师长安。武惟良等进献食品，皇后武则天秘密将毒药放入肉酱中，让魏国夫人吃，食后突然死去，于是归罪于武惟良、武怀运，丁未（八月十四日），将他们处死，改他们的姓为蝮氏。武怀运的哥哥武怀亮早死，他的妻子善氏尤其不以礼对待荣国夫人，善氏因武惟良等犯罪被没入后宫为奴，荣国夫人让皇后武则天找借口用成束带刺的树枝鞭打她，直到肉烂见骨而死。

冬季，十二月，己丑（疑误），唐朝任命李世勣为辽东道行军大总管，司列少常伯安陆人郝处俊为副大总管，以进攻高丽。庞同善、契苾何力同为辽东道行军副大总管并仍兼任安抚大使；水陆诸军总管和运粮使窦义积、独孤卿云、郭待封等，都受李世勣指挥。河北各州县租赋全部送辽东供军用。郭待封是郭孝恪的儿子。

【原文】

总章元年（戊辰，668年）

二月，壬午，李勣等拔高丽扶馀城。薛仁贵既破高丽于金山，乘胜将三千人将攻扶馀城，诸将以其兵少，止之。仁贵曰："兵不在多，顾用之何如耳。"遂为前锋以进，与高丽战，大破之，杀获万余人，遂拔扶馀城。扶馀川中西十余城皆望风请服。

九月，癸巳，李勣拔平壤。勣既克大行城，诸军出他道者皆与勣，进至鸭绿栅，高丽发兵拒战，勣等奋击，大破之，追奔二百余里，拔辱夷城，诸城遁逃及降者相继。契苾何力先引兵至平壤城下，勣军继之，围平壤月余，高丽王藏遣泉男产帅首领九十八人，持白幡诣勣降，勣以礼接之。泉男建犹闭门拒守，频遣兵出战，皆败。男建以军事委僧信诚，信诚密遣人诣勣，请为内应。后五日，信诚开门，勣纵兵登城鼓噪，焚城四月，男建自刺，不死，遂擒之。高丽悉平。

【译文】

总章元年（戊辰，公元668年）

二月，壬午（二十八日），李世勣等攻下高丽扶馀城。薛仁贵在金山打败高丽兵后，率领三千人准备乘胜进攻扶馀城，诸将认为他兵少，阻止他。薛仁贵说："兵不在多，看你如何使用罢了。"于是作为前锋部队前进，与高丽兵交战，获得大胜利，杀死和俘虏万余人，于是攻下扶馀城。扶馀川中的四十余城都望风请求投降。

九月，癸巳（十二日），李世勣攻下平壤。李世勣攻克大行城后，从不同路线前进的各军都同他会合，推进到鸭绿栅。高丽发兵抵抗，李世勣等奋力进击，把他们打得大败，追击二百余里，攻下辱夷城，其他各城敌人弃城逃跑和投降的接连不断。契苾何力先领兵来到平壤城下，李世勣军接着到达，包围平壤一个多月后，高丽王高藏派遣泉男产率首领九十八人，打着白旗到李世勣军前投降。李世勣以礼接待他们。泉男建仍然闭门抵抗，不断派兵出战，但都失败了。泉男建把军事委托给僧人信诚，信诚秘密派人找李世勣，请求做内应。过了五天，信诚打开城门，李世勣发兵登城呐喊，焚烧城四角，泉男建自杀没有死，被俘虏。高丽全部平定。

【原文】

二年（己巳，669年）

司空、太子太师、英贞武公李世勣寝疾，上悉召其子弟在外者，使归侍疾。上及太子所赐药，勣则饵之；子弟为之迎医，皆不听进，曰："吾本山东田夫，遭值圣明，致位三公，年将八十，岂非命邪！修短有期，岂能复就医工求活！"一旦，忽谓其弟司卫少卿弼曰："吾今日少愈，可共置酒为乐。"于是子孙悉集，酒阑，谓弼曰："吾自度必不起，故欲与汝曹为别耳。汝曹勿悲泣，听我约束。我见房、杜平生勤苦，仅能立门户，遭不肖子荡覆无余。吾有此子孙，今悉付汝。葬毕，汝即迁入我堂，抚养孤幼，谨察视之。其有志气不伦，交游非类者，皆先挝杀，然后以闻。"自是不复更言。十二月，戊申，薨。上闻之悲泣，葬日，幸未央宫，登楼望輀车恸哭。起冢象阴山、铁山、乌德犍山，以旌其破突厥、薛延陀之功。

勣为将，有谋善断；与人议事，从善如流。战胜则归功于下，所得金帛，悉散之将士，故人思致死，所向克捷。临事选将，必訾相其状貌丰厚者遣之。或问其故，勣曰："薄命之人，不足与成功名。"

勣长子震早卒，震子敬业袭爵。

时承平既久，选人益多，是岁，司列少常伯裴行俭始与员外郎张仁祎设长名姓历榜，引铨注之法。又定州县升降、官资高下。其后遂为永制，无能革之者。

大略唐之选法，取人以身、言、书、判、计资量劳而拟官。始集而试，观其书、判；已试而铨，察其身、言；已铨而注，询其便利；已注而唱，集众告之。然后类以为甲，先简仆射，乃上门下，给事中读，侍郎省，侍中审之，不当者驳下。既审，然后上闻，主者受旨奉行，各给以符，谓之告身。兵部武选亦然。课试之法，以骑射及翘关、负米。人有格限未至，而能试文三篇，谓之宏词，试判三条，谓之拔萃，入等者得不限而授。其黔中、岭南、闽中州县官，不由吏部，委都督选择土人补授。凡居官以年为考，六品以下，四考为满。

【译文】

二年（己巳，公元669年）

司空、太子太师、英贞武公李世勣病重，唐高宗将他在外地的子弟全部召回京师，让他们服侍他。唐高宗和太子赏赐的药物，李世勣就服用；他家子弟为他请医生，他都不让看病，说："我本是崤山以东的种田人，遇到圣明君主，位至三公，年纪将近八十岁，这难道不是命运的安排吗！寿命长短有定期，哪能再向医生求活命！"一日，李世勣忽然对他弟弟司卫少卿李弼说："我今天稍好些，可以设酒席共同高兴一番。"于是儿孙全都聚齐。酒席将散时，他对李弼说："我自己知道病好不了，所以想与你们诀别。你们不要悲伤哭泣，听我的安排。我看房玄龄、杜如晦平生勤苦，才能树立门户，但被不肖子孙把家业败尽。我这些子孙现在全都托付给你。我的丧事完毕,你即搬进我家居住,抚养儿孙,仔细监察他们,凡有心志不端,结交行为不正之人的,都先打死,然后报我知道。"此后便不再说别的话了。十二月,戊申(初三日),李世勣去世。唐高宗得知死讯后,悲痛哭泣,下葬的日子,又到未央宫,登楼目送灵车而痛哭。埋葬后所起的坟头仿象阴山、铁山、乌德犍山,以表彰李世勣破突厥、薛延陀的功劳。

李世勣作为将领,有谋略,善于决断;和人讨论事情,能从善如流。打胜仗,则把功劳归于下属,所获得的金帛等财物,全部分给将士,所以人人愿出死力,战无不胜。临战时选派将领,必选择相貌丰满的人。有人问他这样的原因,他说:"薄命的人,不值得与他成就功名。"

李世勣长子李震早逝,李震的儿子李敬业承袭李世勣的封爵。

这时,唐朝太平时间已久,参加铨选等候授职的人越来越多。今年,司列少常伯裴行俭与员外郎张仁祎开始设立开列候选人姓名资历的长榜,规定铨选注授官职的办法。同时还规定州县官升降的等第和官吏资格的高低等次。此后即成为固定制度,无人能改变它。

唐朝官员铨选的办法,一般根据身、言、书、判,计算资历、衡量劳绩而后拟定官职。首先集中于吏部进行考试,看书法的好坏,判词文理的优劣;考试后入选的,再察看体貌是否丰满高大,言词是否明白准确。入选的即可拟定官职,但要征询本人意见;官职拟定后,在应选人中公开宣布。公布后本人同意的列为甲类,先报告仆射,再由仆射报门下省,由给事中审读,侍郎查核,侍中审定,对不适当的提出异议。审定后上报皇帝,吏部按皇帝旨意授官,分别发给凭证,称为"告身"。兵部选择武官也采取同样的办法。考试的内容为骑马射箭、举重、负重行走。因某种规定所限,未能参加上述铨选,能够应三篇文章考试的,称为"宏词",应三条判文考试的,称为"拔萃",考中的可以破格授官。黔中、岭南、闽中等地的州县官,不由吏部选授,委托都督选择本地人充任。凡在任官员,每任满一年考核一次,六品以下官员,经四次考核为任职期满。

资治通鉴第二百零二卷

唐纪十八

【原文】

高宗天皇大圣大弘孝皇帝中之下咸亨二年（辛未，671年）

初，武元庆等既死，皇后奏以其姊子贺兰敏之为士彟之嗣，袭爵周公，改姓武氏，累迁弘文馆学士、左散骑常侍。魏国夫人之死也，上见敏之，悲泣曰："罢吾出视朝犹无恙，退朝已不救，何苍猝如此！"敏之号哭不对。后闻之，曰："此儿疑我。"由是恶之。敏之貌美，烝于太原王妃；及居妃丧，释衰绖，奏妓。司卫少卿杨思俭女，有殊色，上及后自选以为太子妃，婚有日矣，敏之逼而淫之。后于是表言敏之前后罪恶，请加窜逐。六月，丙子，敕流雷州，复其本姓。至韶州，以马缰绞死。朝士坐与敏之交游，流岭南者甚众。

【译文】

唐高宗咸亨二年（辛未，公元671年）

当初，皇后武则天的哥哥武元庆等已死，皇后便上奏唐高宗，以她姐姐的儿子贺兰敏之作为她父亲武士彟的嗣子，承袭周国公爵位，改姓武氏。武敏之连续升官，此时任弘文馆学士、左散骑常侍。魏国夫人被武则天毒死时，唐高宗遇见武敏之，悲痛哭泣，说："早上我外出临朝听政时，她还安然无恙，退朝时就无法抢救了，为何死得如此匆促？"武敏之只是大哭，并不答话。武则天听到这个情况后，说："这小子怀疑我。"于是开始憎恨他。武敏之相貌漂亮，与他外祖母太原王妃杨氏淫乱；在为杨氏守丧期间，

武后步辇图　唐

他又脱去丧服，命歌妓奏乐歌舞。司卫少卿杨思俭的女儿美貌出众，唐高宗和武则天亲自选她为太子妃，婚期已定，武敏之竟强奸了她。武则天于是给唐高宗上书，揭露他前后的罪恶，请求将他放逐到边远地区。六月，丙子（十一日），唐高宗命令把武敏之流放到雷州，恢复他的本姓贺兰。敏之走到韶州，被用马缰绳绞死。朝廷官吏中不少人因曾与他交游，被流放岭南。

【原文】

上元元年（甲戌，674年）

贺兰敏之既得罪，皇后奏召武元爽之子承嗣于岭南，袭爵周公，拜尚衣奉御；夏，四月，辛卯，迁宗正卿。

秋，八月，壬辰，追尊宣简公为宣皇帝，妣张氏为宣庄皇后；懿王为光皇帝，妣贾氏为光懿皇后；太武皇帝为神尧皇帝，太穆皇后为太穆神皇后；文皇帝为太宗文武圣皇帝，文德皇后为文德圣皇后。皇帝称天皇，皇后称天后，以避先帝、先后之称。改元，赦天下。

壬寅，天后上表，以为："国家圣绪，出自玄元皇帝，请令王公以下皆习《老子》，每岁明经，准《孝经》《论语》策试。"又请"自今父在，为母服齐衰三年。又，京官八品以上，宜量加俸禄。"及其余便宜，合十二条。诏书褒美，皆行之。

【译文】

上元元年（甲戌，公元674年）

贺兰敏之获罪以后，皇后武则天奏请从岭南召回她哥哥武元爽的儿子武承嗣，承袭周国公的爵位，担任尚衣奉御。夏季，四月，辛卯（十二日），升任宗正卿。

秋季，八月，壬辰（十五日），唐高宗追尊他的七世祖宣简公李熙为宣皇帝，七世祖母张氏为宣庄皇后；六世祖懿王李天赐为光皇帝，六世祖母贾氏为光懿皇后；祖父太武皇帝李渊为神尧皇帝，祖母太穆皇后为太穆神皇后；父亲文皇帝李世民为太宗文武圣皇帝，母亲文德皇后为文德圣皇后。为了回避已故皇帝、皇后的称号，唐高宗改称天皇，皇后武则天改称天后；改年号为上元，赦免天下罪人。

壬寅（十二月二十七日），天后武则天上表高宗，认为："国家圣业的开端，出自玄元皇帝，请皇帝命令王公以下各级官员都学习《老子》，每年明经科加试《老子》，考试方法同《孝经》《论语》一样。"又请求从现在起，父亲仍在世，为死去的母亲服丧，着齐衰丧服三年。又，八品以上在京官员，应当酌量增加俸禄。以及其他应办的事情，共十二条。唐高宗下诏对武则天给予表扬，全部接受并实行她的建议。

【原文】

二年（乙亥，675年）

上苦风眩甚，议使天后摄知国政。中书侍郎同三品郝处俊曰："天子理外，后理内，天之道也。昔魏文著令，虽有幼主，不许皇后临朝，所以杜祸乱之萌也。陛下奈何以高祖、太宗之天下，不传之子孙而委之天后乎！"中书侍郎昌乐李义琰曰："处俊之言至忠，陛下宜听之！"上乃止。

天后多引文学之士著作郎元万顷、左史刘祎之等，使之撰《列女传》《臣轨》

《百僚新戒》《乐书》，凡千余卷。朝廷奏议及百司表疏，时密令参决，以分宰相之权，时人谓之北门学士。祎之，子翼之子也。

太子弘仁孝谦谨，上甚爱之；礼接士大夫，中外属心。天后方逞其志，太子奏请，数迕旨，由是失爱于天后。义阳、宣城二公主，萧淑妃之女也，坐母得罪，幽于掖庭，年逾三十不嫁。太子见之惊恻，遽奏请出降，上许之。天后怒，即日以公主配当上翊卫权毅、王遂古。己亥，太子薨于合璧宫，时人以为天后鸩之也。

壬寅，车驾还洛阳宫。五月，戊申，下诏："朕方欲禅位皇太子，而疾遽不起，宜申往命，加以尊名，可谥为孝敬皇帝。"

六月，戊寅，立雍王贤为皇太子，赦天下。

【译文】

二年（乙亥，公元675年）

唐高宗受严重风眩病的困扰，商议由天后武则天代理国家政事，中书侍郎、同三品郝处俊说："皇帝治理外朝，皇后治理后宫，是天经地义的。从前魏文帝曹丕曾立下法令，虽然皇帝幼小，也不许太后临朝听政，为的是防止祸乱发生。陛下为何不将高祖、太宗的天下传给子孙，而托付给天后呢！"中书侍郎昌乐人李义琰说："郝处俊的话是最忠诚的，陛下应当听取！"唐高宗于是放弃原来的打算。

天后武则天广泛招揽文人学士，如著作郎元万顷、左史刘祎之等，要他们撰写《列女传》《臣轨》《百僚新戒》《乐书》，共一千多卷。朝廷的奏议及各部门的表疏，时常秘密地让他们参与裁决，以此来削减宰相的权力，当时的人称这批人为北门学士。刘祎之是刘子翼的儿子。

太子李弘仁爱孝顺、谦虚谨慎，唐高宗很喜欢他。他对士大夫能以礼相待，得到了朝廷内外的爱戴。天后武则天正要实现她的野心，太子李弘奏事多次违反她的旨意，因此武则天对他不喜欢。义阳、宣城二位公主，是萧淑妃的女儿，因受母亲牵连而获罪，被囚禁在后宫中，年过三十不能结婚。太子李弘见到这种情况，既吃惊又同情，便立即上奏请求准许她们出嫁，得到唐高宗的批准。武则天很恼火，当天便把她们分别嫁给正在值班的翊卫权毅、王遂古。己亥（四月二十五日），太子李弘死于合璧宫，当时人以为是被天后武则天用毒酒害死的。

壬寅（二十八日），唐高宗回到洛阳宫。五月，戊申（初五），唐高宗下诏说："朕正准备把帝位禅让给太子，而他忽然一病不起。应当重申以前的旨意，给予尊贵的名号，可定谥号为孝敬皇帝。"

六月，戊寅（初五），唐朝立雍王李贤为皇太子，赦免天下罪人。

【原文】

仪凤三年（戊寅，678年）

刘仁轨镇洮河，每有奏请，多为李敬玄所抑，由是怨之。仁轨知敬玄非将帅才，欲中伤之，奏言："西边镇守，非敬玄不可。"敬玄固辞。上曰："仁轨须朕，朕亦自往，卿安得辞！"丙子，以敬玄代仁轨为洮河道大总管兼安抚大使，仍检校鄯州都督。又命益州大都督府长史李孝逸等发剑南、山南兵以赴之。李逸，神通之子也。

丙寅，李敬玄将兵十八万与吐蕃将论钦陵战于青海之上，兵败，工部尚书、右卫大将军彭城僖公刘审礼为吐蕃所虏。时审礼将前军深入，顿于濠所，为虏所攻，敬玄懦怯，按兵不救。闻审礼战没，狼狈还走，顿于承风岭，阻泥沟以自固，虏屯兵高冈以压之。左领军员外将军黑齿常之，夜帅敢死之士五百人袭击虏营，虏众溃乱，其将跋地设引兵遁去，敬玄乃收余众还鄯州。

审礼诸子自缚诣阙，请入吐蕃赎其父，敕听次子易从诣吐蕃省之。比至，审礼已病卒，易从昼夜号哭不绝声；吐蕃哀之，还其尸，易从徒跣负之以归。

上嘉黑齿常之之功，擢拜左武卫将军，充河源军副使。

李敬玄之西征也，监察御史原武娄师德应猛士诏从军，及败，敕师德收集散亡，军乃复振。因命使于吐蕃，吐蕃将论赞婆迎之赤岭。师德宣导上意，谕以祸福，赞婆甚悦，为之数年不犯边。师德迁殿中侍御史，充河源军司马，兼知营田事。

上以吐蕃为忧，悉召侍臣谋之，或欲和亲以息民；或欲严设守备，俟公私富实而讨之；或欲亟发兵击之。议竟不决，赐食而遣之。

【译文】

仪凤三年（戊寅，公元678年）

刘仁轨镇守洮河，每次上书向唐高宗提出什么要求，多被李敬玄压制，因此对他怀恨。刘仁轨明知道李敬玄并无将帅的才能，为了陷害他，便上奏说："西边的镇守任务，非李敬玄不能胜任。"李敬玄对此一再推辞。唐高宗对他说："刘仁轨如果需要朕，朕也亲自去，你怎么能推辞呢！"丙子（正月十九日），任命李敬玄接替刘仁轨为洮河道大总管兼安抚大使，并任检校鄯州都督。又命令益州大都督府长史李孝逸等发剑南、山南兵支援他。李孝逸是淮安王李神通的儿子。

丙寅（九月十二日），李敬玄率兵十八万与吐蕃将领论钦陵交战于青海之上，打了败仗，工部尚书、右卫大将军彭城僖公刘审礼被吐蕃俘虏。当时刘审礼正率前军深入敌境，驻扎在濠所，被吐蕃攻击，李敬玄畏惧，不敢前去救援。听说刘审礼战败被俘，他又狼狈后撤，驻扎在承风岭，利用泥沟自我防卫，吐蕃屯兵高岗，居高临下向他施加压力。左领军员外将军黑齿常之，夜间率领敢死队五百人袭击吐蕃军营，吐蕃军溃散，他们的将领跋地设领兵逃走，李敬玄于是收集残余士兵返回鄯州。

刘审礼的几个儿子自己捆绑着来到皇宫门前，请求赴吐蕃赎回他们的父亲。唐高宗准许他的次子刘易从去吐蕃探望。等到他抵达吐蕃时，刘审礼已病死。刘易从日夜不停地痛哭；吐蕃人同情他，交还他父亲的遗体。刘易从背着父亲遗体，赤足步行而归。

唐高宗嘉奖黑齿常之的功劳，提升他为左武卫将军，充任河源军副使。

李敬玄西征时，监察御史原武人娄师德在朝廷招募勇士时应募从军。西征失败，唐高宗命令娄师德收集被打散的兵卒，军力又得以恢复，于是又命令他出使吐蕃。吐蕃将领论赞婆在赤岭迎接他。他向论赞婆传达唐高宗的旨意，指明利害关系,论赞婆很高兴,为此好几年没有侵扰唐朝边境。娄师德升任殿中侍御史,充任河源军司马,兼管屯田事宜。

唐高宗认为与吐蕃的关系是可忧虑的事情,于是召集全部身边的大臣讨论对策,有人想用和亲的办法求取和平,使百姓得到休息;有人想加强守备,待公私都富足时再讨伐;有人想马上发兵讨伐。讨论到最后也没有取得一致意见,只好赐给大家一顿饭吃,然后让他们散去。

【原文】

调露元年（己卯，679年）

二月,壬戌,吐蕃赞普卒,子器弩悉弄立,生八年矣。时器弩悉弄与其舅麹萨若诣羊同发兵,有弟生六年,在论钦陵军中。国人畏钦陵之强,欲立之,钦陵不可,与萨若共立器弩悉弄。

上闻赞普卒,命裴行俭乘间图之,行俭曰:"钦陵为政,大臣辑睦,未可图也。"乃止。

【译文】

调露元年（己卯，公元679年）

二月,壬戌（十一日）,吐蕃赞普去世,他八岁的儿子器弩悉弄继位。当时器弩悉弄同他舅舅麹萨若去羊同国征兵,他六岁的弟弟正在论钦陵军中。吐蕃人畏惧论钦陵拥有强兵,想让他弟弟继位,论钦陵不同意,与麹萨若共同拥立器弩悉弄。

唐高宗得知赞普去世,命令裴行俭乘机进攻吐蕃。裴行俭说:"论钦陵掌权,大臣团结和睦,不能进攻。"于是没有行动。

【原文】

永隆元年（庚辰，680年）

秋,七月,吐蕃寇河源,左武卫将军黑齿常之击却之。擢常之为河源军经略大使。常之以河源冲要，欲加兵戍之，而转输险远，乃广置烽戍七十余所，开屯田五千余顷，岁收五百余万石，由是战守有备焉。

先是，剑南募兵，于茂州西南筑安戎城，以继吐蕃通蛮之路。吐蕃以生羌为乡导，攻陷其城，以兵据之，由是西洱诸蛮皆降于吐蕃。吐蕃尽据羊同、党项及诸羌之地，东接凉、松、茂、巂等州，南邻天竺，西陷龟兹、疏勒等四镇，北抵突厥，地方万余里，诸胡之盛，莫与为比。

太子贤闻宫中窃议，以贤为天后姊韩国夫人所生，内自疑惧。明崇俨以厌胜之术为天后所信，常密称"太子不堪承继，英王貌类太宗"，又言"相王相最贵"。天后尝命北门学士撰《少阳正范》及《孝子传》以赐太子，又数作书诮让之，太子愈不自安。

及崇俨死，贼不得，天后疑太子所为。太子颇好声色，与户奴赵道生等狎昵，多赐之金帛，司议郎韦承庆上书谏，不听。天后使人告其事。诏薛元超、裴炎与御史大夫高智周等杂鞫之，于东宫马坊搜得皂甲数百领，以为反具；道生又款称太子使道生杀崇俨。上素爱太子，迟回欲宥之，天后曰："为人子怀逆谋，天地所不容；大义灭亲，何可赦也！"甲子，废太子贤为庶人，遣右监门中郎将令狐智通等送贤诣京师，幽于别所，党与皆伏诛，仍焚其甲于天津桥南以示士民。承庆，思谦之子也。

乙丑，立左卫大将军、雍州牧英王哲为皇太子，改元，赦天下。

【译文】

永隆元年（庚辰，公元680年）

秋季，七月，吐蕃侵扰河源，左武卫将军黑齿常之把他们击退。唐朝提升黑齿常之为河源军经略大使。黑齿常之因为河源地处要冲，打算增兵戍守，但运输道路遥远而且艰险，于是增设烽火台戍守点七十余处，开屯田五千余顷，每年收获粮食五百余万石，从此战争和防守都有足够的粮食贮备。

在这以前，剑南招募士兵，在茂州西南修筑安戎城，用它来阻断吐蕃通蛮的道

路。吐蕃用生羌人为向导，攻陷安戎城，并驻兵镇守，从此西洱诸蛮都投降吐蕃。吐蕃全部据有羊同、党项及诸羌住地，东面连接唐朝的凉、松、茂、巂等州，南面与天竺相邻，西边攻陷龟兹、疏勒等四镇，北边抵达突厥，地方万余里，诸胡中最强盛的也不能与之相比。

太子李贤听到宫中私下议论说，他是天后武则天的姐姐韩国夫人所生，暗自疑惑畏惧。明崇俨凭借用诅咒制胜的迷信法术获得天后武则天的信任，常私下说："太子不能够继承帝位，英王李哲的相貌像唐太宗，又说'相王李轮相貌最显贵。'"天后武则天曾命北门学士撰《少阳正范》及《孝子传》赏赐给太子，又几次写信谴责他，太子心里越来越不安。

及至明崇俨死去，捕不到杀死他的盗贼，天后武则天便怀疑这事是太子所干。太子颇好音乐、女色，与家奴赵道生等亲近，多赏赐他们金帛，司议郎韦承庆上书规劝，太子不听。天后武则天指使人告发这些事。唐高宗命令薛元超、裴炎与御史大夫高智周等一起审问太子，在东宫马坊搜查出黑甲数百件，作为谋反物证；赵道生又供认太子指使他杀死明崇俨。唐高宗一贯喜爱太子，迟疑不决，想赦免他，天后武则天说："作为人子而有叛逆之心，天地所不容。应该大义灭亲，怎么可以赦免！"甲子（八月二十二日），废太子李贤为平民，派遣右监门中郎将令狐智通等送李贤到京师，幽禁于别所，同党都被处死，搜查出的黑甲在洛阳天津桥南焚烧示众。韦承庆就是韦思谦的儿子。

乙丑（二十三日），唐朝立左卫大将军、雍州牧英王李哲为太子，更改年号，大赦天下。

【原文】

开耀元年（辛巳，681年）

初，太原王妃之薨也，天后请以太平公主为女官以追福。及吐蕃求和亲，请尚太平公主，上乃为立太平观，公主为观主以拒之。至是，始选光禄卿汾阴薛曜之子绍尚焉。绍母，太宗女城阳公主也。

秋，七月，公主适薛氏，自兴安门南至宣阳坊西，燎炬相属，夹路槐木多死。绍兄顗以公主宠盛，深忧之，以问族祖户部郎中克构，克构曰："帝甥尚主，国家故事，苟以恭慎行之，亦何伤！然谚曰：'娶妇得公主，无事取官府。'不得不为之惧也。"

天后以顗妻萧氏及顗弟绪妻成氏非贵族，欲出之，曰："我女岂可使与田舍女为妯娌邪！"或曰："萧氏，瑀之侄孙，国家旧姻。"乃止。

【译文】

开耀元年（辛巳，公元681年）

当初，太原王王妃逝世，天后武则天请求让自己女儿太平公主为女道士，为死者乞求冥福。后来吐蕃要求和亲，请求娶太平公主，唐高宗便为她建立太平观，任她为观主，以拒绝吐蕃。到这时候，才选择光禄卿汾阴人薛曜的儿子薛绍结婚。薛绍的母亲就是唐太宗的女儿城阳公主。

秋季，七月，太平公主出嫁薛家时，自兴安门南至宣阳坊西，火炬接连不断，路两边的槐树多被烧死。薛绍的哥哥薛顗因太平公主恩宠太盛，深为忧虑，询问远房叔祖父户部郎中薛克构该怎么办，薛克构说："皇帝的外甥娶公主，是皇家旧例，如果以恭敬谨慎的态度对待，又有什么关系！但有谚语说：'娶妻得公主，无事抓进官府。'不能不令人担忧。"

天后武则天认为薛顗的妻子萧氏和他弟弟薛绪的妻子成氏不是贵族，想让薛家遗弃她们，说："怎么能让我女儿与田舍翁的女儿做妯娌呢！"有人说："萧氏是萧瑀的侄孙女，皇家的旧姻亲。"事情才算了结。

资治通鉴第二百零三卷

唐纪十九

【原文】

高宗天皇大圣大弘孝皇帝下永淳元年（壬午，682年）

上既封泰山，欲遍封五岳，秋，七月，作奉天宫于嵩山南。监察御史里行李善感谏曰："陛下封泰山，告太平，致群瑞，与三皇、五帝比隆矣。数年以来，菽粟不稔，饿殍相望，四夷交侵，兵车岁驾；陛下宜恭默思道以禳灾谴，乃更广营宫室，劳役不休，天下莫不失望。臣忝备国家耳目，窃以此为忧！"上虽不纳，亦优容之。自褚遂良、韩瑗之死，中外以言为讳，无敢逆意直谏，几二十年；及善感始谏，天下皆喜，谓之"凤鸣朝阳"。

【译文】

唐高宗永淳元年（壬午，公元682年）

唐高宗封泰山后，又想遍封五岳，秋季，七月，营造奉天宫于嵩山南面。监察御史里行李善感进谏说："陛下封泰山，向上天报告太平，招致众多的吉兆，可与三皇、五帝比兴盛。近几年以来，粮食歉收，饿死的人到处都是，四夷交相侵犯，兵车连年出动。陛下应当恭敬静默地思索治道以消除上天降下的灾害，却又广造宫室，劳役没有休止的时候，天下百姓无不感到失望。我忝列国家的耳目，私下为此而忧虑！"唐高宗虽不采纳他的意见，但也宽容他。自褚遂良、韩瑗死后，朝廷内外官员都以多说话为忌讳，不敢违背皇帝的意思直言规劝几乎有二十年时间；及至李善感开始进谏,天下人都高兴,称之为"凤鸣朝阳",认为是天下太平的征兆。

【原文】

弘道元年(癸未,683年)

上自奉天宫疾甚,宰相皆不得见。丁未,还东都,百官见于天津桥南。

十二月,丁巳,改元,赦天下。上欲御则天门楼宣赦,气逆不能乘马,乃召百姓入殿前宣之。是夜,召裴炎入,受遗诏辅政,上崩于贞观殿。遗诏太子枢前即位,军国大事有不决者,兼取天后进止。废万泉、芳桂、奉天等宫。

庚申,裴炎奏太子未即位,未应宣敕,有要速处分,望宣天后令于中书、门下施行。甲子,中宗即位,尊天后为皇太后,政事咸取决焉。太后以泽州刺史韩王元嘉等,地尊望重,恐其为变,并加三公等官以慰其心。

【译文】

弘道元年(癸未,公元683年)

高宗自从在奉天宫病重,连宰相都不得进见。丁未(十一月二十四日),回东都洛阳,百官朝见于天津桥南。

十二月,丁巳(初四),唐朝更改年号,大赦天下。高宗想上则天门楼宣布赦令,因气喘不能乘马,便召集百姓到殿前宣布赦令。这天夜里,高宗召裴炎入宫,接受遗诏,辅佐朝政。高宗在贞观殿驾崩。他在遗诏中命令太子在他灵柩前即帝位,军国大事有不能决断的,兼请天后处置。废除万泉、芳桂、奉天等宫。

庚申(初七),裴炎上奏说太子尚未即帝位,不宜由他直接发布诏令,有急需处理的重要事情,希望发布天后的命令由中书省、门下省施行。甲子(十一日),唐中宗即皇帝位,尊天后武则天为皇太后,政事全取决于她。太后因泽州刺史韩王李元嘉等地位尊贵,威望很高,恐怕他们发动变乱,便都给他们加三公等官衔以安定他们的情绪。

【原文】

则天顺圣皇后上之上光宅元年（甲申，684年）

立太子妃韦氏为皇后；擢后父玄贞自普州参军为豫州刺史。

中宗欲以韦玄贞为侍中，又欲授乳母之子五品官；裴炎固争，中宗怒曰："我以天下与韦玄贞何不可！而惜侍中邪！"炎惧，白太后，密谋废立。二月，戊午，太后集百官于乾元殿，裴炎与中书侍郎刘祎之、羽林将军程务挺、张虔勖勒兵入宫，宣太后令，废中宗为庐陵王，扶下殿。中宗曰："我何罪？"太后曰："汝欲以天下与韦玄贞，何得无罪！"乃幽于别所。

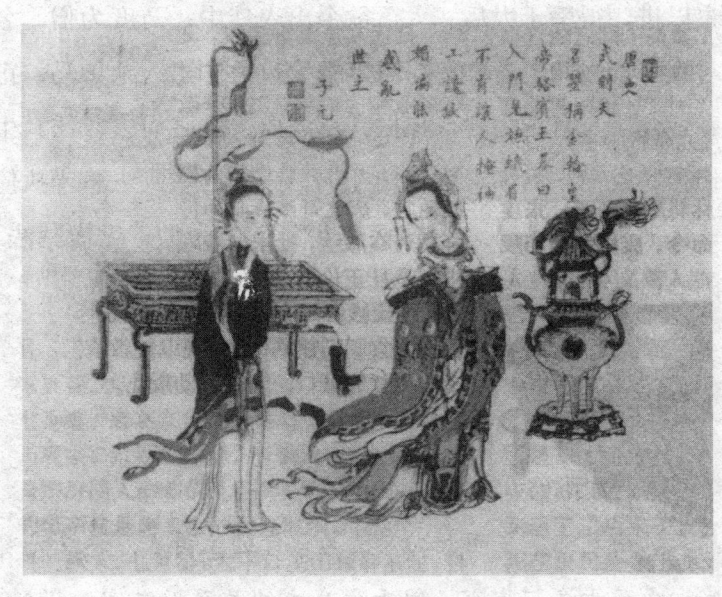

武则天像　年画

【译文】

则天皇后光宅元年（甲申，公元684年）

唐朝立太子妃韦氏为皇后；皇后父亲韦玄贞由普州参军提升为豫州刺史。

中宗打算任命韦玄贞为侍中，又打算授给乳母的儿子五品官，裴炎坚持不同意见，中宗大怒，说："我将天下交给韦玄贞有什么不可以！难道还吝惜侍中职位！"裴炎畏惧，报告太后，并密谋废立皇帝的事。二月，戊午（初六），太后召集百官于乾元殿，裴炎与中书侍郎刘祎之、羽林将军程务挺、张虔勖领兵入宫，宣布太后命令，废中宗为庐陵王，扶他下殿。中宗说："我犯了什么罪？"太后说："你想将天下交给韦玄贞，怎么会没有罪！"于是将他幽禁在别的地方。

【原文】

垂拱元年（乙酉，685年）

太后修故白马寺，以僧怀义为寺主。怀义，鄠人，本姓冯，名小宝，卖药洛阳市，因千金公主以进，得幸于太后；太后欲令出入禁中，乃度为僧，名怀义。又以其家寒微，令与驸马都尉薛绍合族，命绍以季父事之。出入乘御马，宦者十余人待从；士民遇之者皆奔避，有近之者，辄挝其首流血，委之而去，任其生死。见道士则极意殴之，仍髡其发而去。朝贵皆匍匐礼谒，武承嗣、武三思皆执僮仆之礼以事之，为之执辔，怀义视之若无人。多聚无赖少年，度为僧，纵横犯法，人莫敢言。右台御史冯思勖屡以法绳之，怀义遇思勖于途，令从者殴之，几死。

【译文】

垂拱元年（乙酉，公元685年）

太后重修原来的白马寺，任用和尚怀义为该寺的主持人。怀义是鄠县人，原本姓冯，名叫小宝，卖药于洛阳街市，因千金公主的关系而进宫，得到太后的宠幸；太后想让小宝出入宫禁，便命他剃度为和尚，取名怀义。又因他出身寒微，便让他与驸马都尉薛绍互认为同族，命令薛绍以叔父侍奉他。他出入乘皇帝用的马，太监十多人侍从；官民遇上他都得赶快躲避，有走近他的，就被打得头破血流，扔下而去，不管死活。他见到道士则尽情殴打，还要剃光他们的头发才离去。朝廷亲贵都伏地行礼拜谒，武承嗣、武三思都行奴仆之礼以侍奉他，出行时为他牵马，怀义都不把他们放在眼里。他还聚集不少无赖少年，剃度为和尚，恣意犯法，人们敢怒不敢言。右台御史冯思勖多次依法处置他们，后来怀义和他在途中相遇，便指使随从殴打他，几乎把他打死。

【原文】

二年（丙戌，686年）

春，正月，太后下诏复政于皇帝。睿宗知太后非诚心，奉表固让；太后复临朝称制。辛酉，赦天下。

三月，戊申，太后命铸铜为匦：其东曰"延恩"，献赋颂、求仕进者投之；南曰"招谏"，言朝政得失者投之；西曰"伸冤"，有冤抑者投之；北曰"通玄"，言天象灾变及军机秘计者投之。命正谏、补阙、拾遗一人掌之，先责识官，乃听投表疏。

徐敬业之反也，侍御史鱼承晔之子保家教敬业作刀车及弩，敬业败，仅得免。太后欲周知人间事，保家上书，请铸铜为匦以受天下密奏。其器共为一室，中有四隔，上各有窍，以受表疏，可入不可出。太后善之。未几，其怨家投匦，告保家为敬业作兵器，杀伤官军甚众，遂伏诛。

太后自徐敬业之反，疑天下人多图己，又自以久专国事，且内行不正，知宗室大臣怨望，心不服，欲大诛杀以威之。乃盛开告密之门，有告密者，臣下不得问，皆给驿马，供五品食，使诣行在。虽农夫樵人，皆得召见，廪于客馆，所言或称旨，则不次除官，无实者不问。于是四方告密者蜂起，人皆重足屏息。

有胡人索元礼，知太后意，因告密召见，擢为游击将军，令案制狱。元礼性残忍，推一人必令引数十百人，太后数召见赏赐以张其权。于是尚书都事长安周兴、万年人来俊臣之徒效之，纷纷继起。兴累迁至秋官侍郎，俊臣累迁至御史中丞，相与私畜无赖数百人，专以告密为事；欲陷一人，辄令数处俱告，事状如一。俊臣与司刑评事洛阳万国俊共撰《罗织经》数千言，教其徒网罗无辜，织成反状，构造布置，皆有支节。太后得告密者，辄令元礼等推之，竞为讯囚酷法，有"定百脉""突地吼""死猪愁""求破家""反是实"等名号。或以橛关手足而转之，谓之"凤皇晒翅"；或以物绊其腰，引枷向前，谓之"驴驹拔橛"；或使跪捧枷，累甓其上，谓之"仙人献果"；或使立高木，引枷尾向后，谓之"玉女登梯"；或倒悬石缒其首，或以醋灌鼻，或以铁圈毂其首而加楔，至有脑裂髓出者。每得囚，辄先陈其械具以示之，皆战栗流汗，望风自诬。每有赦令，俊臣辄令狱卒先杀重囚，然后宣示。太后以为忠，益宠任之。中外畏此数人，甚于虎狼。

苏良嗣遇僧怀义于朝堂，怀义偃蹇不为礼；良嗣大怒，命左右捽曳，批其颊数十。怀义诉于太后，太后曰："阿师当于北门出入，南牙宰相所往来，勿犯也。"

太后托言怀义有巧思，故使入禁中营造。补阙长社王求礼上表，以为："太宗时，有罗黑黑善弹琵琶，太宗阉为给使，使教宫人。陛下若以怀义有巧性，欲宫中驱使者，臣请阉之，庶不乱宫闱。"表寝不出。

【译文】

二年（丙戌，公元686年）

春季，正月，太后下诏将朝政交还给皇帝。睿宗知道太后并非诚心，上表坚决辞让；太后又临朝行使皇帝的权力。辛酉（二十日），大赦天下。

三月，戊申（初八），太后命令铸造铜匦：东边的名叫"延恩"，进献赋颂文字和要求做官的人可将奏表投入；南边的名叫"招谏"，谈论朝政得失的人可将奏表投入；西边的名叫"伸冤"，有冤屈的人可将奏表投入；北边的名叫"通玄"，讲天象灾异和军机秘计的人可将奏表投入。命令正谏、补缺、拾遗各一人掌管，要先找到认识自己的官员作保，然后才允许将表疏投入。

徐敬业造反时，侍御史鱼承晔的儿子鱼保家教徐敬业制造刀、车和弩，徐敬业败亡，他仅得以免死。太后想遍知人间的事情，鱼保家便上书，请求铸铜匦以接受天下人的秘密上奏。这个铜匦合为一室，中间隔成四小间，每间上面各有孔，以便将表疏投入，只能入不能出。太后认为很好。不久，与鱼保家有仇怨的人投表疏，告发他曾为徐敬业制造兵器，杀伤很多官军，于是他被处死。

太后从徐敬业造反后，怀疑天下人多想算计自己，又因自己长期专擅国家事务，而且操行不正，知道皇族大臣心怀不满，心中不服，就想大加诛杀以威慑他们。于是大开告密的渠道，有告密的人，臣下不得过问，都提供驿站的马匹，供应五品官标准的伙食，送往太后的住地。虽是农夫或打柴人，都被召见，由客馆供给食宿，所说的事如符合旨意，就破格授官，与事实不符，也不问罪。于是四方告密的人蜂拥而起，人们都吓得不敢迈步，不敢出声。

　　有个胡人名叫索元礼，了解太后的用意，因告密被召见，提拔为游击将军，太后命令他查办奉诏令特设的监狱里的囚犯。索元礼性情残忍，审讯一个人必让他牵连数十或上百人。太后多次召见赏赐他以扩大他的威权。于是尚书都事长安人周兴、万年人来俊臣之流争相仿效，纷纷而起。周兴连续升官至秋官侍郎，来俊臣连续升官至御史中丞。他们一起私下豢养无赖数百人，专门从事告密活动；想诬陷一个人，便让他们几处同时告发，所告的内容都一样。来俊臣与司刑评事洛阳人万国俊共同撰写《罗织经》数千言，教他们的门徒如何搜罗无罪人的言行，编成谋反罪状，捏造安排得都像真有其事。太后得到告密的人，即命令索元礼等审讯被告，他们争相制定审讯囚徒的残酷办法，制作多种大枷，有"定百脉""突地吼""死猪愁""求破家""反是实"等名号。或用橡子串联人的手脚而旋转，叫作"凤凰晒翅"；或用东西牵制住人的腰部，将颈上的枷向前拉，叫作"驴驹拔橛"；或让人跪着捧枷，在枷上垒砖，叫作"仙人献果"；或让人站立在高木桩上，将颈上的枷向后拉，叫作"玉女登梯"；或将人倒吊，在脑袋上挂石头；或用醋灌鼻孔；或用铁圈罩脑袋，在脑袋与铁圈之间加楔子，以至于有脑袋裂开，脑浆外流的。每次抓来囚犯，即先陈列刑具让他们观看，他们无不颤抖流汗，一看到便无罪而自认有罪。每当有赦免令，来俊臣总是命令狱卒先杀死重罪犯，然后宣布赦令。太后认为他们忠诚，更加宠爱信任。朝廷内外畏惧这几个人，超过畏惧虎狼。

　　苏良嗣与和尚怀义在朝堂相遇，怀义傲慢不行礼；苏良嗣大怒，命令随从拽住他，打耳光数十下。怀义告诉太后，太后说："阿师应当从北门出入，南牙是宰相往来之地，不要去触犯。"

　　太后借口怀义有巧妙的设计，所以让他入宫中搞建筑。补阙长社人王求礼上表，认为："太宗时，有个叫罗黑黑的人善于弹琵琶，太宗将他阉割后充当内侍，让他教官女弹琵琶。陛下若认为怀义心性灵巧，想在宫中使用，请阉割他，但愿不扰乱后宫。"奏表被搁置起来，没有答复。

资治通鉴第二百零四卷

唐纪二十

【原文】

则天顺圣皇后上之下垂拱四年（戊子，688年）

太后潜谋革命，稍除宗室。绛州刺史韩王元嘉、青州刺史霍王元轨、邢州刺史鲁王灵夔、豫州刺史越王贞及元嘉子通州刺史黄公譔、元轨子金州刺史江都王绪、虢王凤子申州刺史东莞公融、灵夔子范阳王蔼、贞子博州刺史琅邪王冲，在宗室中皆以才行有美名，太后尤忌之。元嘉等内不自安，密有匡复之志。

譔谬为书与贞云："内人病浸重，当速疗之，若至今冬，恐成痼疾。"及太后召宗室朝明堂，诸王因递相惊曰："神皇欲于大飨之际，使人告密，尽收宗室，诛之无遗。"譔诈为皇帝玺书与冲云："朕遭幽絷，诸王宜各发兵救我。"冲又诈为皇帝玺书云："神皇欲移李氏社稷以授武氏。"八月，壬寅，冲召长史萧德琮等令募兵，分告韩、霍、鲁、越及贝州刺史纪王慎，令各起兵共趣神都。太后闻之，以左金吾将军丘神勣为清平道行军大总管以讨之。

冲募兵得五千余人，欲渡河取济州；先击武水，武水令郭务悌诣魏州求救。莘令马玄素将兵千七百人中道邀冲，恐力不敌，入武水，闭门拒守。冲推草车塞其南门，因风纵火焚之，欲乘火突入；火作而风回，冲军不得进，由是气沮。堂邑董玄寂为冲将兵击武水，谓人曰："琅邪王与国家交战，此乃反也。"冲闻之，斩玄寂以徇，众惧而散入草泽，不可禁止，惟家僮左右数十人在。冲还走博州，戊申，至城门，为守门者所杀，凡起兵七日而败。丘神勣至博州，官吏素服出迎，神勣尽杀

之，凡破千余家。

越王贞闻冲起，亦举兵于豫州，遣兵陷上蔡。九月，丙辰，命左豹韬大将军麹崇裕为中军大总管，岑长倩为后军大总管，将兵十万以讨之，又命张光辅为诸军节度。削冲属籍，更姓虺氏。贞闻冲败，欲自锁诣阙谢罪，会所署新蔡令傅延庆募得勇士二千余人，贞乃宣言于众曰："琅邪已破魏、相数州，有兵二十万，朝夕至矣。"发属县兵共得五千，分为五营，使汝南县丞裴守德等将之，署九品以上官五百余人。所署官皆受迫胁，莫有斗志，惟守德与之同谋，贞以其女妻之，署大将军，委以腹心。贞使道士及僧诵经以求事成，左右及战士皆带辟兵符。麹崇裕等军至豫州城东四十里，贞遣少子规及裴守德拒战，兵溃而归。贞大惧，闭阁自守。崇裕等至城下，左右谓贞曰："王岂可坐待戮辱！"贞、规、守德及其妻皆自杀。与冲皆枭首东都阙下。

初，范阳王蔼遣使语贞及冲曰："若四方诸王一时并起，事无不济。"诸王往来相约结，未定而冲先发，惟贞狼狈应之，诸王皆不敢发，故败。

贞之将起兵也，遣使告寿州刺史赵瓌，瓌妻常乐长公主谓使者曰："为我语越王：昔隋文帝将篡周室，尉迟迥，周之甥也，犹能举兵匡救社稷，功虽不成，威震海内，足为忠烈。况汝诸王，先帝之子，岂得不以社稷为心！今李氏危若朝露，汝诸王不舍生取义，尚犹豫不发，欲何须邪！祸且至矣，大丈夫当为忠义鬼，无为徒死也。"

及贞败，太后欲悉诛韩、鲁等诸王，命监察御史蓝田苏珦按其密状。珦讯问，皆无明验，或告珦与韩、鲁通谋，太后召珦诘之，珦抗论不回。太后曰："卿大雅之士，朕当别有任使，此狱不必卿也。"乃命珦于河西监军，更使周兴等按之，于是收韩王元嘉、鲁王灵夔、黄公譔、常乐公主于东都，迫胁皆自杀，更其姓曰"虺"，亲党皆诛。

以文昌左丞狄仁杰为豫州刺史。时治越王贞党与，当坐者六七百家，籍没者五千口，司刑趣使行刑。仁杰密奏："彼皆诖误，臣欲显奏，似为逆人申理；知而不言，恐乖陛下仁恤之旨。"太后特原之，皆流丰州。道过宁州，宁州父老迎劳之曰："我狄使君活汝邪？"相携哭于德政碑下，设斋三日而后行。

济州刺史薛顗、顗弟绪、绪弟驸马都尉绍，皆与琅邪王冲通谋。顗闻冲起兵，作兵器，募人；冲败，杀录事参军高纂以灭口。十一月，辛酉，顗、绪伏诛，绍以太平公主故，杖一百，饿死于狱。

十二月，乙酉，司徒、青州刺史霍王元轨坐与越王连谋，废徙黔州，载以槛车，行至陈仓而死。江都王绪、殿中监郎公裴承先皆戮于市。承先，寂之孙也。

【译文】

则天皇后垂拱四年（戊子，公元688年）

太后私下图谋取代唐朝，逐渐清除皇族。绛州刺史韩王李元嘉、青州刺史霍王李元轨、邢州刺史鲁王李灵夔、豫州刺史越王李贞及李元喜的儿子通州刺史黄公李譔、李元轨的儿子金州刺史江都王李绪、虢王李凤的儿子申州刺史东莞公李融、李灵夔的儿子范阳王李蔼、李贞的儿子博州刺史琅邪王李冲，在皇族中都凭才能和操行享有美名，太后尤其嫉恨他们。李元嘉等内心不安，暗中有挽救恢复皇帝权力的志向。

李譔写信给李贞假称："妻子的病越来越重，应当赶紧治疗，如果拖延到今年冬天，恐怕要成为顽症。"等到太后召集宗室到明堂朝见，诸王于是轮番相互警戒说："神皇准备在接受朝见大摆宴席的时候，指使人告密，尽数逮捕皇族，全部杀光。"李譔假造皇帝用玺印密封的书信给李冲说："朕被幽禁，诸王应该各自发兵救我。"李冲又伪造皇帝用玺印密封的书信说："神皇打算将李氏的国家交给武氏。"八月，壬寅（十七日），李冲召集长史萧德琮等，命令他们招募兵卒，同时分别告知韩、霍、鲁、越各王，以及贝州刺史纪王李慎，让他们各自起兵，共同向神都进发。太后得知后，任命左金吾将军丘神勣为清平道行军大总管讨伐他们。

李冲募兵得到五千余人，想横渡黄河，夺取济州；先进攻武水，武水县令郭务梯前往魏州求救。莘县县令马玄素领兵一千七百人在中途截击李冲，因怕兵力不足以抗敌，便进入武水县城，闭门防守。李冲推草车堵塞该城南门，趁风纵火焚烧城门，想乘火势冲入城中；不料火起后风向逆转，李冲的军队不能前进，因此士气低落。堂邑人董玄寂为李冲领兵进攻武水，对人说："琅邪王与国家交战，这是造反。"李冲听说后，斩董玄寂示众，部下畏惧四散逃入荒野，李冲禁止不住，只剩下自家的僮仆和左右共数十人在身边。李冲往回逃奔博州，戊申（二十三日），至博州城门，被守门的人杀死，起兵前后共七日就失败。丘神勣到达博州，官吏身穿民服出来迎接，丘神勣将他们全部杀死，共使一千余家家破人亡。

越王李贞听说李冲起兵，也在豫州起兵，派兵攻陷上蔡。九月，丙辰（初一），朝廷任命左豹韬大将军麹崇裕为中军大总管，岑长倩为后军大总管，领兵十万人讨伐他，又命张光辅为诸军节度。朝廷削除李贞、李冲在皇族名册中的名字，改姓虺氏。李贞听说李冲失败，本想捆绑自己到皇宫前请罪，正遇上他所任命的新蔡县令傅延床招募到勇士二千余人，李贞便向大家宣告说："琅邪王已攻破魏、相等数州，有兵二十万，很快就要到达这里了。"又征发豫州属下各县兵共五千人，分为五营，指派汝南县丞裴守德等率领，任命九品以上官员五百余人。所任命的官吏都是受胁迫的，没有斗志，只有裴守德与他同谋，李贞将女儿嫁给他，任命他为大将军，结为亲信。李贞让道士、和尚诵经以祈求事情成功，身边的人及战士都佩带避免兵器伤害的神符。麹崇裕等军到达豫州城东四十里，李贞派遣小儿子李规及裴守德迎战，结果溃败而回。李贞大惊，闭门自守。麹崇裕等到达城下，身边的人对李贞说："您难道可以坐着等待被杀被污辱！"于是李贞、李规、裴守德及他们的妻子都自杀。他们与李冲都在东都皇宫门前阙楼下被悬首示众。

当初，范阳王李蔼派使者对李贞和李冲说："如果四方诸王同时起事，一定能成功。"于是诸王往来协商约定时间，还没有最后约定，李冲就首先发难，只有李贞匆忙响应，其他诸王都不敢起事，所以失败。

李贞将起兵时，派使者告诉寿州刺史赵瑰，赵瑰的妻子常乐长公主对使者说："替我转告越王：从前隋文帝将要篡夺北周帝位，尉迟迥是北周皇帝的外甥，还能起兵匡救国家，虽然没有成功，但威震海内，足可称为忠诚壮烈之士。何况你们诸王还是先帝的儿子，难道还能不把国家放在心上！现今李氏王朝的危险就像早晨的露水一样，你们诸王不舍生取义，还犹豫不发兵，想等什么呢！大祸就要临头了，大丈夫应当做忠义之鬼，不应当白白去死。"

到李贞失败，太后打算全部处死韩、鲁等诸王，命令监察御史蓝田人苏珦清查他们密谋的情况。苏珦经过审讯，都没有得到明确的罪证，有人密告苏珦与韩、鲁等诸王串通，太后召苏珦责问，苏珦直言争论，不改变自己的看法。太后说："你是才德高雅的读书人，朕将另有任用，这个案子不用你办理了。"便命令苏珦到河西监军，改由周兴等审理，于是收捕韩王李元嘉、鲁王李灵夔、黄公李譔、常乐公主等到东都洛阳，全迫胁他们自杀，改他们姓"虺"，他们的亲属党羽都被处死。

朝廷任命文昌左丞狄仁杰为豫州刺史。当时正惩治越王李贞的党羽，要判罪的有六七百家，籍没官府充当奴婢的有五千人，司刑寺催促豫州执行判决。狄仁杰给太后上密奏说："他们都是受连累的，我想明白上奏，似乎是在为叛逆的人申辩；知而不言，又恐怕有悖于陛下仁爱怜悯的本意。"太后因此特意原谅他们，都流放丰州。当他们路过宁州时，宁州父老迎接慰劳说："是我们的狄使君救活你们的吧？"互相搀扶着在宁州百姓当年为狄仁杰立的功德碑下痛哭，斋戒三天后才继续往前走。

济州刺史薛𫖮、薛𫖮的弟弟薛绪、薛绪的弟弟附马都尉薛绍，都同琅邪王李冲通谋。薛𫖮听说李冲起兵，即制造武器，招募人员；李冲失败后，他们杀录事参军高纂以灭口。十一月，辛酉（初六），薛𫖮、薛绪被处死，薛绍因娶太平公主的缘故，被打一百棍子后，饿死于监狱中。

十二月，乙酉（初一），司徒、青州刺史霍王李元轨因犯与越王李贞通谋罪，被废黜并流放到黔州，用囚车运送，行至陈仓死去。江都王李绪、殿中监郳公裴承先都被处死于街市。裴承先是裴寂的孙子。

【原文】

天授元年（庚寅，690年）

醴泉人侯思止，始以卖饼为业，后事游击将军高元礼为仆，素诡谲无赖。恒州刺史裴贞杖一判司，判司使思止告贞与舒王元名谋反，秋，七月，辛巳，元名坐废，徙和州，壬午，杀其子豫章王亶；贞亦族灭。擢思止为游击将军。时，告密者往往得五品，思止求为御史，太后曰："卿不识字，岂堪御史！"对曰："獬豸何尝识字，但能触邪耳。"太后悦，即以为朝散大夫、侍御史。他日，太后以先所籍没宅赐之，思止不受，曰："臣恶反逆之人，不愿居其宅。"太后益赏之。

【译文】

天授元年（庚寅，公元690年）

醴泉人侯思止，起初靠卖饼谋生，后来给游击将军高元礼当仆人，一贯诡诈无赖。恒州刺史裴贞杖责一名判司，判司指使侯思止诬告裴贞与舒王李元名谋反，秋季，七月，辛巳（初七），李元名因此被废黜，迁移到和州，壬午（初八），处死他的儿子豫章王李亶；裴贞也被灭族。朝廷提拔侯思止为游击将军。当时，告密的人往往能当五品官，侯思止要求担任御史，太后说："你不识字，怎么能担任御史！"回答说："獬豸哪里识字，只能用角触邪恶的人。"太后高兴，即任命他为朝散大夫、侍御史。过些天，太后将早先没收的住宅赐给他，侯思止不肯接受，说："我憎恶叛逆的人，不愿意居住他们的住宅。"太后更加赞赏他。

【原文】

二年（辛卯，691年）

或告文昌右丞周兴与丘神勣通谋，太后命来俊臣鞫之，俊臣与兴方推事对食，谓兴曰："囚多不承，当为何法？"兴曰："此甚易耳！取大瓮，以炭四周炙之，令囚入中，何事不承！"俊臣乃索大瓮，火围如兴法，因起谓兴曰："有内状推兄，请兄入此瓮！"兴惶恐叩头伏罪。法当死，太后原之，二月，流兴岭南，在道，为仇家所杀。

兴与索元礼、来俊臣竞为暴刻，兴、元礼所杀各数千人，俊臣所破千余家。元礼残酷尤甚，太后亦杀之以慰人望。

先是，凤阁舍人修武张嘉福使洛阳人王庆之等数百人上表，请立武承嗣为皇太子。文昌右相、同凤阁鸾台三品岑长倩以皇嗣在东宫，不宜有此议，奏请切责上书者，告示令散。太后又问地官尚书、同平章事格辅元，辅元固称不可。由是大忤诸武意，故斥长倩令西征吐蕃，未至，征还，下制狱。承嗣又谮辅元。来俊臣又胁长倩子灵原，令引司礼卿兼判纳言事欧阳通等数十人，皆云同反。通为俊臣所讯，五毒备至，终无异词，俊臣乃诈为通款。冬，十月，己酉，长倩、辅元、通等皆坐诛。

王庆之见太后，太后曰："皇嗣我子，奈何废之？"庆之对曰："'神不歆非类，民不祀非族。'今谁有天下，而以李氏为嗣乎！"太后谕遣之。庆之伏地，以死泣请，不去，太后乃以印纸遗之曰："欲见我，以此示门者。"自是庆之屡求见，太后颇怒之，命凤阁侍郎李昭德赐庆之杖。昭德引出光政门外，以示朝士曰："此贼欲废我皇嗣，立武承嗣。"命扑之，耳目皆血出，然后杖杀之，其党乃散。

昭德因言于太后曰："天皇，陛下之夫；皇嗣，陛下之子。陛下身有天下，当传之子孙为万代业，岂得以侄为嗣乎！自古未闻侄为天子而为姑立庙者也！且陛下受天皇顾托，若以天下与承嗣，则天皇不血食矣。"太后亦以为然。昭德，乾祐之子也。

【译文】

二年（辛卯，公元691年）

有人告发文昌右丞周兴与丘神勣串通谋反，太后命令来俊臣审讯他。来俊臣与周兴正讨论事情一起进餐，来俊臣对周兴说："囚犯多不认罪，应当采用什么办法？"周兴说："这很容易，取一个大瓮，用炭火在四周烤它，让囚犯进入瓮中，还有什么事情不承认？"来俊臣便找来大瓮一个，按周兴说的办法四周用火烤，然后站起来对周兴说："有宫内的文书要审问老兄，请老兄进这大瓮！"周兴惶恐叩头认罪。依法应判周兴死刑，太后原谅他，二月，流放岭南，途中被仇人杀死。

周兴与索元礼、来俊臣竞相施行暴虐，周兴、索元礼各杀数千人，来俊臣毁灭一千多家。索元礼尤其残酷，太后也杀他以图抚慰人们的怨恨情绪。

在这以前，凤阁舍人修武人张嘉福指使洛阳人王庆之等数百人上奏表，请求立武承嗣为皇太子。文昌右相、同凤阁鸾台三品岑长倩认为皇嗣在东宫，不应该有这样的建议，因此上奏请求严词谴责上书的人，通知他们散去。太后又询问地官尚书、同平章事格辅元的意见，他也坚持说不可以。因此大大违反了诸位武氏掌权者的意愿，于是他们排斥岑长倩，命令他西征吐蕃，未到达前线，又征召他回来，关入太后的特别监狱。武承嗣又诬陷格辅元。来俊臣又胁迫岑长倩的儿子岑灵原，让他牵连司礼卿兼判纳言事欧阳通等数十人，都说他们一同谋反。欧阳通被来俊臣审讯，毒刑用遍，始终不承认，来俊臣便假造他服罪的口供。冬季，十月，己酉（十二日），岑长倩、格辅元、欧阳通等都被处死。

王庆之朝见太后，太后说："皇嗣是我的儿子，为何要废黜他？"王庆之回答说："'神灵不享受别族人的祭品，百姓不祭祀别族的鬼神。'现在是谁拥有天下，却要以李氏为继承人吗？"太后指示将他遣送出去。王庆之趴在地上，以死哭请，不愿离去，太后便送给他盖有印章的一纸凭证说："以后想见我，拿它让守门人看。"从此，王庆之屡次求见，太后很不高兴，命令凤阁侍郎李昭德赐王庆之杖刑。李昭德将他领出光政门外，指着他对官员们说："这个坏蛋想废黜我朝皇嗣，立武承嗣为太子。"命令将他摔倒，摔得他耳朵眼睛都流血，然后用刑杖打死，他的党羽才散去。

李昭德于是向太后进言说："天皇，是陛下的丈夫；皇嗣，是陛下的儿子。陛下自己拥有天下，应当传给子孙作为万代家业，怎么能用侄子为继承人呢！自古以来没有听说侄子作天子而为姑母立庙的！况且陛下受天皇临终托付，如果将天下交给武承嗣，则天皇就无人祭祀了。"太后也同意这看法。李昭德是李乾祐的儿子。

资治通鉴第二百零五卷

唐纪二十一

【原文】

则天顺圣皇后中之上长寿元年（壬辰，692年）

春，一月，丁卯，太后引见存抚使所举人，无问贤愚，悉加擢用，高者试凤阁舍人、给事中，次试员外郎、侍御史、补阙、拾遗、校书郎。试官自此始。时人为之语曰："补阙连车载，拾遗平斗量；欋推侍御史，碗脱校书郎。"有举人沈全交续之曰："𩪘心存抚使，眯目圣神皇。"为御史纪先知所擒，劾其诽谤朝政，请杖之朝堂，然后付法，太后笑曰："但使卿辈不滥，何恤人言！宜释其罪。"先知大惭。太后虽滥以禄位收天下人心，然不称职者，寻亦黜之，或加刑诛。挟刑赏之柄以驾驭天下，政由己出，明察善断，故当时英贤亦竞为之用。

宁陵丞庐江郭霸以谄谀干太后，拜监察御史。中丞魏元忠病，霸往问之，因尝其粪，喜曰："大夫粪甘则可忧；今苦，无伤也。"元忠大恶之，遇人辄告之。

左台中丞来俊臣罗告同平章事任知古、狄仁杰、裴行本、司礼卿崔宣礼、前文昌左丞卢献、御史中丞魏元忠、潞州刺史李嗣真谋反。先是，来俊臣奏请降敕，一问即承反者得减死。及知古等下狱，俊臣以此诱之，仁杰对曰："大周革命，万物惟新，唐室旧臣，甘从诛戮。反是实！"俊臣乃少宽之。判官王德寿谓仁杰曰："尚书定减死矣。德寿业受驱策，欲求少阶级，烦尚书引杨执柔，可乎？"仁杰曰："皇天后土遣狄仁杰为如此事！"以头触柱，血流被面；德寿惧而谢之。

侯思止鞫魏元忠，元忠辞气不屈；思止怒，命倒曳之。元忠曰："我薄命，譬如坠驴，足继于镫，为所曳耳。"思止愈怒，更曳之，元忠曰："侯思止，汝若须魏元忠头则截取，何必使承反也！"

狄仁杰既承反，有司待报行刑，不复严备。仁杰裂衾帛书冤状，置绵衣中，谓王德寿曰："天时方热，请授家人去其绵。"德寿许之。仁杰子光远得书，持之告变，得召见。则天览之，以问俊臣，对曰："仁杰等下狱，臣未尝褫其巾带，寝处甚安，苟无事实，安肯承反！"太后使通事舍人周綝往视之，俊臣暂假仁杰等巾带，罗立于西，使綝视之；綝不敢视，惟东顾唯诺而已。俊臣又诈为仁杰等谢死表，使綝奏之。

乐思晦男未十岁，没入司农，上变，得召见，太后问状，对曰："臣父已死，臣家已破，但惜陛下法为俊臣等所弄，陛下不信臣言，乞择朝臣之忠清、陛下素所信任者，为反状以付俊臣，无不承反矣。"太后意稍寤，召见仁杰等，问曰："卿承反何也？"对曰："不承，则已死于拷掠矣。"太后曰："何为作谢死表？"对曰："无之。"出表示之，乃知其诈，于是出此七族。庚午，贬知古江夏令，仁杰彭泽令，宣礼夷陵令，元忠涪陵令，献西乡令；流行本、嗣真于岭南。

俊臣与武承嗣等固请诛之，太后不许。俊臣乃独称行本罪尤重，请诛之；秋官郎中徐有功驳之，以为"明主有更生之恩，俊臣不能将顺，亏损恩信。"

殿中侍御史贵乡霍献可，宣礼之甥也，言于太后曰："陛下不杀崔宣礼，臣请陨命于前。"以头触殿阶，血流沾地，以示为人臣者不私其亲。太后皆不听。献可常以绿帛裹其伤，微露之于幞头下，冀太后见之以为忠。

【译文】

则天皇后长寿元年（壬辰，公元692年）

春季，一月，丁卯（初一），太后接见存抚使所荐举的人员，无论有才能与否，都加以任用，才高的试任凤阁舍人、给事中，其次的试任员外郎、侍御史、补阙、拾遗、校书郎。试任制度从此开始。当时人编顺口溜说："补阙接连用车载，拾遗平常用斗量；耙子推成堆的侍御史，模子脱出的校书郎。"有个被荐举的人沈全交补充说:"面浆糊心的存抚使,眯了眼睛的圣神皇。"御史纪先知将他擒获,弹劾他诽谤朝政,请求在朝堂上对他施杖刑,然后依法治罪。太后笑着说:"只要使你们自己称职,何必怕人家说话!应该宽免他的罪。"纪先知大为惭愧。太后虽然滥用禄位以笼络天下人心,但对不称职的人,也随即撤职,或加以判刑或处死。她掌握着刑罚和赏赐的权柄以驾御天下人,政令由自己做出,明察事理,善于决断,所以当时的杰出人才也竞相为她所用。

洛阳石淙河

洛阳石淙河在嵩山东南玉台下的平乐洞,两岸石壁高耸。武则天曾在此引笙笛歌舞,大宴群臣,即为"石淙会饮",所以在石头称为"乐台",其北临水的崖壁上刻有武则天与群臣十七人诗,称为"摩崖碑"。

宁陵县丞庐江人郭霸靠对太后阿谀奉承以求取禄位,当上了监察御史。御史中丞魏元忠患病,郭霸去探视,亲口尝他的粪便,高兴地说:"大夫的粪便如果味甘便可忧了;现在是苦的,没有事。"魏元忠因此极厌恶他,逢人就揭露这件事。

左台中丞来俊臣罗织罪名告发同平章事任知古、狄仁杰、裴行本、司礼卿崔宣礼、前文昌左丞卢献、御史中丞魏元忠、潞州刺史李嗣真谋反。这以前,来俊臣曾奏请太后下命令:一经审问即承认谋反的人可以减免死罪。等到任知古等入狱,来俊臣便用这道命令引诱他们认罪。狄仁杰回答说:"大周改朝换代,万物更新,唐朝旧臣,甘愿听任诛戮。谋反是事实!"来俊臣便对他稍加宽容。来俊世的属官王德寿对狄仁杰说:"您一定能减免死罪了。我已受人指使,想略找一个升迁阶梯,烦您牵连杨执柔,可以吗?"狄仁杰说:"天神地神在上,竟要狄仁杰干这种事!"

说完一头撞在柱子上,血流满面;王德寿害怕,因而向他道歉。

侯思止审讯魏元忠,魏元忠义正词严不屈服;侯思止大怒,命令在地上倒着拖他。魏元忠说:"我命运不好,譬如从驴背上掉下来,脚挂在足镫上,被驴拉着走。"侯思止愈加发怒,命令接着拖他。魏元忠说:"侯思止,你如果需要我魏元忠的脑袋就砍下,何必让我承认谋反呢!"

狄仁杰已承认谋反,有关部门只等待判罪执行刑罚,不再严加防备。狄仁杰便从被子上撕下一块帛,书写冤屈情况,塞在绵衣里面,对王德寿说:"天气热了,请将绵衣交给我家里人撤去丝绵。"王德寿同意。狄仁杰的儿子狄光远得到帛书,拿着去说有事变要报告,得到太后召见。武则天看了帛书,质问来俊臣,他回答说:"狄仁杰等入狱后,我未曾剥夺他们的头巾和腰带,生活很安适,假如没有事实,怎么肯承认谋反!"太后派通事舍人周綝前往查看,来俊臣临时发给狄仁杰等头巾腰带,让他们排列站立在西边让周綝验看;周綝不敢向西看,只是面向东边唯唯诺诺而已。来俊臣又伪造狄仁杰等的谢死罪表,让周綝上奏太后。

乐思晦的儿子未满十岁,被籍没入司农寺为奴,他要求上告特别情况,获得太后召见。太后问他有什么情况,他回答说:"我父亲已死,我家已破,只可惜陛下的刑法为来俊臣等所玩弄,陛下如果不相信我说的话,请选择朝臣中忠诚清廉、陛下一贯信任的人,提出他们谋反的罪状交给来俊臣,他们没有不承认谋反的。"太后心中稍有醒悟,召见狄仁杰等,问道:"你承认谋反,为什么?"回答说:"不承认,便已经死于严刑拷打了。"太后说:"为何作谢死罪表?"回答说:"没有。"太后出示所上的奏表,才知道是伪造的,于是释免这七个家族。庚午(初四),任知古降职为江夏县令、狄仁杰降职为彭泽县令、崔宣礼降职为夷陵县令、魏元忠降职为涪陵县令、卢献降职为西乡县令;流放裴行本、李嗣真于岭南。

来俊臣与武承嗣等仍坚持请求处死他们七个人,太后不答应。来俊臣便又特别提出裴行本罪恶尤其严重,请处死他;秋官郎中徐有功予以反驳,以为"英明君主有使臣下再生的恩惠,来俊臣不能顺势促成,有损君主恩信。"

殿中侍御史贵乡人霍献可是崔宣礼的外甥,对太后说:"陛下不杀崔宣礼,我请求死在陛下眼前。"他一头撞在宫殿台阶上,流血浸湿地面,用以表示作臣下的不袒护自己的亲戚。太后都不听从。霍献可时常用绿帛包扎伤口，略为显露于帽子下面，希望太后看见认为他忠诚。

【原文】

二年（癸巳，693年）

春，一月，庚子，以夏官侍郎娄师德同平章事。师德宽厚清慎，犯而不校。与李昭德俱入朝，师德体肥行缓，昭德屡待之不至，怒骂曰："田舍夫！"师德徐笑曰："师德不为田舍夫，谁当为之！"其弟除代州刺史，将行，师德谓曰："吾备位宰相，汝复为州牧，荣宠过盛，人所疾也，将何以自免？"弟长跪曰："自今虽有人唾某面，某拭之而已，庶不为兄忧。"师德愀然曰："此所以为吾忧也！人唾汝面，怒汝也；汝拭之，乃逆其意，所以重其怒。夫唾，不拭自干，当笑而受之。"

或告岭南流人谋反，太后遣司刑评事万国俊摄监察御史就按之。国俊至广州，悉召流人，矫制赐自尽。流人号呼不服，国俊驱就水曲，尽斩之，一朝杀三百余人。然后诈为反状，还奏，因言诸道流人，亦必有怨望谋反者，不可不早诛。太后喜，擢国俊为朝散大夫、行侍御史。更遣右翊卫兵曹参军刘光业、司刑评事王德寿、苑南面监丞鲍思恭、尚辇直长王大贞、右武威卫兵曹参军屈贞筠皆摄监察御史，诣诸道按流人。光业等以国俊多杀蒙赏，争效之，光业杀七百人，德寿杀五百人，自余少者不减百人，其远年杂犯流人亦与之俱毙。太后颇知其滥，制："六道流人未死者并家属皆听还乡里。"国俊等亦相继死，或得罪流窜。

【译文】

二年（癸巳，公元693年）

春季，一月，庚子（初十），太后任命夏官侍郎娄师德为同平章事。娄师德为人宽厚，清廉谨慎，冒犯他也不计较。他与李昭德一同入朝，娄师德身体肥胖行动缓慢，李昭德老等他不来，便怒骂他："乡下佬！"娄师德笑着说："我不做乡下佬，谁应当作乡下佬！"他的弟弟授任代州刺史，将要赴任时，娄师德对他说："我任宰相，你又为州刺史，得到的恩宠太盛，是别人所妒忌的，将如何自己避祸？"他弟弟直身而跪说："今后就是有人唾我脸上，我只擦拭而已，希望不致使哥哥担忧。"娄师德神色忧虑地说："这正是使我担忧的！人家唾你脸，是因为恨你，你擦拭，便违反人家的意愿，正好加重人家的怒气。唾液，不擦拭它会自己干，应当笑而承受。"

有人告发岭南流放人员谋反，太后派遣司刑评事万国俊代理监察御史前往查问。万国俊到达广州后，召集全部流放人员，假传太后命令让他们自尽。流放人员呼喊着不服罪，万国俊将他们驱赶到河边，全部斩首，一个早上就杀死三百多人。然后伪造他们谋反的罪状，回来上报，同时还对太后说其他各道的流放者，也一定有怀恨而谋反的，不能不及早清除掉。太后高兴，提升万国俊为朝散大夫、行侍御史。太后又派遣右翊卫兵参军刘光业、司刑评事王德寿、苑南面监丞鲍思恭、尚辇直长王大贞、右武威卫兵曹参军屈贞筠都任代理监察御史，到各道审查流放人员。刘光业等因万国俊多杀人受到奖赏，争相仿效他。刘光业杀死七百人，王德寿杀死五百人，其余少的也不少于一百人，早年的各种罪犯、流放人员也一同被杀。太后也颇知滥杀的情况，因此下令："六道流放人员未死的连同他们的家属，都准许返回家乡。"万国俊等也相继死去，或获罪流放。

【原文】

延载元年（甲午，694年）

太后出黎花一枝以示宰相，宰相皆以为瑞。杜景俭独曰："今草木黄落，而此更发荣，阴阳不时，咎在臣等。"因拜谢。太后曰："卿真宰相也！"

【译文】

延载元年（甲午，公元694年）

太后拿出一枝梨花给宰相们看，宰相们都以为是吉兆。只有杜景俭说："现在草木枯黄凋落，而梨树却开花，这是阴阳错乱，过失在我们这些人。"他因此跪下谢罪。太后说："你是真正的宰相！"

【原文】

天册万岁元年（乙未，695年）

乙未，作无遮会于明堂，凿地为坑，深五丈，结彩为宫殿，佛像皆于坑中引出之，云自地涌出。又杀牛取血，画大像，首高二百尺，云怀义刺膝血为之。丙申，张像于天津桥南，设斋。时御医沈南璆亦得幸于太后，怀义心恚，是夕，密烧天堂，延及明堂，火照城中如昼，比明皆尽，暴风裂血像为数百段。太后耻而讳之，但云内作工徒误烧麻主，遂涉明堂。时方酺宴，左拾遗刘承庆请辍朝停酺以答天谴，太后将从之。姚璹曰："昔成周宣榭，卜代愈隆；汉武建章，盛德弥永。今明堂布政之所，非宗庙也，不应自贬损。"太后乃御端门，观酺如平日。命更造明堂、天堂，仍以怀义充使。又铸铜为九州鼎及十二神，皆高一丈，各置其方。

僧怀义益骄恣，太后恶之。既焚明堂，心不自安，言多不顺；太后密选宫人有力者百余人以防之。壬子，执之于瑶光殿前树下，使建昌王武攸宁帅壮士殴杀之，送尸白马寺，焚之以造塔。

【译文】

天册万岁元年（乙未，公元695年）

乙未（正月，疑误），太后作无遮法会于明堂，挖地为坑，深五丈，结扎彩绸作宫殿，佛像都从沉坑中拉出，说是从地下涌出。又杀牛取血，用来画大佛像，佛像的头高二百尺，说是和尚怀义刺膝取血画的。丙申（初八），在天津桥南边张挂大佛像，摆上供神佛用的食品。当时御医沈南璆也得到太后宠幸，和尚怀义对此心里不高兴，当晚秘密焚烧天堂，延烧到明堂，火光照得洛阳城中如同白昼，到天亮时天堂明堂全部烧光，狂风刮坏牛血画的佛像断成数百段。太后羞愧而不敢说明真相，只说是在天堂里干活的工徒疏忽烧着纻麻布佛像，而延烧明堂。当时全城臣民正在聚饮，左拾遗刘承庆请求停止朝会和聚饮，以回答上天的谴责，太后准备接受。姚璹说:"从前周代成周城宣榭失火,占卜的结果是朝代更加兴盛;汉武帝时柏梁台失火后再造建章宫,盛德更加久远。现在明堂只是发布政令的场所,并不是宗庙,不应自我贬抑。"太后于是登上端门,像平时一样观看臣民会饮。她命令重新建造明堂、天堂,仍然任命和尚怀义为主持建造的使者;又为九州各铸一座铜鼎及十二属相神,都高一丈,安置在各自的方位。

和尚怀义日益骄傲放纵,太后因此憎恨他。他焚烧明堂后,内心不安,言语多不恭顺;太后秘密挑选一百多名身强力壮的宫女以防备他。壬子(二月初四),在瑶光殿前树下将他逮捕,让建昌王武攸宁率领壮士将他打死,把尸体送往白马寺,焚尸造塔。

资治通鉴第二百零六卷

唐纪二十二

【原文】

则天顺圣皇后中之下神功元年（丁酉，697年）

尚乘奉御张易之，行成之族孙也，年少，美姿容，善音律。太平公主荐易之弟昌宗入侍禁中，昌宗复荐易之，兄弟皆得幸于太后，常傅朱粉，衣锦绣。昌宗累迁散骑常侍，易之为司卫少卿；拜其母臧氏、韦氏为太夫人，赏赐不可胜纪，仍敕凤阁侍郎李迥秀为臧氏私夫。迥秀，大亮之族孙也。武承嗣、三思、懿宗、宗楚客、晋卿皆候易之门庭，争执鞭辔，谓易之为五郎，昌宗为六郎。

司仆少卿来俊臣倚势贪淫，士民妻妾有美者，百方取之；或使人罗告其罪，矫称敕以取其妻，前后罗织诛人，不可胜计。自宰相以下，籍其姓名而取之。自言才比石勒。监察御史李昭德素恶俊臣，又尝庭辱秋官侍郎皇甫文备，二人共诬昭德谋反，下狱。

俊臣欲罗告武氏诸王及太平公主，又欲诬皇嗣及庐陵王与南北牙同反，冀因此盗国权，河东人卫遂忠告之。诸武及太平公主恐惧，共发其罪，系狱，有司处以极刑。太后欲赦之，奏上三日，不出。王及善曰："俊臣凶狡贪暴，国之元恶，不去之，必动摇朝廷。"太后游苑中，吉顼执辔，太后问以外事，对曰："外人唯怪来俊臣奏不下。"太后曰："俊臣有功于国，朕方思之。"顼曰："于安远告虺贞反，既而果反，今止为成州司马。俊臣聚结不逞，诬构良善，赃贿如山，冤魂塞路，国之贼也，何足惜哉！"太后乃下其奏。

丁卯，昭德、俊臣同弃市，时人无不痛昭德而快俊臣。仇家争啖俊臣之肉，斯须而尽，抉眼剥面，披腹出心，腾蹋成泥。太后知天下恶之，乃下制数其罪恶，且曰："宜加赤族之诛，以雪苍生之愤，可准法籍没其家。"士民皆相贺于路曰："自今眠者背始帖席矣。"

甲寅，太后谓侍臣曰："顷者周兴、来俊臣按狱，多连引朝臣，云其谋反；国有常法，朕安敢违！中间疑其不实，使近臣就狱引问，得其手状，皆自承服，朕不以为疑。自兴、俊臣死，不复闻有反者，然则前死者不有冤邪？"夏官侍郎姚元崇对曰："自垂拱以来坐谋反死者，率皆兴等罗织，自以为功。陛下使近臣问之，近臣亦不自保，何敢动摇！所问者若有翻覆，惧遭惨毒，不若速死。赖天启圣心，兴等伏诛，臣以百口为陛下保，自今内外之臣无复反者；若微有实状，臣请受知而不告之罪。"太后悦曰："曩时宰相皆顺成其事，陷朕为淫刑之主；闻卿所言，深合朕心。"赐元崇钱千缗。

时人多为魏元忠讼冤者，太后复召为肃政中丞。元忠前后坐弃市流窜者四。尝侍宴，太后问曰："卿往者数负谤，何也？"对曰："臣犹鹿耳，罗织之徒欲得臣肉为羹，臣安所避之！"

【译文】

则天皇后神功元年（丁酉，公元697年）

尚乘奉御张易之，是张行成的同族侄孙，年轻、貌美，精通音律。太平公主推荐张易之的弟弟张昌宗入侍宫中，张昌宗又推荐张易之，兄弟二人都得到太后的宠幸，常涂脂抹粉，穿华丽的衣服。张昌宗连续升官后任散骑常侍，张易之任司卫少卿；授给他们的母亲臧氏、韦氏太夫人的封号，赏赐多得数不清，又命令凤阁侍郎李迥秀为臧氏的姘夫。李迥秀，是李大亮的同族侄孙。武承嗣、武三思、武懿宗、宗楚客、宗晋卿等人，时常等候在张易之家门口，争着为他执马鞭牵马，称张易之为五郎，张昌宗为六郎。

司仆少卿来俊臣仗势贪求女色，官民妻妾有漂亮的，千方百计夺取；有时指使

人罗织罪名告发某人,然后假传太后命令夺取他的妻妾,前后罗织罪名杀人无法计算。自宰相以下,他登记姓名按顺序夺取他们的妻妾。他自称才能可比石勒。监察御史李昭德一贯憎恶来俊臣,又曾经在朝廷侮辱秋官侍郎皇甫文备。这二人便共同诬告李昭德谋反,将他逮捕入狱。

　　来俊臣想罗织罪名诬告武氏诸王及太平公主,又想诬告皇嗣及庐陵王与南北衙禁卫军一同谋反,希望借此窃取国家权力,河东人卫遂忠告发他。武氏诸王及太平公主恐惧,共同揭发他的罪恶,将他关进监狱,有关部门判处他死刑。太后想赦免他,处死的奏章送上已经三天,仍不批下。王及善说:"来俊臣凶残狡猾,贪婪暴虐,是国家的大恶人,不除掉他,必然动摇朝廷。"太后游览宫廷园林时,吉顼牵马,太后向他询问宫外的事情,他回答说:"外边的人只奇怪处死来俊臣的奏章没有批下来。"太后说:"来俊臣有功于国家,我正在考虑这件事。"吉顼说:"于安远告虺贞谋反,后来真的反了,于安远现在只任成州司马。来俊臣聚集为非作歹的人,诬陷好人,贪赃受贿的财物堆积如山,被他冤屈而死的鬼魂满路,是危害国家的坏人,有什么可怜惜的!"太后于是批准处死他。

　　丁卯(六月初三日),李昭德、来俊臣一同在闹市被处死并暴尸,当时人无不痛惜李昭德,而为处死来俊臣拍手称快。仇家争相吃来俊臣的肉,片刻之间便吃光,挖眼睛,剥面皮,剖腹取心,辗转践踏成泥。太后知道天下人憎恨他,才下诏指责他的罪恶,而且说:"应该诛灭他全家族,以申雪百姓的愤恨,可依法查抄他的家产。"官吏和百姓在路上相见时都互相庆贺说:"今后睡觉的人背部才可以贴着席子了。"

　　甲寅(九月二十一日),太后对身边的大臣说:"近期以来周兴、来俊臣审理案件,多牵连朝廷大臣,说他们谋反;国家有固定的法律,朕怎么敢违反!有时怀疑它不真实,指派亲信大臣到监狱提问,得到犯人的自供状,都是自己承认的,朕便不加怀疑。自从周兴、来俊臣死后,不再听说有谋反的人,这样看来,以前被处死的人不是有冤枉吗?"夏官侍郎姚元崇回答说:"自垂拱年间以来因谋反罪被处死的人,大概都是由于周兴等罗织罪名,以便自己求取功劳造成的。陛下派亲近大臣去查问,这些亲近大臣也不能保全自己,哪里还敢动摇他们的结论!被问的人如果翻供，又惧怕惨遭毒刑，与其那样不如早死。仰赖上天启迪圣心，周兴等被诛灭，我以一家百口人的生命向陛下担保，今后朝廷内外大臣不会再有谋反的人；若稍有谋反的事实，我愿承受知而不告的罪过。"太后高兴地说："以前的宰相都顺着周兴他们，使他们得逞，贻误朕成为滥用刑罚的君主；听到你说的话，很合朕心意。"于是赏赐姚元崇钱一千缗。

当时有很多人为魏元忠诉冤，太后又召回他担任肃政中丞。魏元忠前后被判处死刑和流放共有四次。有一次曾陪从太后宴饮，太后问他："你从前多次蒙受诽谤，为什么？"回答说："我好比鹿，罗织罪名的人想得到我的肉作羹，我如何能躲过他们！"

【原文】

圣历元年（戊戌，698年）

武承嗣、三思营求为太子，数使人说太后曰："自古天子未有以异姓为嗣者。"太后意未决。狄仁杰每从容言于太后曰："文皇帝栉风沐雨，亲冒锋镝，以定天下，传之子孙。大帝以二子托陛下。陛下今乃欲移之他族，无乃非天意乎！且姑侄之与母子孰亲？陛下立子，则千秋万岁后，配食太庙，承继无穷；立侄，则未闻侄为天子而祔于庙者也。"太后曰："此朕家事，卿勿预知。"仁杰曰："王者以四海为家，四海之内，孰非臣妾，何者不为陛下家事！君为元首，臣为股肱，义同一体，况臣备位宰相，岂得不预知乎！"又劝太后召还庐陵王。王方庆、王及善亦劝之。太后意稍寤。他日，又谓仁杰曰："朕梦大鹦鹉两翼皆折，何也？"对曰："武者，陛下之姓，两翼，二子也。陛下起二子，则两翼振矣。"太后由是无立承嗣、三思之意。

孙万荣之围幽州也，移檄朝廷曰："何不归我庐陵王？"吉顼与张易之、昌宗皆为控鹤监供奉，易之兄弟亲狎之。顼从容说二人曰："公兄弟贵宠如此，非以德

描金石刻武士俑　唐

业取之也，天下侧目切齿多矣。不有大功于天下，何以自全？窃为公忧之！"二人惧，流涕问计。项曰："天下士庶未忘唐德，咸复思庐陵王。主上春秋高，大业须有所付；武氏诸王非所属意。公何不从容劝上立庐陵王以系苍生之望！如此，非徒免祸，亦可以长保富贵矣。"二人以为然，承间屡为太后言之。太后知谋出于项，乃召问之，项复为太后具陈利害，太后意乃定。

三月，己巳，托言庐陵王有疾，遣职方员外郎瑕丘徐彦伯召庐陵王及其妃、诸子诣行在疗疾。戊子，庐陵王至神都。

皇嗣固请逊位于庐陵王，太后许之。壬申，立庐陵王哲为皇太子，复名显。赦天下。

【译文】

圣历元年（戊戌，公元698年）

武承嗣、武三思谋求充当太子，多次指使人劝太后说："自古以来的天子没有以外姓人为继承人的。"太后还拿不定主意，狄仁杰常从容不迫地对太后说："太宗文皇帝不避风雨，亲自冒着刀枪箭镞，平定天下，传给子孙。高宗大帝将两个儿子托付陛下。陛下现在却想将国家移交给外姓，这不是不符合上天的意思吗？而且姑侄与母子相比谁更亲？陛下立儿子为太子，则千秋万岁之后，配祭太庙，代代相承，没有穷尽；立侄儿为太子，则未听说过侄儿当了天子而合祭姑姑于太庙的。"太后说："这是朕家里的事，你不要参与。"狄仁杰说："君王以四海为家，四海之内，谁不是臣妾，什么事不是陛下家里的事！君主是元首，臣下为四肢，情义如同一体，何况我凑数任宰相，哪能不参与呢！"他又劝太后召回庐陵王。王方庆、王及善也劝说太后。太后心里稍微醒悟。有一天，太后又对狄仁杰说："我梦见大鹦鹉两翼都折断，这是什么意思？"回答说："武是陛下的姓，两翼是两个儿子。陛下起用两个儿子，则两翼便振作起来了。"太后因此便打消了立武承嗣、武三思为太子的意思。

孙万荣包围幽州，传送檄文给朝廷说："为何不送回我们的庐陵王？"吉项与张易之、张昌宗都任控鹤监供奉，张易之兄弟与吉项亲近。吉项不慌不忙地劝他二人说："你们兄弟如此贵显得宠，但并不是靠品德功业取得的，天下对你们怒目而视、咬牙切齿的人很多。没有大功劳于天下，用什么保全自己？我为你们担忧！"二人畏惧，流着泪询问计策。吉顼说："天下官民还未忘记唐朝的恩德，都还思念着庐陵王。皇上年事已高，皇帝的大业需有所付托；武氏诸王不是她注意的对象，您何不从容地劝皇上立庐陵王以维系百姓的期望！这样，不但可以免祸，也可以长期保持富贵了。"二人认为对，趁机一再劝说太后。太后知道这个主意出自吉顼，就召他询问，吉顼又为太后备陈利害，太后的主意才最后定下来。

三月，己巳（初九），朝廷假托庐陵王有病，派遣职方员外郎瑕丘人徐彦伯召庐陵王和他的妃、儿子们到太后驻地治病。戊子（二十八日），庐陵王到达神都洛阳。

皇嗣坚持请求让位于庐陵王，太后同意。壬申（九月十五日），立庐陵王李哲为皇太子，恢复原来的名字李显，大赦天下。

【原文】

二年（己亥，699年）

太后春秋高，虑身后太子与诸武不相容。壬寅，命太子、相王、太平公主与武攸暨等为誓文，告天地于明堂，铭之铁券，藏于史馆。

纳言、陇右诸军大使娄师德薨。

师德在河陇，前后四十余年，恭勤不怠，民夷安之。性沈厚宽恕，狄仁杰之入相也，师德实荐之；而仁杰不知，意颇轻师德，数挤之于外。太后觉之，尝问仁杰曰："师德贤乎？"对曰："为将能谨守边陲，贤则臣不知。"又曰："师德知人乎？"对曰："臣尝同僚，未闻其知人也。"太后曰："朕之知卿，乃师德所荐也，亦可谓知人矣。"仁杰既出，叹曰："娄公盛德，我为其所包容久矣，吾不得窥其际也。"是时罗织纷纭，师德久为将相，独能以功名终，人以是重之。

【译文】

二年（己亥，公元699年）

太后年纪大了，恐怕自己死后太子与武氏诸王等不能相容。壬寅（四月十八日），命令太子、相王、太平公主和武攸暨等拟定互不伤害的誓词，在明堂向天地立誓，并将誓词铭刻在铁契上，收藏于史馆中。

纳言、陇右诸军大使娄师德去世。

娄师德在河陇，前后四十多年，谦恭勤奋，毫不懈怠，百姓和夷族都安定。他秉性朴实稳重，宽宏大量，狄仁杰入朝任宰相，实际上是他推荐的；而狄仁杰不知道，心里很轻视娄师德，一再排挤他到外地。太后发觉后，曾问狄仁杰："娄师德有道德才能吗？"回答说："作为将领能谨慎守卫边疆，是否有道德才能我不知道。"太后又说："娄师德善于识别人才吗？"回答说："我曾经与他同事，没有听说他善于识别人才。"太后说："朕所以知道你，便是由于娄师德的推荐，他也可以称得上是善于识别人才了。"狄仁杰退出后，感叹说："娄公有盛德，我受到他的包涵宽容已经很久了，我看不到他盛德的边际。"当时罗织罪名的风气很盛，娄师德长期担任将领和宰相，却能以功成名就告终，人们因此敬重他。

【原文】

久视元年（庚子，700 年）

正月，戊寅，内史武三思罢为特进、太子少保。天官侍郎、同平章事吉顼贬安固尉。

太后以顼有干略，故委以腹心。顼与武懿宗争赵州之功于太后前。顼魁岸辩口，懿宗短小伛偻，顼视懿宗，声气陵厉。太后由是不悦，曰："顼在朕前，犹卑我诸武，况异时讵可倚邪！"他日，顼奏事，方援古引今，太后怒曰："卿所言，朕饫闻之，无多言！太宗有马名师子骢，肥逸无能调驭者。朕为宫女侍侧，言于太宗曰：'妾能制之，然须三物，一铁鞭，二铁楇，三匕首。铁鞭击之不服，则以楇楇其首，又不服，则以匕首断其喉。'太宗壮朕之志。今日卿岂足污朕匕首邪！"顼惶惧流汗，拜伏求生，乃止。诸武怨其附太子，共发其弟冒官事，由是坐贬。

辞日，得召见，涕泣言曰："臣今远离阙庭，永无再见之期，愿陈一言。"太后命之坐，问之，顼曰："合水土为泥，有争乎？"太后曰："无之。"又曰："分半为佛,半为天尊,有争乎?"曰:"有争矣。"顼顿首曰:"宗室、外戚各当其分,则天下安。今太子已立而外戚犹为王,此陛下驱之使他日必争,两不得安也。"太后曰:"朕亦知之。然业已如是,不可何如。"

【译文】

久视元年(庚子,公元700年)

正月,戊寅(二十八日),内史武三思被罢免为特进、太子少保。天官侍郎、同平章事吉顼降职为安固县尉。

太后因吉顼有才干谋略,所以以他为亲信。吉顼与武懿宗在太后面前争在赵州和突厥作战的功劳。吉顼体格魁梧能言善辩,武懿宗矮小驼背,吉顼怒视武懿宗,声色俱厉。太后因此不高兴,说:"吉顼在朕面前,还敢轻视我们姓武的,以后难道还可以依靠吗?"后来,吉顼面奏事情,正引证古今,太后发怒说:"你所说的,朕听够了,不要多说了!太宗有马名叫师子骢,肥壮任性,没有人能驯服它。朕当时作为宫女侍奉奉在太宗身边,对太宗说:'我能制服它,但需要有三件东西:一是铁鞭,二是铁棍,三是匕首。用铁鞭抽打它,不服,则用铁棍敲击它的脑袋,又不服,则用匕首割断它的喉管。'太宗夸奖朕的志气。今天你难道值得玷污朕的匕首吗!"吉顼害怕得浑身流汗,跪伏地上请求免死,太后这才没有杀他。姓武的亲贵们怨恨他依附太子,共同揭发他弟弟假冒官吏的事,因此被降职。

辞行的那天,他获得太后召见,流着泪对太后说:"我现在远离朝廷,永远没有再见到陛下的机会,请准许进一言。"太后让他坐下,问他想说什么,他说:"水和土合成泥,有争斗吗?"太后说:"没有。"又说:"分一半给佛家,一半给道教,有争斗吗?"太后说:"这就有争斗了"。吉顼叩头说:"皇族、外戚各守本分,则天下安定。现在已经立太子而外戚还当王,这是陛下驱使他们以后必然相互争斗,双方都不得安生。"太后说:"朕也知道,但事情已经这样,无可奈何。"

唐纪二十三

【原文】

则天顺圣皇后下久视元年（庚子，700年）

太后信重内史梁文惠公狄仁杰，群臣莫及，常谓之国老而不名。仁杰好面引廷争，太后每屈意从之。尝从太后游幸，遇风吹仁杰巾坠，而马惊不能止，太后命太子追执其鞚而系之。仁杰屡以老疾乞骸骨，太后不许。入见，常止其拜，曰："每见公拜，朕亦身痛。"仍免其宿直，戒其同僚曰："自非军国大事，勿以烦公。"辛丑，薨，太后泣曰："朝堂空矣！"自是朝廷有大事，众或不能决，太后辄叹曰："天夺吾国老何太早邪！"

太后尝问仁杰："朕欲得一佳士用之，谁可者？"仁杰曰："未审陛下欲何所用之？"太后曰："欲用为将相。"仁杰对曰："文学缊藉，则苏味道、李峤固其选矣。必欲取卓荦奇才，则有荆州长史张柬之，其人虽老，宰相才也。"太后擢柬之为洛州司马。数日，又问仁杰，对曰："前荐柬之，尚未用也。"太后曰："已迁矣。"对曰："臣所荐者可为宰相，非司马也。"乃迁秋官侍郎；久之，卒用为相。仁杰又尝荐夏官侍郎姚元崇、监察御史曲阿桓彦范、太州刺史敬晖等数十人，率为名臣。或谓仁杰曰："天下桃李，悉在公门矣。"仁杰曰："荐贤为国，非为私也。"

初，仁杰为魏州刺史，有惠政，百姓为之立生祠。后其子景晖为魏州司功参军，贪暴为人患，人遂毁其像焉。

丁巳，纳言韦巨源罢，以文昌右丞韦安石为鸾台侍郎、同平章事。安石，津之

孙也。

时武三思、张易之兄弟用事，安石数面折之。尝侍宴禁中，易之引蜀商宋霸子等数人在座同博。安石跪奏曰："商贾贱类，不应得预此会。"顾左右逐出之，座中皆失色；太后以其言直，劳勉之，同列皆叹服。

【译文】

则天皇后久视元年（庚子，公元 700 年）

武则天十分信任和推重内史梁文惠公狄仁杰，没有哪一个大臣能比得上。她常常称狄仁杰为国老，而不是直呼其名。狄仁杰习惯于在朝堂上当面直言规谏，武则天则常常采纳他的建议，即使这样做违背了自己的本意时也是如此。有一次狄仁杰陪同武则天巡游，途中遇到大风，狄仁杰的头巾被风吹落在地，他的坐骑也因受惊而无法驾驭，武则天让太子李显追上惊马，抓住它的笼头并将它拴好。狄仁杰曾屡次因年老多病的缘故而提出退休的请求，武则天都没有答应。武则天在狄仁杰入朝参见的时候，还常常阻止他行跪拜礼，说："每当看到您行跪拜礼的时候，朕的身体都会感到痛楚。"武则天还免除了狄仁杰晚上在宫中轮流值班的义务，并告诫他的同僚们说："如果没有十分重要的军国大事，都不要去打扰狄老先生。"辛丑（九月，疑误），狄仁杰去世，武则天流着眼泪说："朝堂上再也没有可以依靠的师长了！"此后朝廷一有大事，如果群臣无法决断，武则天就会叹息道："老天为什么这么早就把我的国老夺走呢！"

武则天曾经问狄仁杰："朕希望能找到一位杰出的人才委以重任，您看谁合适呢？"狄仁杰问道："不知道陛下想让他担任什么职务？"武则天说："我想让他担任将相。"狄仁杰回答道："如果您所要的是文采风流的人才，那么苏味道、李峤本来就是合适的人选。如果您一定要找出类拔萃的奇才，那就只有荆州长史张柬之了，他的年纪虽然老了一些，但却实实在在地是一位宰相之才。"武则天于是提拔张柬之作了洛州司马。过了几天之后，武则天又要求狄仁杰举荐人才，狄仁杰回答说："我前几天推荐的张柬之，您还没有任用呢。"武则天说："我已经给他升了官了。"狄仁杰回答说:"我所推荐的张柬之是可以做宰相的人才,不是用来做一个司马的。"武则天于是任命张柬之为秋官侍郎。过了很长时间,终于任命他为宰相。狄仁杰还先后向武则天推荐了夏官侍郎姚元崇、监察御史曲阿人桓彦范、太州刺史敬晖等数十人,后来这些人都成为唐代名臣。有人对狄仁杰说:"治理天下的贤能之臣,都出自您门下。"狄仁杰回答说:"举荐贤才是为国家着想,并不是为我个人打算。"

起初,狄仁杰担任魏州刺史,因为他施政仁爱宽厚,所以魏州百姓为他建造了生祠。后来他的儿子狄景晖担任魏州司功参军,贪婪残暴,成了百姓的祸害,于是老百姓又捣毁了狄仁杰的塑像。

丁巳(十月十三日),武则天免去纳言韦巨源的职务,任命文昌右丞韦安石为鸾台侍郎、同平章事。韦安石是韦津的孙子。

这时正值武三思和张易之兄弟执掌朝政,韦安石屡次当面驳斥他们。有一次韦安石在宫中陪武则天用膳,见张易之带进蜀地富商宋霸子等几个人在一起赌博,便向武则天跪拜奏道:"商贾之徒,名列贱籍,没有资格参加这样的宴会。"说完就让侍臣们将这几个人赶出去,在座的臣僚们都吓得变了脸色。由于韦安石敢于直言规谏,武则天特意对他慰劳嘉勉,他的同僚也因此而对他十分钦佩。

【原文】

长安元年(辛丑,701年)

是月,大雪,苏味道以为瑞,帅百官入贺。殿中侍御史王求礼止之曰:"三月雪为瑞雪,腊月雷为瑞雷乎?"味道不从。既入,求礼独不贺,进言曰:"今阳和布气,草木发荣,而寒雪为灾,岂得诬以为瑞!贺者皆谄谀之士也。"太后为之罢朝。

时又有献三足牛者,宰相复贺。求礼扬言曰:"凡物反常皆为妖。此鼎足非其人,政教不行之象也。"太后为之愀然。

【译文】

长安元年（辛丑，公元 701 年）

就在这个月（三月），突然降下大雪，苏味道认为这是吉兆，便带领文武百官入朝祝贺。殿中侍御史王求礼上前制止，他说："如果说阳春三月下的雪是瑞雪，那么寒冬腊月打雷就应该是瑞雷啦！"苏味道不听劝阻。入朝之后，唯独王求礼不但不称贺，反而向武则天进言道："现在正是春天温暖的气息散发、草木生长开花的季节，而突然降下大雪会成为灾害，怎么能歪曲说这场大雪象征着吉兆呢？称贺的人都是阿谀奉承之辈。"武则天因此而罢朝。

这时又有人来献一头三条腿的牛，宰相们又一次入朝称贺。王求礼大声疾呼："反常的东西都算妖，出现三足牛的现象，是三公没有合适的人选以及国家的刑赏教化没有得到实行的象征。"武则天听完之后愁容满面。

【原文】

三年（癸卯，703 年）

太后尝命朝贵宴集，易之兄弟皆位在宋璟上，易之素惮璟，欲悦其意，虚位揖之曰："公方今第一人，何乃下坐？"璟曰："才劣位卑，张卿以为第一，何也？"天官侍郎郑杲谓璟曰："中丞奈何卿五郎？"璟曰："以官言之，正当为卿。足下非张卿家奴，何郎之有！"举坐悚惕。时自武三思以下，皆谨事易之兄弟，璟独不为之礼。诸张积怒，常欲中伤之；太后知之，故得免。

【译文】

三年（癸卯，公元 703 年）

武则天曾宴请朝中权贵，张易之兄弟的官职都在宋璟之上，但张易之素来惧怕宋璟，为了取悦宋璟，于是空出上位来请宋璟坐，说道："您是当今第一人，为什

么在下位落座呀？"宋璟说："本人才智低劣，职务卑微，张卿反说我是当今第一人，这是什么道理？"天官侍郎郑杲对宋璟说："中丞为什么称五郎为张卿呢？"宋璟说："根据他的官职，称他为张卿最为合适。您本人并不是张卿的家奴，为什么要称他为郎呢？"所有在座的人听到这话都为他提心吊胆。当时朝中大臣自武三思以下，都谨慎地奉承张易之兄弟，唯独宋璟对他们不给予礼遇。张易之兄弟怀恨已久，常常想恶意诬陷宋璟。武则天清楚这一点，宋璟才因此而得以幸免。

【原文】

四年（甲辰，704年）

秋，七月，丙戌，以神都副留守杨再思为内史。

再思为相，专以谄媚取容。司礼少卿张同休，易之之兄也，尝召公卿宴集，酒酣，戏再思曰："杨内史面似高丽。"再思欣然，即翦纸帖巾，反披紫袍，为高丽舞，举坐大笑。时人或誉张昌宗之美曰："六郎面似莲花。"再思独曰："不然。"昌宗问其故，再思曰："乃莲花似六郎耳。"

太后寝疾，居长生院，宰相不得见者累月，惟张易之、昌宗侍侧。疾少间，崔玄𬀩奏言："皇太子、相王，仁明孝友，足侍汤药。宫禁事重，伏愿不令异姓出入。"太后曰："德卿厚意。"易之、昌宗见太后疾笃，恐祸及己，引用党援，阴为之备。屡有人为飞书及榜其书于通衢，云"易之兄弟谋反"，太后皆不问。

【译文】

四年（甲辰，公元704年）

秋季，七月，丙戌（初三），武则天任命神都副留守杨再思为内史。

杨再思做宰相，专门靠阿谀奉承来取悦于人。司礼少卿张同休是张易之的哥哥，有一次他宴请朝中公卿大臣。在酒喝到最畅快的时候，张同休拿杨再思开玩笑说："杨内史脸长得像高丽人。"杨再思听了反倒很高兴，当即剪纸贴在帽子上，反披着紫色朝服，表演起高丽舞来，满座的人都大笑。当时有人称颂张昌宗长得漂

亮，说："六郎的脸长得像莲花一样。"唯独杨再思道："不是这样的。"张昌宗问他否定别人说法的原因，他回答说："应当说莲花长得像六郎才对。"

武则天一病不起，住在长生院，只有张易之和张昌宗二人在身旁侍奉，宰相们无法与她相见已经几个月。当武则天的病情稍有好转的时候，崔玄暐上奏说："皇太子和相王，仁德彰明，孝顺母亲，友爱兄弟，完全可以在您身旁侍奉汤药。皇宫是重地，事关重大，希望陛下不要让异姓人随意出入。"武则天说："我十分感激您的厚意。"张易之、张昌宗见武则天病情十分严重，担心她死后自己大祸临头，便拉同伙援助自己，暗地里做准备。不断有人写匿名信和将匿名信张贴于通衢闹市，说："张易之兄弟阴谋反叛"，武则天对这些消息一概不闻不问。

【原文】

中宗大和大圣大昭孝皇帝上神龙元年（乙巳，705年）

太后疾甚，麟台监张易之、春官侍郎张昌宗居中用事，张柬之、崔玄暐与中台右丞敬晖、司刑少卿桓彦范、相王府司马袁恕己谋诛之。柬之谓右羽林卫大将军李多祚曰："将军今日富贵，谁所致也？"多祚泣曰："大帝也。"柬之曰："今大帝之子为二竖所危，将军不思报大帝之德乎！"多祚曰："苟利国家，惟相公处分，不敢顾身及妻子。"因指天地以自誓。遂与定谋。

初，柬之与荆州长史阌乡杨元琰相代，同泛江，至中流，语及太后革命事，元琰慨然有匡复之志。及柬之为相，引元琰为右羽林将军，谓曰："君颇记江中之言乎？今日非轻授也。"柬之又用彦范、晖及右散骑侍郎李湛皆为左、右羽林将军，委以禁兵。易之等疑惧，乃更以其党武攸宜为右羽林大将军，易之等乃安。

俄而姚元之自灵武至，柬之、彦范相谓曰："事济矣！"遂以其谋告之。彦范以事白其母，母曰："忠孝不两全，先国后家可也。"时太子于北门起居，彦范、晖谒见，密陈其策，太子许之。

癸卯，柬之、玄暐、彦范与左威卫将军薛思行等帅左右羽林兵五百余人至玄武门，遣多祚、湛及内直郎、驸马都尉安阳王同皎诣东宫迎太子。太子疑，不出，同皎曰："先帝以神器付殿下，横遭幽废，人神同愤，二十三年矣。今天诱其衷，北门、南牙，同心协力，以诛凶竖，复李氏社稷，愿殿下暂至玄武门以副众望。"太子曰："凶竖诚当夷灭，然上体不安，得无惊怛！诸公更为后图。"李湛曰："诸将相不顾家族以徇社稷，殿下奈何欲纳之鼎镬乎！请殿下自出止之。"太子乃出。

同皎扶抱太子上马，从至玄武门，斩关而入。太后在迎仙宫，柬之等斩易之、昌宗于庑下，进至太后所寝长生殿，环绕侍卫。太后惊起，问曰："乱者谁邪？"对曰："张易之、昌宗谋反，臣等奉太子令诛之，恐有漏泄，故不敢以闻。称兵宫禁，罪当万死！"太后见太子曰："乃汝邪？小子既诛，可还东宫。"彦范进曰："太子安得更归！昔天皇以爱子托陛下，今年齿已长，久居东宫，天意人心，久思李氏。群臣不忘太宗、天皇之德，故奉太子诛贼臣。愿陛下传位太子，以顺天人之望！"李湛，义府之子也。太后见之，谓曰："汝亦为诛易之将军邪？我于汝父子不薄，乃有今日！"湛惭不能对。又谓崔玄暐曰："他人皆因人以进，惟卿朕所自擢，亦在此邪？"对曰："此乃所以报陛下之大德。"

于是收张昌期、同休、昌仪，皆斩之，与易之、昌宗枭首天津南。是日，袁恕已从相王统南牙兵以备非常，收韦承庆、房融及司礼卿崔神庆系狱，皆易之之党也。初，昌仪新作第，甚美，逾于王主，或夜书其门曰："一日丝能作几日络？"灭去，复书之，如是六七，昌仪取笔注其下曰："一日亦足。"乃止。

甲辰，制太子监国，赦天下。以袁恕已为凤阁侍郎、同平章事，分遣十使赍玺书宣慰诸州。乙巳，太后传位于太子。

丙午，中宗即位。赦天下，惟张易之党不原；其为周兴等所枉者，咸令清雪，子女配没者皆免之。相王加号安国相王，拜太尉、同凤阁鸾台三品，太平公主加号镇国太平公主。皇族先配没者，子孙皆复属籍，仍量叙官爵。

丁未，太后徙居上阳宫，李湛留宿卫。戊申，帝帅百官诣上阳宫，上太后尊号曰则天大圣皇帝。

【译文】

唐中宗神龙元年（乙巳，公元705年）

武则天病得非常严重，麟台监张易之和春官侍郎张昌宗居宫中执政，张柬之、崔玄暐与中台右丞敬晖、司刑少卿桓彦范以及相王府司马袁恕己谋划杀掉张易之和张昌宗。张柬之问右羽林卫大将军李多祚说："将军今日的荣华富贵，是谁给的？"李多祚流着眼泪回答说："是高宗大帝给的。"张柬之说："现在大帝的儿子受到张易之和张昌宗这两个小子的威胁，难道将军不想报答大帝的恩德吗！"李多祚回答说："只要对国家有利，我一切都听相公安排，不敢顾及自身以及妻儿的安危。"于是自己指天发誓，并且与张柬之、崔玄暐等人一同定下了铲除张易之和张昌宗的计谋。

当初，张柬之接替荆州都督府长史阌乡人杨元琰的职务，二人一同泛舟于长江之中，当小船漂到江心时，谈到了武则天以周代唐的事，杨元琰慷慨激昂，有匡复大唐的志向。张柬之入朝作了宰相后，便推荐杨元琰担任右羽林将军，并且提醒他说："您大概还记得我们当初在江心泛舟时所说的话吧？今天这项任命可不是随便给您的呀。"张柬之还任用了桓彦范、敬晖以及右散骑侍郎李湛，都让他们担任左、右羽林将军，把禁军交给他们指挥。这件事引起了张易之等人的怀疑和忧虑，张柬之于是又任用他的党羽武攸宜为右羽林大将军，张易之等人才放了心。

不久，姚元之从灵武回朝，张柬之和桓彦范交谈说："大事就要成功了！"于是把商量好的计谋告诉姚元之。桓彦范将这事禀告了他的母亲，母亲勉励他说："忠孝不能两全，应当先为国家大事着想，然后再考虑自家的小事。"当时太子李显都从北门入宫向天子问安，桓彦范和敬晖前往拜见，秘密地把他们的计策告诉太子，太子允许他们这样去做。

癸卯（正月二十二日），张柬之、崔玄暐、桓彦范与左威卫将军薛思行等人率领左右羽林兵五百余人来到玄武门，派李多祚、李湛及内直郎、驸马都尉安阳人王同皎到东宫去迎接太子李显。太子有所怀疑，没有出来，王同皎说："先帝把皇位传给殿下,殿下无故遭到幽禁废黜,皇天后土、士民百姓无不义愤填膺,已经有二十三年了。现在上天诱导人心,北门的羽林诸将与南牙朝臣得以同心协力,立志诛灭凶恶的小人,恢复李氏的江山社稷,希望殿下暂时到玄武门去以满足大家的期望。"太子回答说:"凶恶的小人的确应该剪除,但是天子圣体欠安,你们这样做能不使天子受惊吗!请诸位日后再图此事。"李湛说:"诸位将帅宰相为了国家不顾身家性命,殿下为什么非要让他们面临鼎镬的酷刑呢!请殿下亲自去制止他们好了。"太子这才出来。

  王同皎将太子抱到马上,并陪同太子来到玄武门,斩断门栓进入宫中。此时武则天在迎仙宫,张柬之等人在迎仙宫的走廊里将张易之和张昌宗斩首,然后进至武则天居住的长生殿,在她周围环绕侍卫。武则天吃惊地坐起来,问道:"是谁作乱?"张柬之回答说:"张易之、张昌宗阴谋造反,臣等已奉太子的命令将他们杀掉了,因为担心可能会走漏消息,所以没有向您禀告。在皇宫禁地举兵诛杀逆贼,惊动天子,臣等罪该万死!"武则天看见太子李显也在人群之中,便对他说:"这件事是你让干的吗?这两个小子已经被诛杀了,你可以回到东宫里去了。"桓彦范上前说:"太子哪能还回到东宫里去呢?当初天皇把心爱的太子托付给陛下,现在他年纪已大,却一直在东宫当太子,天意民心,早已思念李家。群臣不敢忘怀太宗、天皇的恩德,所以尊奉太子诛灭犯上作乱的逆臣。希望陛下将帝位传给太子,以顺从上天与下民的心愿!"李湛是李义府的儿子,武则天发现了他,对他说:"你也是杀死张易之的将军吗?我平时对你们父子不薄,想不到竟然有今天的变故!"李湛满面羞惭,无法回答。武则天又对崔玄暐说:"别的人都是经他人推荐之后提拔的,只有你是朕亲手提拔的,你怎么也在这里呢?"崔玄暐说:"我这样做正是为了报答陛下对我的大恩大德。"

  接下来逮捕了张昌期、张同休、张昌仪等人,将他们全部处斩,并在神都天津桥的南边将上述人犯与张易之、张昌宗二人一道枭首示众。在这一天里,为防范突然事变的发生,袁恕己随从相王李旦统率南牙兵马,他们将韦承庆、房融及司礼卿崔神庆等逮捕下狱,这些人都是张易之的同党。先前,张昌仪新建起一幢非常豪华的宅第,规模比诸王及诸位公主的宅第还要宏大,有人晚上在他的门上写道:"一日丝能织几日的薄纱？"张昌仪让人把字迹除掉，结果又被人写上，这种情况总共出现了六七次。张昌仪用笔在门上写道："即使是只织一天，我也感到满足。"此后便没有再出现这种情况。

甲辰（二十三日），武则天颁下制书，决定由太子李显代行处理国政，大赦天下。任命袁恕己为凤阁侍郎、同平章事，派遣十位使者分别携带天子的玺书前往各州进行安抚工作。乙巳（二十四日），武则天将帝位传给太子李显。

丙午（二十五日），唐中宗李显即皇帝位。中宗下诏大赦天下，只有张易之的党羽们不在赦免之列；那些被周兴等人冤枉的人，都让进行清理和昭雪，他们的子女中如有被发配流放或者被没入官府作奴婢的，都予以赦免。唐中宗还加相王李旦封号为安国相王，并任命他为太尉、同凤阁鸾台三品；加太平公主封号为镇国太平公主。此外，皇族先前被发配或没入官府为奴的，他们的子孙都恢复皇族身份，并且根据具体情况封授官爵。

丁未（二十六日），武则天搬到上阳宫居住，李湛留下负责警卫。戊申（二十七日），唐中宗带领文武百官来到上阳宫，上武则天尊号为则天大圣皇帝。

资治通鉴第二百零八卷

唐纪二十四

【原文】

中宗大和大圣大昭孝皇帝中神龙元年（乙巳，705年）

甲寅，复国号曰唐。郊庙、社稷、陵寝、百官、旗帜、服色、文字皆如永淳以前故事。复以神都为东都，北都为并州，老君为玄元皇帝。

甲子，立妃韦氏为皇后，赦天下。追赠后父玄贞为上洛王、母崔氏为妃。

执刑仪仗图　唐　佚名　壁画

【译文】

唐中宗神龙元年（乙巳，公元705年）

甲寅（二月初四），唐中宗下诏恢复大唐国号，并规定郊庙、社稷、陵寝、百官、旗帜、服色、文字等都恢复唐高宗永淳年间以前的旧制，神都又恢复东都旧名，北都恢复并州旧名，老君仍称为玄元皇帝。

甲子（十四日），唐中宗将他的妃子韦氏立为皇后，大赦天下；又追赠韦后之父韦玄贞为上洛王，追赠韦后之母崔氏为洛王妃。

【原文】

二年（丙午，706年）

武三思与韦后日夜谮敬晖等不已，复左迁晖为朗州刺史，崔玄暐为均州刺史，桓彦范为亳州刺史，袁恕己为郢州刺史；与晖等同立功者皆以为党与坐贬。

武三思使郑愔告朗州刺史敬晖、亳州刺史韦彦范、襄州刺史张柬之、郢州刺史袁恕己、均州刺史崔玄暐与王同皎通谋，六月，戊寅，贬晖崖州司马，彦范泷州司马，柬之新州司马，恕己窦州司马，玄暐白州司马，并员外置，仍长任，削其勋封；复彦范姓桓氏。

秋，七月，戊申，立卫王重俊为太子。太子性明果，而官属率贵游子弟，所为多不法；左庶子姚珽屡谏，不听。珽，璹之弟也。

武三思阴令人疏皇后秽行，榜于天津桥，请加废黜。上大怒，命御史大夫李承嘉穷核其事。承嘉奏言：“敬晖、桓彦范、张柬之、袁恕己、崔玄暐使人为之，虽云废后，实谋大逆，请族诛之。”三思又使安乐公主谮之于内，侍御史郑愔言之于外，上命法司结竟。大理丞三原李朝隐奏称：“晖等未经推鞫，不可遽就诛夷。”大理丞裴谈奏称：“晖等宜据制书处斩籍没，不应更加推鞫。”上以晖等尝赐铁券，许以不死，乃长流晖于琼州，彦范于瀼州，柬之于泷州，恕己于环州，玄暐于古州，子弟年十六以上，皆流岭外。擢承嘉为金紫光禄大夫，进爵襄武郡公，谈为刑部尚书；出李朝隐为闻喜令。

三思又讽太子上表，请夷晖等三族；上不许。

中书舍人崔湜说三思曰："晖等异日北归，终为后患，不如遣使矫制杀之。"三思问谁可使者，湜荐大理正周利用。利用先为五王所恶，贬嘉州司马，乃以利用摄右台侍御史，奉使岭外。比至，柬之、玄晖已死，遇彦范于贵州，令左右缚之，曳于竹槎之上，肉尽至骨，然后杖杀。得晖、冏而杀之。恕己素服黄金，利用逼之使饮野葛汁，尽数升不死，不胜毒愤，掊地、爪甲殆尽，仍捶杀之。利用还，擢拜御史中丞。薛季昶累贬儋州司马，饮药死。

三思既杀五王，权倾人主，常言："我不知代间何者谓之善人，何者谓之恶人；但于我善者则为善人，于我恶者则为恶人耳。"

时兵部尚书宗楚客、将作大匠宗晋卿、太府卿纪处讷、鸿胪卿甘元柬皆为三思羽翼。御史中丞周利用、侍御史冉祖雍、太仆丞李俊、光禄丞宋之逊、监察御史姚绍之皆为三思耳目，时人谓之五狗。

丙辰，以蒲州刺史窦从一为雍州刺史。从一，德玄之子也，初名怀贞，避皇后父讳，更名从一，多谄附权贵。太平公主与僧寺争碾硙，雍州司户李元纮判归僧寺。从一大惧，亟命元纮改判。元纮大署判后曰："南山可移，此判无动！"从一不能夺。元纮，道广之子也。

安乐公主恃宠骄恣，卖官鬻爵，势倾朝野。或自为制敕，掩其文，令上署之；上笑而从之，竟不视也。自请为皇太女，上虽不从，亦不谴责。

【译文】

二年（丙午，公元706年）

武三思和韦后日夜不停地诬陷敬晖等人，于是唐中宗又将敬晖降职为郎州刺史，将崔玄暐降职为均州刺史，将桓彦范降职为亳州刺史，将袁恕己降职为郢州刺史；当时与敬晖等一起诛灭张易之、张昌宗而立下功勋的人都被当作敬晖等人的同党而受到贬职处分。

武三思指使郑愔控告郎州刺史敬晖、亳州刺史韦彦范、襄州刺史张柬之、郢州刺史袁恕己和均州刺史崔玄暐与王同皎合谋废掉韦后。六月，戊寅（初六），唐中宗将敬晖贬为崖州司马，将韦彦范贬为泷州司马，将张柬之贬为新州司马，将袁恕己贬为窦州司马，将崔玄暐贬为白州司马，一律为员外官，并长期留任，又削夺他们的封爵；此外，还将韦彦范的赐姓夺回，恢复他原来的桓姓。

秋季，七月，戊申（初七），唐中宗立卫王李重俊为太子。太子生性聪明果决，但太子的官属都是王公贵族子弟，这些人平常所做的大多是违法的事情。左庶子姚珽屡次进谏，太子都不听从他的劝告。姚珽，是姚璹的弟弟。

武三思暗地里派人分条列出韦后的肮脏行为，将这些文字张贴在东都洛阳的天津桥上，文中还请求中宗下诏废黜韦后。唐中宗勃然大怒，下令御史大夫李承嘉彻底追查此事。李承嘉上奏说："这些文字是敬晖、桓彦范、张柬之、袁恕己和崔玄暐派人书写和张贴的，虽然上面所写的只是请求废黜皇后，但他们实际上是图谋叛逆，请陛下允许将这五个人灭族。"武三思又指使安乐公主在宫中对五人横加诬陷，还指使侍御史郑愔在外朝对五人大加弹劾，唐中宗于是下令司法部门将他们结案判刑。大理丞三原人李朝隐上奏说："敬晖等人还没有经过详细审讯，不能急于将他们处死。"大理丞裴谈上奏说："对敬晖等人应当按皇帝的制命处以斩刑，没收财产，不需要再经过审讯了。"唐中宗考虑到曾赐给敬晖等人铁券，许诺过不对他们处以死刑，便下令对他们处以长期流刑，将敬晖流放到琼州，将桓彦范流放到瀼州，将张柬之流放到泷州，将袁恕己流放到环州，将崔玄暐流放到古州，五人的子弟中凡十六岁以上的都流放到岭外。中宗提升李承嘉为金紫光禄大夫，将其爵位晋升为襄武郡公，大理丞裴谈也被提拔为刑部尚书，又将李朝隐外放为闻喜令。

武三思又暗示太子李重俊上表，请求将敬晖等人夷三族，唐中宗没有同意。

中书舍人崔湜对武三思说："日后如果敬晖等人又回到朝中，最终还是要成为祸患，您不如派使者诈称皇帝的命令把他们杀掉。"武三思问他谁可以做使者，崔湜向他推荐了大理正周利用。在这以前周利用因受到敬晖等人的憎厌，被贬为嘉州司马。武三思于是让周利用代理右台侍御史职务，奉命出使岭外，等到周利用到达岭外时，张柬之和崔玄暐已经去世，周利用在贵州遇到桓彦范，便命令手下人将桓彦范捆绑起来，放倒在竹筏子上拖着走，直到身上的肉被磨掉露出骨头时，才将他用杖打死；在抓住敬晖后，便将他剐死；袁恕己平素服食丹药，周利用硬逼着他喝有毒的野葛汁，袁恕己喝下好几升之后还没有被毒死，但毒性发作难以忍受，疼得他用手扒土，几乎把手上的指甲都磨掉，然后周利用才用棍棒将他活活打死。周利用回朝后，唐中宗将他提升为御史中丞。薛季昶多次被贬，一直到被贬为儋州司马时服毒自杀。

武三思杀死张柬之、敬晖、桓彦范等五人之后，权势已经超过唐中宗，他常常说："我不知道世上什么样的人是善人，什么样的人是恶人；我只知道只要是对我好的人就是善人，对我不好的人就是恶人罢了。"

当时，兵部尚书宗楚客、将作大匠宗晋卿、太府卿纪处讷和鸿胪卿甘元柬都是武三思的党羽。御史中丞周利用、侍御史冉祖雍、太仆丞李俊、光禄丞宋之逊、监察御史姚绍之五人都是武三思的耳目，当时人们称这五人为"五狗"。

丙辰（十一月十六日），唐中宗任命蒲州刺史窦从一为雍州刺史。窦从一是窦德玄的儿子，原名窦怀贞，为避韦皇后之父韦玄贞的名讳，才改名为窦从一。他为人一向阿谀依附权贵。太平公主与佛寺为争夺一座利用水力加工米面的碾硙而打官司，雍州司户李元纮判决佛寺胜诉。窦从一非常害怕，急忙下令李元纮改判太平公主胜诉。李元纮在判决书最后用大字写道："南山可以移动，这个判决不能更改！"窦从一无法使他改变决定。李元纮是李道广的儿子。

安乐公主倚仗着中宗的宠爱骄横放纵，卖官鬻爵，贪赃枉法，权势压过朝廷内外的人，甚至自己起草制书敕令，将内容覆盖后让唐中宗在下面签名。唐中宗笑着为她签字画押，竟连敕文的内容都不看。安乐公主自己请求唐中宗将她立为皇太女，中宗虽然没有照她说的去做，却也没有责怪她。

【原文】

景龙元年（丁未，707年）

皇后以太子重俊非其所生，恶之；特进德静王武三思尤忌太子。上官婕妤以三思故，每下制敕，推尊武氏。安乐公主与驸马左卫将军武崇训常陵侮太子，或呼为奴。崇训又教公主言于上，请废太子，立己为皇太女。太子积不能平。

【译文】

景龙元年（丁未，公元707年）

韦后认为太子李重俊不是她自己亲生的，所以很讨厌他；特进、德静王武三思尤其嫉恨太子李重俊。上官婕妤因为与武三思私通的缘故，在她所拟定的制书敕令中，常常推崇武氏集团。安乐公主与驸马、左卫将军武崇训经常欺凌侮辱太子，甚至有时称太子为奴才。武崇训还唆使安乐公主向唐中宗建议废掉太子，立她自己为皇太女。太子心中积愤已久，无法平静。

唐纪二十五

【原文】

中宗大和大圣大昭孝皇帝下景龙二年（戊申，708年）

安乐、长宁公主及皇后妹郕国夫人、上官婕妤、婕妤母沛国夫人郑氏、尚宫柴氏、贺娄氏、女巫第五英儿、陇西夫人赵氏，皆依势用事，请谒受赇，虽屠沽臧获，用钱三十万，则别降墨敕除官，斜封付中书，时人谓之"斜封官"；钱三万则度为僧尼。其员外、同正、试、摄、检校、判、知官凡数千人。西京、东都各置两吏部侍郎，为四铨，选者岁数万人。

上官婕妤及后宫多立外第，出入无节，朝士往往从之游处，以求进达。安乐公主尤骄横。宰相以下多出其门。与长宁公主竞起第舍，以侈丽相高，拟于宫掖，而精巧过之。安乐公主请昆明池，上以百姓蒲鱼所资，不许。公主不悦，乃更夺民田作定昆池，延袤数里，累石象华山，引水像天津，欲以胜昆明，故名定昆。安乐有织成裙，直钱一亿，花卉鸟兽，皆如粟粒，正视旁视，日中影中，各为一色。

初，武崇训之尚公主也，延秀数得侍宴。延秀美姿仪，善歌舞，公主悦之。及崇训死，遂以延秀尚焉。

己卯，成礼，假皇后仗，分禁兵以盛其仪卫，命安国相王障车。庚辰，赦天下。以延秀为太常卿，兼右卫将军，辛巳，宴群臣于两仪殿，命公主出拜公卿，公卿皆伏地稽首。

【译文】

唐中宗景龙二年（戊申，公元708年）

安乐公主、长宁公主及韦皇后的妹妹郕国夫人、上官婕妤、上官婕妤的母亲沛国夫人郑氏、尚宫柴氏、贺娄氏、女巫第五英儿、陇西夫人赵氏等人，全都仗势专擅朝政，大肆收受贿赂，为行贿者请托授官。不管是屠夫酒肆之徒，还是为他人当奴婢的人，只要向这些人行贿三十万钱，就能够直接得到由皇帝的亲笔敕书任命的官位，由于这种敕书是斜封着交付中书省的，因而这类官员被当时的人称为"斜封官"；如果行贿三万钱，就可以被剃度为僧尼。她们受贿之后所任命的员外官、员外同正官、试官、摄官、检校官、判某官事、知某官事共计数千人之多。在西京和东都两地分别设置两员吏部侍郎，每年四次选授官职，选任官员达数万人。

上官婕妤及宫中的妃嫔姬妾们大多在宫外修建了私宅，这些人随意出入宫禁，在朝为官的人常常与她们交往以求飞黄腾达。在这些人中间，安乐公主尤为骄傲专横，自宰相以下为官的人，大多数是由于走了她的门路才得以上任。安乐公主还与中宗的另一个女儿长宁公主竞相大兴土木，广建宅第，并在建筑的奢侈豪华方面互相攀比，不仅建筑规模模仿皇宫，甚至精巧的程度超过皇宫。安乐公主请求将昆明池赏赐给她，唐中宗以昆明池是百姓用来养殖蒲鱼的地方为由而拒绝。安乐公主很不高兴，便抢夺百姓田宅修建定昆池，南北绵延数里，仿照华山的样子堆石建造假山，又按照天河的样子引水入池。由于安乐公主想要使此湖胜过昆明池，所以将它命名为定昆池。安乐公主还有编织成的价值一亿钱的裙子，上面有谷粒大小的花卉和鸟兽的图案，从正面看或者从侧面看，在日光中看或者在阴影中看，图案的色彩都有不同。

起初，武崇训娶了安乐公主，武延秀曾多次陪同参加宴会。武延秀长得英俊潇洒，又能歌善舞，安乐公主很喜欢他。等到武崇训被太子李重俊杀死后，唐中宗便把安乐公主嫁给了武延秀。

己卯（十一月二十一日），安乐公主与武延秀举行成婚典礼，安乐公主所使用的是只有皇后才能使用的仪仗，唐中宗又派禁兵参加典礼以壮大仪仗和卫士队伍的声势，还指派安国相王李旦迎候公主的车马。庚辰（二十二日），唐中宗下诏赦免天下罪囚，并任命武延秀为太常卿兼右卫将军。辛巳（二十三日），唐中宗在两仪殿设宴招待群臣，并让安乐公主出来拜见公卿大臣，群臣都趴在地上叩头还礼。

【原文】

三年（己酉，709年）

太平、安乐公主各树朋党，更相谮毁，上患之。冬，十一月，癸亥，上谓修文馆直学士武平一曰："比闻内外亲贵多不辑睦，以何法和之？"平一以为："此由谗谄之人阴为离间，宜深加诲谕，斥逐奸险。若犹未已，伏愿舍近图远，抑慈存严，示以知禁，无令积恶。"上赐平一帛而不能用其言。

【译文】

三年（己酉，公元709年）

太平公主和安乐公主各自拉帮结党，彼此之间互相诽谤诬陷，唐中宗对此十分忧虑。冬季，十一月，癸亥（十一日），唐中宗向修文馆直学士武平一问道："近来听说朝廷内外的很多皇亲国戚彼此之间很不和睦，用什么办法能使他们彼此和解呢？"武平一认为："这是由于有专门讲别人坏话的人和阿谀奉承之徒暗中挑拨离间的缘故，陛下应该严加训诫，并驱逐那些奸邪阴险的小人。如果这样还不能使他们和解的话，臣希望陛下舍弃亲近的人，寻求疏远的人，遏制慈爱宽仁之心，保存严格要求之意，让他们懂得应当遵守的规矩，不要使他们彼此之间的仇恨越积越多。"唐中宗赏赐了武平一一些绢帛，却没有采纳他的建议。

【原文】

睿宗玄真大圣大兴孝皇帝上景云元年（庚戌，710年）

散骑常侍马秦客以医术，光禄少卿杨均以善烹调，皆出入宫掖，得幸于韦后，

恐事泄被诛；安乐公主欲韦后临朝，自为皇太女；乃相与合谋，于饼馅中进毒，六月，壬午，中宗崩于神龙殿。

韦后秘不发丧，自总庶政。癸未，召诸宰相入禁中，征诸府兵五万人屯京城，使驸马都尉韦捷、韦灌、卫尉卿韦璿、左千牛中郎将韦锜、长安令韦播、郎将高嵩分领之。璿，温之族弟；播，从子；嵩，其甥也。中书舍人韦元徼巡六街。又命左监门大将军兼内侍薛思简等将兵五百人驰驿戍均州，以备谯王重福。以刑部尚书裴谈、工部尚书张锡并同中书门下三品，仍充东都留守。吏部尚书张嘉福、中书侍郎岑羲、吏部侍郎崔湜并同平章事。羲，长倩之从子也。

太平公主与上官昭容谋草遗制，立温王重茂为皇太子，皇后知政事，相王旦参谋政事。宗楚客密谓韦温曰："相王辅政，于理非宜；且于皇后，嫂叔不通问，听朝之际，何以为礼！"遂帅诸宰相表请皇后临朝，罢相王政事。苏瓌曰："遗诏岂可改邪！"温、楚客怒，瓌惧而从之，乃以相王为太子太师。

甲申，梓宫迁御太极殿，集百官发丧，皇后临朝摄政，赦天下，改元唐隆。进相王旦太尉，雍王守礼为豳王，寿春王成器为宋王，以从人望。命韦温总知内外守捉兵马事。

丁亥，殇帝即位，时年十六。尊皇后为皇太后；立妃陆氏为皇后。

【译文】

唐睿宗景云元年（庚戌，公元710年）

散骑常侍马秦客靠精于医术，光禄少卿杨均靠善于烹调，都得以随意出入后宫，并与韦后勾搭成奸，他们担心此事泄露出去会被处死；安乐公主希望韦后能临朝主持政事，自己好当皇太女；于是这些人共同策划杀掉唐中宗，他们在进给中宗吃的糕饼里投放了毒药，六月，壬午（初二），唐中宗在神龙殿驾崩。

韦后不公布中宗驾崩的消息，自己总揽了朝廷的大小事务。癸未（初三），韦后将诸位宰相召进宫中，又调集各府兵共五万人驻扎在长安城中，指派骑马都尉韦捷、韦灌、卫尉卿韦璿、左千牛中郎将韦锜、长安令韦播、郎将高嵩分头统领这些

兵马。韦灌是韦温的族弟；韦播是韦温的侄子；高嵩是韦温的外甥。韦后又命令中书舍人韦元负责巡察城中六街，还命令左监门大将军兼内侍薛思简等人带领五百名士兵迅速前往均州戍守，以防范均州刺史谯王李重福。韦后任命刑部尚书裴谈、工部尚书张锡为同中书门下三品，让他们仍然担任东都留守。韦后又任命吏部尚书张嘉福、中书侍郎岑羲、吏部侍郎崔湜为同平章事。岑羲是岑长倩的侄子。

太平公主与上官昭容商议起草唐中宗遗诏，立温王李重茂为太子，由韦皇后主持政事，相王李旦参谋政事。宗楚客私下对韦温说："由相王辅政在道理上有些讲不通，再说相王与韦后乃是叔嫂关系，不应互相问候，两人在一起处理朝廷政务的时候，又如何执行礼的规定呢！"于是宗楚客率领宰相们一同上表，请求韦皇后临朝主持政事，免去相王李旦参谋政事的职务。苏瑰质问道："先帝的遗诏怎么可以随意更改呢！"韦温和宗楚客大怒，苏瑰非常害怕，便顺从了他们，于是任命相王李旦为太子太师。

甲申（初四），韦后将唐中宗的灵柩迁到太极殿，召集文武百官公布中宗驾崩的消息，并宣布由她自己临朝摄政，大赦天下囚徒，改年号为唐隆。韦后还将相王李旦提升为太尉，改封雍王李守礼为豳王，改封寿春王李成器为宋王，以便顺从人们的愿望。此外，韦后又任命韦温总管朝廷内外守捉兵马事务。

丁亥（初七），年仅十六岁的殇帝即位。殇帝将韦皇后尊为皇太后，将妃子陆氏立为皇后。

资治通鉴第二百一十卷

唐纪二十六

【原文】

睿宗玄真大圣大兴孝皇帝下景云元年（庚戌，710年）

太平公主以太子年少，意颇易之；既而惮其英武，欲更择暗弱者立之以久其权，数为流言，云"太子非长，不当立。"已亥，制戒谕中外，以息浮议。公主每觇伺太子所为，纤介必闻于上，太子左右，亦往往为公主耳目，太子深不自安。

【译文】

唐睿宗景云元年（庚戌，公元710年）

太平公主认为太子李隆基还很年轻，因而起初并未把太子放在心上；不久之后又因惧怕太子的英明威武，转而想要改立一位昏庸懦弱的人做太子，以便使她自己能长期保住现有的权势地位。太平公主屡次散布流言，声称"太子并非皇帝的嫡长子，因此不应当被立为太子。"已亥（十月二十二日），唐睿宗颁下制书晓谕警告天下臣民，以平息各种流言蜚语。太平公主还常常派人监视太子李隆基的所作所为，即使一些细微之事也要报知唐睿宗，此外，太平公主还在太子身边安插了很多耳目，太子心里感到十分不安。

【原文】

二年（辛亥，711年）

太平公主与益州长史窦怀贞等结为朋党，欲以危太子，使其婿唐晙邀韦安石至其第，安石固辞不往。上尝密召安石，谓曰："闻朝廷皆倾心东宫，卿宜察之。"对曰："陛下安得亡国之言！此必太平之谋耳。太子有功于社稷，仁明孝友，天下所知，愿陛下无惑谗言。"上瞿然曰："朕知之矣，卿勿言。"时公主在帘下窃听之，以飞语陷安石，欲收按之，赖郭元振救之，得免。

公主又尝乘辇邀宰相于光范门内，讽以易置东宫，众皆失色。宋璟抗言曰："东宫有大功于天下，真宗庙社稷之主，公主奈何忽有此议！"

璟与姚元之密言于上曰："宋王陛下之元子，豳王高宗之长孙，太平公主交构其间，将使东宫不安。请出宋王及豳王皆为刺史，罢岐、薛二王左、右羽林，使为左、右率以事太子。太平公主请与武攸暨皆于东都安置。"上曰："朕更无兄弟，惟太平一妹，岂可远置东都！诸王惟卿所处。"乃先下制云："诸王、驸马自今毋得典禁兵，见任者皆改他官。"

顷之，上谓侍臣曰："术者言五日中当有急兵入宫，卿等为朕备之。"张说曰："此必谗人欲离间东宫。愿陛下使太子监国，则流言自息矣。"姚元之曰："张说所言，社稷之至计也。"上说。

二月，丙子朔，以宋王成器为同州刺史，豳王守礼为豳州刺史，左羽林大将军岐王隆范为左卫率，右羽林大将军薛王隆业为右卫率；太平公主蒲州安置。

丁丑，命太子监国，六品以下除官及徒罪以下，并取太子处分。

太平公主闻姚元之、宋璟之谋，大怒，以让太子。太子惧，奏元之、璟离间姑、兄，请从极法。甲申，贬元之为申州刺史，璟为楚州刺史。丙戌，宋王、豳王亦寝刺史之命。

上召群臣三品以上，谓曰："朕素怀澹泊，不以万乘为贵，曩为皇嗣，又为皇太弟，皆辞不处。今欲传位太子，何如？"群臣莫对。太子使右庶子李景伯固辞，不许。殿中侍御史和逢尧附太平公主，言于上曰："陛下春秋未高，方为四海所依仰，岂得遽尔！"上乃止。

戊子，制："凡政事皆取太子处分。其军旅死刑及五品已上除授，皆先与太子议之，然后以闻。"

五月，太子请让位于宋王成器；不许。请召太平公主还京师；许之。

【译文】

二年（辛亥，公元711年）

太平公主同益州长史窦怀贞等结成朋党，想加害于太子李隆基，便指使她的女婿唐晙邀请韦安石到自己的家中来，韦安石坚决推辞，没有前往。唐睿宗曾经秘密地召见韦安石，对他说："听说朝廷文武百官全都倾心归附太子，您应当对此多加留意。"韦安石回答说："陛下从哪里听到这种亡国之言呢！这一定是太平公主的主意。太子为宗庙社稷立下了大功，而且一向仁慈明智，孝顺父母，友爱兄弟，这是天下人都知道的事实，希望陛下不要被谗言所迷惑。"唐睿宗听过这话之后十分惊异地说："朕明白了，您不要再提这件事了。"当时太平公主正在帘子后面偷听他们君臣之间的谈话，事后便散布各种流言蜚语对韦安石横加陷害，想把他逮捕下狱严加审讯，多亏了郭元振的救助才得以幸免。

太平公主还曾乘辇车在光范门内拦住宰相，暗示他们应当改立皇太子，在场的宰相们全都大惊失色。宋璟大声质问道："太子为大唐天下立下了大功劳，是宗庙社稷的真正主人，公主为什么突然提出这样的建议呢！"

宋璟与姚元之秘密地向唐睿宗进言道："宋王李成器是陛下的嫡长子，豳王李守礼是高宗皇帝的长孙，太平公主在他俩与太子之间互相构陷，制造事端，将会使得东宫地位不稳。请陛下将宋王和豳王两人外放为刺史；免去岐王李隆范和薛王李隆业所担任的左、右羽林大将军职务，任命他们为太子左、右卫率以事奉太子；将太平公主与武攸暨安置到东都洛阳。"唐睿宗说："朕现在已没有兄弟了，只有太平公主这一个妹妹，怎么可以将她远远地安置到东都去呢！至于诸王则任凭你们安排。"于是先颁下制命说:"今后诸王、驸马一律不得统率禁军,现在任职的都必须改任其他官职。"

过了不久,唐睿宗对身边的侍臣说:"占卜的人说五天之内将会有起事发难的军队闯入宫中,你们要为朕严加防范。"张说紧接着说道:"这一定又是奸邪小人用谗言离间陛下与太子的关系。希望陛下让太子代行处理政务,那么种种流言蜚语就会自然而然地销声匿迹。"姚元之说:"张说所提出的办法,是使社稷宗庙长治久安的上上之策。"唐睿宗听完之后十分高兴。

二月,丙子朔(初一),唐睿宗任命宋王李成器为同州刺史,豳王李守礼为豳州刺史,任命左羽林大将军岐王李隆范为左卫率,右羽林大将军薛王李隆业为右卫率;将太平公主安置在蒲州。

丁丑(初二),唐睿宗下诏让太子李隆基代行处理政务,规定凡是六品以下官员的任命以及对犯徒刑罪以下罪犯的审核等事,均由太子全权处理。

太平公主得知姚元之与宋璟的计谋之后勃然大怒,并以此责备太子李隆基。太子感到害怕,便向唐睿宗奏称姚元之和宋璟挑拨自己与姑母太平公主和兄长宋王李成器、豳王李守礼之间的关系,并请求对他们两人严加惩处。甲申(初九),唐睿宗将姚元之贬为申州刺史,将宋璟贬为楚州刺史。丙戌(十一日),宋王李成器和豳王李守礼被任命为刺史的事也停止执行。

唐睿宗召见三品以上官员,对他们说:"朕一向恬淡寡欲,并不以天子的尊位为贵,当初任皇嗣以及中宗时作皇太弟,都坚决地推辞掉了。现在朕打算把皇位传给皇太子,你们认为怎么样?"在场的大臣们都没有回答。太子李隆基让右庶子李景伯出面坚决推辞,唐睿宗没有同意。殿中侍御史和逢尧向来依附太平公主,便对唐睿宗说道:"陛下年纪还不很老,正是被天下人依靠景仰的时候,怎么能急急忙忙地禅位于皇太子呢!"唐睿宗这才打消了这个念头。

戊子(四月十三日),唐睿宗发布制命:"所有朝廷政务,一律由皇太子负责处理。涉及军旅重事、死刑的审核以及对五品以上官员的任命,都要先与皇太子商议,然后再上奏。"

五月,太子李隆基请求将太子之位让给宋王李成器,唐睿宗没有同意。太子又请求将太平公主召回京师，唐睿宗表示同意。

【原文】

玄宗至道大圣大明孝皇帝上之上先天元年（壬子，712年）

太平公主使术者言于上曰："彗所以除旧布新，又帝座及心前星皆有变，皇太子当为天子。"上曰："传德避灾，吾志决矣。"太平公主及其党皆力谏，以为不可，上曰："中宗之时，群奸用事，天变屡臻。朕时请中宗择贤子立之以应灾异，中宗不悦，朕忧恐数日不食。岂可在彼则能劝之，在己则不能邪！"太子闻之，驰入见，自投于地，叩头请曰："臣以微功，不次为嗣，惧不克堪，未审陛下遽以大位传之，何也？"上曰："社稷所以再安，吾之所以得天下，皆汝力也。今帝座有灾，故以授汝，转祸为福，汝何疑邪！"太子固辞。上曰："汝为孝子，何必待枢前然后即位邪！"太子流涕而出。

壬辰，制传位于太子，太子上表固辞。太平公主劝上虽传位，犹宜自总大政。上乃谓太子曰："汝以天下事重，欲朕兼理之邪？昔舜禅禹，犹亲巡狩，朕虽传位，岂忘家国！其军国大事，当兼省之。"

八月，庚子，玄宗即位，尊睿宗为太上皇。上皇自称曰朕，命曰诰，五日一受朝于太极殿。皇帝自称曰予，命曰制、敕，日受朝于武德殿。三品以上除授及大刑政决于上皇，余皆决于皇帝。

【译文】

唐玄宗先天元年（壬子，公元712年）

太平公主指使一个懂天文历法的人向唐睿宗进言说："彗星的出现标志着将要除旧布新，再说位于天市垣内的帝座以及心前星均有变化，所主之事乃是皇太子应当登基即位。"唐睿宗说："将帝位传给有德之人，以避免灾祸，我的决心已定。"太平公主和她的同伙们都极力谏阻，认为这样做不行，唐睿宗说："中宗皇帝在位时，一群奸佞小人专擅朝政，上天屡次用灾异来表示警告。朕当时请求中宗选择贤

明的儿子立为皇帝以避免灾祸,但中宗很不高兴,朕也因此而担忧恐惧以至于几天吃不下饭。朕怎么能够对中宗可以劝他禅位,对自己却不能做到这一点呢!"太子李隆基知道这个消息后,赶忙入宫朝见,跪在地上边叩头边说:"臣因尺寸之功,就被破格立为皇嗣,即使是做太子还担心无法胜任,陛下又突然要将帝位传给臣,不清楚这究竟是为了什么?"唐睿宗对太子说:"大唐的宗庙社稷之所以再次安然无恙,我之所以能够君临天下,都是由于你立下大功。现在

唐玄宗

帝座星有灾变出现,所以我将帝位禅让给你,以便能转祸为福,你还有什么可疑惑的呢!"太子李隆基还是坚决推辞不受。唐睿宗说:"你是一个孝子,为什么非要等到站在我的灵柩前才能即皇帝之位呢!"太子只好流着眼泪走了出来。

壬辰(七月二十五日),唐睿宗颁发制命,决定将帝位传给太子李隆基,太子上表坚决推辞。太平公主劝说唐睿宗,最好在禅让之后,还要亲自执掌朝政大事。于是唐睿宗对太子说:"你是不是觉得国家事务十分繁重,要让朕帮你处理一些事务呢?想当初唐尧将帝位禅让给虞舜后,还要亲自到各地去巡视,现在朕虽然将帝位传给了你,哪里就能对家国之事漠不关心呢!此后凡有军国大事,朕还是会参与处理的。"

八月,庚子(初三),唐玄宗即皇帝位,将唐睿宗尊奉为太上皇。太上皇自称为"朕",所发布的命令称为"诰",每五天一次在太极殿接受群臣朝见。皇帝自称为"予",所发布的命令称为"制""敕",每天都在武德殿接受群臣朝见。凡涉及三品以上官员的任命以及重大的刑狱政务由太上皇决定,其余政务均由皇帝决断。

【原文】

开元元年（癸丑，713年）

太平公主依上皇之势，擅权用事，与上有隙，宰相七人，五出其门。文武大臣，太半附之，与窦怀贞、岑羲、萧至忠、崔湜及太子少保薛稷、雍州长史新兴王晋、左羽林大将军常元楷、知右羽林将军事李慈、左金吾将军李钦、中书舍人李猷、右散骑常侍贾膺福、鸿胪卿唐晙及僧慧范等谋废立，又与宫人元氏谋于赤箭粉中置毒进于上。晋，德良之孙也。元楷、慈数往来主第，相与结谋。

王琚言于上曰："事迫矣，不可不速发。"左丞张说自东都遣人遗上佩刀，意欲上断割。荆州长史崔日用人奏事，言于上曰："太平谋逆有日，陛下往在东宫，犹为臣子，若欲讨之，须用谋力。今既光临大宝，但下一制书，谁敢不从？万一奸宄得志，悔之何及！"上曰："诚如卿言；直恐惊动上皇。"日用曰："天子之孝在于安四海。若奸人得志，则社稷为墟，安在其为孝乎！请先定北军，后收逆党，则不惊动上皇矣。"上以为然。以日用为吏部侍郎。

【译文】

开元元年（癸丑，公元713年）

太平公主倚仗太上皇唐睿宗的势力专擅朝政，与唐玄宗发生尖锐的冲突，朝中七位宰相之中，有五位是出自她的门下，文臣武将之中也有一半以上的人依附她。太平公主与窦怀贞、岑羲、萧至忠、崔湜以及太子少保薛稷、雍州长史新兴王李晋、左羽林大将军常元楷、知右羽林将军事李慈、左金吾将军李钦、中书舍人李猷、右散骑常侍贾膺福、鸿胪寺卿唐晙和胡僧慧范等一起图谋废掉唐玄宗，此外，太平公主又与宫女元氏合谋，准备在进献给玄宗皇帝服用的天麻粉中投毒。李晋是李德良的孙子。常元楷和李慈多次前往太平公主的私宅，与她一同订下作乱的计谋。

王琚对唐玄宗进言道："形势已十分紧迫，陛下不可不迅速行动了。"尚书左丞张说从东都洛阳派人给唐玄宗送来了一把佩刀,意思是请玄宗及早决断,铲除太平公主的势力。荆州长史崔日用入朝奏事,对唐玄宗说:"太平公主图谋叛逆,是由来已久的事情。当初,陛下在东宫做太子时,在名分上还是臣子,如果那时想铲除太平公主,需要施用计谋。现在陛下已为全国之主,只需颁下一道制书,有哪一个敢于抗命不从?如果犹豫不决,万一奸邪之徒的阴谋得逞,那时候再后悔可就来不及了!"唐玄宗说:"你说得非常正确,只是朕担心会惊动太上皇。"崔日用又说道:"天子的大孝在于使四海安宁。倘若奸党得志,则社稷宗庙将化为废墟,陛下的孝行又怎么体现出来呢!请陛下首先控制住左右御林军和左右万骑军,然后再将太平公主及其党羽一网打尽,这样就不会惊动太上皇了。"唐玄宗认为他说的很对,便任命他为吏部侍郎。

资治通鉴第二百一十一卷

唐纪二十七

【原文】

玄宗至道大圣大明孝皇帝上之中开元二年（甲寅，714年）

中宗以来，贵戚争营佛寺，奏度人为僧，兼以伪妄；富户强丁多削发以避摇役，所在充满。姚崇上言："佛图澄不能存赵，鸠摩罗什不能存秦，齐襄、梁武，未免祸殃。但使苍生安乐，即是福身；何用妄度奸人，使坏正法！"上从之。丙寅，命有司沙汰天下僧尼，以伪妄还俗者万二千余人。

黄门监魏知古，本起小吏。因姚崇引荐，以至同为相。崇意轻之，请知古摄吏部尚书、知东都选事，遣吏部尚书宋璟于门下过官；知古衔之。

崇二子分司东都，恃其父有德于知古，颇招权请托；知古归，悉以闻。他日，上从容问崇："卿子才性何如？今何官也？"崇揣知上意，对曰："臣有三子，两在东都，为人多欲而不谨；是必以事干魏知古，臣未及问之耳。"上始以崇必为其子隐，及闻崇奏，喜问："卿安从知之？"对曰："知古微时，臣卵而翼之。臣子愚，以为知古必德臣，容其为非，故敢干之耳。"上于是以崇为无私，而薄知古负崇，欲斥之。崇固请曰："臣子无状，挠陛下法，陛下赦其罪，已幸矣；苟因臣逐知古，天下必以陛下为私于臣，累圣政矣。"上久乃许之。辛亥，知古罢为工部尚书。

【译文】

唐玄宗开元二年（甲寅，公元714年）

自唐中宗即位以来，皇亲国戚竞相营建佛寺，奏请度人出家为和尚，其中有不少弄虚作假的；富裕人家的子弟以及身强力壮的男子纷纷削发为僧以逃避徭役，这种人简直到处都是。姚崇向唐玄宗建议道："佛图澄未能使后赵国运长久、鸠摩罗什也无法使后秦免于覆亡，齐襄帝、梁武帝同样未能免于国破家亡。只要陛下能够使百姓安居乐业，就是有福之身，哪里用得着剃度奸诈之徒为僧，让他们败坏佛法呢！"唐玄宗采纳了他的建议。丙寅（正月，疑误），唐玄宗命令有关部门筛选淘汰全国的和尚尼姑，因弄虚作假被勒令还俗的僧尼共计一万二千余人。

黄门监魏知古本是小吏出身，凭借着姚崇的引荐，才与姚崇同朝为相。姚崇内心里有些轻视他，所以让他代理吏部尚书职务，负责主持东都洛阳的官吏铨选之事，另派吏部尚书宋璟在门下省负责审定吏部、兵部注拟的六品以下职事官。魏知古因此对姚崇十分不满。

姚崇的两个儿子在分设于东都洛阳的中央官署任职，倚仗其父对魏知古有恩，大肆揽权，为他人私下向魏知古求官；魏知古回到长安后，把这些事全都告诉了玄宗皇帝。过了几天，玄宗漫不经心地向姚崇问道："您的儿子才干品性怎么样？现在担任什么官职啊？"姚崇揣摩到了玄宗的心思，便回答说："臣有三个儿子，其中有两个在东都任职，他们为人欲望很大，行为也很不检点；现在他们一定是有事私下嘱托魏知古，只不过是臣没有来得及去讯问他们而已。"唐玄宗原先以为姚崇一定会为他的儿子隐瞒，在听了他的这番回答之后，高兴地问道："您怎么知道这件事的呢？"姚崇回答说："在魏知古地位卑微之时，臣曾经多方关照他。臣的儿子非常愚鲁，认为魏知古一定会因此而感激臣，从而会容忍他们为非作歹，所以才敢于向他干求请托。"唐玄宗因此而认为姚崇忠正无私，而看不起魏知古的忘恩负义，想要罢黜他的职务。姚崇坚决地请求玄宗不要这样做，他说："此事乃是臣的两个儿子有罪，破坏了陛下的法度，陛下赦免了他们的罪过，臣已经是感到万幸了；如果由于臣的缘故而斥逐魏知古，天下的人们一定会认为陛下是在偏袒臣，这样会累及圣朝的声誉。"唐玄宗沉吟了很久才答应了他的请求。辛亥（五月二十五日），魏知古被免去相职，改任工部尚书。

【原文】

三年（乙卯，15年）

春，正月，癸卯，以卢怀慎检校吏部尚书兼黄门监。怀慎清谨俭素，不营资产，虽贵为卿相，所得俸赐，随散亲旧，妻子不免饥寒，所居不蔽风雨。

姚崇尝有子丧，谒告十余日，政事委积，怀慎不能决，惶恐，入谢于上。上曰："朕以天下事委姚崇，以卿坐镇雅俗耳。"崇既出，须臾，裁决俱尽，颇有得色，顾谓紫微舍人齐浣曰："余为相，可比何人？"浣未对。崇曰："何如管、晏？"浣曰："管、晏之法虽不能施于后，犹能没身。公所为法，随复更之，似不及也。"崇曰："然则竟如何？"浣曰："公可谓救时之相耳。"崇喜，投笔曰："救时之相，岂易得乎！"

怀慎与崇同为相，自以才不及崇，每事推之，时人谓之"伴食宰相"。

山东大蝗，民或于田旁焚香膜拜设祭而不敢杀，姚崇奏遣御史督州县捕而瘗之。议者以为蝗众多，除不可尽；上亦疑之。崇曰："今蝗满山东，河南、北之人，流亡殆尽，岂可坐视食苗，曾不救乎！借使除之不尽，犹胜养以成灾。"上乃从之。卢怀慎以为杀蝗太多，恐伤和气。崇曰："昔楚庄吞蛭而愈疾，孙叔杀蛇而致福，奈何不忍于蝗而忍人之饥死乎！若使杀蝗有祸，崇请当之。"

皇后妹夫尚衣奉御长孙昕以细故与御史大夫李杰不协。

【译文】

三年（乙卯，公元715年）

春季，正月，癸卯（二十日），唐玄宗任命卢怀慎为检校吏部尚书兼黄门监。卢怀慎为官清廉谨慎，生活节俭朴素，从不谋求资财产业。虽然作了卿相的高官，但常将得到的俸禄和赏赐随手周济亲朋故旧，因而他自己的妻子儿女的生活不能免于饥寒。他所住的房子也因长期失修而难以遮风挡雨。

姚崇曾有一次为儿子办丧事请了十几天的假，从而使得应当处理的政务堆积成山，卢怀慎无法决断，感到十分惶恐，入朝向玄宗谢罪。唐玄宗对他说："朕把天下之事委托给姚崇，只是想让您安坐而对雅士俗人起镇抚作用罢了。"姚崇假满复出之后，只用了一会儿功夫便将未决之事处理完毕，不禁面有得意之色，回头对紫微舍人齐浣道："我做宰相，可以与历史上那些宰相相比？"齐浣没有回答。姚崇继续问道："我与管仲、晏婴相比，谁更好些？"齐浣回答说："管仲、晏婴所奉行的法度虽然未能传之后世，起码也做到终身实施。您所制定的法度则随时更改，似乎比不上他们。"姚崇又问道："那么到底我是什么样的宰相呢？"齐浣回答说："您可以说是一位救时之相。"姚崇听后十分高兴，将手中的笔扔在桌案上说："一位救时宰相，也是不容易找到的呀！"

卢怀慎与姚崇同时担任宰相，自认为才能不及姚崇，所以每遇到一件事，都要请姚崇处理，当时的人将他称为"伴食宰相"。

山东出现特大蝗虫灾害，有些灾民在受灾田地的旁边焚香膜拜设祭祈福，却不敢下手捕杀蝗虫。姚崇奏请派遣御史督促各州县捕杀埋葬蝗虫。有些人认为蝗虫数量太多，无法尽行除灭，玄宗也对此举能否奏效感到疑惑。姚崇说："现在山东蝗虫漫山遍野，黄河南北两岸百姓逃亡略尽，岂可坐视蝗虫吞噬禾苗，却不动手灭蝗救灾呢！即使这样做没能将蝗虫全部杀灭，也要比养蝗虫造成灾害强。"唐玄宗于是同意按他的意见去办。卢怀慎认为如果杀灭的蝗虫太多，恐怕会对天地阴阳之气的调和造成妨害，姚崇道："当年楚庄王吞吃了水蛭，他的病就痊愈了；孙叔敖杀死了两头蛇，上天降福给他。为什么不忍心看到蝗虫被杀死却忍心看着百姓被饿死呢！倘若杀死蝗虫会招来灾祸，那么我姚崇请求一人承当责任。"

王皇后的妹夫、尚衣奉御长孙昕因一些小事与御史大夫李杰关系不睦。

【原文】

四年（丙辰，716年）

春，正月，昕与其妹夫杨仙玉于里巷伺杰而殴之。杰上表自诉曰："发肤见毁，虽则痛身，冠冕被陵，诚为辱国。"上大怒，命于朝堂杖杀，以谢百僚。仍以敕书慰杰曰："昕等朕之密戚，不能训导，使陵犯衣冠，虽置以极刑，未足谢罪。卿宜以刚肠疾恶。勿以凶人介意。"

丙申，以尚书左丞源乾曜为黄门侍郎、同平章事。

姚崇无居第，寓居罔极寺，以病痁谒告，上遣使问饮食起居状，日数十辈。源乾曜奏事或称旨，上辄曰："此必姚崇之谋也。"或不称旨，辄曰："何不与姚崇议之！"乾曜常谢实然。每有大事，上常令乾曜就寺问崇。癸卯，乾曜请迁崇于四方馆，仍听家人入侍疾；上许之。崇以四方馆有簿书，非病者所宜处，固辞。上曰："设四方馆，为官吏也；使卿居之，为社稷也。恨不可使卿居禁中耳，此何足辞！"

崇子光禄少卿彝、宗正少卿异，广通宾客，颇受馈遗，为时所讥。主书赵诲为崇所亲信，受胡人赂，事觉，上亲鞫问，下狱当死，崇复营救，上由是不悦。会曲赦京城，敕特标诲名，杖之一百，流岭南。崇由是忧惧，数请避相位，荐广州都督宋璟自代。

十二月，上将幸东都，以璟为刑部尚书、西京留守，令驰驿诣阙，遣内侍、将军杨思勖迎之。璟风度凝远，人莫测其际，在涂竟不与思勖交言。思勖素贵幸，归，诉于上，上嗟叹良久，益重璟。

闰月，己亥，姚崇罢为开府仪同三司，源乾曜罢为京兆尹、西京留守，以刑部尚书宋璟守吏部尚书兼黄门监，紫微侍郎苏颋同平章事。

璟为相，务在择人，随材授任，使百官各称其职；刑常无私，敢犯颜直谏。上甚敬惮之，虽不合意，亦曲从之。

姚、宋相继为相，崇善应变成务，璟善守法持正；二人志操不同，然协心辅佐，使赋役宽平，刑罚清省，百姓富庶。唐世贤相，前称房、杜，后称姚、宋，他人莫得比焉。二人每进见，上辄为之起，去则临轩送之。及李林甫为相，虽宠任过于姚、宋，然礼遇殊卑薄矣。紫微舍人高仲舒博通典籍，齐浣练习时务，姚、宋每坐二人以质所疑，既而叹曰："欲知古，问高君，欲知今，问齐君，可以无阙政矣。"

【译文】

四年（丙辰，公元716年）

春季，正月，长孙昕和他的妹夫杨仙玉在小巷里等候李杰将他痛打了一顿。李杰上表自诉道："臣的头发皮肤被毁伤，只不过是受了皮肉之苦，臣的朝服衣冠受侵凌，则使国家的尊严受到了侮辱。"唐玄宗听了勃然大怒，下令在朝堂将长孙昕和杨仙玉用刑杖活活打死，以向文武臣僚谢罪。玄宗还专门降敕安慰李杰道："长孙昕等人是朕的近亲，朕平日训导不力，致使他们敢侵犯朝廷大臣。现在虽已将他们处以极刑，恐怕仍不足以谢罪。还望您仍以刚正之心，憎恨坏人坏事，不要把这样的恶人放在心上。"

丙申（十一月二十四日），唐玄宗任命尚书左丞源乾曜为黄门侍郎、同平章事。

姚崇自己没有住宅，寓居在罔极寺中，因身患疟疾向玄宗请假，玄宗屡次派使者询问他的日常饮食起居状况，每日竟达数十次之多。源乾曜上奏言事时，每当他的回答符

玄宗圣旨碑 唐

合玄宗的旨意，玄宗总是说："这一定是姚崇的主意。"如果有时的回答不符合玄宗的旨意，玄宗就说："你为什么不事先与姚崇商量一下呢！"源乾曜也常常向玄宗道歉，承认确实是如此。朝中一有大事，玄宗就要让源乾曜到罔极寺询问姚崇的意见。癸卯（疑误），源乾曜请求将姚崇从罔极寺搬到四方馆居住，并准许他的家属入馆照料他的病，玄宗答应了这个要求。姚崇认为四方馆内存有官署的文书，不是病人应当居住的地方，因此坚决推辞，唐玄宗对他说："设置四方馆本来就是为官

员服务的；朕安排您住进来，是为国家考虑。朕恨不得让您住到宫里，您还有什么可推辞的呢！"

姚崇的两个儿子光禄少卿姚彝和宗正少卿姚异，平日广交宾客，收受了许多礼物，受到当时人们的非议。主书赵诲受到姚崇的亲近信任，他接受胡人的贿赂被发觉，玄宗亲自审讯，罪当处以死刑，姚崇出面营救，唐玄宗因此不高兴。恰巧赶上因特殊情况赦免京城的在押罪犯，唐玄宗在赦免敕书中专门标出赵诲的名字，另处以杖刑一百，并流放岭南。姚崇因此而感到担心和恐惧，便屡次请求辞去宰相职务，推荐广州都督宋璟代替自己为相。

十二月，唐玄宗将要到东都洛阳，任命宋璟为刑部尚书、西京留守，他日夜兼程赶赴京城，并派内侍、将军杨思勖前去迎接。宋璟风度凝重深沉，令人难测，在赴京途中居然没有与杨思勖交谈。杨思勖一向深得玄宗宠幸，回京后便向玄宗诉说，唐玄宗慨叹了好长时间，越发敬重宋璟。

闰十二月，己亥（二十八日），姚崇被罢免为开府仪同三司；源乾曜被罢免为京兆尹、西京留守。唐玄宗任命刑部尚书宋璟守吏部尚书兼黄门监，还任命紫微侍郎苏颋为同平章事。

宋璟做宰相，致力于选拔人才，根据才能的不同授予相应的官职，使文武百官人人称职；宋璟行赏施罚不徇私情，对皇帝也敢于犯颜直谏。玄宗对他也十分敬畏，有时他奏对不合己意，玄宗也往往曲意听从。

姚崇和宋璟相继为相，姚崇擅长随机应变以圆满地完成任务，宋璟则擅长遵守成法坚持正道；两个人的志向操守不同，却能同心协力辅佐玄宗，使得这个时期赋役宽平，刑罚清省，百姓富庶。在唐一代的贤相中，前有贞观朝的房玄龄和杜如晦，后有开元朝的姚崇和宋璟，其他的人，则无法与此四人相提并论。姚崇与宋璟进见时，唐玄宗常常要站起来迎接，他们离开时，唐玄宗便要在殿前相送。等到李林甫做宰相时，虽然受到的宠信超过了姚崇和宋璟，但得到的礼遇就太微薄了。这一时期的紫微舍人高仲舒博通典籍，齐浣则通达时务，姚崇和宋璟每有疑难问题，都要向高仲舒和齐浣征求意见，得到满意的答复之后感叹道："想了解往古之制，可以向高君请教，想知道当今之事，可以向齐君请教，这样，处理政事就不会出现差错了。"

【原文】

五年（丁巳，717年）

贞观之制，中书、门下及三品官入奏事，必使谏官、史官随之，有失则匡正，美恶必记之；诸司皆于正牙奏事，御史弹百官，服豸冠，对仗读弹文；故大臣不得专君而小臣不得为谗慝。及许敬宗、李义府用事，政多私僻，奏事官多俟仗下，于御坐前屏左右密奏，监奏御史及待制官远立以俟其退；谏官、御史皆随仗出，仗下后事，不复预闻。武后以法制群下，谏官、御史得以风闻言事，自御史大夫至监察得互相弹奏，率以险诐相倾覆。及宋璟为相，欲复贞观之政，戊申，制："自今事非的须秘密者，皆令对仗奏闻，史官自依故事。"

【译文】

五年（丁巳，公元717年）

贞观时期曾规定：中书省、门下省以及三品官入朝奏事，须有谏官、史官随同，如有过失则及时匡正，无论善恶均记录在册；诸司奏事均在正衙，御史弹劾百官时，必须头戴獬豸冠，对着皇帝的仪仗朗读弹劾的奏表；所以大臣无法独自控制和蒙蔽君主，小臣也无从进谗行恶。到了许敬宗、李义府执政时期，朝政多隐秘策划、邪僻不正，官员奏事大多是等仪仗撤下后，屏退左右，在皇帝御坐之前秘密进行的，监察御史和待制官只是远远侍立以等候奏事的大臣退下；谏官和史官也是随皇帝仪仗一同退出的，至于仪仗撤下以后发生的事，则无从得知。武则天以刑法控制臣下，谏官和御史可以仅凭传闻奏事，自御史大夫至监察御史可以互相弹奏，致使臣下大多以邪诡不正的手段相互陷害。宋璟做宰相以后，想恢复贞观时期的制度。戊申（九月十二日），唐玄宗发布制命："从今以后，凡事如果不是必须保密的，一律对仗奏闻，史官也要按贞观时的旧例加以记录。"

资治通鉴第二百一十二卷

唐纪二十八

【原文】

玄宗至道大圣大明孝皇帝上之下开元六年（戊午，718年）

广州吏民为宋璟立遗爱碑。璟上言："臣在州无他异迹，今以臣光宠，成彼谄谀；欲革此风，望自臣始，请敕下禁止。"上从之。于是他州皆不敢立。

【译文】

唐玄宗开元六年（戊午，公元718年）

广州的官吏百姓为宋璟修建遗爱碑。宋璟向玄宗进言说："臣任广州都督期间并无优异的政绩，现在由于臣地位显耀，才造成那些人的阿谀奉承；要革除这种恶劣的风气，希望从臣这儿开始，请陛下降敕禁止为臣立碑。"玄宗采纳了他的建议。于是其他各州都不敢再干立碑的事。

【原文】

七年（己未，719年）

三月，乙卯，以左武卫大将军、检校内外闲厩使、苑内营田使王毛仲行太仆卿。毛仲严察有干力，万骑功臣、闲厩官吏皆惮之，苑内所收常丰溢。上以为能，故有宠。虽有外第，常居闲厩侧内宅，上或时不见，则悄然若有所失；宦官杨思

勋、高力士皆畏避之。

九月，甲寅，徙宋王宪为宁王。上尝从复道中见卫士食毕，弃余食于窦中，怒，欲杖杀之；左右莫敢言。宪从容谏曰："陛下从复道中窥人过失而杀之，臣恐人人不自安。且陛下恶弃食于地者，为食可以养人也；今以余食杀人，无乃失其本乎！"上大悟，蹶然起曰："微兄，几至滥刑。"遽释卫士。是日，上宴饮极欢，自解红玉带，并所乘马以赐宪。

选人宋元超于吏部自言侍中璟之叔父，冀得优假。璟闻之，牒吏部云："元超，璟之三从叔，常在洛城，不多参见。既不敢缘尊辄隐，又不愿以私害公。向者无言，自依大例，既有声听，事须矫枉；请放。"

【译文】

七年（己未，公元719年）

三月，乙卯（二十六日），唐玄宗任命左武卫大将军、检校内外闲厩使、苑内营田使王毛仲担任太仆寺卿。王毛仲谨严精明，有才干能力，万骑军中的有功之臣和闲厩官吏都惧怕他，苑中的收入一般很丰盛。唐玄宗认为他很有才干，因此受到了玄宗的宠爱。王毛仲虽然在外面有宅第，却常常住在宫内闲厩旁边的宅中，有时玄宗见不到他，就会感到若有所失。宦官杨思勖和高力士都对他十分敬畏。

九月，甲寅（疑误），玄宗将宋王李宪改封为宁王。有一次玄宗在楼阁之间的天桥上发现卫士将吃剩的饭菜倒在坑穴中，感到非常生气，想要将这个卫士用刑杖活活打死。玄宗身边的人没有敢说话的。李宪不慌不忙地规劝道："陛下从天桥上偷偷地发现他人的过失，就要将其处死，臣担心这样做会使得人人自危。再说陛下憎恶他人将饭菜倒在地上，是因为饭菜能够养活人，如果现在因为一点点剩饭剩菜就要杀人，恐怕与陛下的本意不符吧！"玄宗恍然大悟，急忙站起来回答说："幸亏有了皇兄的规谏，否则几乎要滥用刑罚了。"说完赶忙将卫士释放。在这一天的宴席上，玄宗极为高兴，亲自解下自己的红玉带，连同自己所乘的坐骑一起赏赐给李宪。

候选的官员宋元超在吏部自称是侍中宋璟的叔父,希望因此能得到关照。宋璟得知此事后,发文书给吏部说:"宋元超是我同高祖的叔父,由于他定居在洛城,因而未能经常前去参见。我既不敢因为他是长辈就为之隐瞒,又不愿以私害公。以往他没有提出这层关系,吏部自然可以照章办事,现在他既然已把我们的关系声张出去,那么就必须矫枉过正了。请不要录用他。"

【原文】

八年(庚申,720年)

侍中宋璟疾负罪而妄诉不已者,悉付御史台治之。谓中丞李谨度曰:"服不更诉者出之,尚诉未已者且系。"由是人多怨者。会天旱有魃,优人作魃状戏于上前,问魃:"何为出?"对曰:"奉相公处分。"又问:"何故?"魃曰:"负冤者三百余人,相公悉以系狱抑之,故魃不得不出。"上心以为然。

丁卯,以源乾曜为侍中,张嘉贞为中书令。

乾曜上言:"形要之家多任京官,使俊乂之士沉废于外。臣三子皆在京,请出其二人。"上从之。因下制称乾曜之公,命文武官效之,于是出者百余人。

张嘉贞吏事强敏,而刚躁自用。中书舍人苗延嗣、吕太一、考功员外郎员嘉静、殿中侍御史崔训皆嘉贞所引进,常与之议政事。四人颇招权,时人语曰:"令公四俊,苗、吕、崔、员。"

上禁约诸王,不使与群臣交结。光禄少卿驸马都尉裴虚己与岐王范游宴,仍私挟谶纬;戊子,流虚己于新州,离其公主。万年尉刘庭琦、太祝张谔数与范饮酒赋诗,贬庭琦雅州司户,谔山茌丞。然待范如故,谓左右曰:"吾兄弟自无间,但趋竞之徒强相托附耳。吾终不以此责兄弟也。"上尝不豫,薛王业妃弟内直郎韦宾与殿中监皇甫恂私议休咎;事觉,宾杖死,恂贬锦州刺史。业与妃惶惧待罪,上降阶执业手曰:"吾若有心猜兄弟者,天地实殛之。"即与之宴饮,仍慰谕妃,令复位。

【译文】

八年，（庚申，公元720年）

侍中宋璟很厌恶那些明明有罪却没完没了地四处告状的人，便将这些人全都交付御史台治罪。他对御史中丞李谨度说："你应当将那些已认罪不再上诉的人释放，把那些还在不停地申诉的人先关起来。"所以很多人怨恨他。正赶上旱神作怪，天下大旱，宫中演滑稽戏的俳优在玄宗面前扮作旱神模样演戏，其中一个演员问"旱神"道："你为什么到人间来降灾呢？""旱神"回答说："我是奉了丞相的命令降临人间的。"又问："这是为什么？""旱神"接着回答："蒙冤者达三百余人，丞相将他们全都关进监狱，借此压制他们，所以我不得不到人间降灾以示警告。"唐玄宗心中对此也有同感。

丁卯（五月十五日），唐玄宗任命源乾曜为侍中，任命张嘉贞为中书令。

源乾曜进言："现在出身于权贵之家的人大多在京师任官，德高望重之士反在京外任职。臣有三个儿子，均在京城任官，请陛下将其中两个外放任职。"玄宗答应了他的请求，并颁下制命称赞源乾曜公正无私，命令文武百官向他学习，于是到京外任职的达一百余人。

张嘉贞处理公务精明强干，只是性情急躁刚愎自用。中书舍人苗延嗣、吕太一、考功员外郎员嘉静和殿中侍御史崔训都是张嘉贞提拔任用的，张嘉贞也常与这四个人商议朝政大事。这四个人处处揽权，当时的人这样流传说："中书令张公的四位俊才，是苗延嗣、吕太一、崔训和员嘉静。"

唐玄宗禁止诸王与群臣交结。光禄少卿驸马都尉裴虚己与岐王李范一起游观宴饮，并且私自挟带谶纬之书；戊子（十月初九），唐玄宗将裴虚己流放到新州，并让霍国公主与他离婚。万年县尉刘庭琦和太常寺太祝张谔也因屡次与李范在一起饮酒赋诗而分别被贬为雅州司户和山茱县丞。但玄宗仍然像以往那样善待李范，他对左右侍臣说："朕的兄弟自然没有问题，不过是那些趋炎附势的小人极力巴结而已。朕决不会因此而责怪自己的兄弟。"有一次玄宗生了病，薛王李业之妃的弟弟、内直郎韦宾与殿中监皇甫恂私议吉凶之事；事发后，韦宾被用刑杖打死，皇甫恂被贬为锦州刺史。李业与其妃子十分惶恐，只等着玄宗治罪了，唐玄宗走下台阶拉着李业的手说："我如果有猜忌兄弟之心，天地不容。"并且与他一同入席饮酒，此外还好言安慰李业之妃，让她仍当王妃。

【原文】

九年（辛酉，721年）

监察御史宇文融上言，天下户口逃移，巧伪甚众，请加检括。融，敬之玄孙也，源乾曜素爱其才，赞成之。二月，乙酉，敕有司议招集流移、按诘巧伪之法以闻。

丁亥，制："州县逃亡户口听百日自首，或于所在附籍，或牒归故乡，各从所欲。过期不首，即加检括，谪徙边州；公私敢容庇者抵罪。"以宇文融充使，括逃移户口及籍外田，所获巧伪甚众。迁兵部员外郎兼侍御史。融奏置劝农判官十人，并摄御史，分行天下。其新附客户，免六年赋调。使者竞为刻急，州县承风劳扰，百姓苦之。阳翟尉皇甫憬上疏言其状；上方任融，贬憬盈川尉。州县希旨，务于获多，虚张其数，或以实户为客，凡得户八十余万，田亦称是。

蒲州刺史陆象先政尚宽简，吏民有罪，多晓谕遣之。州录事言于象先曰："明公不施箠挞，何以示威！"象先曰："人情不远，此属岂不解吾言邪！必欲箠挞以示威，当从汝始！"录事惭而退。象先尝谓人曰："天下本无事，但庸人扰之耳。苟清其源，何忧不治！"

丁未，梁文献公姚崇薨，遗令："佛以清净慈悲为本，而愚者写经造像，冀以求福。昔周、齐分据天下，周则毁经像而修甲兵，齐则崇塔庙而弛刑政，一朝合战，齐灭周兴。近者诸武、诸韦，造寺度人，不可胜纪，无救族诛。汝曹勿效儿女子终身不寤，追荐冥福！道士见僧获利，效其所为，尤不可延之于家。当永为后法！"

安州别驾刘子玄卒。子玄即知几也，避上嫌名，以字行。

著作郎吴兢撰《则天实录》,言宋璟激张说使证魏元忠事。说修史见之,知兢所为,谬曰:"刘五殊不相借!"兢起对曰:"此乃兢所为,史草具在,不可使明公枉怨死者。"同僚皆失色。其后说阴祈兢改数字,兢终不许,曰:"若徇公请,则此史不为直笔,何以取信于后!"

【译文】

九年（辛酉,公元721年）

监察御史宇文融进言,认为全国各地民户人口流散逃移,弄虚作假现象十分普遍,希望加以核查。宇文融是宇文敳的玄孙,源乾曜向来喜欢他的才能,故而极为赞成他的建议。二月,乙酉（初八）,玄宗敕令有关部门研究一下招集流散人口以及追查弄虚作假现象的办法,并将研究结果上奏。

丁亥（初十）,唐玄宗颁下制命:"各州县逃亡的户口,允许在百日内自己主动申报,或在现在的住地编入户籍,或发文书回原籍申报户口,都可按自己的心愿办理。凡过期不报者,一经官府查出,一律迁徙到边远州县安置。官民人等如有隐藏包庇者,也照此处治。"任命宇文融充任朝廷使者,负责搜求逃亡流失的户口及清查隐瞒不服的田地,查出的弄虚作假现象非常多。宇文融因此被擢升为兵部员外兼侍御史。宇文融还奏请唐玄宗设置了十位劝农判官,都兼任代理御史,分头巡行全国各地。凡新近编入户籍的客户,均免除六年的赋调。各路使者在执法上竞相追求严峻苛刻,所在州县官吏又一味迎合使者,变本加厉地骚扰百姓,致使百姓苦不堪言。阳翟县尉皇甫憬上疏反映这一情况,由于玄宗正信任宇文融,所以皇甫憬反被贬职为盈川尉。州县官吏迎合上司的旨意,务求多得逃户,为此不惜虚报数量,甚至有的把户籍中原有的实户也当作新增的客户呈报上去。此次共查出流失的民户八十余万,查出的被隐瞒土地的数目也与此基本相当。

蒲州刺史陆象先为政崇尚宽厚简约,属下官吏百姓有罪,多当面用好言劝诫,然后让他们离开。蒲州录事对陆象先说:"明公不用刑杖,怎么能显示威风呢!"陆象先回答说:"人心都是相通的,难道这些人不理解我的话吗!如果你一定要我用刑杖来显示威风，那就应当从你开始！"录事十分惭愧，赶忙退出。陆象先曾对人说："天下本无事，只是庸人自扰罢了。为政若能正本清源，何忧天下不治！"

丁未（九月初三），梁文献公姚崇去世，临死留下这样的遗嘱："佛教以清静慈悲为本，愚昧的人却希望通过抄写经文、建造佛像来求得来世之福。过去的北齐与北周两国对峙，北周毁弃佛经佛像而整治军队，北齐却丢开刑罚与政令，大量建造佛寺，等到两国一交战，结果是北齐灭亡，北周勃兴。近代的武氏成员和韦氏诸人，所建之寺与所度之僧数不胜数，却并未免除其宗族被夷灭的后果。在我死后，你们不要像凡夫俗女那样愚昧无知，为我诵经超度以求死后之福！道士们见僧尼因此而获利，也效法僧尼，更不能将他们请进家门。这条家训，子孙后代应当永远遵守！"

安州别驾刘子玄去世。刘子玄即刘知几，为避玄宗皇帝李隆基姓名的同音字而以字行于世。

著作郎吴兢撰修了《则天实录》，其中记载了宋璟激励张说为魏元忠作证的真实经过。张说在修史时见到了这段记载，心里知道是吴兢所写，嘴里却故意说道："刘五（即刘知几）在修史时对我一点都不帮忙！"吴兢马上站起来回答说："这一段是我吴兢写的，所有的草稿都还在，我不能让明公您错怪了已经死去的刘子玄。"在座的同僚听了这话全都大惊失色。后来张说私下里请求吴兢将这段记载略改几字，吴兢始终没有答应，他说："我要是曲从您的要求，《则天实录》就不再是秉笔直书的信史，将何以取信于后人！"

【原文】

十年（壬戌，722年）

初，上之诛韦氏也，王皇后颇预密谋，及即位数年，色衰爱弛。武惠妃有宠，阴怀倾夺之志，后心不平，时对上有不逊语。上愈不悦，密与秘书监姜皎谋以后无子废子，皎泄其言。嗣滕王峤，后之妹夫也，奏之。上怒，张嘉贞希旨构成其罪，云："皎妄谈休咎。"甲戌，杖皎六十，流钦州，弟吏部侍郎晦贬春州司马；亲党坐流、死者数人，皎卒于道。

己亥，敕："宗室、外戚、驸马，非至亲毋得往还；其卜相占候之人，皆不得出入百官之家。"

初，诸卫府兵，自成丁从军，六十而免，其家又不免杂徭，浸以贫弱，逃亡略尽，百姓苦之。张说建议，请召募壮士充宿卫，不问色役，优为之制，逋逃者必争出应募；上从之。旬日，得精兵十三万，分隶诸卫，更番上下。兵农之分，从此始矣。

【译文】

十年（壬戌，公元722年）

起初，在唐玄宗定诛除韦后之计的时候，王皇后参与了很多秘密的策划，到了玄宗即位几年以后，皇后姿色渐衰，玄宗对她的宠幸也大不如前。此时武惠妃颇受玄宗宠爱，内心里便有了夺取皇后之位的企图，王皇后对此心中不平，常常对玄宗出言不逊。玄宗对皇后越发不满，暗地里与秘书监姜皎商议，打算以皇后无子为借口将其废黜，姜皎将玄宗这番话泄露了出去。继任的滕王李峤是王皇后的妹夫，便将此事上奏给玄宗。唐玄宗很生气，宰相张嘉贞迎合玄宗的旨意，便罗织而成姜皎的罪名，声称："姜皎妄谈吉凶之事。"甲戌（八月，疑误），姜皎被处以杖刑六十，流放钦州，姜皎之弟吏部侍郎姜晦也被贬为春州司马；姜氏家族的亲属党羽之中还有几个被处以流刑或死刑的，姜皎在赴钦州的途中死去。

己亥（疑误），唐玄宗发布敕命："宗室、外戚、驸马若非骨肉至亲，一律不得相互往来交结；所有占卜看相和观察天象预测吉凶的术士，一律不得出入文武百官之家。"

起初，各卫的府兵，自成丁之年开始从军，至六十岁时方可免役，府兵家中又须负担各种杂役，长此以往便逐渐贫弱，所以各卫的府兵逃亡殆尽，百姓也深以从军为苦。张说向玄宗提出一个建议，请求招募壮丁充任禁兵，应募入伍的壮丁不需负担各种劳役，再制定一些优待他们的条规，这样逃避兵役的人就会争相出来应募。唐玄宗采纳了他的建议。十天之内，即募得精兵十三万，分别隶属于各卫，并轮番值班。唐代兵、农的分离，就是从这时候开始的。

【原文】

十一年（癸亥，723年）

上置丽正书院，聚文学之士秘书监徐坚、太常博士会稽贺知章、监察御史鼓城赵冬曦等，或修书，或侍讲；以张说为修书使以总之。有司供给优厚。中书舍人洛阳陆坚以为此属无益于国，徒为縻费，欲悉奏罢之。张说曰："自古帝王于国家无事之时，莫不崇宫室，广声色，今天子独延礼文儒，发挥典籍，所益者大，所损者微。陆子之言，何不达也！"上闻之，重说而薄坚。

【译文】

十一年（癸亥，公元723年）

唐玄宗设立丽正书院，招纳了秘书监徐坚、太常博士会稽人贺知章、监察御史鼓城人赵冬曦等文学之士，这些人有的著书立说，有的给皇帝讲论文史；玄宗还任命张说为修书使主持其事，有关部门给予这些人的供应十分优厚。中书舍人洛阳人陆坚认为这些人所干的事对国家没有什么益处，只是白白地耗费钱财，打算奏请皇帝将他们全部罢免。张说道："自古以来的帝王在国家安定时期，无不大建宫室，增广耳目声色之好，唯独当今天子延纳和礼遇博学的儒者，阐发和弘扬先圣所遗留下来的文献典籍，这样做对国家大有好处，并且耗费的钱财也极为有限。陆子所说的话，怎么如此不明事理！"玄宗得知此事后，愈发推重张说而鄙视陆坚。

【原文】

十三年（乙丑，725年）

王毛仲有宠于上，百官附之者辐凑。毛仲嫁女，上问何须。毛仲顿首对曰：

"臣万事已备，但未得客。"上曰："张说、源乾曜辈岂不可呼邪？"对曰："此则得之。"上曰："知汝所不能致者一人耳，必宋璟也。"对曰："然。"上笑曰："朕明日为汝召客。"明日，上谓宰相："朕奴毛仲有婚事，卿等宜与诸达官悉诣其第。"既而日中，众客未敢举箸，待璟，久之，方至，先执酒西向拜谢，饮不尽卮，遽称腹痛而归。璟之刚直，老而弥笃。

【译文】

十三年（乙丑，公元725年）

王毛仲深得唐玄宗的宠幸，巴结他的文武官员数不胜数。王毛仲的女儿将要出嫁，玄宗问他还缺什么东西。王毛仲叩头回答道："臣万事均已齐备，只是没有请到客人。"玄宗问道："张说、源乾曜这类人难道喊不来吗？"王毛仲回答说："这些已经请到了。"唐玄宗说："朕知道你请不动的只有一个人，那就是宋璟。"王毛仲说："正是。"玄宗笑着说："朕明天亲自替你请客人。"第二天，玄宗对宰相说："朕的奴才王毛仲为女儿办喜事，你们应当与各位朝廷要员一起去他家贺喜。"直到正午时分，所有的来宾还都不敢动筷子，只等宋璟一人，过了很久，宋璟才到，他先端起酒杯向西行礼拜谢君命，然后未等喝完这一杯酒，便忽然说腹中疼痛难忍而退席回家。宋璟为人刚直，老而更甚。

资治通鉴第二百一十三卷

唐纪二十九

【原文】

玄宗至道大圣大明孝皇帝中之上开元十四年（丙寅，726年）

上欲以武惠妃为皇后，或上言："武氏乃不戴天之仇，岂可以为国母！人间盛言张说欲取立后之功，更图入相之计。且太子非惠妃所生，惠妃复自有子，若登宸极，太子必危。"上乃止。然宫中礼秩，一如皇后。

【译文】

唐玄宗开元十四年（丙寅，公元726年）

唐玄宗想立武惠妃为皇后，有人上书说："您与武氏有不共戴天之仇，怎么能立她为国母？民间盛传张说想谋取册立皇后之功，进而再作担任宰相的打算。况且太子不是武惠妃所生，她自己又有儿子，如果她登上皇后之位，太子必然很危险。"唐玄宗听后才打消了这个念头，但武惠妃在宫中的礼仪级别，一切都如同皇后。

【原文】

十八年（庚午，730年）

开府仪同三司、内外闲厩监牧都使霍国公王毛仲恃宠，骄恣日甚，上每优容之。毛仲与左领军大将军葛福顺、左监门将军唐地文、左武卫将军李守德、右威卫

将军王景耀、高广济亲善，福顺等倚其势，多为不法。毛仲求兵部尚书不得，怏怏形于辞色，上由是不悦。

是时，上颇宠任宦官，往往为三品将军，门施棨戟；奉使过诸州，官吏奉之惟恐不及，所得赂遗，少者不减千缗；由是京城郊畿田园，参半皆在官矣。杨思勖、高力士尤贵幸，思勖屡将兵征讨，力士常居中侍卫。而毛仲视宦官贵近者若无人；甚卑品者，小忤意，辄詈辱如僮仆。力士等皆害其宠而未敢言。

会毛仲妻产子，三日，上命力士赐之酒馔、金帛甚厚，且授其儿五品官。力士还，上问："毛仲喜乎？"对曰："毛仲抱其襁中儿示臣曰：'此儿岂不堪作三品邪！'"上大怒曰："昔诛韦氏，此贼心持两端，朕不欲言之；今日乃敢以赤子怨我！"力士因言："北门奴，官太盛，相与一心，不早除之，必生大患。"上恐其党惊惧为变。

【译文】

十八年（庚午，公元730年）

开府仪同三司、内外闲厩监牧都使霍国公王毛仲依恃唐玄宗的宠爱，一天比一天骄傲放纵，唐玄宗常常容忍他。王毛仲和左领军大将军葛福顺、左监门将军唐地文、左武卫将军李守德、右威卫将军王景耀、高广济很亲近，葛福顺等人依靠他的权势，做了很多不法的事。王毛仲向唐玄宗要求当兵部尚书没有得到同意，常常在言语表情中流露出不满，唐玄宗因此很不高兴。

这时，唐玄宗十分宠信宦官，往往让他们当三品将军，府门前排列棨戟的仪仗。他们奉命出使经过各州，官员们都竭力奉承，只怕达不到他们的要求，每次他们得到的贿赂馈赠都不少于一千缗；因此京城郊区的田园，三分之一以上都到了宦官手中。杨思勖、高力士尤其受宠。杨思勖多次率兵出征，高力士常常在宫中侍卫。但王毛仲对受到天子重视亲近的宦官视若无人；那些品级低的宦官，如稍有违背他的心意，他就像对仆人一样地辱骂他们。高力士等人对王毛仲受到唐玄宗的宠爱都很嫉妒，但又不敢说话。

恰好王毛仲的妻子生了孩子，第三天，唐玄宗派高力士送给他很多好酒美食、金银丝绸，并且授予他儿子五品官。高力士回来，唐玄宗问："王毛仲高兴吗？"高力士回答说："王毛仲抱着他襁褓中的儿子给我看并且说：'我这儿子怎么做不了三品官呢！'"唐玄宗勃然大怒说："以前铲除韦氏，此贼就怀有二心，朕不想说他；今天竟敢用刚出世的儿子来埋怨我！"高力士趁机说："禁卫军的奴才，给他们的官职太大了，他们互相勾结，如不早日除去，必定会发生大乱。"唐玄宗担心王毛仲的党羽因惊惧而发生变故。

【原文】

十九年（辛未，731年）

春，正月，壬戌，下制，但述毛仲不忠怨望，贬瀼州别驾，福顺、地文、守德、景耀、广济皆贬远州别驾，毛仲四子皆贬远州参军，连坐者数十人。毛仲行至永州，追赐死。

自是宦官势益盛。高力士尤为上所宠信，尝曰："力士上直，吾寝则安。"故力士多留禁中，稀至外第。四方表奏，皆先呈力士，然后奏御；小者力士即决之，势倾内外。金吾大将军程伯献、少府监冯绍正与力士约为兄弟；力士母麦氏卒，伯献等被发受吊，擗踊哭泣，过于己亲。力士娶瀛洲吕玄晤女为妻，擢玄晤为少卿，子弟皆王傅。吕氏卒，朝野争致祭，自第至墓，车马不绝。然力士小心恭恪，故上终亲任之。

辛未，遣鸿胪卿崔琳使于吐蕃。琳，神庆之子也。吐蕃使者称公主求《毛诗》《春秋》《礼记》。正字于休烈上疏，以为："东平王汉之懿亲，求《史记》《诸子》，汉犹不与。况吐蕃，国之寇仇，今资之以书，使知用兵权略，愈生变诈，非中国之利也。"事下中书门下议之。裴光庭等奏："吐蕃聋昧顽嚚，久叛新服，因其有请，赐以《诗》《书》，庶使之渐陶声教，化流无外。休烈徒知书有权略变诈之语，不知忠、信、礼、义，皆从书出也。"上曰："善！"遂与之。休烈，志宁之玄孙也。

【译文】

十九年（辛未，公元731年）

春季，正月，壬戌（十三日），唐玄宗下命令，只指出王毛仲对他不忠而且有怨恨情绪，因此降职为瀼州别驾，葛福顺、唐地文、李守德、王景耀、高广济都降职任边远各州的别驾，王毛仲的四个儿子都降职为边远各州的参军，受他们牵连的有几十人。王毛仲走到永州时，唐玄宗又派人在路上将他赐死。

从此，宦官的势力越来越大。高力士尤其被唐玄宗所宠信，唐玄宗曾经说："高力士值班，我睡觉才安心。"所以高力士多数时间留在宫中，很少到宫外的府第居住。各地上报的奏表，都要先呈送高力士，然后上奏唐玄宗。小一点的事，高力士就自己决定了，他的权势超越了所有内侍外臣。金吾大将军程伯献、少府监冯绍正与高力士结为兄弟。高力士的母亲麦氏去世，程伯献等人也去接受百官的吊唁。他们披头散发，捶胸顿足，悲声哭泣，比自己母亲死了还要悲痛。高力士娶瀛洲吕玄晤的女儿为妻，就提拔吕玄晤当少卿，吕家子弟都成为诸王傅。吕氏去世，朝野上下的人都争先恐后前去吊唁哭祭，从他家府门一直到墓前，车马络绎不绝。但高力士一直小心谨慎，恭敬有礼，因此，唐玄宗始终亲近信任他。

辛未（二十二日），唐玄宗派鸿胪寺卿崔琳出使吐蕃。崔琳是崔神庆的儿子。吐蕃使者说金城公主想要《毛诗》《春秋》《礼记》。正字于休烈上书认为："东平王刘宇是汉成帝的亲弟弟，他请求得到《史记》《诸子》，汉成帝尚且不给。何况吐蕃，是我国的仇敌，如果现在把这些书送给他们，使他们知道了用兵的韬略，就会更加机变狡诈，这不符合我国的利益。"唐玄宗把此事交给中书门下商议。裴光庭等人奏道："吐蕃愚昧、顽固而放肆，长期反叛，新近才降服；应该借这次他们求书的机会，把《毛诗》《尚书》送给他们，这可能会使他们逐渐受到大唐教化的陶冶，使教化流布，无远不至。于休烈只知道书籍中有权术谋略、机变狡诈的话语，却不知道忠、信、礼、义也都可以从书籍里表达出来。"唐玄宗说："你们说得好。"就命人把《毛诗》等书送给吐蕃的使节。于休烈是于志宁的玄孙。

【原文】

二十一年（癸酉，733年）

三月，乙巳，侍中裴光庭薨。太常博士孙琬议："光庭用循资格，失劝奖之道，请谥曰克。"其子稹讼之，上赐谥忠献。

上问萧嵩可以代光庭者，嵩与右散骑常侍王丘善，将荐之；固让于右丞韩休。嵩言休于上。甲寅，以休为黄门侍郎、同平章事。

休为人峭直，不干荣利；及为相，甚允时望。始，嵩以休恬和，谓其易制，故引之。及与共事，休守正不阿，嵩渐恶之。宋璟叹曰："不意韩休乃能如是！"上或宫中宴乐及后苑游猎，小有过差，辄谓左右曰："韩休知否？"言终，谏疏已至。上尝临镜默然不乐，左右曰："韩休为相，陛下殊瘦于旧，何不逐之！"上叹曰："吾貌虽瘦，天下必肥。萧嵩奏事常顺指，既退，吾寝不安。韩休常力争，既退，吾寝乃安。吾用韩休，为社稷耳，非为身也。"

夏，六月，癸亥，制："自今选人有才业操行，委吏部临时擢用；流外奏用不复引过门下。"虽有此制，而有司以循资格便于已，犹踵行之。是时，官自三师以下一万七千六百八十六员，吏自佐史以上五万七千四百一十六员，而入仕之涂甚多，不可胜纪。

是岁，分天下为京畿、都畿、关内、河南、河东、河北、陇右、山南东道、山南西道、剑南、淮南、江南东道、江南西道、黔中、岭南，凡十五道，各置采访使，以六条检察非法；两畿以中丞领之，余皆择贤刺史领之。非官有迁免，则使无废更。惟变革旧章，乃须报可；自余听便宜从事，先行后闻。

【译文】

二十一年（癸酉，公元733年）

三月，乙巳（初七），侍中裴光庭去世。太常博士孙琬议论说："裴光庭按照年资用人，不能勉励人才上进，请将他谥为'克'。"裴光庭的儿子裴稹力争，唐

玄宗将裴光庭谥为"忠献"。

唐玄宗向萧嵩询问可以代替裴光庭为相的人，萧嵩和右散骑常侍王丘很要好，想举荐他；王丘坚持要让给尚书右丞韩休。于是，萧嵩向唐玄宗推荐韩休。甲寅（十六日），唐玄宗任命韩休为黄门侍郎、同平章事。

韩休为人严峻正直，不追求名位利禄；等他当了宰相，很符合当时朝廷上下的期望。开始，萧嵩因为韩休恬淡平和，认为他容易控制，所以引荐了他。等到与他共事时，才发现韩休刚正不阿，于是渐渐就厌恶他了。宋璟叹道："没想到韩休竟能做到这样！"唐玄宗有时在宫中设宴行乐或到后苑游玩打猎，稍有过失，就问左右的人："这事韩休知道不知道？"话音刚落，韩休的劝谏书已经送到。唐玄宗曾经对着镜子默默不乐，旁边的人说："韩休当宰相以来，您比以前瘦多了，为什么不将他斥退？"唐玄宗叹道："我虽然消瘦，天下人必定长胖了，萧嵩上奏事情常常依顺我的旨意，可退朝后，我睡觉都不安心。韩休常常和我争辩，可退朝后，我睡觉就安心了，我任用韩休，是为了国家，不是为了我自己。"

夏季，六月，癸亥（二十八日），唐玄宗下命令："从现在起，候选官员中有才能、学问和品行的人，委托吏部随时提拔任用；九品以外官员的进用，不用再经过门下省审定。"虽然有了这个命令，但有关部门认为按年资升迁对自己很方便，仍沿袭实行老办法。此时，自太师、太傅、太保以下的官员共一万七千六百八十六名，从佐史以上的胥吏共五万七千四百一十六名，做官的途径多得数不胜数。

这一年，唐玄宗将全国分为京畿道、都畿道、关内道、河南道、河东道、河北道、陇右道、山南东道、山南西道、剑南道、淮南道、江南东道、江南西道、黔中道、岭南道，共十五个道，分别设置采访使，用六条规定检察官员的非法行为；两畿采访使由御史中丞兼任，其他都选择贤明的刺史兼任。如果不是刺史的职位有迁转黜免，则采访使的职务也不会有变动。只有变革旧的规章，仍须上报朝廷批准；其余的采访使可以根据情况自行处理，先执行后报告。

唐纪三十

资治通鉴第二百一十四卷

【原文】

玄宗至道大圣大明孝皇帝中之中开元二十二年（甲戌，734年）

吏部侍郎李林甫，柔佞多狡数，深结宦官及妃嫔家，伺候上动静，无不知之，由是每奏对，常称旨，上悦之。时武惠妃宠幸倾后宫，生寿王清，诸子莫得为比，太子浸疏薄。林甫乃因宦官言于惠妃，愿尽力保护寿王；惠妃德之，阴为内助，由是擢黄门侍郎。五月，戊子，以裴耀卿为侍中，张九龄为中书令，林甫为礼部尚书、同中书门下三品。

上种麦于苑中，帅太子以下亲往芟之，谓曰："此所以荐宗庙，故不敢不亲，且欲使汝曹知稼穑艰难耳。"又遍以赐侍臣曰："比遣人视田中稼，多不得实，故自种以观之。"

【译文】

唐玄宗开元二十二年（甲戌，公元734年）

吏部侍郎李林甫奸猾狡诈，与宦官以及后宫中的嫔妃深相交结，让他们暗中伺察玄宗的行动，掌握了他的一举一动，因此每次上朝奏事，都经常符合玄宗的意图，深受玄宗的喜爱。当时武惠妃在后宫的嫔妃中最受玄宗的宠爱，生子为寿王李清，也深得玄宗的喜欢，诸皇子难以为比，因此太子渐渐被疏远了。李林甫于是托宦官告诉武惠妃说，自己愿意尽力保护寿王。武惠妃听后十分感激，就暗中为助，

因此李林甫被升为黄门侍郎。五月，戊子（二十八日），玄宗任命裴耀卿为侍中，张九龄为中书令，李林甫为礼部尚书、同中书门下三品。

玄宗在宫苑中种小麦，率领太子及其他皇子亲自去收割，对他们说："这些麦子将来是要用来祭祀祖先宗庙的，所以不敢不亲自去收割，并想借此使你们知道耕种庄稼的艰辛。"然后玄宗又把这些小麦遍赐侍臣，并对他们说："近年来我常派人去观察百姓田中庄稼的好坏，但难以得到实情，所以我就亲自耕种，来观察收成好坏。"

【原文】

二十三年（乙亥，735年）

唐初，公主实封止三百户，中宗时，太平公主至五千户，率以七丁为限。开元以来，皇妹止千户，皇女又半之，皆以三丁为限；驸马皆除三品员外官，而不任以职事。公主邑人至少，至不能具车服，左右或言其太薄，上曰："百姓租赋，非我所有。战士出死力，赏不过束帛；女子何功，而享多户邪？且欲使之知俭啬耳。"秋，七月，咸宜公主将下嫁，始加实封至千户。公主，武惠妃之女也。于是诸公主皆加至千户。

【译文】

二十三年（乙亥，公元735年）

唐朝初年，公主的食邑实封只有三百户，到了中宗时，太平公主多达五千户，每户最多不超过七个成人。开元年间以来，皇妹最多只有一千户，皇女又减半，每户最多不超过三个成人。驸马都被命以三品员外官，而不实际任事。这些公主的食邑收入很少，以至不能满足车马服装费用的需要，左右有的人说这些公主的食邑太少，玄宗说："百姓的租赋，不是我私人的财产。前方的战士出生入死，也只不过赏赐一些布帛，这些女子有什么功劳，而应该享受那么多的食邑封户呢？再说我想要使她们知道节俭生活。"秋季，七月，咸宜公主将要出嫁，才加食邑实封至一千户。咸宜公主是武惠妃的女儿。于是其他的公主都加到一千户。

【原文】

二十四年（丙子，736年）

张守珪使平卢讨击使、左骁卫将军安禄山讨奚、契丹叛者，禄山恃勇轻进，为虏所败。夏，四月，辛亥，守珪奏请斩之。禄山临刑呼曰："大夫不欲灭奚、契丹邪，奈何杀禄山！"守珪亦惜其骁勇，乃更执送京师。张九龄批曰："昔穰苴诛庄贾，孙武斩宫嫔，守珪军令若行，禄山不宜免死。"上惜其才，敕令免官，以白衣将领。九龄固争曰："禄山失律丧师，于法不可不诛。且臣观其貌有反相，不杀必为后患。"上曰："卿勿以王夷甫识石勒，枉害忠良。"竟赦之。

安禄山者，本营州杂胡，初名阿荦山。其母，巫也；父死，母携之再适突厥安延偃。会其部落破散，与延偃兄子思顺俱逃来，故冒姓安氏，名禄山。又有史窣干者，与禄山同里闬，先后一日生。及长，相亲爱，皆为互市牙郎，以骁勇闻。张守珪以禄山为捉生将，禄山每与数骑出，辄擒契丹数十人而返。狡猾，善揣人情，守珪爱之，养以为子。

窣干尝负官债亡入奚中，为奚游弈所得，欲杀之；窣干绐曰："我，唐之和亲使也，汝杀我，祸且及汝国。"游弈信之，送诣牙帐。窣干见奚王，长揖不拜，奚王虽怒，而畏唐，不敢杀，以客礼馆之，使百人随窣干入朝。窣干谓奚王曰："王遣人虽多，观其才皆不足以见天子。闻王有良将琐高者，何不使之入朝！"奚王即命琐高与牙下三百人随窣干入朝。窣干将至平卢，先使人谓军使裴休子曰："奚使琐高与精锐俱来，声云入朝，实欲袭军城，宜谨为之备，先事图之。"休子乃具军容出迎，至馆，悉坑杀其从兵，执琐高送幽州。张守珪以窣干为有功，奏为果毅，累迁将军。后入奏事，上与语，悦之，赐名思明。

秋，八月，壬子，千秋节，群臣皆献宝镜。张九龄以为以镜自照见形容，以人自照见吉凶。乃述前世兴废之源，为书五卷，谓之《千秋金镜录》，上之；上赐书褒美。

初，上欲以李林甫为相，问于中书令张九龄，九龄对曰："宰相系国安危，陛下相林甫，臣恐异日为庙社之忧。"上不从。时九龄方以文学为上所重，林甫虽恨，犹曲意事之。侍中裴耀卿与九龄善，林甫并疾之。是时，上在位岁久，渐肆奢欲，怠于政事。而九龄遇事无细大皆力争；林甫巧伺上意，日思所以中伤之。

【译文】

二十四年（丙子，公元736年）

幽州节度使张守珪派遣平卢讨击使、左骁卫将军安禄山讨伐反叛的奚与契丹，安禄山逞勇恃强，冒险轻敌，打了败仗。夏季，四月，辛亥（初二），张守珪上奏请求杀了安禄山。安禄山在临刑前大声高呼说："张大夫你难道不想消灭奚与契丹吗？为何要杀掉我安禄山！"张守珪也觉得安禄山骁勇善战，爱其才，于是就送往京师。张九龄在奏文中批道："春秋时代齐国的大将穰苴杀了骄横的监军庄贾，吴国的孙武杀了不听命令的宫女。如果张守珪已下了军令，安禄山不应该免死。"玄宗因为爱惜安禄山的才能，下敕令免去其官，成为无官职的将领。张九龄坚持说："安禄山违令败军，按照法律，不可不杀。再说我观其面貌有反相，不杀必为后患。"玄宗说："你不要像晋朝王夷甫看石勒那样看安禄山，枉害了忠良之士。"最后竟赦免了安禄山。

安禄山本是营州地方的杂种胡人，原名阿荦山。他的母亲是一个女巫。父亲死后，带着安禄山嫁给了突厥人安延偃。适逢突厥部落败散，就与安延偃哥哥的儿子安思顺逃到幽州，于是冒姓安氏，名叫禄山。还有一个杂种胡人名叫史窣干，与安禄山原是街坊邻居，两人生日相差一天。长大后，成为朋友，都做了互市牙郎，以勇敢而闻名。张守珪以安禄山为捉生将，每次带领数名骑兵出去，都要擒获数十名契丹人而回。又加上安禄山狡猾，善于揣摩人的心意，所以深受张守珪的喜爱，以为养子。

史窣干曾经因欠了官债，逃入奚族地区，被奚族巡逻兵抓获，要杀掉他，史窣干就欺骗他们说："我是唐朝的和亲使，你如果杀了我，你们的国家就要遭殃。"巡逻兵相信了他的话，就把他送到奚王的牙帐。史窣干见到奚王，只作揖而不拜，奚王虽然愤怒，但因为害怕唐朝，也不敢杀他，还把他当做宾客，让他住到馆舍里，又让一百人随史窣干入朝。史窣干对奚王说："大王你虽然派了这么多的人入朝，但看他们的才能都不可以见我们的天子。听说大王有一名良将名叫琐高，为何不让他一起入朝！"于是奚王就命令琐高与部下的三百人随史窣干一起入朝。快到了平卢，史窣干先派人对军使裴休子说："奚王派琐高带领精兵都来了，声言入朝，实际上是想袭击军城，应该早为防备，先下手为强。"于是裴休子就整好军队来出迎，到了馆舍，把随从的奚兵全部活埋，然后抓住琐高送往幽州。张守珪认为史窣干立了大功，就奏请任命他为果毅，后又升为将军。后来史窣干入朝奏事，玄宗与他谈话，十分喜欢他，就赐名为思明。

秋季，八月，壬子（初五），是玄宗生日，称为千秋节，群臣都奉献宝镜。张九龄认为用镜子自照可以见自己的形貌，将自己与别人相对照可以知道吉凶祸福。于是撰写了一部关于过去朝代兴盛衰败原因的书，共为五卷，名为《千秋金镜录》，献给玄宗。玄宗赐信赞扬他。

先前，玄宗想要任命李林甫为宰相，征求中书令张九龄的意见，张九龄回答说："宰相一身系国家之安危，陛下如果任命李林甫为宰相，恐怕以后要成为国家的祸患。"玄宗不听。当时张九龄因为有文学才能，正受到玄宗的器重，李林甫虽然怨恨他，但表面上还不得不奉承他。侍中裴耀卿与张九龄关系密切，所以也受到李林甫的嫉恨。这时玄宗做皇帝已有多年，生活逐渐奢侈腐化，懒于处理政事。而张九龄遇到事情，不论大小，觉得有不对之处，都要与玄宗争论。李林甫却善于窥伺玄宗的意图，日夜想着如何陷害中伤张九龄。

【原文】

二十五年（丁丑，737年）

杨洄又奏太子瑛、鄂王瑶、光王琚，云与太子妃兄驸马薛锈潜构异谋，上召宰相谋之。李林甫对曰："此陛下家事，非臣等所宜豫。"上意乃决。乙丑，使宦者宣制于宫中，废瑛、瑶、琚琚为庶人；流锈于瀼州；瑛、琚寻赐死城东驿，锈赐死于蓝田。瑶、琚皆好学有才识，死不以罪，人皆惜之。丙寅，瑛舅家赵氏、妃家薛氏、瑶舅家皇甫氏，坐流贬者数十人，惟瑶妃家韦氏以妃贤得免。

【译文】

二十五年（丁丑，公元737年）

杨洄又上奏说太子李瑛、鄂王李瑶与光王李琚联结太子妃子的哥哥驸马薛锈图谋不轨，玄宗就召宰相商议。李林甫回答说："这是陛下的家事，我们做臣下的不应该参与。"玄宗听后才下了决心。乙丑（四月二十一日），让宦官于宫中宣布制书，废李瑛、李瑶与李琚为平民，流放薛锈于瀼州。不久，李瑛、李瑶与李琚被赐死于京城东面的驿站，薛锈被赐死于蓝田县。李瑶与李琚都很有才学，无罪而死，人们都十分惋惜。丙寅（二十二日），李瑛的舅家赵氏、妃子家薛氏以及李瑶的舅家皇甫氏因此案被流放贬官的达数十人，只有李瑶的妃子家韦氏因为韦妃贤惠而免受惩罚。

【原文】

二十六年（戊寅，738年）

太子瑛既死，李林甫数劝上立寿王瑁。上以忠王玙年长，且仁孝恭谨，又好学，意欲立之，犹豫岁余不决。自念春秋浸高，三子同日诛死，继嗣未定，常忽忽不乐，寝膳为之减。高力士乘间请其故。上曰："汝，我家老奴，岂不能揣我意！"力士曰："得非以郎君未定邪？"上曰："然。"对曰："大家何必如此虚劳圣心，但推长而立，谁敢复争！"上曰："汝言是也！汝言是也！"由是遂定。六月，庚子，立玙为太子。

戊午，册南诏蒙归义为云南王。

归义之先本哀牢夷，地居姚州之西，东南接交趾，西北接吐蕃。蛮语谓王曰诏，先有六诏：曰蒙舍，曰蒙越，曰越析，曰浪穹，曰样备，曰越澹，兵力相埒，莫能相壹；历代因之以分其势。蒙舍最在南，故谓之南诏。高宗时，蒙舍细奴逻初入朝。细奴逻生逻盛，逻盛生盛逻皮，盛逻皮生皮逻阁。皮逻阁浸强大，而五诏微弱；会有破

洱河蛮之功，乃赂王昱，求合六诏为一。昱为之奏请，朝廷许之，仍赐名归义。于是以兵威胁服群蛮，不从者灭之，遂击破吐蕃，徙居大和城；其后卒为边患。

【译文】

二十六年（戊寅，公元738年）

太子李瑛死后，李林甫多次劝玄宗立寿王李瑁为太子。但玄宗认为忠王李玙年岁大，为人仁孝谨慎，并且勤于学习，想要立他为太子，犹豫了一年多还没有决定。玄宗想到自己年纪已大，三个儿子同日被杀掉，太子还没有确定，心中闷闷不乐，经常睡不好觉，饭量也因此减少。高力士乘机问其中的原因，玄宗说："你是我家的一个老奴仆，难道还不知道我的心意吗！"高力士说："是不是关于确立太子的事？"玄宗说："是。"高力士说："这件事您何必要如此劳费神心，只要推年长者而立，谁还敢来再争夺呢！"玄宗说："你说的好！你说的好！"因此立太子的事就确定了下来。六月，庚子（初三），玄宗立李玙为太子。

戊午（九月二十三日），唐册封南诏蒙归义为云南王。

蒙归义的祖先本是哀牢夷，居住地在姚州的西面，东南与交趾相连，西北与吐蕃接壤。蛮语称王为诏，原先共有六诏：蒙舍、蒙越、越析、浪穹、样备、越澹，各自兵力相当，不能统一，历代王朝都借此分化他们的势力。因为蒙舍在最南面，所以称为南诏。高宗在位时，蒙舍细奴逻首次入朝。细奴逻生逻盛，逻盛生盛逻皮，盛逻皮生皮逻阁。皮逻阁时代，蒙舍逐渐强大，而其他五诏势力衰弱。适逢蒙舍因为有打败洱河蛮的功劳，就借机贿赂王昱，请求合并六诏为一国。王昱上奏朝廷，朝廷答应，就赐名归义。于是蒙归义就借着自己强大的兵力威胁群蛮，不服从就灭掉，并打败了吐蕃，移居到大和城。后来南诏竟日益强大，成为唐朝的边患。

【原文】

二十八年（庚寅，740年）

是岁，天下县千五百七十三，户八百四十一万二千八百七十一，口四千八百一十四万三千六百九。西京、东都米斛直钱不满二百，绢匹亦如之。海内富安，行者虽万里不持寸兵。

【译文】

二十八年（庚寅，公元740年）

这一年，唐朝的县有一千五百七十三，户数八百四十一万二千八百七十一，人口四千八百一十四万三千六百九。西京与东都每斛米的价格不到二百钱，每匹绢价格也如此。境内生活富有，秩序安定，出行的人远行万里也不必拿任何武器。

【原文】

二十九年（辛巳，741年）

平卢兵马使安禄山，倾巧，善事人，人多誉之。上左右至平卢者，禄山皆厚赂之，由是上益以为贤。御史中丞张利贞为河北采访使，至平卢，禄山曲事利贞，乃至左右皆有赂。利贞入奏，盛称禄山之美。八月，乙未，以禄山为营州都督，充平卢军使，两蕃、勃海、黑水四府经略使。

【译文】

二十九年（辛巳，公元741年）

平卢兵马使安禄山性格巧诈，善于讨人喜欢，所以人们都称赞他。玄宗左右的人到了平卢，安禄山就用重金收买他们，因此唐玄宗更加认为他是贤能之士。御史中丞张利贞为河北采访使，到了平卢，安禄山刻意逢迎，以至利贞左右的人都受到禄山的贿赂。利贞入朝上奏，尽力说安禄山的好话。八月，乙未（十七日），玄宗任命安禄山为营州都督，兼平卢军使，两蕃、勃海、黑水四府经略使。

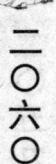

资治通鉴第二百一十五卷

唐纪三十一

【原文】

玄宗至道大圣大明孝皇帝中之下天宝元年（壬午，742年）

壬子，分平卢别为节度，以安禄山为节度使。

是时，天下声教所被之州三百三十一，羁縻之州八百，置十节度、经略使以备边。安西节度抚宁西域，统龟兹、焉耆、于阗、疏勒四镇，治龟兹城，兵二万四千。北庭节度防制突骑施、坚昆，统瀚海、天山、伊吾三军，屯伊、西二州之境，治北庭都护府，兵二万人。河西节度断隔吐蕃、突厥，统赤水、大斗、建康、宁寇、玉门、墨离、豆卢、新泉八军，张掖、交城、白亭三守捉，屯凉、肃、瓜、沙、会五州之境，治凉州，兵七万三千人。朔方节度捍御突厥，统经略、丰安、定远三军，三受降城，安北、单于二都护府，屯灵、夏、丰三州之境，治灵州，兵六万四千七百人。河东节度与朔方掎角以御突厥，统天兵、大同、横野、岢岚四军，云中守捉，屯太原府忻、代、岚三州之境，治太原府，兵五万五千人。范阳节度临制奚、契丹，统经略、威武、清夷、静塞、恒阳、北平、高阳、唐兴、横海九军，屯幽、蓟、妫、檀、易、恒、定、漠、沧九州之境，治幽州，兵九万一千四百人。平卢节度镇抚室韦、靺鞨，统平卢、卢龙二军，榆关守捉，安东都护府，屯营、平二州之境，治营州，兵三万七千五百人。陇右节度备御吐蕃，统临洮、河源、白水、安人、振威、威戎、漠门、宁塞、积石、镇西十军，绥和、合川、平夷三守捉，屯鄯、廓、洮、河之境，治鄯州，兵七万五千人。剑南节度西抗吐蕃，南抚蛮獠，统天宝、平戎、昆明、宁远、澄川、南江六军，屯益、翼、茂、当、嶲、柘、松、维、恭、雅、黎、姚、悉十三州之境，治益州，兵三万九百人。岭南五府经略绥静夷、獠，统经略、清海二军，桂、容、邕、交四管，治广州，兵万五千四百人。此外又有长乐经略，福州领之，兵千五百人。东莱守捉，登州领之；东牟守捉，莱州领之；东牟守捉，登州领之；兵各千人。凡镇兵四十九万人，马八万余匹。开元之前，每岁供边兵衣粮，费不过二百万；天宝之后，边将奏益兵浸多，每岁用衣千二十万匹，粮百九十万斛，公私劳费，民始困苦矣。

李林甫为相，凡才望功业出己右及为上所厚、势位将逼己者，必百计去之；尤忌文学之士，或阳与之善，啖以甘言而阴陷之。世谓李林甫"口有蜜，腹有剑"。

上尝陈乐于勤政楼，垂帘观之。兵部侍郎卢绚谓上已起，垂鞭按辔，横过楼下；绚风标清粹，上目送之，深叹其蕴藉。林甫常厚以金帛赂上左右，上举动必知之，乃召绚子弟谓曰："尊君素望清崇，今交、广藉才，圣上欲以尊君为之，可乎？若惮远行，则当左迁；不然，则以宾、詹分务东洛，亦优贤之命也，何如？"绚惧，以宾、詹为请。林甫恐乖众望，乃除华州刺史。到官未几，诬其有疾，州事不理，除詹事、员外同正。

上又尝问林甫以"严挺之今安在？是人亦可用。"挺之时为绛州刺史。林甫退，召挺之弟损之，谕以"上待尊兄意甚厚，盍为见上之策，奏称风疾，求还京师就医。"挺之从之。林甫以其奏白上云："挺之衰老得风疾，宜且授以散秩，使便医药。"上叹咤久之；夏，四月，壬寅，以为詹事，又以汴州刺史、河南采访使齐浣为少詹事，皆员外同正，于东京养疾。浣亦朝廷宿望，故并忌之。

【译文】

唐玄宗天宝元年（壬午，公元742年）

壬子（正月初六），分平卢另为节度镇，任命安禄山为节度使。

此时，唐王朝所统辖的州有三百三十一，羁縻州八百，设置了十个节度使、经略使守卫边疆。其中安西节度使镇抚西域，统辖龟兹、焉耆、于阗、疏勒四镇，治所在龟兹城，共有兵二万四千人。北庭节度使防备突骑施、坚昆，统辖瀚海、天山、伊吾三军，屯兵于伊州、西州境内，治所在北庭都护府，共有兵二万人。河西节度使断隔吐蕃与突厥的来往，统辖赤水、大斗、建康、宁寇、玉门、墨离、豆卢、新泉八军，张掖交城，白亭三守捉，屯兵于凉、肃、瓜、沙、会等五洲境内，治所在凉州城，共有兵七万三千人。朔方节度使抵御突厥，统辖经略、丰安、定远三军，三个受降城，安北、单于二都护府，屯兵于灵、夏、丰三州境内，治所在灵州城，共有兵六万四千七百人。河东节度使与朔方节度使成犄角之势共同防御突厥，统辖天兵、大同、横野、岢岚四军，云中守捉，屯兵于太原府的忻、代、岚三州境内，治所在太原府城，共有兵五万五千人。范阳节度使控制奚、契丹，统辖经略、威武、清夷、静塞、恒阳、北平、高阳、唐兴、横海九军，屯兵于幽、蓟、妫、檀、易、恒、定、漠、沧九州境内，治所在幽州城，共有兵九万一千四百人。平卢节度使真抚室韦、靺鞨，统辖平卢、卢龙二军，榆关守捉，安东都护府，屯兵于营、平二州境内，治所在营州城，共有兵三万七千五百人。陇右节度使抵御吐蕃，统辖临洮、河源、白水、安人、振威、威戎、漠门、宁塞、积石、镇西十军，绥和、合川、平夷三守捉，屯兵于鄯、廓、洮、河四州境内，治所在鄯州城，共有兵七万五千人。剑南节度使西抗吐蕃，南镇蛮獠，统辖天宝、平戎、昆明、宁远、澄川、南江六军，屯兵于益、翼、茂、当、巂、柘、松、维、恭、雅、黎、姚、悉十三州境内，治所在益州城，共有兵三万九百人。岭南五府经略使镇抚夷、獠，统辖经略、清海二军，桂府、容府、邕府、安南府四府，治所广州城，共有兵一万五千四百人。此外还有长乐经略使，由福州刺史兼任，共有兵一千五百人。东莱守捉，由莱州刺史兼任；东牟守捉，由登州刺史兼任，各有兵一千人。以上边镇共有兵四十九万人，战马八万余匹。开元以前，每年朝廷供给边镇兵的衣粮，费用不超过二百万。天宝以后，边将都上奏增兵，于是镇兵越来越多，每年衣服用布帛一千二十万匹，粮一百九十万斛，公私烦劳，费用浩大，老百姓从此生活困苦了。

李林甫为宰相后，对于朝中百官凡是才能和功业在自己之上而受到玄宗宠信或官位快要超过自己的人，一定要想方设法除去，尤其嫉恨由文学才能而进官的士人。有时表面上装出友好的样子，说些动听的话，而暗中却阴谋陷害。所以世人都称李林甫"口有蜜，腹有剑"。

有一次玄宗在勤政楼垂帘观看乐舞。兵部侍郎卢绚以为玄宗已离开，于是就提鞭按辔，从楼下穿过。卢绚风度清雅，玄宗目送其远去，感叹卢绚含蓄不露的风度。李林甫常常用金钱贿赂玄宗左右的人，玄宗的一举一动，李林甫都了如指掌。于是李林甫就召来卢绚的儿子说："你父亲素来有名望，现今交州、广州需要有才能的人去治理，皇上想令你父亲去，不知是否可行？如果害怕远行，就应该降官，否则，只有以太子宾客或詹事的身份在东都任官。这也算是优惠贤者的任命，不知如何？"卢绚听后，十分害怕，于是就主动奏请担任太子宾客或詹事。李林甫又恐怕违背众望，就任命卢绚为华州刺史。到官时间不久，又诬陷说卢绚有病，不理州事，任命他为詹事、员外同正。

有一次玄宗问李林甫："严挺之现在在哪里任官？此人可以重用。"严挺之当时为绛州刺史。李林甫退朝后，即召严挺之的弟弟严损之，告诉他说："皇上十分器重你哥哥，为何不乘此机会，上奏说得了风疾，请求回京师治病。"严挺之就听从了李林甫的话。李林甫又因严挺之的奏言对玄宗说："严挺之衰老中风，应该授以散官，便于治病养身。"玄宗听后，感叹不已。夏季，四月，壬寅（二十八日），任命严挺之为詹事。又任命汴州刺史、河南采访使齐浣为少詹事，二人都是员外同正，一道在东京养病。齐浣也是因为在朝中素有名望，所以遭到李林甫的猜忌。

【原文】

二年（癸未，743年）

春，正月，安禄山入朝；上宠待甚厚，谒见无时。禄山奏言："去年营州虫食苗，臣焚香祝天云：'臣若操心不正，事君不忠，愿使虫食臣心；若不负神祇，愿使虫散。'即有群鸟从北来，食虫立尽。请宣付史官。"从之。

【译文】

二年（癸未，公元743年）

春季，正月，安禄山入朝。玄宗对他十分宠幸，随时可以进见。安禄山上奏说:"去年营州蝗虫吃禾苗,我焚香祝告上天说:'我如果心术不正,对君王不忠,愿让蝗虫吃我的心;如果未负神灵,愿使蝗虫自动散去。'于是有一群鸟从北面飞来,立刻吃尽了蝗虫。希望能把此事交付史官记录。"玄宗答应。

【原文】

三载（甲申，744年）

三月，己巳，以平卢节度使安禄山兼范阳节度使；以范阳节度使裴宽为户部尚书。礼部尚书席建侯为河北黜陟使，称禄山公直；李林甫、裴宽皆顺旨称其美。三人皆上所信任，由是禄山之宠益固不摇矣。

初，武惠妃薨，上悼念不已，后宫数千，无当意者。或言寿王妃杨氏之美，绝世无双。上见而悦之，乃令妃自以其意乞为女官，号太真；更为寿王娶左卫郎将韦昭训女。潜内太真宫中。太真肌态丰艳，晓音律，性警颖，善承迎上意，不期岁，宠遇如惠妃，宫中号曰"娘子"，凡仪体皆如皇后。

杨贵妃

【译文】

三载（甲申，公元744年）

三月，己巳（初五）任命平卢节度使安禄山兼任范阳节度使，任命范阳节度使裴宽为户部尚书。礼部尚书席建侯为河北黜陟使，称赞安禄山公正无私，李林甫、裴宽也都顺旨意称颂安禄山。这三个人都是玄宗所信任的臣子，于是安禄山的宠信更加稳固不可动摇。

起初，武惠妃死后，玄宗怀念不已，虽然后宫中有宫女数千，但没有称心如意的。这时有人告诉说，寿王李瑁的妃子杨氏美貌绝世。玄宗见后十分喜欢，于是命杨妃自己请求为女道士，号为太真，又另外为寿王李瑁娶了左卫郎将韦昭训的女儿为妃子。然后暗中把太真接入宫中。太真肌体丰满，容貌艳丽，通晓音乐，天资聪慧，善于奉迎玄宗的心意。进宫不满一年，受到的宠爱就如武惠妃一样，宫中都称她为"娘子"，一切礼仪与皇后相同。

【原文】

四载（乙酉，745年）

八月，壬寅，册杨太真为贵妃；赠其父玄琰兵部尚书，以其叔父玄珪为光禄卿，从兄铦为殿中少监，锜为驸马都尉。癸卯，册武惠妃女为太华公主，命锜尚之。及贵妃三姊，皆赐第京师，宠贵赫然。

【译文】

四载（乙酉，公元745年）

八月，壬寅（十七日），玄宗册封杨太真为贵妃，追赠其父亲杨玄琰为兵部尚书，任命其叔父杨玄珪为光禄卿，堂兄杨铦为殿中少监，杨锜为驸马都尉。癸卯（十八日），册封武惠妃的女儿为太华公主，并命杨锜娶其为妻。杨贵妃的三个姐姐，都在京师赐给宅第，宠贵无比。

【原文】

五载（丙戌，746年）

杨贵妃方有宠，每乘马则高力士执辔授鞭，织绣之工专供贵妃院者七百人，中外争献器服珍玩。岭南经略使张九章，广陵长史王翼，以所献精美，九章加三品，翼入为户部侍郎；天下从风而靡。民间歌之曰："生男勿喜女勿悲，君今看女作门楣。"妃欲得生荔枝，岁命岭南驰驿致之，比至长安，色味不变。

至是，妃以妒悍不逊，上怒，命送归兄铦之第。是日，上不怿，比日中，犹未食，左右动不称旨，横被棰挞。高力士欲尝上意，请悉载院中储偫送贵妃，凡百余车；上自分御膳以赐之。及夜，力士伏奏请迎贵妃归院，遂开禁门而入。自是恩遇愈隆，后宫莫得进矣。

《贵妃出浴图》扇面　唐

【译文】

五载（丙戌，公元746年）

杨贵妃正受到玄宗的宠爱，每次骑马时，高力士都为她执鞭牵马，专门为杨贵妃织绣衣服的工匠多达七百人，朝野内外都争着奉献器物衣服珍宝。岭南经略使张九章与广陵长史王翼因为所进献的物品精美而被加官，张九章为三品官，王翼入朝为户部侍郎。天下的官吏都纷纷效法。因此民间歌唱道："生男莫喜女莫悲，君今看女显门楣。"杨贵妃喜欢吃新鲜荔枝，玄宗就命令岭南每年都用驿马飞驰送来，到了长安，色味仍然不变。

这时，杨贵妃因为嫉妒、泼悍、无礼，激怒了玄宗，所以就下令把贵妃送回她哥哥杨铦的家里。这一天，玄宗闷闷不乐，到了中午，还没有吃饭，左右人的行动都不满他的意，常被鞭打。高力士想要试玄宗的意，就请把贵妃院中储备待用的器物送给贵妃，总共装了一百多车，玄宗又把自己吃的食物分赐给贵妃。到了晚上，高力士又跪下奏请接回贵妃，于是打开宫门让贵妃入宫。从此杨贵妃愈发受到宠爱，后宫其他人都受到冷落。

【原文】

六载（丁亥，747年）

戊寅，以范阳、平卢节度使安禄山兼御史大夫。

禄山体充肥，腹垂过膝，尝自称腹重三百斤。外若痴直，内实狡黠。常令其将刘骆谷留京师伺朝廷指趣，动静皆报之；或应有笺表者，骆谷即为代作通之。岁献俘虏、杂畜、奇禽、异兽、珍玩之物，不绝于路，郡县疲于递运。

禄山在上前，应对敏给，杂以诙谐，上尝戏指其腹曰："此胡腹中何所有？其大乃尔！"对曰："更无余物，正有赤心耳！"上悦。又尝命见太子，禄山不拜。左右趣之拜，禄山拱立曰："臣胡人，不习朝仪，不知太子者何官？"上曰："此储君也，朕千秋万岁后，代朕君汝者也。"禄山曰："臣愚，笔者惟知有陛下一人，不知乃更有储君。"不得已，然后拜。上以为信然，益爱之。上尝宴勤政楼，百官列坐楼下，独为禄山于御座东间设金鸡障，置榻使坐其前，仍命卷帘以示荣宠。命杨铦、杨锜、贵妃三姊皆与禄山叙兄弟。禄山得出入禁中，因请为贵妃儿。上与贵妃共坐，禄山先拜贵妃。上问何故，对曰："胡人先母而后父。"上悦。

【译文】

六载（丁亥，公元747年）

戊寅（正月，疑误），玄宗任命范阳、平卢节度使安禄山兼御史大夫。

安禄山身体肥胖，大腹便便，垂过膝盖，曾自言腹重三百斤。他外表看似老实，实际上内心狡猾，常令部将刘骆谷留在京师刺探朝廷的动向，一举一动都向他报告。如有事要向皇上奏表，刘骆谷就替他代写上奏。安禄山每年都向朝廷奉献俘房、杂畜、奇禽、异兽和珍宝玩物，一路不绝，以至沿途郡县都因转运这些东西而疲乏。

安禄山在玄宗面前应对敏捷，常常还夹杂着一些诙谐幽默的言语，玄宗曾经开玩笑指着安禄山的肚子说："你这个胡人肚子中有什么东西，竟然这么大！"安禄山回答说："没有什么东西，只有对陛下的一片赤心！"玄宗听后十分高兴。玄宗又曾让安禄山去见太子，安禄山见后不礼拜。左右的人催促他礼拜，安禄山却站立着说："我是胡人，不懂得朝廷中的礼仪，不知道太子是什么官？"玄宗说："太子就是将来的皇上，朕去世之后，代朕作君王统治你的就是他。"安禄山说："我愚蠢浅陋，过去只知有陛下一人，不知还有太子。"不得已，然后才拜见。玄宗相信安禄山的这些话而更加宠爱他。玄宗曾在勤政楼设宴，百官都坐在楼下，却单独为安禄山于自己的座位东边设置了画金鸡的障子，设了床榻，使安禄山坐在前面，并命令卷起帘子以示宠爱。又命杨铦、杨锜、贵妃等都与安禄山叙兄弟之情。安禄山可以出入宫中，便乘机奏请做杨贵妃的儿子。玄宗与贵妃一起坐，安禄山却先拜贵妃。唐玄宗问他为什么先拜贵妃，安禄山回答说："我们胡人的习惯是先母而后父。"玄宗听后十分高兴。

唐纪三十二

资治通鉴第二百一十六卷

【原文】

玄宗至道大圣大明孝皇帝下之上天宝六载（丁亥，747年）

自唐兴以来，边帅皆用忠厚名臣，不久任，不遥领，不兼统，功名著者往往入为宰相。其四夷之将，虽才略如阿史那社尔、契苾何力犹不专大将之任，皆以大臣为使以制之。及开元中，天子有吞四夷之志，为边将者十余年不易，始久任矣；皇子则庆、忠诸王，宰相则萧嵩、牛仙客，始遥领矣；盖嘉运、王忠嗣专制数道，始兼统矣。李林甫欲杜边帅入相之路，以胡人不知书，乃奏言："文臣为将，怯当矢石，不若用寒畯胡人；胡人则勇决习战，寒族则孤立无党，陛下诚以恩治其心，彼必能为朝廷尽死。"上悦其言，始用安禄山。至是，诸道节度尽用胡人，精兵咸戍北边，天下之势偏重，卒使禄山倾覆天下，皆出于林甫专宠固位之谋也。

【译文】

唐玄宗天宝六载（丁亥，公元747年）

从唐朝建立以来，边防将帅用的都是忠厚名臣，不让久任，不让在朝中遥领，不让同时任数职，功名显著的常常入朝为宰相。四方夷族的将领，虽然才略像阿史那社尔、契苾何力那样的名将，也不让他们为一方大将，都任命朝中大臣为使职来节制他们。到了开元年间，天子有并吞周边民族的志向，为边将的人十多年都不替换，边将开始久任；皇子中有庆王、忠王等人，宰相中有萧嵩、牛仙客等人，开

明皇幸蜀图　唐　李昭道

此图描绘唐玄宗为避安史之乱而行于蜀中的情景，画中山石峻立，着唐装的人物艰难行于途中。

始遥领边将之职；盖嘉运、王忠嗣等一人节制数道之兵，开始兼职统领军队。李林甫想要杜绝边将入朝为宰相的路，因胡人没有文化，就上奏说："文臣为将帅，怯懦不敢作战，不如用出身低贱从事过农耕的胡人。胡人都勇敢好战，出身低贱而孤立没有党援，陛下如果真能够用恩惠笼络他们，他们一定能够为朝廷尽力死战。"玄宗觉得李林甫的话很有道理，就重用了安禄山。这时，各镇节度使都是用胡人，精兵强将都戍守在北边边疆，形成里轻外重的局面，最后安禄山得以发动叛乱，几乎推翻唐朝的天下，这都是因为李林甫追求专宠和巩固自己地位的阴谋所致。

【原文】

七载（戊子，748年）

夏，四月，辛丑，左监门大将军、知内侍省事高力士加骠骑大将军。力士承恩岁久，中外畏之，太子亦呼之为兄，诸王公呼之为翁，驸马辈直谓之爷。自李林甫、安禄山辈皆因之以取将相。其家富厚不訾。于西京作宝寿寺，寺钟成，力士作斋以庆之，举朝毕集。击钟一杵，施钱百缗，有求媚者至二十杵，少者不减十杵。然性和谨少过，善观时俯仰，不敢骄横，故天子终亲任之，士大夫亦不疾恶也。

【译文】

七载（戊子，公元748年）

夏季，四月，辛丑（初二），左监门大将军、知内侍省事高力士加官为骠骑大将军。高力士侍候玄宗已有许多年了，深受玄宗赏识，朝野内外都敬畏他，就连太子也称他为兄，诸王公主则称他为翁，驸马辈的称他为爷。李林甫、安禄山都是靠他而被任命为将帅宰相。他家中十分富有，财产难以计算。他在西京建宝寿寺，寺钟铸成后，高力士举行斋会庆祝，朝中百官都来与会，击钟一次，施钱一百缗，有故意献媚的一连撞击二十下，少的也不下于十下。但是高力士性情温和谨慎，少有过错，善于观察时势行事，不敢骄横，所以玄宗始终信任他，士大夫们也不嫉恨他。

【原文】

八载（己丑，749年）

先是，折冲府皆有木契、铜鱼，朝廷征发，下敕书、契、鱼，都督、郡府参验皆合，然后遣之。自募置彍骑，府兵日益堕坏，死及逃亡者，有司不复点补；其六驮马牛、器械、糗粮，耗散略尽。府兵入宿卫者，谓之侍官，言其为天子侍卫也。其后本卫多以假人，役使如奴隶；长安人羞之，至以相诟病。其戍边者，又多为边将苦使，利其死而没其财。由是应为府兵者皆逃匿，至是无兵可交。五月，癸酉，李林甫奏停折冲府上下鱼书；是后府兵徒有官吏而已。其折冲、果毅，又历年不迁，士大夫亦耻为之。其彍骑之法，天宝以后，稍亦变废，应募者皆市井负贩、无赖子弟，未尝习兵。时承平日久，议者多谓中国兵可销，于是民间挟兵器者有禁；子弟为武官，父兄摈不齿。猛将精兵，皆聚于西北，中国无武备矣。

【译文】

八载（己丑，公元749年）

先前，府兵制下的折冲府都有木契、铜鱼，朝廷如果要征发府兵，就颁下敕书、木契和铜鱼，经都督府和郡府检验，木契、铜鱼都对合，然后才能发兵。自从招募了彍骑以后，府兵日益衰落，其中有死的，有跑的，官吏不再清点补充。府兵装备的六驮马牛、武器和干粮也都消耗散尽。原来府兵入朝宿卫者被称为侍官，意思是去保卫天子。后来宿卫的府兵多雇人顶替，军官也像奴隶一样役使士兵，以至长安城中的人以做侍官为耻辱，把他们作为嬉笑时辱骂的对象。而被派往边疆戍边的府兵也多被边将当作苦力役使，为的是这些府兵死后边将可以吞掉他们的财产。所以那些应该当府兵的人纷纷逃亡，这时各折冲府已没有兵员可交。五月，癸酉（初十），李林甫奏请停止折冲府上下的铜鱼和敕书，从此府兵只保留原来的官吏。又因为府兵的折冲都尉和果毅都尉多年得不到升迁，士大夫们都以做这类官为耻辱。招募彍骑的办法，从天宝年间以后，也逐渐变化，并被荒废，应募的人都是一些市中商贩和刁滑之辈，未经过严格的训练。当时天下太平日久，大多数人都认为中国可以裁掉军队，因此在民间禁止私人携带兵器，子弟做武官的，父母兄弟都瞧不起他们。唐朝的猛将精兵都聚集在西北方，而国内空虚，没有任何武备。

【原文】

九载（庚寅，750年）

安禄山屡诱奚、契丹，为设会，饮以莨菪酒，醉而坑之，动数千人，函其酋长之首以献，前后数四。至是请入朝，上命有司先为起第于昭应。禄山至戏水，杨钊兄弟姊妹皆往迎之，冠盖蔽野；上自幸望春宫以待之。辛未，禄山献奚俘八千人，上命考课之日书上上考。前此听禄山于上谷铸钱五炉，禄山乃献钱样千缗。

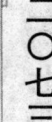

【译文】

九载（庚寅，公元750年）

安禄山多次引诱奚人和契丹人，假装设宴招待他们，让他们饮用毒草莨菪浸泡过的酒，等醉倒后，就把他们活埋，一次常常达数千人，然后把他们酋长的头颅装进盒子中，献给朝廷，前后有许多次。这时安禄山请求入朝，玄宗命令有关官员先在昭应县为安禄山建起宅第。安禄山到了戏水，杨钊兄弟姐妹都去迎接，迎接的队伍浩浩荡荡，以至车盖似乎遮满了原野。玄宗也来到望春宫等待安禄山。辛未（十月十六日），安禄山献上奚族俘虏八千人，玄宗命令考察官吏政绩时为安禄山记最高一级的上上考。以前玄宗允许安禄山于上谷起五炉铸造钱币，这时安禄山献上所铸钱的样品一千缗。

【原文】

十载（辛卯，751年）

上命有司为安禄山治第于亲仁坊，敕令但穷壮丽，不限财力。既成，具幄帘器皿，充牣其中，有帖白檀床二，皆长丈，阔六尺；银平脱屏风，帐方丈六尺；于厨厩之物皆饰以金银，金饭罂二，银淘盆二，皆受五斗，织银丝筐及笊篱各一；他物称是。虽禁中服御之物，殆不及也。上每令中使为禄山护役，筑第及造储偫赐物，常戒之曰："胡眼大，勿令笑我。"

禄山入新第，置酒，乞降墨敕请宰相至第。是日，上欲于楼下击毬，遽为罢戏，命宰相赴之。日遣诸杨与之选胜游宴，侑以梨园教坊乐。上每食一物稍美，或后苑校猎获鲜禽，辄遣中使走马赐之，络绎于路。

甲辰，禄山生日，上及贵妃赐衣服、宝器、酒馔甚厚。后三日，召禄山入禁中，贵妃以锦绣为大襁褓，裹禄山，使宫人以彩舆舁之。上闻后宫欢笑，问其故，左右以贵妃三日洗禄儿对。上自往观之，喜，赐贵妃洗儿金银钱，复厚赐禄山，尽欢而罢。自是禄山出入宫掖不禁，或与贵妃对食，或通宵不出，颇有丑声闻于外，上亦不疑也。

安禄山求兼河东节度。二月，丙辰，以河东节度使韩休珉为左羽林将军，以禄山代之。

【译文】

十载（辛卯，公元751年）

玄宗命令有关官吏为安禄山于亲仁坊建造宅第，并下敕书说不管耗费多少钱财，越壮丽越好。宅第建成以后，又装饰了各种帷帐，放置了许多日用器物，以至都放满了宅屋。其中有帖白檀香木床两个，都是长一丈，宽六尺；用银平脱工艺制成的屏风，长宽一丈六尺。厨房和马厩中所用的物品也都用金银装饰，其中有金饭罂两个，银淘盆两个，都能装五斗粮，还有织银丝筐和筴篱各一个。其他器物还有许多。就是宫禁中皇上所使用的器物，大概都比不上。玄宗命令宦官监工，在建造宅第和制作屋中所用的器物时，玄宗常常告诫监工的宦官说："胡人大方，不要让他笑我小气。"

安禄山住进新建的宅第后，设置酒宴，并请求玄宗下敕书让宰相至宅第赴宴。这一天，玄宗原来准备在楼下击毬，却立刻取消了游戏，命令宰相去赴会。又每天让杨家的人与安禄山选择风景优美的地方游玩宴会，并让梨园弟子和教坊乐队陪伴。玄宗每吃到一种鲜美的食物，或者在后苑中猎获了鲜禽，都要派宦官骑马赐给安禄山，以至走马络绎，不绝于路。

甲辰（正月二十日），安禄山生日，玄宗和杨贵妃赏赐给安禄山许多衣服、珍宝器物以及丰盛的酒菜食物。过了三天，又把安禄山召进宫中，杨贵妃用锦绣做成的大襁褓裹住安禄山，让宫女用彩轿抬起。唐玄宗听见后宫中的欢声笑语，就问是在干什么，左右的人回答说贵妃为儿子安禄山三天洗身。玄宗亲自去观看，十分高兴，赏赐给杨贵妃洗儿金银钱，又重赏安禄山，尽欢而散。从此安禄山可以自由出入宫中，不加禁止，有时与杨贵妃同桌而食，有时整夜不出宫，宫外的许多人都知道这些丑闻，而玄宗却不怀疑。

虢国夫人游春图　唐　张萱

此图绘唐天宝十一年（公元752年），唐玄宗宠妃杨玉环的姐姐虢国夫人及其眷从春日出游的情景，共有八骑九人。作品竭力表现贵妇们游春时悠闲而懒散的欢悦气氛，以华丽的装饰、骏马的轻快步伐衬托春光的明媚；以前松后紧的画面结构，传达出春的节奏；而人物的丰润圆满、风姿绰约也体现了大唐盛世的庄严与华贵。

安禄山请求兼任河东节度使。二月，丙辰（初二），唐玄宗任命河东节度使韩休珉为左羽林将军，由安禄山代任河东节度使。

【原文】

十一载（壬辰，752年）

南诏数寇边，蜀人请杨国忠赴镇；左仆射兼右相李林甫奏遣之。国忠将行，泣辞，上言必为林甫所害，贵妃亦为之请。上谓国忠曰："卿暂到蜀区处军事，朕屈指待卿，还当入相。"林甫时已有疾，忧懑不知所为，巫言一见上可小愈；上欲就视之，左右固谏。上乃令林甫出庭中，上登降圣阁遥望，以红巾招之。林甫不能拜，使人代拜。国忠比至蜀，上遣中使召还，至昭应，谒林甫，拜于床下。林甫流涕谓曰："林甫死矣，公必为相，以后事累公！"国忠谢不敢当，汗出覆面。十一月，丁卯，林甫薨。

上晚年自恃承平，以为天下无复可忧，遂深居禁中，专以声色自娱，悉委政事于林甫。林甫媚事左右，迎合上意，以固其宠；杜绝言路，掩蔽聪明，以成其奸；妒贤疾能，排抑胜己，以保其位；屡起大狱，诛逐贵臣，以张其势。自皇太子以下,畏之侧足。凡在相位十九年,养成天下之乱,而上不之寤也。

【译文】

十一载（壬辰,公元752年）

南诏多次入侵唐朝的边疆,蜀人请求派杨国忠前往剑南镇。左仆射兼右相李林甫上奏玄宗,请派杨国忠往蜀地。杨国忠临行前哭泣着与玄宗辞别,并说此行一定会被李林甫害死,杨贵妃也为他说情。玄宗对杨国忠说:"你暂时到蜀中处理一下军政大事,我屈指计日等着你回来,然后任命你为宰相。"这时李林甫已重病在身,心中忧伤烦闷,不知道怎么办才好,巫人告诉他说,看见皇上病情就可以好转。玄宗想去看望李林甫,左右的人坚持劝阻。于是玄宗就命令李林甫从屋里出来到庭院中,玄宗登上降圣阁远远地看他,挥起红色的围巾向他招手。李林甫已不能下拜,就让人代他向玄宗下拜。杨国忠刚到蜀中,玄宗就派宦官把他召了回来。杨国忠到昭应县,去见李林甫,拜倒在床下。李林甫流着眼泪对杨国忠说:"我活不长了,我死后您必定要当宰相,后事就拜托您了。"杨国忠表示感谢,并说不敢当,汗流满面。十一月,丁卯（二十四日）,李林甫故去。

玄宗晚年自认为天下太平,没有可以忧愁的事了,于是居于深宫之中,沉湎于声色犬马,寻求欢娱,把政事都委托给李林甫。李林甫巴结讨好玄宗左右的人,故意迎合玄宗的心意,以巩固自己受宠信的地位;杜绝堵塞向玄宗进谏的门路,蒙蔽玄宗,以施展自己的奸猾的权术;嫉妒贤能之士,排斥压抑才能胜过自己的人,以保持自己的地位;多次制造冤假错案,杀戮驱逐朝中大臣,以护大自己的权势。皇太子以下的人,都畏之如虎。李林甫当宰相共十九年,造成了天下大乱的局势,而玄宗并不省悟。

唐纪三十三

【原文】

玄宗至道大圣大明孝皇帝下之下十三载（甲午，754年）

春，正月，己亥，安禄山入朝。是时杨国忠言禄山必反，且曰："陛下试召之，必不来。"上使召之，禄山闻命即至。庚子，见上于华清宫，泣曰："臣本胡人，陛下宠擢至此，为国忠所疾，臣死无日矣！"上怜之，赏赐巨万，由是益亲信禄山，国忠之言不能入矣。太子亦知禄山必反，言于上，上不听。

己丑，安禄山奏："臣所部将士讨奚、契丹、九姓、同罗等，勋效甚多，乞不拘常格，超资加赏，仍好写告身付臣军授之。"于是除将军者五百余人，中郎将者二千余人。禄山欲反，故先以此收众心也。

三月，丁酉朔，禄山辞归范阳。上解御衣以赐之，禄山受之惊喜。恐杨国忠奏留之，疾驱出关。乘船河而下，令船夫执绳板立于岸侧，十五里一更，昼夜兼行，日数百里，过郡县不下船。自是有言禄山反者，上皆缚送，由是人皆知其将反，无敢言者。

【译文】

唐玄宗天宝十三载（甲午，公元754年）

春季，正月，己亥（初三），安禄山入朝。当时杨国忠进言说安禄山必反，并说："陛下试召他入朝，他一定不来。"于是玄宗就派人召见安禄山，安禄山听见命

令立刻来朝。庚子（初四），安禄山晋见玄宗于华清宫，哭诉说："我本是一名胡人，只是受到陛下的信任才有今天的地位，但却不为杨国忠所容，恐怕难以活命了！"玄宗听后十分怜爱，重加赏赐，因此更加信任安禄山，杨国忠的话一点也听不进去。太子李亨也知道安禄山要谋反，告诉玄宗，玄宗不听。

己丑（二月二十三日），安禄山上奏说："我所率领的部下将士讨伐奚、契丹、九姓胡、同罗等，功勋卓著，乞望陛下能够打破常规，越级封官赏赐，并希望写好委任状，让我在军中授予他们。"因此安禄山部将被任命为将军的有五百多人，中郎将的有二千多人。安禄山要谋反，所以借此收买人心。

杨国忠与安禄山

三月，丁酉朔（初一），安禄山向玄宗告辞，要回范阳。玄宗脱下自己的衣服赐给他，安禄山十分惊喜。安禄山恐怕杨国忠向玄宗上奏把他留在朝中，所以急忙出潼关。然后乘船沿黄河而下，命令船夫手执挽船用的绳板立在岸边，十五里一换，昼夜兼程，日行数百里，经过郡县也不下船。从此有说安禄山谋反的人，玄宗都把他们捆绑起来送给安禄山，因此人们都知道安禄山要谋反，但没有人敢说。

【原文】

十四载（乙未，755年）

安禄山专制三道，阴蓄异志，殆将十年，以上待之厚，欲俟上晏驾然后作乱。会杨国忠与禄山不相悦，屡言禄山且反，上不听；国忠数以事激之，欲其速反以取信于上。禄山由是决意遽反，独与孔目官·太仆丞严庄、掌书记·屯田员外郎高尚、将军阿史那承庆密谋，自余将佐皆莫之知，但怪其自八月以来，屡飨士卒，秣马厉兵而已。会有奏事官自京师还，禄山诈为敕书，悉召诸将示之曰："有密旨，令禄山将兵入朝讨杨国忠，诸君宜即从军。"众愕然相顾，莫敢异言。十一月，甲子，禄山发所部兵及同罗、奚、契丹、室韦凡十五万众，号二十万，反于范阳。命范阳节度副使贾循守范阳，平卢节度副使吕知诲守平卢，别将高秀岩守大同；诸将皆引兵夜发。

诘朝，禄山出蓟城南，大阅誓众，以讨杨国忠为名，榜军中曰："有异议扇动军人者，斩及三族！"于是引兵而南。禄山乘铁舆，步骑精锐，烟尘千里，鼓噪震地。时海内久承平，百姓累世不识兵革，猝闻范阳兵起，远近震骇。河北皆禄山统内，所过州县，望风瓦解，守令或开门出迎，或弃城窜匿，或为所擒戮，无敢拒之者。禄山先遣将军何千年、高邈将奚骑二十，声言献射生手，乘驿诣太原。乙丑，北京副留守杨光翙出迎，因劫之以去。太原具言其状。东受降城亦奏禄山反。上犹以为恶禄山者诈为之，未之信也。

庚午，上闻禄山定反，乃召宰相谋之。杨国忠扬扬有德色，曰："今反者独禄山耳，将士皆不欲也。不过旬日，必传首诣行在。"上以为然，大臣相顾失色。上遣特进毕思琛诣东京，金吾将军程千里诣河东，各简募数万人，随便团结以拒之。辛未，安西节度使封常清入朝，上问以讨贼方略，常清大言曰："今太平积久，故人望风惮贼。然事有逆顺，势有奇变，臣请走马诣东京，开府库，募骁勇，挑马棰渡河，计日取逆胡之首献阙下！"上悦。壬申，以常清为范阳、平卢节度使。常清即日乘驿诣东京募兵，旬日，得六万人；乃断河阳桥，为守御之备。

丁丑，以荣王琬为元帅，右金吾大将军高仙芝副之，统诸军东征。出内府钱帛，于京师募兵十一万，号曰天武军，旬日而集，皆市井子弟也。

十二月，丙戌，高仙芝将飞骑、彍骑及新募兵、边兵在京师者合五万人，发长安。上遣宦者监门将军边令诚监其军，屯于陕。

壬辰，上下制欲亲征，其朔方、河西、陇右兵留守城堡之外，皆赴行营，令节度使自将之；期二十日毕集。

【译文】

十四载（乙未，公元755年）

安禄山一身兼任三道节度使，阴谋作乱已将近十年，只是因为玄宗待他很好，所以想等到玄宗死后再反叛。这时杨国忠因为与安禄山不和，多次上言说他要谋反，玄宗不信。杨国忠又多次以事激怒安禄山，想让他立刻反叛以取信于玄宗。安禄山于是决意举兵反叛，只与孔目官、太仆丞严庄和掌书记、屯田员外郎高尚以及将军阿史那承庆等人密谋，其他将领都不让知道。其他将领只是觉得奇怪，不知道安禄山为什么从八月份以来多次招待士卒，秣马厉兵，准备打仗。这时有入朝奏事官从京师回来，安禄山就假造敕书，把将领都召来告诉他们说："皇上有密诏给我，让我率兵入朝讨杨国忠，你们应该听我指挥随军行动。"众将领听完后都十分惊愕，相看而不敢反对。十一月，甲子（初九），安禄山率领所统辖的三镇军队及同罗、奚、契丹、室韦兵共十五万人，号称二十万，在范阳起兵反叛。安禄山又命令范阳节度副使贾循留守范阳，平卢节度副使吕知诲留守平卢，别将高秀岩守卫大同，其余的将领都率兵深夜出发。

第二天早晨，安禄山出蓟城南门，召集全军检阅誓师，以讨伐杨国忠为名，在军中发文告说："谁要是煽动军人反对这一行动，灭杀他的三族！"然后率兵向南进军。安禄山坐着铁车，精锐步骑兵浩浩荡荡，战尘千里，鼓角震地。当时唐朝国内长治久安，老百姓几代没有经过战争，猛然得知范阳兵起，远近惊骇。河北地区都在安禄山的统辖之内，所以叛军经过的州县望风瓦解，郡守与县令有的大开城门迎接敌人，有的弃城逃命，有的被叛军俘虏杀害，没有人敢于抵抗。安禄山先派将军何千年与高邈率领奚族骑兵二十名，声称是向朝廷献射生手，乘驿马到太原。乙丑（初十），北京副留守杨光翙出城迎接，被劫持而去。太原向朝廷报告了这一情况，东受降城也上奏说安禄山反叛。玄宗还认为这是恨安禄山的人故意捏造事实，不相信真有其事。

庚午（十五日），玄宗得知安禄山确实率兵造反，才召来宰相商议应变之策。杨国忠得意扬扬地说："现在要反叛的只有安禄山一个人，所部将士都不想反叛。不过十天，一定会把安禄山的头颅割下来送到行在。"玄宗信以为然，大臣们听后则大惊失色。玄宗派特进毕思琛往东京，金吾将军程千里往河东，各招募数万人，各随便利，编组教练，以便抗拒叛军。辛未（十六日），安西节度使封常清入朝，玄宗向他问平叛之计，常清夸大其词地说："现在因为天下太平已久，所以人人看见叛军都十分害怕。但事情有逆顺，形势会突变。我请求立刻到东京，打开府库，招募勇士，然后跃马挥师渡过黄河，用不了几天就会把逆贼安禄山的头颅取下献给陛下！"玄宗大喜。壬申（十七日），任命封常清为范阳、平卢节度使。封常清当天即乘驿马到东京募兵，十天募得六万人。然后毁坏河阳桥，准备抵御叛军的进攻。

丁丑（二十二日），玄宗任命荣王李琬为元帅，右金吾大将军高仙芝为副元帅，统帅各路军队东征。又拿出内府中的金钱布帛，在京师招募军队十一万，号为天武军，十天便集合起来，成员都是市民子弟。

十二月，丙戌（初一），副元帅高仙芝率领飞骑、彍骑及新招募的兵，再加上留在京师的边镇兵共五万人，从长安出发。玄宗又派监门将军宦官边令诚去监军，屯于陕郡。

壬辰（初七），玄宗颁下制书说要亲自率兵去征讨安禄山，命令朔方、河西、陇右的镇兵除留守城堡以外，全部开赴行营，并命令各镇节度使亲自率领，限二十天内全部到齐。

【原文】

肃宗文明武德大圣大宣孝皇帝上之上至德元载（丙申，756年）

春，正月，乙卯朔，禄山自称大燕皇帝，改元圣武，以达奚珣为侍中，张通儒为中书令。高尚、严庄为中书侍郎。

【译文】

唐肃宗至德元载（丙申，公元756年）

春季，正月，乙卯朔（初一），安禄山自封为大燕皇帝，改年号为圣武，并任命达奚珣为侍中，张通儒为中书令，高尚、严庄为中书侍郎。

唐纪三十四

【原文】

肃宗文明武德大圣大宣孝皇帝上之下至德元载（丙申，756年）

是时，天下以杨国忠骄纵召乱，莫不切齿。又，禄山起兵以诛国忠为名，王思礼密说哥舒翰，使抗表请诛国忠，翰不应。思礼又请以三十骑劫取以来，至潼关杀之，翰曰："如此，乃翰反，非禄山也。"或说国忠："今朝廷重兵尽在翰手，翰若援旗西指，于公岂不危哉！"国忠大惧，乃奏："潼关大军虽盛，而后无继，万一失利，京师可忧，请选监牧小儿三千于苑中训练。"上许之，使剑南军将李福德等领之。又募万人屯灞上，令所亲杜乾运将之，名为御贼，实备翰也。翰闻之，亦恐为国忠所图，乃表请灞上军隶潼关；六月，癸未，召杜乾运诣关，因事斩之；国忠益惧。

会有告崔乾祐在陕，兵不满四千，皆羸弱无备，上遣使趣哥舒翰进兵复陕、洛。翰奏曰："禄山久习用兵，今始为逆，岂肯无备！是必赢师以诱我，若往，正堕其计中。且贼远来，利在速战；官军据险以扼之，利在坚守。况贼残虐失众，兵势日蹙，将有内变；因而乘之，可不战擒也。要在成功，何必务速！今诸道征兵尚多未集，请且待之。"郭子仪、李光弼亦上言："请引兵北取范阳，覆其巢穴，质贼党妻子以招之，贼必内溃。潼关大军，唯应固守以弊之，不可轻出。"国忠疑翰谋己，言于上，以贼方无备，而翰逗留，将失机会。上以为然，续遣中使趣之，项背相望。翰不得已，抚膺恸哭；丙戌，引兵出关。

己丑，遇崔乾祐之军于灵宝西原。乾祐据险以待之，南薄山，北阻河，隘道七十里。庚寅，官军与乾祐会战。乾祐伏兵于险，翰与田良丘浮舟中流以观军势，见乾祐兵少，趣诸军使进。王思礼等将精兵五万居前，庞忠等将余兵十万继之，翰以兵三万登河北阜望之，鸣鼓以助其势。乾祐所出兵不过万人，什什伍伍，散如列星，或疏或密，或前或却，官军望而笑之。乾祐严精兵，陈于其后。兵既交，贼偃旗如欲遁者，官军懈，不为备。须臾，伏兵发，贼乘高下木石，击杀士卒甚众。道隘，士卒如束，枪槊不得用。翰以毡车驾马为前驱，欲以冲贼。日过中，东风暴急，乾祐以草车数十乘塞毡车之前，纵火焚之。烟焰所被，官军不能开目，妄自相杀，谓贼在烟中，聚弓弩而射之。日暮，矢尽，乃知无贼。乾祐遣同罗精骑自南山过，出官军之后击之，官军首尾骇乱，不知所备，于是大败；或弃甲窜匿山谷，若相挤排入河溺死，嚣声振天地，贼乘胜蹙之。后军见前军败，皆自溃，河北军望之亦溃。翰独与麾下数百骑走，自首阳山西渡河入关。关外先为三堑，皆广二丈，深丈，人马坠其中，须臾而满；余众践之以度，士卒得入关者才八千余人。辛卯，乾祐进攻潼关，克之。

翰至关西驿，揭榜收散卒，欲复守潼关。蕃将火拔归仁等以百余骑围驿，入谓翰曰："贼至矣，请公上马。"翰上马出驿，归仁帅众叩头曰："公以二十万众一战弃之，何面目复见天子！且公不见高仙芝、封常清乎、请公东行。"翰不可，欲下马。归仁以毛縻其足于马腹，及诸将不从者，皆执之以东。会贼将田乾真已至，遂降之，俱送洛阳。安禄山问翰曰："汝常轻我，今定何如？"翰伏地对曰："臣肉眼不识圣人。今天下未平，李光弼在常山，李祗在东平，鲁炅在南阳，陛下留臣，使以尺书招之，不日皆下矣。"禄山大喜，以翰为司空、同平章事。谓火拔归仁曰："汝叛主，不忠不义。"执而斩之。翰以书招诸将，皆复书责之。禄山知不效，乃囚诸苑中。潼关既败，于是河东、华阴、冯翊、上洛防御使皆弃郡走，所在守兵皆散。

是日，翰麾下来告急，上不时召见，但遣李福德等将监牧兵赴潼关。及暮，平安火不至，上始惧。壬辰，召宰相谋之。杨国忠自以身领剑南，闻安禄山反，即令副使崔圆阴具储偫，以备有急投之，至是首唱幸蜀之策。上然之。癸巳，国忠集百官于朝堂，惶恓流涕；问以策略，皆唯唯不对。国忠曰："人告禄山反状已十年，上不之信，今日之事，非宰相之过。"仗下，士民惊扰奔走，不知所之，市里萧条。国忠使韩、虢入宫，劝上入蜀。

甲午，百官朝者什无一二。上御勤政楼，下制，云欲亲征，闻者皆莫之信。以京兆尹魏方进为御史大夫兼置顿使；京兆少尹灵昌崔光远为京兆尹，充西京留守；将军边令诚掌宫闱管钥。托以剑南节度大使颍王璬将赴镇，令本道设储待。是日，上移仗北内。既夕，命龙武大将军陈玄礼整比六军，厚赐钱帛，选闲厩马九百余匹，外人皆莫之知。乙未，黎明，上独与贵妃姊妹、皇子、妃、主、皇孙、杨国忠、韦见素、魏方进、陈玄礼及亲近宦官、宫人出延秋门，妃、主、皇孙之在外者，皆委之而去。上过左藏，杨国忠请焚之，曰："无为贼守。"上愀然曰："贼来不得，必更敛于百姓；不如与之，无重困吾赤子。"是日，百官犹有入朝者，至宫门，犹闻漏声，三卫立仗俨然。门既启，则宫人乱出，中外扰攘，不知上所之。于是王公、士民四出逃窜，山谷细民争入宫禁及王公第舍，盗取金宝，或乘驴上殿。又焚左藏大盈库。崔光远、边令诚帅人救火，又募人摄府、县官分守之，杀十余人，乃稍定。光远遣其子东见禄山，令诚亦以管钥献之。

丙申，至马嵬驿，将士饥疲，皆愤怒。陈玄礼以祸由杨国忠，欲诛之，因东宫宦者李辅国以告太子，太子未决。会吐蕃使者二十余人遮国忠马，诉以无食，国忠未及对，军士呼曰："国忠与胡虏谋反！"或射之，中鞍。国忠走至西门内，军士追杀之，屠割支体，以枪揭其首于驿门外，并杀其子户部侍郎暄及韩国、秦国夫人。御史大夫魏方进曰："汝曹何敢害宰相！"众又杀之。韦见素闻乱而出，为乱兵所挝，脑血流地。众曰："勿伤韦相公。"救之，得免。军士围驿，上闻喧哗，问外何事，左右以国忠反对。上仗屦出驿门，慰劳军士，令收队，军士不应。上使高力士问之，玄礼对曰："国忠谋反，贵妃不宜供奉，愿陛下割恩正法。"上曰："朕当自处之。"入门，倚仗倾首而立。久之，京兆司录韦谔前言曰："今众怒难犯，安危在晷刻，愿陛下速决！"因即头流血。上曰："贵妃常居深宫，安知国忠反谋？"高力士曰："贵妃诚无罪，然将士已杀国忠，而贵妃在陛下左右，岂敢自安！愿陛下审思之，将士安则陛下安矣。"上乃命力士引贵妃于佛堂，缢杀之。舆尸置驿庭，召玄礼等入视之。玄礼等乃免胄释甲，顿首请罪，上慰劳之，令晓谕军士。玄礼等皆呼万岁，再拜而出，于是始整部伍为行计。谞，见素之子也。国忠妻裴柔与其幼子晞及虢国夫人、夫人子裴徽皆走，至陈仓，县令薛景仙帅吏士追捕，诛之。

丁酉，上将发马嵬，朝臣惟韦见素一人，乃以韦谞为御史中丞，充置顿使。将士皆曰："国忠谋反，其将吏皆在蜀，不可往。"或请之河、陇，或请之灵武，或请之太原，或言还京师。上意在入蜀，虑违众心，竟不言所向。韦谞曰："还京，当有御贼之备。今兵少，未易东向，不如且至扶风，徐图去就。"上询于众，众以为然，乃从之。及行，父老皆遮道请留，曰："宫阙，陛下家居，陵寝，陛下坟墓，今舍此，欲何之？"上为之按辔久之，乃令太子于后宣慰父老。父老因曰："至尊既不肯留，某等愿帅子弟从殿下东破贼，取长安。若殿下与至尊皆入蜀，使中原百姓谁为之主？"须臾，众至数千人。太子不可，曰："至尊远冒险阻，吾岂忍朝夕离左右。且吾尚未面辞，当还白至尊，更禀进止。"涕泣，跋马欲西，建宁王倓与李辅国执鞚谏曰："逆胡犯阙，四海分崩，不因人情，何以兴复！今殿下从至尊入蜀，若贼兵烧绝栈道，则中原之地拱手授贼矣。人情既离，不可复合，虽欲复至此，其可得乎！不如收西北守边之兵，召郭、李于河北，与之并力东讨逆贼，克复两京，削平四海，使社稷危而复安，宗庙毁而更存，扫除宫禁以迎至尊，岂非孝之大者乎！何必区区温清，为儿女之恋乎！"广平王俶亦劝太子留。父老共拥太子马，不得行。太子乃使俶驰白上。上总辔待太子，久不至，使人侦之，还白状，上曰："天也！"乃分后军二千人及飞龙厩马从太子，且谕将士曰："太子仁孝，可奉宗庙，汝曹善辅佐之。"又谕太子曰："汝勉之，勿以吾为念。西北诸胡，吾抚之素厚，汝必得其用。"太子南向号泣而已。又使送东宫内人于太子，且宣旨欲传位，太子不受。俶、倓，皆太子之子也。

太子既留，莫知所适。广平王俶曰："日渐晏，此不可驻，众欲何之？"皆莫对。建宁王倓曰："殿下昔尝为朔方节度大使，将吏岁时致启，倓略识其姓名。今河西、陇右之众皆败降贼，父兄子弟多在贼中，或生异图。朔方道近，士马全盛，裴冕衣冠名族，必无贰心。贼入长安方虏掠，未暇徇地，乘此速往就之，徐图大举，此上策也。"众皆曰："善！"至渭滨，遇潼关败卒，误与之战，死伤甚众。

已，乃收余卒，择渭水浅处，乘马涉渡；无马者涕泣而返。太子自奉天北上，比至新平，通夜驰三百里，士卒、器械失亡过半，所存之众不过数百。新平太守薛羽弃郡走，太子斩之。是日，至安定，太守徐毂亦走，又斩之。

壬寅，上至散关，分麾从将士为六军。使颍王璬先行诣剑南，寿王瑁等分将六军以次之。丙午，上至河池郡。崔圆奉表迎车驾，具陈蜀土丰稔，甲兵全盛。上大悦，即日，以圆为中书侍郎、同平章事，蜀郡长史如故。以陇西公瑀为汉中王、梁州都督、山南西道采访·防御使。瑀，琎之弟也。

安禄山不意上遽西幸，遣使止崔乾祐兵留潼关，凡十日，乃遣孙孝哲将兵入长安，以张通儒为西京留守，崔光远为京兆尹；使安忠顺将兵屯苑中，以镇关中。孝哲为禄山所宠任，尤用事，常与严庄争权；禄山使监关中诸将，通儒等皆受制于孝哲。孝哲豪侈，果于杀戮，贼党畏之。禄山命搜捕百官、宦者、宫女等，每获数百人，辄以兵卫送洛阳。王、侯、将、相扈从车驾、家留长安者，诛及婴孩。陈希烈以晚节失恩，怨上，与张均、张垍等皆降于贼。禄山以希烈、垍为相，自余朝士皆授以官。于是贼势大炽，西胁汧、陇，南侵江、汉，北割河东之半。然贼将皆粗猛无远略，既克长安，以为得志，日夜纵酒，专以声色宝贿为事，无复西出之意，故上得安行入蜀，太子北行亦无追迫之患。

太子至平凉数日，朔方留后杜鸿渐、六城水陆运使魏少游、节度判官崔漪、支度判官卢简金、盐池判官李涵相与谋曰："平凉散地，非屯兵之所，灵武兵食完富，若迎太子至此，北收诸城兵，西发河、陇劲骑，南向以定中原，此万世一时也。"乃使涵奉笺于太子，且籍朔方士马、甲兵、谷帛、军须之数以献之。涵至平凉，太子大悦。会河西司马裴冕入为御史中丞，至平凉见太子，亦劝太子之朔方，太子从之。鸿渐，暹之族子；涵，道之曾孙也。鸿渐、漪使少游居后，葺次舍，庀资储，自迎太子于平凉北境，说太子曰："朔方，天下劲兵处也。今吐蕃请和，回纥内附，四方郡县大抵坚守拒贼以俟兴复。殿下今理兵灵武，按辔长驱，移檄四方，收揽忠义，则逆贼不足屠也。"少游盛治宫室，帷帐皆仿禁中，饮膳备水陆。秋，七月，辛酉，太子至灵武，悉命撤之。

裴冕、杜鸿渐等上太子笺，请遵马嵬之命，即皇帝位，太子不许。冕等言曰：

"将士皆关中人,日夜思归,所以崎岖从殿下远涉沙塞者,冀尺寸之功。若一朝离散,不可复集。愿殿下勉徇众心,为社稷计!"笺五上,太子乃许之。是日,肃宗即位于灵武城南楼,群臣舞蹈,上流涕歔欷。尊玄宗为上皇天帝,赦天下,改元。以杜鸿渐、崔漪并知中书舍人事,裴冕为中书侍郎、同平章事。改关内采访使为节度使,徙治安化,以前蒲关防御使吕崇贲为之。以陈仓令薛景仙为扶风太守,兼防御使;陇右节度使郭英乂为天水太守,兼防御使。时塞上精兵皆选入讨贼,惟余老弱守边,文武官不满三十人,披草莱,立朝廷,制度草创,武人骄慢。大将管崇嗣在朝堂,背阙而坐,言笑自若,监察御史李勉奏弹之,系于有司。上特原之,叹曰:"吾有李勉,朝廷始尊!"勉,元懿之曾孙也。旬日间,归附者渐众。

张良娣性巧慧,能得上意,从上来朔方。时从兵单寡,良娣每寝,常居上前。上曰:"御寇非妇人所能。"良娣曰:"苍猝之际,妾以身当之,殿下可从后逸去。"至灵武,产子;三日起,缝战士衣。上止之,对曰:"此非妾自养之时。"上以是益怜之。

安禄山使孙孝哲杀霍国长公主及王妃、驸马等于崇仁坊,刳其心,以祭安庆宗。凡杨国忠、高力士之党及禄山素所恶者皆杀之,凡八十三人,或以铁棓揭其脑盖,流血满街。己巳,又杀皇孙及郡、县主二十余人。

癸巳,灵武使者至蜀,上皇喜曰:"吾儿应天顺人,吾复何忧!"丁酉,制:"自今改制敕为诰,表疏称太上皇。四海军国事,皆先取皇帝进止,仍奏朕知;俟克复上京,朕不复预事。"己亥,上皇临轩,命韦见素、房琯、崔涣奉传国宝玉册诣灵武传位。

【译文】

唐肃宗至德元载(丙申,公元756年)

这时,人们都认为安禄山叛乱是因为杨国忠骄横放纵所致,无不对杨国忠切齿痛恨。而且安禄山起兵是以讨杨国忠为名,所以王思礼就悄悄地劝哥舒翰,让他上表请求玄宗杀掉杨国忠,哥舒翰没有答应。王思礼又请求率领三十个骑兵把杨国忠劫持出京师，到潼关把他杀掉，哥舒翰说："如果这样做就是我谋反，而不是安禄山谋反。"有人劝杨国忠说："现在朝廷的重兵都在哥舒翰掌握之中，他如果挥兵西向京城，您不就危险了吗！"杨国忠大为恐惧，于是就上奏玄宗说："现在潼关虽然有大军把守，但后无援兵，一旦潼关失守，京师就难保，请求挑选牧马的士卒三千人于禁宛中训练，以应付不测。"玄宗同意，于是就派剑南军将李福德等人统领这支队伍。杨国忠又招募了一万人屯兵于灞上，命令他的亲信杜乾运率领，名义上是抵御叛军，实际上却是为了防备哥舒翰。哥舒翰得知后，也怕被杨国忠谋算，于是就上表玄宗请求把驻扎在灞上的军队归于潼关军队统一指挥。六月，癸未（初一），哥舒翰把杜乾运召到潼关，借机杀了他，杨国忠更加害怕。

这时有人告诉玄宗说崔乾祐在陕郡的兵力不到四千，都是老弱兵，而且没有准备，玄宗就派人催促哥舒翰出兵收复陕郡和洛阳。哥舒翰上奏说："安禄山善于用兵，现在刚举兵反叛，怎么能够不设防呢！这一定是故意示弱来引诱我们，如果出兵攻打，正中了他的计谋。再说叛军远来，利在速战速决，我们据险扼守，利在长期坚持。何况叛军残暴，失去人心，兵势正在变为不利，将会有内乱，到那时再乘机进攻，就可不战而获胜。我们最主要是要取胜，何必要立刻出兵呢！现在各地所征的兵大多都还没有到达，请暂且等待一段时间。"郭子仪与李光弼也上言说："请让我们率兵向北攻取范阳，直捣叛军巢穴，抓住他们的妻子、儿子作为人质用来招降，这样叛军内部必定大乱。坚守潼关的大军应该固守以挫敌锐气，不可轻易出战。"杨国忠怀疑哥舒翰想要谋害他，就告诉玄宗说叛军没有准备，而哥舒翰却逗留拖延，将要失去战机。玄宗信以为然，于是又派宦官去催促出兵，连续不断。哥舒翰没有办法，抚胸痛哭。丙戌（初四），亲自率兵出关。

己丑（初七），官军与崔乾祐的叛军相遇于灵宝西原。崔乾祐的军队占据着险要之地，南靠大山，北据黄河天险，有狭道七十里。庚寅（初八），官军与崔乾祐的叛军交战。崔乾祐先把精兵埋伏在险要的地方，哥舒翰与田良丘乘船在黄河中观察军情，看见崔乾祐兵少，就命令大军前进。王思礼等率领精兵五万在前，庞忠等率领其余的十万在后，哥舒翰率兵三万登上黄河北岸的高丘观察指挥，并鸣鼓助战。崔乾祐出兵不到一万，三五成群，稀稀拉拉，队伍有疏有密，士兵有前有后，官军看见后都大笑叛军不会用兵。而崔乾祐却把精兵摆在阵后。两军一交战，叛军偃旗息鼓假装败逃，官军斗志松懈，毫无准备。不一会，叛军伏兵齐发，占据着高地，用滚木石块打击官军，官军死伤惨重。又因为道路狭窄，士卒拥挤，刀枪伸展不开。哥舒翰又让马拉毡车为前队，去冲击叛军。过了中午，东风骤起，崔乾祐把数十辆草车塞于毡车之前，放火焚烧。顿时大火熊熊，烟雾蔽天，官军睁不开眼睛，敌我不分，互相冲杀，以为叛军在烟火中，就召集弓箭手和弩机手射击。持续到天黑，箭已射尽，才知道没有叛军。这时崔乾祐派同罗精锐骑兵过南山，从官军后面发起进攻，官军腹背受敌，首尾大乱，不知道如何抵挡，因此大败。有的丢盔弃甲逃入山谷，有的互相拥挤被推入黄河中淹死，喊声震天动地，叛军又乘胜追击。官军后面的将士看见前军大败，也纷纷溃逃，黄河北岸的军队看见了也向后逃跑。哥舒翰仅与部下数百骑兵得以逃脱，从首阳山西面渡过黄河，进入潼关。潼关城外先前挖了三条深沟，都是宽二丈，深一丈，过关的人马坠落沟中，很快就填满了沟，后面的人踏着他们得以通过，残兵逃入关内的才八千多人。辛卯（初九），崔乾祐率兵攻陷潼关。

　　哥舒翰到了关西驿站，张贴告示收罗逃散的士卒，想重新守卫潼关。这时蕃人将领火拔归仁等率领一百余名骑兵包围了驿站，进去对哥舒翰说："叛军来了，请您赶快上马。"哥舒翰上马出驿站后，火拔归仁率部下叩头说："您率领二十万军队一战而全军覆没，还有什么脸面去见天子呢！再说您没有看到封常清与高仙芝的下场吗？还不如向东去归降安禄山。"哥舒翰不同意，想要下马。火拔归仁就用毛绳把他的双脚捆绑在马肚子下，对于将领中不愿意投降的，也都捆起来押往东方。这时叛军将领田乾真赶到，火拔归仁就投降了他，被一起送往洛阳。安禄山问哥舒翰说："你过去总是看不起我，现在怎么样呢？"哥舒翰伏地而拜回答说："我凡人肉眼不识圣人。现在天下还没有平定，李光弼率兵在常山，吴王李祗在东平，鲁炅在南阳，陛下如果能够留我一条性命，让我写信招降他们，用不了多长时间就会平定。"安禄山很高兴，于是就拜哥舒翰为司空、同平章事。又对火拔归仁说："你背叛了你的主人，是不忠不义。"然后就杀了他。哥舒翰写信招降其他将帅，他们都复信责备他的背叛行为。安禄山知道没有什么效果，就把哥舒翰囚禁于禁苑中。潼关既已失守，于是河东、华阴、冯翊、上洛等郡的防御使都弃郡而逃，部下的守兵也纷纷逃命。

潼关失守的当天，哥舒翰的部下到朝廷报告情况危急，玄宗当时没有召见，只是派李福德等人率领监牧小儿组成的军队开赴潼关增援。到了晚上，没看到报告平安的烽火，玄宗才感到惧怕。壬辰（初十），玄宗把宰相召来商议对策。杨国忠因为自己兼任剑南节度使，安禄山反叛后，即命令节度副使崔圆暗中准备物资，以防备危急时到剑南使用，所以这时他首先提出到蜀中避难。玄宗赞成他的意见。癸巳（十一日），杨国忠召集百官于朝堂，神色惊惧，痛哭流涕地问他们有什么计策，百官都不回答。杨国忠说："人们告安禄山的反状已有十年了，但皇上总是不相信。现在事情发展到这种地步，不是宰相的过错。"罢朝后卫兵退下，这时长安城中的百姓惊慌逃命，都不知道该往哪里躲避，店铺关门，市里一片萧条。杨国忠又让韩国夫人与虢国夫人入宫，劝说玄宗到蜀中去避难。

甲午（十二日），百官上朝的不到十分之一二。玄宗登临勤政楼，下制书说要亲自率兵征讨安禄山，听到的人都不相信。玄宗又任命京兆尹魏方进为御史大夫兼置顿使，京兆少尹灵昌人崔光远为京兆尹，兼西京留守，让将军边令诚掌管宫殿的钥匙。玄宗假称剑南节度大使颖王李璬将要赴镇，命令剑南道准备所用物资。当天，玄宗移居大明宫。天黑以后，玄宗命令龙武大将军陈玄礼集合禁军六军，重赏他们金钱布帛，又挑选了闲厩中的骏马九百余匹，所做的这些事情外人都不知晓。乙未（十三日），天刚发亮，玄宗只与杨贵妃姊妹、皇子、皇妃、公主、皇孙、杨国忠、韦见素、魏方进、陈玄礼及亲信宦官、宫人众延秋门出发，在宫外的皇妃、公主及皇孙都弃而不顾，只管自己逃难。玄宗路过左藏库，杨国忠请求放火焚烧，并说："不要把这些钱财留给叛贼。"玄宗心情凄惨地说："叛军来了没有钱财，一定会向百姓征收，还不如留给他们，以减轻百姓们的苦难。"这一天，百官还有入朝的，到了宫门口，还能听到漏壶滴水的声音，仪仗队的卫士们仍然整齐地站在那里，待宫门打开后，则看见宫人乱哄哄地出逃，宫里宫外一片混乱，都不知道皇上在那里。于是王公贵族、平民百姓四出逃命，山野小民争着进入皇宫及王公贵族的宅第，盗抢金银财宝，有的还骑驴跑到殿里。还放火焚烧了左藏大盈库。崔光远与边令诚带人赶来救火，又招募人代理府、县长官分别守护，杀了十多个人，局势才稳定下来。崔光远派他的儿子去见安禄山，边令城也把宫殿各门的钥匙献给安禄山。

丙申（十四日），玄宗一行到了马嵬驿，随从的将士因为饥饿疲劳，心中怨恨愤怒。龙武大将军陈玄礼认为天下大乱都是杨国忠一手造成的，想杀掉他，于是就让东宫宦官李辅国转告太子，太子豫不决。这时有吐蕃使节二十余人拦住杨国忠的马，向他诉说没有吃的，杨国忠还没有来得及回答，士卒们就喊道："杨国忠与胡人谋反！"有人用箭射击，射中了杨国忠坐骑的马鞍。杨国忠急忙逃命，逃至马嵬驿西门内，被士兵追上杀死，并肢解了他的尸体，把头颅挂在矛上插于西门外示众，然后杀了他的儿子户部侍郎杨暄与韩国夫人、秦国夫人。御史大夫魏方进说："你们胆大妄为，竟敢谋害宰相！"士兵们又把他杀了。韦见素听见外面大乱，跑出驿门察看，被乱兵用鞭子抽打得头破血流。众人喊道："不要伤了韦相公。"韦见素才免于一死。士兵们又包围了驿站，玄宗听见外面的喧哗之声，就问是什么事，左右侍从回答说是杨国忠谋反。玄宗走出驿门，慰劳军士，命令他们撤走，但军士不答应。玄宗又让高力士去问话，陈玄礼回答说："杨国忠谋反被诛，杨贵妃不应该再侍奉陛下，愿陛下能够割爱，把杨贵妃处死。"玄宗说："这件事由我自行处置。"然后进入驿站，拄着拐杖侧首而立。过了一会儿，京兆司录参军韦谔上前说道："现在众怒难犯，形势十分危急，安危在片刻之间，希望陛下赶快做出决断！"说着不断地跪下叩头，以至血流满面。玄宗说："杨贵妃居住在戒备森严的宫中，不与外人交结，怎么能知道杨国忠谋反呢？"高力士说："杨贵妃确实是没有罪，但将士们已经杀了杨国忠，而杨贵妃还在陛下的左右侍奉，他们怎么能够安心呢！希望陛下好好地考虑一下，将士安宁陛下就会安全。"玄宗这才命令高力士把杨贵妃引到佛堂内，用绳子勒死了她。然后把尸体抬到驿站的庭中，召陈玄礼等人入驿站察看。陈玄礼等人脱去甲胄，叩头谢罪，玄宗安慰他们，并命令告谕其他的军士。陈玄礼等都高喊万岁，拜了两拜而出，然后整顿军队准备继续行进。韦谔是韦见素的儿子。杨国忠的妻子裴柔与她的小儿子杨晞、虢国夫人与她的儿子裴徽都乘乱逃走，到了陈仓县，被县令薛景仙率领官吏抓获杀掉。

丁酉（十五日），玄宗将要从马嵬驿出发，朝臣中只有韦见素一人随行，于是就任命韦谔为御史中丞，并兼任置顿使。这时将士们都说："杨国忠谋反被杀，而他的部下亲信都在蜀中，不能去那里避难。"有人请求去河西、陇右，有人请求去灵武，有人请求去太原，还有的请求回京师。玄宗想去蜀中，又恐怕违背众心，所以沉默不言。韦谔说："如果要返回京师，就要有足够的兵力抵御叛军。而现在兵力单薄，不要轻易向东。不如暂时到扶风郡，再慢慢考虑去向。"玄宗征求大家的意见，大家都同意，于是准备去扶风。等到出发时，当地的父老乡亲拦在路中请求玄宗留下，并说："森严宏伟的宫殿是陛下的家室，那些列祖列宗的陵园是陛下先人的葬地，现在都舍弃不顾，想要到那里去呢？"玄宗骑在马上停留了很长时间，然后命令太子留在后面安慰这些父老乡民。父老们因此对太子说："皇上既然不愿意留下来，我们愿意率领子弟跟随殿下向东讨伐叛军，收复长安。如果殿下与皇上都逃向蜀中，那么谁为中原的百姓们做主呢？"不一会儿，来到太子跟前的多达数千人。太子不肯，并说："父皇冒艰历险，远出避难，我怎么忍心早晚都不在他身边呢！再说我也没有当面向他辞别，我要回去告诉父皇，然后听候他的吩咐。"说着涕泣流泪，要回马西行。这时建宁王李倓与宦官李辅国拉着太子的马笼头进谏说："逆胡安禄山举兵反叛，进犯长安，以至四海沸腾，国家分裂，如果不服从民意，怎么能够复兴大唐天下呢！现在殿下随从皇上入蜀中避难，如果叛军焚烧断绝了通向蜀中的栈道，那么中原大地就拱手送给叛军了。人心既已分离，就难以再聚合，到那时就是想要有所作为，恐怕也不可能了。不如现在收聚西北边防的镇兵，再加上郭子仪与李光弼在河北地区的兵力，与他们合兵东讨叛贼，收复两京，平定四海，挽救国家于危难之中，使大唐的帝业得以继续，然后再打扫宫殿，迎接皇上返回京师，这难道不是最好的孝顺行为吗！何必因为区区温情，而做儿女之恋呢！"广平王李俶也劝太子留下来。父老乡亲们都拦住太子的马，使他无法前行。于是太子就让广平王李俶驰马去报告玄宗。玄宗骑在马上等待太子，久等不见，就派人去打听，被派去的人回来报告了太子的情况，玄宗说："这真是天意！"于是就从后军中分出二千人，再加上一批最好的飞龙厩马给予太子，并且告谕将士说："太子仁义孝顺，能够继承我们大唐的帝业，希望你们好好辅佐他。"然后又告谕太子说：

"希望你好自为之，不要为我而担心。西北地区的各族胡人，我一直待他们厚道，你一定能用得上。"太子听后向南号叫哭泣。玄宗又派人把太子东宫中的宫女送给太子，并且宣旨说要传帝位给太子，太子不接受。广平王李俶和建宁王李倓都是太子的儿子。

太子留下来以后，不知道该往哪里去。广平王李俶说："天已经快黑了，此地不宜久留，大家觉得到哪里去好呢？"众人都不说话。这时建宁王李倓说："殿下过去曾经做过朔方节度大使，朔方镇的将领官吏每年送来问安书，我大略记得他们的姓名。现在河西与陇右的兵都因战败投降了叛军，父兄子弟多有在叛军中的，到那里去恐怕有危险。而朔方距离较近，军队完好，兵马强盛，再说河西行军司马裴冕出自世家大族，一定不会有二心。叛军正在进入长安大肆抢掠财物，还顾不上向外攻城略地，趁此机会应该立刻往朔方，到那里以后再图谋大计，这是最好的战略。"大家听后都说："好！"到了渭河岸边，遇上了潼关战败后退下来的士卒，误以为是叛军而交战，死伤了许多人。不久弄清楚后，就又收罗散兵，选择了一处水浅的地方，乘马渡过渭水，没有马匹的人只好流泪而返回。太子从奉天县向北，到达新平，一夜行进了三百里，清点士卒和武器装备，已丢失大半，留下来的人也不过数百。新平太守薛羽弃郡逃跑，被太子杀掉。当天到了安定郡，太守徐毂也要逃跑，太子又把他斩杀了。

壬寅（二十日），玄宗到达散关，把护卫的士兵分为六军，派颖王李璬先往剑南，寿王李瑁分别率领六军随后。丙午（二十五日），玄宗到达河池郡。蜀郡长史崔圆持表书前来迎接，并说蜀中富饶，粮食丰收，兵马强盛。玄宗非常高兴，当天就任命崔圆为中书侍郎、同平章事，仍兼蜀郡长史。又任命陇西公李瑀为汉中王、梁州都督、山南西道采访及防御使。李瑀是李珍的弟弟。

安禄山没料想玄宗那么快就会西去避难。就派人让崔乾祐留兵潼关，十天后才派孙孝哲率兵进入长安，任命张通儒为西京留守，崔光远为京兆尹。派安忠顺率重兵驻守在禁苑中，以镇抚关中地区。孙孝哲是安禄山最宠信的心腹，喜欢专权用事，常常与严庄争权。安禄山派孙孝哲监督关中诸将帅的军队，张通儒等人都受他的节制。孙孝哲性情粗犷，处事果断，用刑严厉，叛军将领都十分害怕他。安禄山命令搜捕朝臣、宦官和宫女，每抓到数百人时，就派兵护送到洛阳。对于跟随玄宗避难而家还留在长安的王侯将相，连婴儿也杀死。陈希烈因为晚年失去玄宗的信任，所以心中怨恨，就与张均、张垍兄弟等人投降了叛军。安禄山任希烈、张垍为宰相，其余投降的朝臣都授以官职。因此叛军的势力大盛，向西威胁沂阳、陇州，向南侵扰江南与汉水流域，向北占领了河东道的一半。但是叛军将领都勇猛有余，而智谋不足，既已攻陷长安，志骄意满，日夜纵酒取乐，沉湎于声色珍宝财物，再也没有向西进攻的意图，所以玄宗得以安全地避入蜀中，而太子北上也不必担心敌军的追赶逼迫。

太子李亨到达平凉数天以后，朔方留后杜鸿渐、六城水陆运使魏少游、节度判官崔漪、支度判官卢简金与盐池判官李涵等人商议说："平凉地势平坦，不是屯驻军队之地，而灵武兵强粮足，如果把太子迎接到该地，向北召集诸郡之兵，向西征发河西、陇石的精锐骑兵，然后挥师南下，平定中原，这实在是千载难逢的大好时机。"于是就派李涵持笺表上于太子，并且把朔方镇的士卒、马匹、武器、粮食、布帛以及其他军用物资的账籍一同奉献给太子。李涵到平凉见太子后，太子非常高兴。这时河西司马裴冕入朝为御史中丞，路过平凉见到太子，也奉劝太子去朔方，太子同意。杜鸿渐是杜暹同族的侄子。李涵是李道的曾孙。杜鸿渐与崔漪让魏少游留下来修葺房舍，准备食物用具，自己去平凉的北面去迎接太子，并对太子说："朔方镇是天下精兵强将所聚之地。现在境外吐蕃求和，回纥归附，境内的郡县大都坚守城池，抵御叛军，等待大唐王朝的复兴。殿下如果能够集兵于灵武，然后挥师长驱，南下平叛，传告四方郡县，收揽忠义之士，则反叛的逆贼就不难平定。"魏少游留下来后，大力修治宫室，就连所用的帐幕都模仿皇宫中的样子，所备的饮食水陆之物具备。秋季，七月，辛酉（初九），太子到达灵武，命令把这些奢侈品全部撤去。

裴冕、杜鸿渐等人向太子上笺表，请求他遵照玄宗在马嵬驿的命令即皇帝位，太子不同意。裴冕等人对太子说："殿下所率领的将士都是关中人，日夜思念着家乡，他们所以经历艰险跟随殿下到这种荒沙野城中来，就是希望能够建功立业。这些人一旦离散，就难以再聚集到一起。希望殿下能够顺应人心，也为国家着想！"

一连五次上笺奏，太子才同意。当天，肃宗于灵武城南楼即帝位，群臣拜舞，肃宗也流涕歔欷。尊称玄宗为上皇天帝，大赦天下，改天宝十五载为至德元载。肃宗任命杜鸿渐、崔漪为中书舍人，裴冕为中书侍郎、同平章事。改关内采访使为节度使，把治所迁到安化郡，任命前蒲关防御使吕崇贲为节度使。又任命陈仓县令薛景仙为扶风太守，兼防御使；陇右节度使郭英乂为天水太守，兼防御使。当时塞外的精兵都入内地讨伐叛军，只剩下老弱残兵防守边疆，文武官吏不到三十人，他们披荆斩棘，建立朝廷，但因为制度草创，武人骄横傲慢。大将管崇嗣在朝堂中背对宫阙而坐，言笑自若，监察御史李勉上奏弹劾他，并把他关了起来。肃宗特下令赦免了管崇嗣，并感叹说："我只是因为有李勉这样的人，朝廷才开始有尊严！"李勉是李元懿的曾孙。肃宗即帝位后十多天内，归附的人越来越多。

张良娣性情乖巧聪明，善于讨肃宗的欢心，所以跟随肃宗来到朔方。当时保卫肃宗的兵力不多，张良娣每当睡觉时，总是睡在肃宗的前面。肃宗说："抵御敌寇不是妇人能做的事情。"张良娣却说："如果发生了意外，我可先用身体抵挡，以使殿下能够从后面逃走。"到了灵武，张良娣生了一个孩子，三天后就起来为战士们缝补衣服。肃宗阻止她，她说："现在不是我自己休养身体的时候。"因此肃宗对她更加怜爱。

安禄山让孙孝哲于长安崇仁坊杀了霍国长公主以及王妃、驸马等人，挖下他们的心肝，用来祭奠安庆宗。凡是杨国忠、高力士的亲信党羽以及安禄山平时憎恨的人都被杀掉，总共八十三人。有的被叛军用铁棒揭去脑盖，以至血流满街。己巳（十七日），叛军又杀死皇孙及郡主、县主二十余人。

癸巳（八月十二日），灵武派出的使者到了蜀中，玄宗高兴地说："我儿子顺应天命人心，即皇帝位，我还有什么忧愁的呢！"丁酉（十六日），玄宗下制书说："从今以后改制敕为诰令，所上的表疏称太上皇。国家的军政大事都先听候皇帝的处置，然后再奏报朕知即可。等收复京城后，朕就不再参与政事。"己亥（十八日），玄宗亲临殿前的台阶，命令韦见素、房琯与崔涣奉送传国宝器与玉册往灵武传皇帝位。

唐纪三十五

【原文】

肃宗文明武德大圣大宣孝皇帝中之上至德元载（丙申，756年）

饶阳裨将束鹿张兴，力举千钧，性复明辨；贼攻饶阳，弥年不能下。及诸郡皆陷，思明并力围之，外救俱绝，太守李系窘迫，赴火死，城遂陷。思明擒兴，立于马前，谓曰："将军真壮士，能与我共富贵乎？"兴曰："兴，唐之忠臣，固无降理。今数刻之人耳，愿一言而死。"思明曰："试言之。"兴曰："主上待禄山，恩如父子，群臣莫及，不知报德，乃兴兵指阙，涂炭生人。大丈夫不能翦除凶逆，乃北面为之臣乎！仆有短策，足下能听之乎？足下所以从贼，求富贵耳，譬如燕巢于幕，岂能久安！何如乘间取贼，转祸为福，长享富贵，不亦美乎！"思明怒，命张于木上，锯杀之，詈不绝口，以至于死。

贼每破一城，城中衣服、财贿、妇人皆为所掠。男子，壮者使之负担，羸、病、老、幼皆以刀槊戏杀之。禄山初以卒三千人授思明，使定河北，至是，河北皆下之，郡置防兵三千，杂以胡兵镇之；思明还博陵。

君子奇将五千骑渡河，略北海，欲南取江、淮。会回纥可汗遣其臣葛逻支将兵入援，先以二千骑奄至范阳城下，子奇闻之，遽引兵归。

十一月，戊午，回纥至带汗谷，与郭子仪军合；辛酉，与同罗及叛胡战于榆林河北，大破之，斩首三万，捕虏一万，河曲皆平。子仪还军洛交。

上问李泌曰："今敌强如此，何时可定？"对曰："臣观贼所获子女金帛，

皆输之范阳，此岂有雄据四海之志邪！今独房将或为之用，中国之人惟高尚等数人，自余皆胁从耳。以臣料之，不过二年，天下无寇矣。"上曰："何故？"对曰："贼之骁将，不过史思明、安守忠、田乾真、张忠志、阿史那承庆等数人而已。今若令李光弼自太原出井陉，郭子仪自冯翊入河东，则思明、忠志不敢离范阳、常山，守忠、乾真不敢离长安，是以两军縶其四将也，从禄山者，独承庆耳。愿敕子仪勿取华阴，使两京之道常通，陛下以所征之兵军于扶风，与子仪、光弼互出击之，彼救首则击其尾，救尾则击其首，使贼往来数千里，疲于奔命，我常以逸待劳，贼至则避其锋，去则乘其弊，不攻城，不遏路。来春复命建宁为范阳节度大使，并塞北出，与光弼南北掎角以取范阳，覆其巢穴。贼退则无所归，留则不获安，然后大军四合而攻之，必成擒矣。"上悦。

【译文】

唐肃宗至德元载（丙申，公元756年）

饶阳副将束鹿人张兴不但勇力过人，而且心有计谋，叛军围攻饶阳，一年都未攻克。及至其他的郡城都被攻陷，史思明遂全力围攻饶阳，外援全部断绝，太守李系无计可施，投火而死，城遂被攻陷。史思明抓住了张兴，让他立在马前，然后说："将军真是一位壮士，不知道能否与我同享富贵？"张兴说："我张兴，是唐朝的忠臣，绝没有投降的道理。现在活在世上的时间已不长了，只希望进一言而死。"史思明说："请你说出来。"张兴说："皇上对待安禄山恩如父子，群臣都无法相比，安禄山却忘恩负义，不知报答皇上的恩德，反而兴兵攻打长安，使生灵涂炭。大丈夫不能平叛除掉逆凶，怎么还能再做逆臣呢！我有一点浅见，不知道足下愿意听否？足下之所以跟随安禄山反叛，贪图的不过是富贵，这就好似燕子做巢于帷幕之上，怎么能够长久呢！不如乘机攻灭叛贼，转祸为福，长享荣华富贵，不也是一件美事吗！"史思明听后大怒，命令把张兴捆绑在木头上，用锯子锯杀了他。张兴到死还骂不绝口。

叛军每当攻破一城，就把城中的衣服、财物和妇女全部抢掠而去，让壮年男人为他们运送，把老弱病幼者在嬉笑中用刀枪杀死。起初，安禄山授给史思明兵卒三千，让他平定河北地区，至此，河北地区全部落入叛军之手，每郡驻兵三千，并掺杂胡兵镇守，史思明返回博陵。

叛军大将尹子奇率领骑兵五千渡过黄河，侵犯北海郡，想向南攻占江、淮地区。适逢回纥可汗派大臣葛逻支率兵助唐平叛，先以骑兵二千突然出现在范阳城下，尹子奇得知后，立刻领兵退回。

十一月，戊午（初八），回纥兵到达带汗谷，与郭子仪兵相会。辛酉（十一日），回纥及唐兵与同罗及反叛的胡兵战于榆林河北岸，大获全胜，杀敌三万余人，俘虏一万，河曲平定。郭子仪率军返回洛交。

肃宗问李泌说："现在叛军如此强大，不知什么时候才能够平定？"李泌回答说："我看到叛军把抢掠的子女与财物都运往老巢范阳，这难道有雄踞天下的志向吗！现在只是那些胡人将领为安禄山卖力，汉人只有高尚等几个人，其余的都不过是一些胁从。以我的看法，不过二年，天下就会平定。"肃宗说："这有什么道理？"李泌回答说："叛军中勇将不过是史思明、安守忠、田乾真、张忠志、阿史那承庆等几个人。现在我们如果命令李光弼率兵从太原出井陉关，郭子仪率兵从冯翊进入河东，这样史思明与张忠志便不敢离开范阳与常山，安守忠与田乾真则不敢离开长安，我们以两支军队拖住了叛军的四员骁将，跟随安禄山的只有阿史那承庆了。希望下敕书命令郭子仪不要攻取华阴，使两京之间的道路畅通，陛下率领所征召的军队驻扎于扶风，与郭子仪、李光弼交互攻击叛军，叛军如果救援这头，就攻击他们的那头，如果救援那头，就攻击这头，使叛军在数千里长的战线上往来，疲于奔命，我们则以逸待劳，叛军如果来交战，就避开他的锋芒，如果要撤退，就乘机攻击，不攻占城池，不切断来往的道路。明年春天再任命建宁王李俶为范阳节度大使，从塞北出击，与李光弼形成南北夹击之势，以攻取范阳，颠覆叛军的巢穴。这样叛军想要撤退则归路已断，要留在两京则不得安宁，然后各路大军四面合击而进攻，就一定能够平息叛军。"肃宗听后很高兴。

【原文】

二载（丁酉，757年）

安禄山自起兵以来，目渐昏，至是不复睹物；又病疽，性益躁暴，左右使令，小不如意，动加棰挞，或时杀之。既称帝，深居禁中，大将希得见其面，皆因严庄白事。庄虽贵用事，亦不免棰挞，阉宦李猪儿被挞尤多，左右人不自保。禄山嬖妾段氏，生子庆恩，欲以代庆绪为后。庆绪常惧死，不知所出。庄谓庆绪曰："事有不得已者，时不可失。"庆绪曰："兄有所为，敢不敬从。"又谓猪儿曰："汝前后受挞，宁有数乎！不行大事，死无日矣！"猪儿亦许诺。庄与庆绪夜持兵立帐外，猪儿执刀直入帐中，斫禄山腹。左右惧，不敢动。禄山扪枕旁刀，不获，撼帐竿，曰："必家贼也。"肠已流出数斗，遂死。掘床下深数尺，以毡裹其尸埋之，诫宫中不得泄。乙卯旦，应宣言于外，云禄山疾亟。立晋王庆绪为太子，寻即帝位，尊禄山为太上皇，然后发丧。庆绪性昏懦，方辞无序，庄恐众不服，不令见人。庆绪日纵酒为乐，兄事庄，以为御史大夫、冯翊王，事无大小，皆取决焉；厚加诸将官爵以悦其心。

郭子仪以河东居两京之间，得河东则两京可图。时贼将崔乾祐守河东，丁丑，子仪潜遣人入河东，与唐官陷贼者谋，俟官军至，为内应。

郭子仪自洛交引兵趣河东，分兵取冯翊。己丑夜，河东司户韩旻等翻河东城迎官军，杀贼近千人。崔乾祐逾城得免，发城北兵攻城，且拒官军，子仪击破之。乾祐走，子仪追击之，斩首四千级，捕虏五千人。乾祐至安邑，安邑人开门纳之，半入，闭门击之，尽殪。乾祐未入，自白径岭亡去。遂平河东。

上至凤翔旬日，陇右、河西、安西、西域之兵皆会，江、淮庸调亦至洋川、汉中。上自散关通表成都，信使骆驿。长安人闻车驾至，从贼中自拔而来者日夜不绝。西师憩息既定，李泌请遣安西及西域之众，如前策并塞东北，自归、檀南取范阳。上曰："今大众已集，庸调亦至，当乘兵锋捣其腹心，而更引兵东北数千里，先取范阳，不亦迂乎？"对曰："今以此众直取两京，必得之。然贼必再强，我必又困，非久安之策。"上曰："何也？"对曰："今所恃者，皆西北守塞及诸胡之兵，性耐寒而畏暑，若乘其新至之锐，攻禄山已老之师，其势必克。两京春气已深，贼收其余众，遁归巢穴，关东地热，官军必困而思归，不可留也。贼休兵秣马，伺官军之去，必复南来，然则征战之势未有涯也。不若先用之于寒乡，除其巢穴，则贼无所归，根本永绝矣。"上曰："朕切于晨昏之恋，不能待此决矣。"

安庆绪以史思明为范阳节度使，兼领恒阳军事，封妫川王；以牛廷介领安阳军事；张忠志为常山太守兼团练使，镇井陉口；余各令归旧任，募兵以御官军。先是安禄山得两京，珍货悉输范阳。思明拥强兵，据富资，益骄横，浸不用庆绪之命；庆绪不能制。

上以郭子仪为司空、天下兵马副元帅，使将兵赴凤翔。庚寅，李归仁以铁骑五千邀之于三原北，子仪使其将仆固怀恩、王仲升、浑释子、李若幽伏兵击之于白渠留运桥，杀伤略尽，归仁游水而逸。若幽，神通之玄孙也。

子仪与王思礼军合于西渭桥，进屯潏西。安守忠、李归仁军于京城西清渠。相守七日，官军不进。五月癸丑，守忠伪退，子仪悉师逐之。贼以骁骑九千为长蛇陈，官军击之，首尾为两翼，夹击官军，官军大溃。判官韩液、监军孙知古皆为贼所擒，军资器械尽弃之。子仪退保武功，中外戒严。

是时府库无蓄积，朝廷专以官爵赏功，诸将出征，皆给空名告身，自开府、特进、列卿、大将军，下至中郎、郎将，听临事注名。其后又听以信牒授人官爵，有至异姓王者。诸军但以职任相统摄，不复计官爵高下。及清渠之败，复以官爵收散卒。由是官爵轻而货重，大将军告身一通，才易一醉。凡应募入军者，一切衣金紫，至有朝士僮仆衣金紫，称大官，而执贱役者。名器之滥，至是而极焉。

戊辰，上劳飨诸将，遣攻长安，谓郭子仪曰："事之济否，在此行也！"对曰："此行不捷，臣必死之。"

【译文】

二载（丁酉，公元757年）

安禄山从起兵反叛以来，视力逐渐下降，至此已看不清东西，又因为身上长了毒疮，性情更加暴躁，对左右的官员稍不如意，就用鞭子抽打，有时干脆杀掉。称帝以后，居于深宫之中，大将难得见他的面，都是通过严庄向安禄山报告。严庄虽然贵有权势，但也免不了被鞭打。宦官李猪儿挨的打尤其多，安禄山左右的人都感到自身难保。安禄山的爱妾段氏生子名叫庆恩，想要替代安庆绪为太子。所以安庆绪常常害怕被杀死，不知道怎么办才好。严庄对安庆绪说："事情往往有迫不得已的时候，机不可失。"安庆绪说："老兄如果要想有所为，我怎么敢不跟从。"严庄又对李猪儿说："你前后挨的毒打难道还有数吗！如果再不干大事，恐怕离死就不远了！"李猪儿也答应一块行动。于是严庄与安庆绪夜里手持武器立在帐幕外面，李猪儿手执大刀直入帐中，向安禄山的腹部砍去。安禄山左右的人因为恐惧都不敢动。安禄山用手摸枕旁的刀，没有拿到，于是就用手摇动帐幕的竿子说："这一定是家贼干的。"这时肠子已流出一大堆，随即死去。严庄等在安禄山的床下挖了数尺深的坑，用毡包裹了安禄山的尸体，埋了进去，并告

迎玄宗图　唐

此图描绘安史之乱后，至德二年（公元757年），唐肃宗李亨在陕西咸阳望贤驿迎接从四川归来的李隆基的故事。图中宝盖下的银须老者即唐玄宗李隆基。

诫宫中人不得向外泄露真相。乙卯（正月初六）早晨，严庄向外宣布说安禄山病重，立晋王安庆绪为太子。不久安庆绪即皇帝位，尊称安禄山为太上皇，然后才发丧。安庆绪性情昏庸懦弱，说话时语无伦次，严庄恐怕众人不服，所以不让安庆绪出来见人。安庆绪每天以饮酒为乐，称严庄为兄，任命他为御史大夫，封冯翊王爵位，大小事情都由严庄决定，并加封诸将的官爵，借以取悦人心。

郭子仪认为河东居于东京与西京之间，如果占据了河东则两京就容易收复。当时叛军大将崔乾祐率兵守卫河东，丁丑（二十八日），郭子仪秘密地派人潜入河东，

与陷于叛军中的唐朝官员密谋,等待唐军来攻时,作为内应。

郭子仪从洛交率兵向河东进发,途中分兵攻取了冯翊。己丑(二月十一日)夜晚,河东司户参军韩祐等翻越河东城来迎接官军,杀死叛军近一千人。叛军大将崔乾祐跳过城墙得以逃脱,然后他召集驻扎在城北的士兵来攻城,并阻击郭子仪的军队,被郭子仪击败。崔乾祐领兵退逃,郭子仪领兵追击,杀死四千人,俘虏五千人。崔乾祐逃至安邑,安邑人打开城门,让他入城,当叛军人马进去一半时,安邑人闭门袭击,把进入城中的敌人全部杀死。崔乾祐没有入城,从白径岭逃走。郭子仪于是平定了河东。

肃宗到达凤翔十天,陇右、河西、安西、西域的援兵都来相会,江、淮地区所征收的丝织品与布匹也运到洋川、汉中。肃宗从散关向在成都的玄宗上表书,信使络绎不绝。长安城中的民众听说皇上到达,纷纷从叛军的统治下逃出,奔向朝廷,日夜不绝。四方增援的部队既已休整充足,李泌请求肃宗按原来制定的战略,派遣安西及西域兵进军东北,从归州、檀州向南攻取范阳。肃宗说:"现在大军已集,征收的丝织品、布匹等庸调也到达,应该以强兵直捣叛军的腹心,而您却要领兵向东北数千里,先攻取范阳,不是迂腐的计策吗?"李泌回答说:"现在让大军直接攻取两京,一定能够收复,但是叛军还会东山再起,我们又会陷入困难的境地,这不是久安之策。"肃宗说:"你说的有什么根据?"李泌说:"我们现在所依靠的是西北各军镇的守兵以及西域各国的胡兵,他们能够忍耐寒冷而害怕暑热,如果借新到之兵的锐气,攻击安禄山已经疲劳的叛军,定能够取胜。但是两京已到了春天,叛军如果收集残兵,逃回老巢,而关东地区气候炎热,官军必定会由于炎热的气候而想要西归,难以在那里久留。叛军休整兵马,看见官军撤退,一定会卷土重来,这样与叛军的交战就会无休无止。不如先向北方寒冷的地区用兵倾覆叛军的巢穴,那样叛军就会无路可退,可以一举彻底平息叛乱。"肃宗说:"朕急于收复两京,迎接上皇回来,不能按照你的战略行事。"

安庆绪任命史思明为范阳节度使,并兼任指挥恒阳军事,封爵为妫川王;又命令牛廷介指挥安阳军事;任命张忠志为常山太守兼团练使,镇守井陉口。其余的将领仍各任旧职,招募军队抵御官军。先前安禄山攻陷两京时,把两京中的珍宝财物

全部运往范阳。史思明手握重兵，拥有财物，更加骄横，逐渐不听从安庆绪的命令，安庆绪不能节制。

肃宗任命郭子仪为司空、天下兵马副元帅，让他率兵赴凤翔。庚寅（四月十三日），叛军大将李归仁率领五千精锐骑兵在三原县北面截击郭子仪，郭子仪派部将仆固怀恩、王仲升、浑释之、李若幽等埋伏于白渠留运桥，几乎全歼叛军，李归仁游水逃脱。李若幽是李神通的玄孙。

郭子仪与王思礼在西渭桥合兵，进军驻扎在滴水西岸。叛军大将安守忠与李归仁率兵驻扎在京城西面的清渠。两军相持七日，官军没有进攻。五月，癸丑（初六），安守忠假装撤退，郭子仪率全军追击。叛军以九千精锐骑兵摆成长蛇阵，官军从中间进击，叛军变首尾为两军，夹击官军，官军大败。判官韩液与监军孙知古都被叛军俘获，军用物资全部丢弃。郭子仪退军防守武功，内外严加戒备。

当时朝廷的府库中没有财物积蓄，对于立功的将士只能赏赐官爵，诸将出征时，都给予空名委任状，上自开府、特进、列卿、大将军，下至中郎、郎将，都允许临时填写名字。后来又允许用信牒授予官爵，以至有异姓被封为王的。各路军队都以职务大小相互统辖，不看官爵的高低。这次清渠战败后，又滥赏官爵以召集散兵游勇。因此官爵贱而钱货贵，一通大将军委任状才能换取一次酒醉。凡是被招募参军的人，都穿金紫色衣服，甚至有朝士的仆人身着金紫色衣服，口称自己是大官，而实际却干的是低贱的工作。唐朝的封官赏爵之滥，至此达到了极点。

戊辰（闰八月二十三日），肃宗犒劳诸位将领，派他们进攻长安，并对郭子仪说："事情成功与否，在此一举！"郭子仪回答说："这一次如果不能够战胜，我一定以死相报。"

唐纪三十六

【原文】

肃宗文明武德大圣大宣孝皇帝中之下至德二载（丁酉，757年）

郭子仪以回纥兵精，劝上益征其兵以击贼。怀仁可汗遣其子叶护及将军帝德等将精兵四千余人来至凤翔；上引见叶护，宴劳赐赉，惟其所欲。丁亥，元帅广平王俶将朔方等军及回纥、西域之众十五万，号二十万，发凤翔。纥见叶护，约为兄弟，叶护大喜，谓俶为兄。回纥至扶风，郭子仪留宴三日。叶护曰："国家有急，远来相助，何以食为！"宴毕，即行。日给其军羊二百口，牛二十头，米四十斛。

庚子，诸军俱发；壬寅，至长安西，陈于香积寺北沣水之东。李嗣业为前军，郭子仪为中军，王思礼为后军。贼众十万陈于其北，李归仁出挑战，官军逐之，逼于其陈；贼军齐进，官军却，为贼所乘，军中惊乱，贼争趣辎重。李嗣业曰："今日不以身饵贼，军无孑遗矣。"乃肉袒、执长刀，立于陈前，大呼奋击，当其刀者，人马俱碎，杀数十人，陈乃稍定。于是嗣业帅前军各执长刀，如墙而进，身先士卒，所向摧靡。都知兵马使王难得救其裨将，贼射之中眉，皮垂鄣目。难得自拔箭，掣去其皮，血流被面，前战不已。贼伏精骑于陈东，欲袭官军之后，侦者知之，朔方左厢兵马使仆固怀恩引回纥就击之，翦灭殆尽，贼由是气索。李嗣业又与回纥出贼陈后，与大军夹击，自午及酉，斩首六万级，填沟堑死者甚众，贼遂大溃。余众走入城，迨夜，嚣声不止。

仆固怀恩言于广平王俶曰："贼弃城走矣，请以二百骑追之，缚取安守忠、李归仁等。"俶曰:"将军战亦疲矣,且休息,俟明旦图之。"怀恩曰:"归仁、守忠,贼之骁将,骤胜而败,此天赐我也,奈何纵之!使复得众,还为我患,悔之无及!战尚神速,何明旦也!"俶固止之,使还营。怀恩固请,往而复反,一夕四五起。迟明,谍至,守忠、归仁与张通儒、田乾真皆已遁矣。癸卯,大军入西京。

【译文】

唐肃宗至德二载(丁酉,公元757年)

郭子仪认为回纥兵精,能征善战,就劝肃宗多征回纥兵以平叛。回纥怀仁可汗派他的儿子叶护和将军帝德等率领精兵四千余人来到凤翔,肃宗接见叶护,设宴招待,赏赐财物,随其所愿,无不满足。丁亥(九月十二日),元帅广平王李俶率领朔方等各镇兵及回纥、西域各国兵共十五万,号称二十万,从凤翔出发。李俶见到回纥叶护,二人约为兄弟,叶护十分高兴,称李俶为兄。回纥人到达扶风,郭子仪留他们宴请三天。叶护说:"国家在危难之中,我们远来援助,还没有作战,那里顾得上大吃大喝!"宴会后便立即出发。唐朝每天供给回纥军羊二百头,牛二十头,米四十斛。

庚子(二十五日),各路大军同时出发,壬寅(二十七日),到达长安城西,在香积寺北面沣水东岸结成阵列。李嗣业为前军,郭子仪为中军,王思礼为后军。叛军十万在北面列阵,叛将李归仁出阵挑战,官军追击,逼近叛军阵中,叛军一齐进发,官军退却,叛军乘机突进,官军十分吃惊,顿时大乱,叛军争着抢夺军用物资。这时李嗣业说:"今天如果不拼死抵抗,官军就会彻底灭亡。"于是就袒露上身,手执长刀,立于阵前,大声呼喊,奋勇杀敌,叛军遇到他的刀锋,人马纷纷落地,接连杀死数十人,才稳住了官军的阵地。然后李嗣业率领前军各持长刀,排成横队,如墙向前推进,自己身先士卒,叛军纷纷后退,官军所向披靡。都知兵马使王难得为了救他的裨将,被叛军射中眼眉,垂下的肉皮遮住了眼睛。王难得自己拔去箭头,扯掉肉皮,血流满面,但仍然奋勇作战,不下战场。叛军埋伏精兵于阵地东面,想要从后面袭击官军,被官军侦察发觉,朔方左厢兵马使仆固怀恩领回纥兵袭击叛军伏兵,叛军被全部消灭,因而士气大落。李嗣业又与回纥兵绕道至叛军阵后，与大军前后夹击，从午时至酉时，共杀敌六万余人，被填于沟堑中的死者无数，叛军大败而溃退。其余的残兵逃入长安城中，夜晚喧叫声不止。

仆固怀恩对广平王李俶说："叛军要放弃长安城逃走，请让我率领二百名骑兵追击，捉住安守忠、李归仁等人。"李俶说："将军作战已经很疲劳了，暂且休息，等到明天再作计议。"仆固怀恩说："李归仁与安守忠都是叛军中骁勇善战的大将，现在骤然被我们打败，实在是天赐良机，为何要放虎归山呢！如果让他们收拾残兵，再来与我们作战，那时后悔就来不及了！再说兵贵神速，为何要等到明天呢！"但广平王李俶坚持不同意，让仆固怀恩返回营中。仆固怀恩坚请不已，来来回回，一夜达四五次。等到天亮，侦察人员回来，报告说叛军守将安守忠、李归仁与张通儒、田乾真等都已逃跑。癸卯（二十八日），唐朝大军进入西京。

【原文】

乾元元年（戊戌，758年）

张后生兴王佋，才数岁，欲以为嗣，上疑未决，从容谓考功郎中、知制诰李揆曰："成王长，且有功，朕欲立为太子，卿意何如？"揆再拜贺曰："此社稷之福，臣不胜大庆。"上喜曰："朕意决矣。"庚寅，立成王俶为皇太子。揆，玄道之玄孙也。

安庆绪之初至邺也，虽枝党离析，犹据七郡六十余城，甲兵资粮丰备。庆绪不亲政事，专以缮台沼楼船、酣饮为事。其大臣高尚、张通儒等争权不叶，无复纲纪。蔡希德有才略，部兵精锐，而性刚，好直言，通儒潜而杀之；麾下数千人皆逃散，诸将怨怒不为用。以崔乾祐为天下兵马使，总中外兵。乾祐愎戾好杀，士卒不附。

庚寅，命朔方郭子仪、淮西鲁炅、兴平李奂、滑濮许叔冀、镇西·北庭李嗣业、郑蔡季广琛、河南崔光远七节度使及平卢兵马使董秦将步骑二十万讨庆绪；又命河东李光弼、关内·泽潞王思礼二节度使将所部兵助之。上以子仪、光弼皆元勋，难相统属，故不置元帅，但以宦官开府仪同三司鱼朝恩为观军容宣慰处置使。观军容之名自此始。

郭子仪引兵自杏园济河，东至获嘉，破安太清，斩首四千级，捕虏五百人。太清走保卫州，子仪进围之；丙午，遣使告捷。鲁炅自阳武济，季广琛、崔光远自酸枣济，与李嗣业兵皆会子仪于卫州。庆绪悉举邺中之众七万救卫州，分三军，以崔乾祐将上军，田承嗣将下军，庆绪自将中军。子仪使善射者三千人伏于垒垣之内，令曰："我退，贼必逐我，汝乃登垒，鼓噪而射之。"既而与庆绪战，伪退，贼逐之，至垒下，伏兵起射之，矢如雨注，贼还走，子仪复引兵逐之，庆绪大败。获其弟庆和，杀之。遂拔卫州。庆绪走，子仪等追之至邺，许叔冀、董秦、王思礼及河东兵马使薛兼训皆引兵继至。庆绪收余兵拒战于愁思冈，又败。前后斩首三万级，捕虏千人。庆绪乃入城固守，子仪等围之。庆绪窘急，遣薛嵩求救于史思明，且请以位让之。思明发范阳兵十三万欲救邺，观望未敢进，先遣李归仁将步骑一万军于滏阳，遥为庆绪声势。

平卢节度使王玄志薨，上遣中使往抚将士，且就察军中所欲立者，授以旌节。高丽人李怀玉为裨将，杀玄志之子，推侯希逸为平卢军使。希逸之母，怀玉姑也。故怀玉立之。朝廷因以希逸为节度副使。节度使由军士废立自此始。

【译文】

乾元元年（戊戌，公元758年）

张皇后所生的兴王李侗，年纪才几岁，张皇后就想要把他立为太子。肃宗犹豫不决，就口气和缓地对考功郎中、知制诰李揆说："成王李俶年纪大，并且有战功，我想立他为太子，你看如何？"李揆拜了两拜祝贺说："这真是国家的大幸。我不胜欢喜。"肃宗高兴地说："朕绝不再犹豫了。"庚寅（五月十九日），肃宗立成王李俶为皇太子。李揆是李玄道的玄孙。

安庆绪刚到邺那时，虽然势力分崩，党羽离析，但还占据着七郡六十余城，兵器资粮充足。但安庆绪不理政事，而是热衷于大兴土木，修建宫殿庭台，楼船沼池，以饮酒为乐。他的大臣高尚与张通儒等人又因争权不和，没有政令。大将蔡希德有才略，所率领的部队精锐，但性格刚正，直言不讳，张通儒就进谗言杀死了他，蔡希德部下数千人都离军而逃，诸将也怨恨不肯卖力。安庆绪又任命崔乾祐为

天下兵马使，总揽兵权。崔乾祐刚愎好杀，士卒都不愿意为他出力。

庚寅（九月二十一日），肃宗命令朔方节度使郭子仪、淮西节度使鲁炅、兴平节度使李奂、滑濮节度使许叔冀、镇西及北庭节度使李嗣业、郑蔡节度使季广琛与河南节度使崔光远等七节度使以及平卢兵马使董秦率领步、骑兵二十万讨伐安庆绪，又命令河东节度使李光弼与关内及泽潞节度使王思礼率兵助战。肃宗因为郭子仪与李光弼二人都是元勋功臣，难以相互统属，所以不设置元帅，只是任命宦官开府仪同三司鱼朝恩为观军容宣慰处置使。观军容使之名从此开始。

郭子仪率兵从卫州汲县杏园渡过黄河，向东到达获嘉，击败叛军安太清，杀敌四千人，俘虏五百人。安太清退保卫州，郭子仪进兵包围，丙午（十月初七），派使者入朝报捷。鲁炅从阳武渡过黄河，季广琛、崔光远从酸枣渡过黄河，与李嗣业部队一起到卫州与郭子仪会师。安庆绪发邺中的全部兵七万来救卫州，分为三军，崔乾祐率领上军，田承嗣率领下军，安庆绪亲自率领中军。郭子仪命令善射手三千埋伏在军营垒墙的后面，命令他们说："我如果领兵退却，叛军必定来追击，那时你们就登上垒墙，擂鼓叫喊而射击。"郭子仪与安庆绪交战，假装退却，叛军遂来追赶，来到垒下，伏兵齐发而射击，箭如雨下，叛军退走，郭子仪又率兵追击，安庆绪大败，俘虏了安庆绪的弟弟安庆和，立即杀了他。于是克服了卫州。安庆绪败逃，郭子仪等率兵一直追到邺城，这时许叔冀、董秦、王思礼及河东兵马使薛兼训都领兵相继来到。安庆绪收罗残兵与官军战于愁思冈，又被打败。前后杀死叛军三万人，俘虏一千人。于是安庆绪入城固守，郭子仪等率兵包围了邺城。安庆绪危急，于是就派薛嵩向史思明求救，并请求把帝位让给史思明。史思明发范阳兵十三万想要救援邺城，但不敢贸然进军，先派部将李归仁率领步、骑兵一万驻扎于滏阳，与安庆绪遥相呼应。

平卢节度使王玄志故去，肃宗派宦官去安抚将士，并察看军中将士想要立谁为节度使，以便授给旌节，加以任命。高丽人裨将李怀玉杀了王玄志的儿子，推立侯希逸为平卢军使。因为侯希逸的母亲是李怀玉的姑母，所以李怀玉推立他为军使。于是朝廷任命侯希逸为节度副使。唐朝的节度使由军中将士自行废立从此开始。

资治通鉴第二百二十一卷

唐纪三十七

【原文】

肃宗文明武德大圣大宣孝皇帝下之上乾元二年（己亥，759年）

春，正月，己巳朔，史思明筑坛于魏州城北，自称大圣燕王；以周挚为行军司马。李光弼曰："思明得魏州而按兵不进，此欲使我懈惰，而以精锐掩吾不备也。请与朔方军同逼魏城，求与之战，彼惩嘉山之败，必不敢轻出。得旷日引久，则邺城必拔矣。庆绪已死，彼则无辞以用其众也。"鱼朝恩以为不可，乃止。

郭子仪等九节度使围邺城，筑垒再重，穿堑三重，壅漳水灌之。城中井泉皆溢，构栈而居，自冬涉春，安庆绪坚守以待史思明，食尽，一鼠直钱四千，淘墙麸及马矢以食马。人皆以为克在朝夕，而诸军既无统帅，进退无所禀；城中人欲降者，碍水深，不得出。城久不下，上下解体。

思明乃自魏州引兵趣邺，使诸将去城各五十里为营，每营击鼓三百面，遥胁之。又每营选精骑五百，日于城下抄掠，官军出，辄散归其营；诸军人马牛车日有所失，樵采甚艰，昼备之则夜至，夜备之则昼至。时天下饥馑，转饷者南自江、淮，西自并、汾，舟车相继。思明多遣壮士窃官军装号，督趣运者，责其稽缓，妄杀戮人，运者骇惧；舟车所聚，则密纵火焚之；往复聚散，自相辨识，而官军逻捕不能察也。由是诸军乏食，人思自溃。思明乃引大军直抵城下，官军与之刻日决战。

三月，壬申，官军步骑六十万陈于安阳河北，思明自将精兵五万敌之，诸军望之，以为游军，未介意。思明直前奋击，李光弼、王思礼、许叔冀、鲁炅先与之战，杀伤相半；鲁炅中流矢。郭子仪承其后，未及布阵，大风忽起，吹沙拔木，天地昼晦，咫尺不相辨，两军大惊，官军溃而南，贼溃而北，弃甲仗辎重委积于路。子仪以朔方军断河阳桥保东京。战马万匹，惟存三千；甲仗十万，遗弃殆尽。东京士民惊骇，散奔山谷；留守崔圆、河南尹苏震等官吏南奔襄、邓；诸节度各溃归本镇。士卒所过剽掠，吏不能止，旬日方定。惟李光弼、王思礼整勒部伍，全军以归。

　　子仪至河阳，将谋城守，师人相惊，又奔缺门。诸将继至，众及数万，议捐东京，退保蒲、陕。都虞候张用济曰："蒲、陕荐饥，不如守河阳，贼至，并力拒之。"子仪从之。使者游弈使灵武韩游瓌将五百骑前趣河阳，用济以步卒五千继之。周挚引兵争河阳，后至，不得入而去。用济役所部兵筑南、北两城而守之。段秀实帅将士妻子及公私辎重自野戍渡河，待命于河清之南岸，荔非元礼至而军焉。诸将各上表谢罪，上皆不问，惟削崔圆阶封，贬苏震为济王府长史，削银青阶。

　　史思明审知官军溃去，自沙河收整士众，还屯邺城南。安庆绪收子仪营中粮，得六七万石，与孙孝哲、崔乾祐谋闭门更拒思明。诸将曰："今日岂可复背史王乎！"思明不与庆绪相闻，又不南追官军，但日于军中飨士。张通儒、高尚等言于庆绪曰："史王远来，臣等皆应迎谢。"庆绪曰："任公暂往。"思明见之涕泣，厚礼而归之。经三日，庆绪不至。思明密召安太清令诱之，庆绪窘蹙，不知所为，乃遣太清上表称臣于思明，请待解甲入城，奉上玺绶。思明省表，曰："何至如此！"因出表遍示将士，咸称万岁。乃手疏唁庆绪而不称臣，且曰："愿为兄弟之国，更作藩篱之援。鼎足而立，犹或庶几；北面之礼，固不敢受。"并封表还之。庆绪大悦，因请歃血同盟，思明许之。庆绪以三百骑诣思明营，思明令军士擐甲执兵以待之，引庆绪及诸弟入至庭下。庆绪再拜稽首曰："臣不克荷负，弃失两都，久陷重围，不意大王以太上皇之故，远垂救援，使臣应死复生，摩顶至踵，无以报德。"思明忽震怒曰："弃失两者，亦何足言。尔为人子，杀父夺其位，天地所不容。吾为太上皇讨贼，岂受尔佞媚乎！"即命左右牵出，并其四弟及高尚、孙孝哲、崔乾祐皆杀之；张通儒、李庭望等悉授以官。思明勒兵入邺城，收其士马，以府库赏将士，庆绪先所有州、县及兵皆归于思明。遣安太清将兵五千取怀州，因留镇之。思明欲遂西略，虑根本未固，乃留其子朝义守相州，引兵还范阳。

史思明自称大燕皇帝，改元顺天，立其妻辛氏为皇后，子朝义为怀王，以周挚为相，李归仁为将，改范阳为燕京，诸州为郡。

观军容使鱼朝恩恶郭子仪，因其败，短之于上。秋，七月，上召子仪还京师，以李光弼代为朔方节度使、兵马元帅。士卒涕泣，遮中使请留子仪。子仪绐之曰："我饯中使耳，未行也。"因跃马而去。

光弼愿得亲王为之副，辛巳，以赵王系为天下兵马元帅，光弼副之，仍以光弼知诸节度行营。光弼以河东骑五百驰赴东都，夜，入其军。光弼治军严整，始至，号令一施，士卒、壁垒、旌旗、精采皆变。是时朔方将士乐子仪之宽，惮光弼之严。

南粮北运

【译文】

唐肃宗乾元二年（己亥，公元 759 年）

春季，正月，己巳朔（初一），史思明在魏州城北建筑祭坛，祭天称王，自称大圣燕王，任命周挚为行军司马。李光弼说："史思明攻占魏州后，按兵不动，是想松懈我们的意志，然后用精兵突然袭击我们的不备。请让我与朔方军联兵进逼魏州城，向史思明挑战，史思明鉴于嘉山之败的经验，必定不敢轻易出战。这样旷日持久，我们就能够收复邺城。如果安庆绪败死，史思明就会失去号召力，难以指挥叛军。"而观军容使宦官鱼朝恩却认为此计不可行，只好作罢。

郭子仪等九节度使包围了邺城，筑垒两道，挖壕三重，堵塞漳河水灌城。邺城中井泉都水满溢出，人们只好构栈而住，从冬天一直到春天，安庆绪死死坚守，等待史思明率兵解围，城中粮食吃尽，以至一只老鼠值钱四千，士卒挖出墙中的麦秸及马粪来喂养战马。人们都认为邺城危在旦夕，必能攻克，但是官军的各路军队因为没有统帅，进退没有统一指挥；城中的人想要投降，但因为水深不得出城。这样邺城久攻不下，官军疲困解体，没有士气。

这时，史思明才率兵从魏州进军邺城，命令诸将在距离邺城五十里处扎营，每个营中击鼓三百面，遥为安庆绪声援，威胁官军。史思明又从每个营中挑选精锐骑兵五百，每天到城下抢掠，官军如果出来交战，他们就散归自己的军营中。这样官军各路的人马牛车每天都有丧失，甚至连采集薪柴都很艰难。官军白天防备，叛军骑兵就在夜里来骚扰；如果夜里防备，叛军就白天来。当时天下饥荒，军中所用粮饷都是南从江、淮地区，西自并州、汾州运来，船车相继不断。于是史思明派壮士穿上官军的服装，窃取官军的号令，去督促运粮者，斥责他们缓慢，随便杀戮，使转运的人心中惊骇恐惧。他们又在运送粮饷船车聚集的地方，暗中放火焚烧。神出鬼没，聚散无常，他们自己能够相识别，但巡逻的官军士卒却抓不到，也侦察不出行迹。因此官军各路军队都缺乏粮食，人心涣散。史思明这才率领大军直抵城下，与官军定好了决战的日期。

三月，壬申（初六），官军步、骑兵六十万在安阳河北岸摆开阵势，史思明亲自率领精兵五万来交战，官军望见，以为是流动部队，不加介意。史思明身先士卒，率军冲锋，李光弼、王思礼、许叔冀与鲁炅先领兵迎战，杀伤各半，鲁炅还被乱箭射中。郭子仪率兵紧跟在后面，还未及布阵，大风急起，吹沙拔木，天地一片昏暗，咫尺之间，人马不辨，两军都大吃一惊，接着官军向南溃退，叛军向北溃退，所丢弃的武器盔甲等军用物资满路都是。郭子仪命令朔方军切断了河阳桥，以确保东京的安全。一万匹战马仅剩下三千，十万盔甲兵器差不多全部丧失。东京城中的官吏民众十分惊恐，都纷纷逃向山中，留守崔圆与河南尹苏震等官吏向南逃奔襄州、邓州，各路节度使也率领自己的兵马逃回本镇。这些败兵沿路大肆抢掠，胡作非为，当地官吏和军中将帅无法制止，十多天才安定下来。只有李光弼与王思礼整理队伍，全军返回。

郭子仪到达河阳，想要坚守河阳城，因为部队自相惊扰，又逃奔缺门。这时部将都陆续赶到，点检人马，才有几万，大家商议放弃东京，退保蒲州、陕州。都虞候张用济说："蒲州与陕州连年饥荒，不如坚守河阳，叛军如果来攻，就全力坚守。"郭子仪同意。于是就派都游弈使灵武人韩游瓌率领五百骑兵先进军河阳，张用济率领五千步兵继后。叛军的行军司马周挚领兵来争夺河阳，因为晚到一步，无法入城而退去。张用济让士兵筑南、北两城准备坚守。段秀实率领镇西将士的家眷以及公私物资从野戍渡过黄河，在河清县南面待命，荔非元礼到后遂驻军于此。各路将帅都上表谢罪，肃宗都不责问，只是削夺了崔圆的封爵与官阶，并贬苏震为济王府长史，削夺银青光禄大夫官阶。

　　史思明得知官军败退，就从沙河整顿兵马，还军邺城南面。安庆绪收集了郭子仪军队败退时留在营中的粮食，有六七万石，于是就与孙孝哲、崔乾祐等计谋闭城门抗拒史思明。这时各位将领说："我们现在怎么能够背叛史王呢！"而史思明既不与安庆绪通报情况，也不南下追击官军，只是每天在军中宴请士卒。张通儒、高尚等人对安庆绪说："史王远道率兵来救援我们，我们都应该去迎接感谢。"安庆绪说："随你们去吧。"史思明见到张通儒、高尚等，痛哭流涕，重加礼赏，然后让他们回去。过了三天，安庆绪还不来。于是史思明就暗中把安太清召来，让他诱骗安庆绪，安庆绪无计可施，不知道怎么办才好，只好派安太清向史思明上表称臣，并说等待史思明安顿好部队入城后，就奉上皇帝印玺。史思明看了表书后说："你何必要这样呢！"并把表书拿出来让将士们看，将士们都呼喊万岁。因此史思明就亲手写信安慰安庆绪，并不称臣，只是说："愿与你作为兄弟邻国，互相援助。我们之间地位平等，鼎足而立，这还差不多；如果向我称臣，万不敢接受。"并把表书封缄后还给安庆绪。安庆绪十分高兴，因此请求与史思明歃血结盟，史思明同意。于是安庆绪带领三百名骑兵来到史思明军营中，史思明命令士卒全副武装以防备安庆绪，然后引安庆绪与他的几个弟弟进入庭中。安庆绪叩头再拜说："作为臣下我治军无方，丧失东西二京，长陷于重兵包围之中，没有想到大王看在我父亲太上皇的情分上，远来救危，使我得以复生，恩深如海，终生难以报答。"史思明忽然大怒说："丢失两京，何足挂齿。你身为人子，杀父篡位，为天地之所不容。我是为太上皇讨伐你这个逆贼，怎么肯受你讨好的假话欺骗呢！"当即命令左右的人把安庆绪拉出去，连同他的四个弟弟以及高尚、孙孝哲、崔乾祐等全部杀掉。张通儒、李庭望等人都被授以官职。然后史思明整军入邺城，收编了安庆绪的兵马，把府库中的财物分赏给将士，安庆绪原先所占据的州、县以及兵马都归史思明所有。史思明又派安太清率兵五千攻取怀州，因此留安太清镇守怀州。史思明想立刻率兵向西发展，考虑到后方还不稳固，于是就把他的儿子史朝义留下镇守相州，自己率兵返回范阳。

史思明自称大燕皇帝，改年号为顺天，立妻子辛氏为皇后，儿子史朝义为怀王，任命周挚为宰相，李归仁为大将，改范阳为燕京，各州改称为郡。

宦官观军容使鱼朝恩嫉恨郭子仪，因此借相州之败，在肃宗面前进谗言。秋季，七月，肃宗召郭子仪回京师，任命李光弼为朔方节度使、兵马元帅。朔方士卒痛哭流涕，拦住传达命令的宦官，请求把郭子仪留下来。郭子仪欺骗士卒们说："我先去送别传达命令的宦官，不是要离开。"借此跳上马而去。

李光弼希望能让一位亲王为天下兵马元帅，自己为副元帅，辛巳（十七日），肃宗任命赵王李系为天下兵马元帅，李光弼为副元帅，仍以光弼主持诸节度行营。李光弼率领河东镇的五百骑兵驰往东都赴任，在夜晚进入朔方军。李光弼治军严整，到达朔方军营中后，号令一经下达，朔方军的士卒、营垒、旌旗等军容为之一变。这时朔方军的将士都喜欢郭子仪的宽厚，而害怕李光弼的严厉。

唐纪三十八

【原文】

肃宗文明武德大圣大宣孝皇帝下之下上元二年（辛丑，761年）

或言："洛中将士皆燕人，久戍思归，上下离心，击之，可破也。"陕州观军容使鱼朝恩以为信然，屡言于上，上敕李光弼等进取东京。光弼奏称："贼锋尚锐，未可轻进。"朔方节度使仆固怀恩，勇而愎，麾下皆蕃、汉劲卒，恃功，多不法，郭子仪宽厚曲容之，每用兵临敌，倚以集事；李光弼性严，一裁之以法，无所假贷。怀恩惮光弼而心恶之，乃附朝恩，言东都可取。由是中使相继，督光弼使出师，光弼不得已，使郑陈节度使李抱玉守河阳，与怀恩将兵会朝恩及神策节度使卫伯玉攻洛阳。

戊寅，陈于邙山。光弼命依险而陈，怀恩陈于平原，光弼曰："依险则可以进，可以退；若平原，战而不利则尽矣。思明不可忽也。"命移于险，怀恩复止之。史思明乘其陈未定，进兵薄之，官军大败，死者数千人，军资器械尽弃之。光弼、怀恩渡河走保闻喜，朝恩、伯玉奔还陕，抱玉亦弃河阳走，河阳、怀州皆没于贼。朝廷闻之，大惧，益兵屯陕。

史思明猜忍好杀，群下小不如意，动至族诛，人不自保。朝义，其长子也，常从思明将兵，颇谦谨，爱士卒，将士多附之，无宠于思明。思明爱少子朝清，使守范阳，常欲杀朝义，立朝清为太子，左右颇泄其谋。思明既破李光弼，欲乘胜西入关，使朝义将兵为前锋，自北道袭陕城，思明自南道将大军继之。三月，甲午，朝

义兵至礓子岭，卫伯玉逆击，破之。朝义数进兵，皆为陕兵所败。思明退屯永宁，以朝义为怯，曰："终不足成吾事！"欲按军法斩朝义及诸将。戊戌，命朝义筑三隅城，欲贮军粮，期一日毕。朝义筑毕，未泥，思明至，诟怒之，令左右立马监泥，斯须而毕。思明又曰："侯克陕州，终斩此贼。"朝义忧惧，不知所为。

思明在鹿桥驿，令腹心曹将军将兵宿卫；朝义宿于逆旅，其部将骆悦、蔡文景说朝义曰："悦等与王，死无日矣！自古有废立，请召曹将军谋之。"朝义俯首不应。悦等曰："王苟不许，悦等今归李氏，王亦不全矣。"朝义泣曰："诸君善为之，勿惊圣人！"悦等乃令许叔冀之子季常召曹将军，至，则以其谋告之；曹将军知诸将尽怨，恐祸及己，不敢违。是夕，悦等以朝义部兵三百被甲诣驿，宿卫兵怪之，畏曹将军，不敢动。悦等引兵入至思明寝所，值思明如厕，问左右，未及对，已杀数人，左右指示之。思明闻有变，逾垣至厩中自鞴马乘之，悦傔人周子俊射之，中臂，坠马，遂擒之。思明问："乱者为谁？"悦曰："奉怀王命。"思明曰："我朝来语失，宜其及此。然杀我太早，何不待我克长安！今事不成矣。"悦等送思明于柳泉驿，囚之，还，报朝义曰："事成矣。"朝义曰："不惊圣人乎？"悦曰："无。"时周挚、许叔冀将后军在福昌，悦等使许季常往告之，挚惊倒于地；朝义引军还，挚、叔冀来迎，悦等劝朝义执挚，杀之。军至柳泉，悦等恐众心未壹，遂缢杀思明，以毡裹其尸，橐驼负归洛阳。

朝义即皇帝位，改元显圣。密使人至范阳，敕散骑常侍张通儒等杀朝清及朝清母辛氏并不附己者数十人。其党自相攻击，战城中数月，死者数千人，范阳乃定。朝义以其将柳城李怀仙为范阳尹、燕京留守。时洛阳四面数百里，州、县皆为丘墟，而朝义所部节度使皆安禄山旧将，与思明等夷，朝义召之，多不至，略相羁縻而已，不能得其用。

【译文】

唐肃宗上元二年（辛丑，公元761年）

有人说："洛中的将士都是燕地人，因长期戍守洛中，都思归故乡，军中上下离心离德，这时攻击他们，就可以将他们打败。"陕州观军容使鱼朝恩以为确定如

此，多次在肃宗面前提到此事，于是肃宗命令李光弼等人去攻取东京。李光弼上奏说："贼军士气还很盛，不可轻举冒进。"朔方节度使仆固怀恩生性勇敢，但刚愎自用，他的部下都是蕃、汉部队中的强悍士卒，他们依仗有功，做了许多违法乱纪的事情，郭子仪对他们宽仁厚待，委曲包容，每次作战在临敌之际，都依靠他们成事。而李光弼生性严厉，将他们一一绳之以法，决不宽容。仆固怀恩害怕李光弼，内心又十分厌恶他，于是附和鱼朝恩的意见，说东京可以攻取。由此，中使一个接着一个，督促李光弼出师，李光弼迫不得已，派遣郑陈节度使李抱玉镇守河阳，自己与仆固怀恩率领军队会合鱼朝恩及神策节度使卫伯玉进攻洛阳。

戊寅（二月二十三日），官军在邙山布阵。李光弼下令军队依据险要地形布阵，当时仆固怀恩在平原地带布阵，李光弼对他说："依据险要地形布阵，可以进攻，也可以退守；如果在平原地带布阵，交战不利就全完了。我们不能小看史思明这个人。"于是命令军队转移到险要的地方布阵，但仆固怀恩又制止了这种做法。这时，史思明乘官军阵势还没有部署完毕，发兵进攻，结果官军大败，死了数千人，军资器械全部丢弃。李光弼、仆固怀恩渡过黄河，退保闻喜，鱼朝恩、卫伯玉逃回陕州，李抱玉也放弃河阳三城逃跑，于是河阳、怀州都陷入叛军之手。朝廷得知此事，大为惊恐，便增兵驻守陕州。

史思明猜忌残忍，好杀无辜，部下稍不如他的意，动辄就诛杀九族，因而人人都不能自保。史朝义是史思明的长子，经常跟随史思明带兵，比较恭谦谨慎，爱惜士兵，将士们多归心于他，但史朝义没有受到史思明的宠爱。史思明偏爱小儿子史朝清，派他镇守范阳，时常想杀掉史朝义，立史朝清为太子，史思明的随从对他的打算颇有泄露。史思明已经击败李光弼的军队，想乘胜西进入关，便派遣史朝义率兵作为前锋，自北道袭击陕城，史思明亲率大军自南道进攻。三月，甲午（初九），史朝义军至礓子岭，遭到唐军卫伯玉部的反击而失败。史朝义数次进攻，均被卫伯玉部打败。史思明退兵驻守永宁，以为史朝义临阵胆怯，史思明说："史朝义终究不能成就我的大事！"想要按军法斩杀史朝义及其部下诸位将领。戊戌（十三日），史思明命令史朝义修筑三隅城，打算贮存军粮，限期一天修完。史朝义修筑完毕，尚未抹泥，史思明来到，大肆怒骂史朝义，命令随从骑在马上监督抹泥，片刻之间完成。史思明又说："等攻克陕州，终究要杀掉史朝义。"史朝义忧虑恐惧，不知如何是好。

史思明在鹿桥释，命令心腹曹将军率军值宿警卫。这时史朝义在旅馆住宿，他的部将骆悦、蔡文景劝史朝义说："我们与您已经死到临头了！自古以来就有废立君王之事，请您召见曹将军，共商大事。"史朝义低着头，没有回答。骆悦等人又说："您假如不允许的话，我们今天就归附李氏朝廷，那么您也就完了。"史朝义哭着说："诸位好好处理这件事，不要惊吓我父亲！"骆悦等人就命令许叔冀的儿子许季常去召请曹将军，他来到后，就将他们的计划告诉了他。曹将军知道诸位将领都心怀怨恨，害怕自己受害，不敢违抗。当天傍晚，骆悦等人率领史朝义的士兵三百人，全副武装来到驿站，值宿的卫兵颇觉奇怪，但他们惧怕曹将军，不敢拦阻。骆悦等人带兵闯入史思明的卧室，正好史思明上厕所了，于是问他身边的人，没等他们回答，骆悦已经杀掉了好几个人，史思明身边的人只好指出了他的去向。史思明听到情况有变，跳墙来到马厩里，自己给马装鞍辔后骑上逃跑，骆悦的侍从周子俊发箭，射中手臂，史思明坠落马下，于是被他们抓住。史思明问道："谁在作乱？"骆悦回答说："奉怀王史朝义的命令。"史思明说："早晨我说话失口，应该得到这样的下场。但是这样杀我太早了，为什么不等到攻克长安呢！如今不能成就大业了。"骆悦等人将史思明押送柳泉驿，囚禁起来，然后回去报告史朝义说："大事已经完成。"史朝义说："没有惊吓我父亲吗？"骆悦回答说："没有。"当时周挚、许叔冀率领后军驻扎在福昌，骆悦等人派许季常前去通告此事，周挚惊倒在地。史朝义率领军队回来，周挚、许叔冀出来迎接，骆悦等人劝史朝义拿下周挚，并将他杀了。军队到达柳泉，骆悦等人害怕众心不一，于是勒杀史思明，用毡毯裹尸，用骆驼驮运回洛阳。

史朝义即帝位，改年号为显圣。他秘密派人到范阳，命令散骑常侍张通儒等人杀掉史朝清以及史朝清的母亲辛氏，还有数十名不归附自己的人。叛军自相攻击，在城中打了几个月，死掉数千人，范阳这才平定。史朝义任命他的部将柳城人李怀仙为范阳尹、燕京留守。当时洛阳四周数百里，州、县城都成为废墟，而史朝义所部节度使都是安禄山的旧部将，与史思明同辈，史朝义召见他们，他们多不前来，相互之间大致仅仅维持君臣关系而已，不能为史朝义所用。

【原文】

宝应元年（壬寅，762年）

甲寅，上皇崩于神龙殿，年七十八。乙卯，迁坐于太极殿。上以寝疾，发哀于内殿，群臣发哀于太极殿。蕃官剺面割耳者四百余人。丙辰，命苗晋卿摄冢宰。上自仲春寝疾，闻上皇登遐，哀慕，疾转剧，乃命太子监国。甲子，制改元；复以建寅为正月，月数皆如其旧；赦天下。

初，张后与李辅国相表里，专权用事，晚年，更有隙。内射生使三原程元振党于辅国。上疾笃，后召太子谓曰："李辅国久典禁兵，制敕皆从之出，擅逼迁圣皇，其罪甚大，所忌者吾与太子。今主上弥留，辅国阴与程元振谋作乱，不可不诛。"太子泣曰："陛下疾甚危，二人皆陛下勋旧之臣，一旦不告而诛之，必致震惊，恐不能堪也。"后曰："然则太子姑归，吾更徐思之。"太子出，后召越王系谓曰："太子仁弱，不能诛贼臣，汝能之乎？"对曰："能。"系乃命内谒者监段恒俊选宦官有勇力者二百余人，授甲于长生殿后。乙丑，后以上命召太子。元振知其谋，密告辅国，伏兵于陵霄门以俟之。太子至，以难告。太子曰："必无是事，主上疾亟召我，我岂可畏死而不赴乎！"元振曰："社稷事大，太子必不可入。"乃以兵送太子于飞龙厩，且以甲卒守之。是夜，辅国、元振勒兵三殿，收捕越王系、段恒俊及知内侍省事朱光辉等百余人，系之。以太子之命迁后于别殿。时上在长生殿，使者逼后下殿，并左右数十人幽于后宫，宦官宫人皆惊骇逃散。丁卯，上崩。辅国等杀后并系及兖王僩。是日，辅国始引太子素服于九仙门与宰相相见，叙上皇晏驾，拜哭，始行监国之令。戊辰，发大行皇帝丧于两仪殿，宣遗诏。己巳，代宗即位。

李辅国恃功益横，明谓上曰："大家但居禁中，外事听老奴处分。"上内不能平，以其方握禁兵，外尊礼之。乙亥，号辅国为尚父而不名，事无大小皆咨之，群臣出入皆先诣，辅国亦晏然处之。以内飞龙厩副使程元振为左监门卫将军。知内侍省事朱光辉及内常侍啖庭瑶、山人李唐等二十余人皆流黔中。

以雍王适为天下兵马元帅。辛酉，辞行，以兼御史中丞药子昂、魏琚为左右厢兵马使，以中书舍人韦少华为判官，给事中李进为行军司马，会诸道节度使及回纥于陕州，进讨史朝义。上欲以郭子仪为适副，程元振、鱼朝恩等沮之而止。加朔方节度使仆固怀恩同平章事兼绛州刺史，领诸军节度行营以副适。

上在东宫，以李辅国专横，心甚不平，及嗣位，以辅国有杀张后之功，不欲显诛之。壬戌夜，盗入其第，窃辅国之首及一臂而去。敕有司捕盗，遣中使存问其家，为刻木首葬之，仍赠太傅。

雍王适至陕州，回纥可汗屯于河北，适与僚属从数十骑往见之。可汗责适不拜舞，药子昂对以礼不当然。回纥将军车鼻曰："唐天子与可汗约为兄弟，可汗于雍王，叔父也，何得不拜舞？"子昂曰："雍王，天子长子，今为元帅。安有中国储君向外国可汗拜舞乎！且两宫在殡，不应舞蹈。"力争久之，车鼻遂引子昂、魏琚、韦少华、李进各鞭一百，以适年少未谙事，遣归营。琚、少华一夕而死。

戊辰，诸军发陕州，仆固怀恩与回纥左杀为前锋，陕西节度使郭英义、神策观军容使鱼朝恩为殿，自渑池入；潞泽节度使李抱玉自河阳入；河南等道副元帅李光弼自陈留入；雍王留陕州。辛未，怀恩等军于同轨。

史朝义闻官军将至，谋于诸将。阿史那承庆曰："唐若独与汉兵来，宜悉众与战；若与回纥俱来，其锋不可当，宜退守河阳以避之。"朝义不从。壬申，官军至洛阳北郊，分兵取怀州；癸酉，拔之。乙亥，官军陈于横水。贼众数万，立栅自固，怀恩陈于西原以当之。遣骁骑及回纥并南山出栅东北，表里合击，大破之。朝义悉其精兵十万救之，陈于昭觉寺，官军骤击之，杀伤甚众，而贼陈不动；鱼朝恩遣射生五百人力战，贼虽多死者，陈亦如初。镇西节度使马璘曰："事急矣！"遂单骑奋击，夺贼两牌，突入万众中。贼左右披靡，大军乘之而入，贼众大败；转战于石榴园、老君庙，贼又败；人马相蹂践，填尚书谷，斩首六万级，捕虏二万人，朝义将轻骑数百东走。怀恩进克东京及河阳城，获其中书令许叔冀、王伷等，承制释之。怀恩留回纥可汗营于河阳，使其子右厢兵马使玚及朔方兵马使高辅成帅步骑万余乘胜逐朝义，至郑州，再战皆捷。朝义至汴州，其陈留节度使张献诚闭门拒之，朝义奔濮州，献诚开门出降。

回纥入东京，肆行杀略，死者万计，火累旬不灭。朔方、神策军亦以东京、郑、汴、汝州皆为贼境，所过房掠，三月乃已。比屋荡尽，士民皆衣纸。回纥悉置所掠宝货于河阳，留其将安恪守之。

十一月，丁丑，露布至京师。

朝义自濮州北渡河，怀恩进攻滑州，拔之，追败朝义于卫州。朝义睢阳节度使田承嗣等将兵四万余人与朝义合，复来拒战；仆固玚击破之，长驱至昌乐东。朝义帅魏州兵来战，又败走。于是邺郡节度使薛嵩以相、卫、洺、邢四州降于陈郑、泽潞节度使李抱玉，恒阳节度使张忠志以赵、恒、深、定、易五州降于河东节度使辛云京。嵩，楚玉之子也。抱玉等已进军入其营，按其部伍，嵩等皆受代；居无何，仆固怀恩皆令复位。由是抱玉、云京疑怀恩有贰心，各表言之，朝廷密为之备；怀恩亦上疏自理，上慰勉之。辛巳，制："东京及河南、北受伪官者，一切不问。"

郭子仪以仆固怀恩有平河朔功，请以副元帅让之。己亥，以怀恩为河北副元帅，加左仆射兼中书令、单于、镇北大都护、朔方节度使。

史朝义走至贝州，与其大将薛忠义等两节度合，仆固玚追之至临清。朝义自衡水引兵三万还攻之，玚设伏击走之。回纥又至，官军益振，遂逐之；大战于下博东南，贼大败，积尸拥流而下；朝义奔莫州。怀恩都知兵马使薛兼训、兵马使郝庭玉与田神功、辛云京会于下博，进围朝义于莫州，青淄节度使侯希逸继至。

【译文】

宝应元年（壬寅，762年）

甲寅（四月初五），太上皇玄宗在神龙殿驾崩，享年七十八岁。乙卯（初六），将太上皇的神座迁到太极殿。肃宗因为卧病不起，在内殿举哀，大臣们在太极殿举哀。有四百多名蕃官划破面孔、割耳表示哀悼。丙辰（初七），肃宗命令苗晋卿总摄朝政。自从仲春以来，肃宗卧病不起，听说太上皇驾崩，十分哀痛，病情由此加重，于是命令太子监理国政。甲子（十五日），肃宗下诏改年号为宝应，再以建寅（夏历元月）为正月，其他月份都恢复旧称。大赦天下。

从前，张皇后与李辅国内外勾结，掌握大权，独断专行，肃宗晚年时，二人有了裂痕。内射生使三原人程元振与李辅国结成一党。肃宗病情恶化，张皇后召见太子，对他说："李辅国长期执掌禁军，皇上的制敕都从他手中发出，又擅自威逼太上皇迁到太极宫，他的罪行很大，所顾忌的就是我和太子你了。如今皇上已处在弥留之际，李辅国暗中与程元振图谋作乱，不能不杀。"太子哭着说："陛下病情十分危急，他们二人都是陛下有功勋的旧臣，一旦不告诉陛下而杀掉他们，必然会使陛下震惊，恐怕承受不住。"张皇后说："那么太子暂且回去，我再慢慢考虑。"太子出去后，张皇后召见越王李系，对他说："太子仁慈软弱，不能杀掉贼臣，你能够办这件事吗？"李系回答说："能。"于是李系便命令内谒者监段恒俊挑选勇敢有力的宦官二百多人，在长生殿后授给他们铠甲兵器。乙丑（十六日），张皇后假传皇上的命令召见太子。程元振知道了张皇后的阴谋，悄悄地将此事告诉了李辅国，又在陵霄门埋下伏兵，等待太子的到来。太子来到后，程元振告诉他皇后发难。太子说："一定没有这样的事，皇上病重才召见我，我难道可以怕死而不去吗！"程元振说："社稷事大，太子万万不可入宫。"于是派士兵将太子送到飞龙厩，并且让全副武装的士兵守住他。当天夜里，李辅国、程元振率军来到三殿，逮捕越王李系、段恒俊以及掌管内侍省事务的朱光辉等一百多人，将他们囚禁起来。又以太子的命令将张皇后迁到别殿。当时肃宗在长生殿，使者逼着张皇后离开长生殿，将她和左右数十人一起幽禁在后宫，宦官和宫女都惊恐害怕，纷纷逃散。丁卯（十八日），肃宗驾崩。李辅国等人杀掉张皇后和李系以及兖王李偘。这一天，李辅国才带着太子，让他身着素服，在九仙门与宰相相见，讲述太上皇驾崩以后宫中的一系列变故，并且哭拜，太子这才开始行使监国的权力。戊辰（十九日），太子在两仪殿给大行皇帝发丧，宣读遗诏。己巳（二十日），唐代宗即位。

李辅国自恃有功而更加专横，公然对代宗说："陛下住在宫中就可以了，外面的事让老奴处理。"代宗内心愤愤不平，但因李辅国正掌握着禁军，所以表面上对他十分尊敬。乙亥（二十六日），代宗尊称李辅国为尚父，而不直呼其名，事无大小都征询他的意见，大臣们出入宫中都先见李辅国，李辅国也安然处之。代宗任命内飞龙厩副使程元振为卫军左监门卫将军。掌管内侍省事务的朱光辉以及内常侍啖庭瑶、隐士李唐等二十多人都被流放到黔中。

　　代宗任命雍王李适为天下兵马元帅。辛酉（十月十六日），雍王李适向代宗辞行，代宗任命兼任御史中丞的药子昂、魏琚为左右厢兵马使，中书舍人韦少华为判官，给事中李进为行军司马，前去陕州会合诸道节度使和回纥军队，共同进军讨伐史朝义。代宗想让郭子仪担任李适的副手，程元振、鱼朝恩等人阻止，代宗只好作罢。另外加授朔方节度使仆固怀恩同平章事（副宰相）兼绛州刺史，统领各军节度行营，担任李适的副手。

　　代宗在东宫当太子时，因为李辅国专横跋扈，心里愤愤不平，等到即位后，因为李辅国有杀掉张皇后的功劳，不想公开杀掉他。壬戌（十七日）夜里，盗贼进入李辅国的宅第，杀掉李辅国，带了他的头和一条臂走了。代宗敕令有关部门捕捉盗贼，又派遣中使慰问李辅国的家属，专为刻了一个木脑袋来安葬李辅国，还追赠他为太傅。

　　雍王李适到达陕州时，回纥可汗驻扎在陕州河北县，李适与僚属随从数十人乘马前往看望回纥可汗。回纥可汗叱责李适不行拜舞大礼，药子昂回答说："按照礼仪不应当这样。"回纥将军车鼻说："唐朝天子与可汗已经结为兄弟，对雍王来说，可汗是叔父，怎么能不拜舞呢？"药子昂说："雍王是天子的长子，如今又为元帅。哪里有中国的储君向外国可汗拜舞的道理呢！况且太上皇和先帝尚未出殡，也不应该舞蹈。"力争好长时间，于是车鼻将药子昂、魏琚、韦少华、李进各打一百鞭，以李适年少不懂事，遣送回营。魏琚、韦少华过了一夜就死了。

　　戊辰（二十三日），各路军队从陕州出发，仆固怀恩与回纥左杀为前锋，陕西节度使郭英乂、神宏观军容使鱼朝恩殿后，从渑池入攻洛阳；潞泽节度使李抱玉从河阳入攻洛阳，河南等道副元帅李光弼从陈留入攻洛阳。雍王李适留守陕州。辛未（二十六日），仆固怀恩等在同轨驻扎。

　　史朝义听说官军即将到达，便与诸将商议对策。阿史那承庆说："如果唐朝廷单独以汉军前来，就应当率领全军与他们决战。如果与回纥军队一起来，兵锋锐不可当，我们就应该退守河阳，避其锋芒。"史朝义不同意。壬申（二十七日），官军到达洛阳北郊，分兵夺取怀州。癸酉（二十八日），官军攻克怀州。乙亥（三十日），官军在横水布阵。数万叛军，设置栅栏，凭借它加强自己，仆固怀恩在西原布阵以正面攻击叛军。又派遣劲骑以及回纥军队傍南山攻到栅栏东北，里外合击，将叛军打得大败。史朝义率领他所有的精锐部队十万人前去救援，在昭觉寺布阵，官军急速冲击敌阵，杀伤很多敌军，但贼军阵势仍然没有动摇。鱼朝恩派遣射生军五百人奋力冲杀，虽然叛军死者众多，但阵势仍如当初。镇西节度使马璘说："事情急迫了！"于是单枪匹马奋力冲击，夺得叛军两块盾牌，突入千军万马之中。叛军纷纷倒下，大部队乘机突入敌阵，叛军大败。双方转战到石榴园、老君庙一带，叛军又遭惨败，人马互相践踏，填满了尚书谷。官军杀死六万人，捕获二万人，史朝义仅率领数百名轻骑向东逃窜。仆固怀恩进而攻克东京以及河阳城，抓获史朝义的中书令许叔冀、王伷等人，遵照代宗的制令又将他们释放了。仆固怀恩留在河阳回纥可汗的营帐中，派他的儿子右厢兵马使仆固瑒以及朔方兵马使高辅成率领步、骑兵一万多人乘胜追击史朝义，到达郑州时，又与叛军交战，都取得了胜利。史朝义逃到汴州，他的陈留节度使张献诚紧闭城门，拒绝让他进城，史朝义又逃奔濮州，张献诚打开城门出城向官军投降。

回纥军队进入东京，肆意杀掠，死者数以万计，大火几十天都没有熄灭。朔方、神策军也因为东京、郑州、汴州、汝州都是叛军控制的区域，所过之处大肆掳掠，三个月之后才停止。一排排的房屋被毁坏荡尽，百姓都只好穿上纸衣。回纥可汗将他们所掠的财物全部存放到河阳，留下他的将领安恪看守。

十一月，丁丑（初二），捷报传到京师。

史朝义从濮州北渡黄河，仆固怀恩进攻并攻克了滑州，又在卫州追上史朝义，将他击败。史朝义的睢阳节度使田承嗣等人率兵四万多人与史朝义会合，又前来抵抗。仆固瑒将他们击败，长驱直入，到达昌乐县东面。史朝义率领魏州的军队前来交战，又兵败退走。于是邺郡节度使薛嵩献出相州、卫州、洺州、邢州，向陈郑、泽潞节度使李抱玉投降。恒阳节度使张忠志献出赵州、恒州、深州、定州、易州，向河东节度使辛云京投降。薛嵩是薛楚玉的儿子。李抱玉等人已进军到薛嵩的军营中，检查他的部队，薛嵩等人都接受李抱玉派人取代。没过多久，仆固怀恩让他们都官复原位。因此，李抱玉、辛云京怀疑仆固怀恩怀有二心，分别上表说到此事，朝廷暗地里防备仆固怀恩。仆固怀恩也上书为自己辩护,代宗安慰并勉励他一番。辛巳(初六),代宗下制令:"东京以及河南、河北接受伪职的人概不追究。"

郭子仪因为仆固怀恩有平定河朔的功劳,请求代宗将副元帅的职位让给他。己亥(二十四日),代宗任命仆固怀恩为河北副元帅,加任左仆射兼中书令、单于、镇北大都护、朔方节度使。

史朝义逃到贝州,与他的大将薛忠义等二节度使会合,仆固玚一直追击到临清县,史朝义从衡水率军三万回师反攻,仆固玚设下伏兵将他们击退。此时回纥军队又抵达临清县,官军势力更加壮大,于是追击史朝义。在下博县东南双方大战,贼军大败,成堆的尸体随着河流冲走了。史朝义逃往莫州。仆固怀恩部下都知兵马使薛兼训、兵马使郝庭玉在下博县与田神功、辛云京会合后,便进军莫州,围攻史朝义,青淄节度使侯希逸也随后赶到。

【原文】

代宗睿文孝武皇帝上之上广德元年(癸卯、763年)

史朝义屡出战,皆败,田承嗣说朝义,令亲往幽州发兵,还救莫州,承嗣自请留守莫州。朝义从之,选精骑五千自北门犯围而出。朝义既去,承嗣即以城降,送朝义母、妻、子于官军。于是仆固玚、侯希逸、薛兼训等帅众三万追之,及于归义,与战,朝义败走。

时朝义范阳节度使李怀仙已因中使骆奉仙请降,遣兵马使李抱忠将兵三千镇范阳县,朝义至范阳,不得入。官军将至,朝义遣人谕抱忠以大军留莫州、轻骑来发兵救援之意,因责以君臣之义,抱忠对曰:"天不祚燕,唐室复兴,今既归唐矣,岂可更为反覆,独不愧三军邪!大丈夫耻以诡计相图,愿早择去就以谋自全。且田承嗣必已叛矣,不然,官军何以得至此!"朝义大惧,曰:"吾朝来未食,独不能以一餐相饷乎!"抱忠及令人设食于城东。于是范阳人在朝义麾下者,并拜辞而去,朝义涕泣而已,独与胡骑数百既食而去。东奔广阳,广阳不受;欲北入奚、契丹,至温泉栅,李怀仙遣兵追及之;朝义穷蹙,缢于林中,怀仙取其首以献。仆固怀恩与诸军皆还。

【译文】

唐代宗广德元年（癸卯，公元763年）

　　史朝义屡次出战，都遭失败，田承嗣劝说史朝义，他亲自前往幽州征调军队，回救莫州，请求让自己留下守卫莫州。史朝义采纳了他的建议，挑选五千精锐骑兵从北门冲出包围。史朝义离去之后，田承嗣马上举城投降，将史朝义的母亲、妻子、儿子一起送到官军那儿。于是仆固玚、侯希逸、薛兼训等人率领三万士兵追击史朝义，在归义县追上了史朝义，双方交战，史朝义又败走。

　　当时史朝义部下范阳节度使李怀仙已经通过中使骆奉仙向朝廷请求投降，并派遣兵马使李抱忠率领三千士兵镇守范阳县。史朝义来到范阳，李抱忠不让他入城。官军即将追到，史朝义派人将大部队留在莫州、轻装骑兵前来征调军队救援的意图告诉了李抱忠，并且用君臣道理责备他，李抱忠回答说："老天不让燕人做皇帝，唐室又复兴了，今天既然已经归顺唐朝，难道可以再反复，就不愧对三军将士吗？大丈夫以诡计相图为可耻，但愿你能早点选择后路，考虑保全自己。况且田承嗣一定已经叛变了，不然的话，官军怎么能够追到这里呢！"史朝义十分害怕，说："从早晨以来，我们滴水未进，难道不能让我们吃一顿饭吗？"李抱忠便让人在城东供应膳食。于是史朝义手下的范阳人一起向史朝义叩拜辞别而去，史朝义只是痛哭流涕而已，吃罢饭，独自与数百名胡人骑兵离去。史朝义向东奔赴广阳，广阳也不接收他们。史朝义想向北进入奚、契丹境内，来到温泉栅时，李怀仙派兵追上了他们。史朝义走投无路，在树林中上吊自杀，李怀仙割取了他的头颅献给朝廷。仆固怀恩与各路军队都回军。

资治通鉴第二百二十三卷

唐纪三十九

【原文】

代宗睿文孝武皇帝上之下广德元年（癸卯，763年）

吐蕃入大震关，陷兰、廓、河、鄯、洮、岷、秦、成、渭等州，尽取河西、陇古之地。唐自武德以来，开拓边境，地连西域，皆置都督、府、州、县。开元中，置朔方、陇右、河西、安西、北庭诸节度使以统之，岁发山东丁壮为戍卒，缯帛为军资，开屯田，供糗粮，设监牧，畜马牛，军城戍逻，万里相望。及安禄山反，边兵精锐者皆征发入援，谓之行营，所留兵单弱，胡虏稍蚕食之；数年间，西北数十州相继沦没，自凤翔以西，邠州以北，皆为左衽矣。

吐蕃之入寇也，边将告急，程元振皆不以闻。冬，十月，吐蕃寇泾州，刺史高晖以城降之，遂为之乡导，引吐蕃深入；过邠州，上始闻之。辛未，寇奉天、武功，京师震骇。诏以雍王适为关内元帅，郭子仪为副元帅。出镇咸阳以御之。

子仪闲废日久，部曲离散，至是召募，得二十骑而行，至咸阳，吐蕃帅吐谷浑、党项、氐、羌二十余万众，弥漫数十里，已自司竹园渡渭，循山而东。子仪使判官中书舍人王延昌入奏，请益兵，程元振遏之，竟不召见。癸酉，渭北行营兵马使吕月将将精卒二千破吐蕃于盩厔之西。乙亥，吐蕃寇盩厔，月将复与力战，兵尽，为虏所擒。

上方治兵，而吐蕃已度便桥，仓猝不知所为，丙子，出幸陕州，官吏藏窜，六军逃散。郭子仪闻之，遽自咸阳归长安，比至，车驾已去。上才出苑门，渡浐水，射生将王献忠拥四百骑叛还长安，胁丰王珙等十王西迎吐蕃。遇子仪于开远门内，

子仪叱之，献忠下马，谓子仪曰："今主上东迁，社稷无主，令公身为元帅，废立在一言耳。"子仪未应。珙越次言曰："公何不言！"子仪责让之，以兵援送行在。丁丑，车驾至华州，官吏奔散，无复供拟，扈从将士不免冻馁。会观军容使鱼朝恩将神策军自陕来迎，上乃幸朝恩营。丰王珙见上于潼关，上不之责，退至幕中，有不逊语；群臣奏议诛之，乃赐死。

戊寅，吐蕃入长安，高晖与吐蕃大将马重英等立故邠王守礼之孙承宏为帝，改元，置百官，以前翰林学士于可封等为相。吐蕃剽掠府库市里，焚闾舍，长安中萧然一空。苗晋卿病卧家，遣人舆入，迫胁之，晋卿闭口不言，虏不敢杀。于是六军散者所在剽掠，士民避乱，皆入山谷。

辛巳，上至陕，百官稍有至者。郭子仪引三十骑自御宿川循山而东，谓王延昌曰："六军将士逃溃者多在商州，今速往收之，并发武关防兵，数日间，北出蓝田以向长安，吐蕃必遁。"过蓝田，遇元帅都虞候臧希让、凤翔节度使高升，得兵近千人。子仪与延昌谋曰："溃兵至商州，官吏必逃匿而人乱。"使延昌自直径入商州抚谕之。诸将方纵兵暴掠，闻子仪至，皆大喜听命。子仪恐吐蕃逼乘舆，留军七盘，三日乃行，比至商州，行收兵，并武关防兵合四千人，军势稍振。子仪乃泣谕将士以共雪国耻，取长安，皆感激受约束。子仪请太子宾客第五琦为粮料使，给军食。上赐子仪诏，恐吐蕃东出潼关，征子仪诣行在。子仪表称："臣不收京城无以见陛下，若出兵蓝田，虏必不敢东向。"上许之。鄜延节度判官段秀实说节度使白孝德引兵赴难，孝德即日大举，南趣京畿，与蒲、陕、商、华合势进击。

【译文】

唐代宗广德元年（癸卯，公元763年）

吐蕃侵入大震关，攻陷兰州、廓州、河州、鄯州、洮州、岷州、秦州、成州、渭州等地，河西、陇右地区均为吐蕃占领。自从武德年间以来，唐朝向外开拓疆域，地域与西域相连。在这些地区都设置了都督、府、州、县等。开元年间，朝廷设置朔方、陇右、河西、安西、北庭各节度使管西北地区，每年征发崤山以东的壮丁为戍守士卒，丝织品为军费，开荒屯田，为军队提供食粮，设置监牧，蓄养牛

马,军城和巡逻哨所,万里相望。及至安禄山反叛,边镇的精锐部队都被抽调回来援救朝廷,称为行营。剩下留守边镇的部队势单力薄,吐蕃军队便逐渐地将他们蚕食。数年时间,西北地区数十州相继沦陷,自凤翔以西,邠州以北,均为吐蕃军队所占领。

吐蕃军队入侵唐朝,边镇将领告急,但是程元振不向代宗禀报。冬季,十月,吐蕃军队进犯泾州,泾州刺史高晖举城投降。于是,高晖为吐蕃军队做向导,引导他们向内地深入。吐蕃军队经过邠州时,代宗才知道这个消息。辛未(初二),吐蕃军队进犯奉天、武功,京师大为震惊。代宗下诏任命雍王李适为关内元帅,郭子仪为副元帅,出镇咸阳抵御吐蕃军队的进攻。

郭子仪

郭子仪闲居京师已久,部下早已离散。这时,郭子仪才临时招募,征得骑兵二十人启程。到咸阳时,吐蕃率领吐谷浑、党项、氐、羌等各族军队二十多万人,漫山遍野,前后达数十里,已经从司竹园渡过渭河,顺着山脉向东涌来。郭子仪派遣判官中书舍人王延昌入朝奏报军情,请求增兵支援。程元振阻拦,王延昌竟然没有被代宗召见。癸酉(初四),渭北行营兵马使吕月将率领精锐部队二千人,在盩厔以西打败了吐蕃军队。乙亥(初六),吐蕃军队进犯盩厔,吕月将再次与敌军拼死作战,士兵全部战死,吕月将为吐蕃军队擒获。

代宗正在操练军队,这时,吐蕃军队已经跨过便桥,代宗临事仓促,不知所措。丙子(初七),代宗逃往陕州,官吏躲藏逃窜,禁军部队则一哄而散。郭子仪闻听此事,急忙从咸阳赶回长安,等到长安时,代宗已经走了。代宗才出宫苑门,渡过浐水,射生将王献忠就率领四百骑兵叛降后返回长安,胁迫丰王李珙等十王西去迎接吐蕃军队。当他们走到开远门内时,遇上郭子仪。郭子仪大声呵斥,王献忠跳下马来,跟郭子仪说道:"如今皇上已经东迁,国家无主,您身为元帅,皇上的废立就在于您一句话了!"郭子仪没有回答,李珙上前说道:"你为什么不说话!"郭子仪训斥他们一番,然后派兵护送他们前往行在。丁丑(初八),代宗到达华州,这时，州府官吏早已逃散，无法为代宗一行提供食宿，随从将士不免饥寒交迫。幸亏碰上观军容使鱼朝恩率领神策军从陕州前来迎驾，于是代宗前往鱼朝恩的营帐。丰王李珙在潼关拜见代宗，代宗没有责怪他。然而，李珙退回到营帐中，出言不逊。大臣们上奏建议杀掉李珙，于是代宗将他赐死。

戊寅（初九），吐蕃军队进入长安，高晖与吐蕃大将马重英等立已故邠王李守礼之孙李承宏为皇帝，更改年号，设置百官，任命前翰林学士于可封等人为宰相，吐蕃军队大肆抢劫府库市里的财物，焚毁居宅，长安城中一片萧条。苗晋卿正病卧在家，吐蕃派人将他抬来，胁迫他出任伪职，苗晋卿闭口不言，吐蕃也不敢杀他，此时溃散的禁军也到处抢劫，士人平民纷纷逃入山谷，躲避战乱。

辛巳（十二日），代宗到达陕州，一些官员也有逐渐到达的。郭子仪率领三十名骑兵从御宿川沿着山麓向东开来。郭子仪对王延昌说："溃逃的禁军将士多在商州，如今，我们应当迅速前去收容他们，同时，征调防守武关的军队。几天之内，我军北出蓝田，直指长安，吐蕃军队必定会望风而逃的。"郭子仪经过蓝田时，遇到元帅都虞候臧希让、凤翔节度使高升，又得到近千名士兵。郭子仪和王延昌商量说："溃逃的士兵到达商州，当地官吏一定会躲藏起来，那么当地就会人心大乱。"郭子仪派王延昌抄近路去商州安抚人心。诸将正在纵兵掳掠，听说郭子仪要来，都非常欣喜，甘愿听命。郭子仪恐怕吐蕃军队去进逼代宗的驻地，让军队停留在七盘。三日后，郭子仪才率军启程。等到达商州，郭子仪就收容残兵，与武关守军合起来共达四千人，这时军队的力量稍有振作。于是，郭子仪哭着晓谕将士，勉励他们要共雪国耻，攻取长安，将士们颇受感动，都表示愿意受郭子仪的统帅。郭子仪请太子宾客第五琦担任粮料使，供给军粮。代宗赐郭子仪诏书，因为担心吐蕃军队东出潼关，召他前往陕州。郭子仪上表说："我不收复京城，无法来见陛下。如果我出兵蓝田，吐蕃军队一定不敢向东出击。"代宗表示同意。鄜延节度判官段秀实劝说节度使白孝德率军前来急救国难，白孝德即日大举南下，奔赴京畿，与蒲州、陕州、商州、华州的军队同心协力，共击吐蕃军队。

【原文】

二年（甲辰，764 年）

自丧乱以来，汴水埋废，漕运者自江、汉抵梁、洋，迂险劳费，三月，己酉，以太子宾客刘晏为河南、江、淮以来转运使，议开汴水。庚戌，又命晏与诸道节度使均节赋役，听便宜行毕以闻。时兵火之后，中外艰食，关中米斗千钱，百姓授穗以给禁军，宫厨无兼时之积。晏乃疏浚汴水，遗元载书，具陈漕运利病，令中外相应。自是每岁运米数十万石以给关中，唐世推漕运之能者，推晏为首，后来者皆遵其法度云。

【译文】

二年（甲辰，公元 764 年）

自从安史之乱以来，汴水荒废不治，漕运都从长江、汉水运抵梁州、洋州，绕道险阻，劳费财力。三月，己酉（十二日），代宗任命太子宾客刘晏为河南、江、淮以来转运使，商议开通汴水。庚戌（十三日），代宗又命令刘晏和诸道节度使节用赋役，见机行事，事后再行上报。当时，战乱之后全国粮食匮乏，关中一斗米价值一千钱，老百姓摘取麦穗来供给禁军，宫廷厨师也没有可供二个季节用的存粮。于是，刘晏就疏浚汴水，又给宰相元载上书，陈述漕运的利弊，要求全国各地响应。从此以后，每年运米数十万石供给关中地区。终唐一代，掌管漕运之事最有才能的首推刘晏，后来者都遵循他的法令制度。

【原文】

永泰元年（乙巳，765 年）

仆固怀恩诱回纥、吐蕃、吐谷浑、党项、奴剌数十万众俱入寇，令吐蕃大将尚结悉赞摩、马重英等自北道趣奉天，党项帅任敷、郑庭、郝德等自东道趣同州，吐谷浑、奴剌之众自西道趣盩厔，回纥继吐蕃之后，怀恩又以朔方兵继之。

郭子仪使行军司马赵复入奏曰:"虏皆骑兵,其来如飞,不可易也。请使诸道节度使凤翔李抱玉、滑濮李光庭、邠宁白孝德、镇西马璘、河南郝庭玉、淮西李忠臣各出兵以扼其冲要。"上从之。诸道多不时出兵;李忠臣方与诸将击毬,得诏,亟命治行。诸将及监军皆曰:"师行必择日。"忠臣怒曰:"父母有急,岂可择日而后救邪!"即日勒兵就道。

怀恩中途遇暴疾而归;丁酉,死于鸣沙。大将张韶代领其众,别将徐璜玉杀之,范志诚又杀璜玉而领其众。怀恩拒命三年,再引胡寇,为国大患,上犹为之隐,前后敕制未尝言其反;及闻其死,悯然曰:"怀恩不反,为左右所误耳!"

【译文】

永泰元年（乙巳,公元765年）

仆固怀恩诱使回纥、吐蕃、吐谷浑、党项、奴剌数十万人众共同进犯唐朝,仆固怀恩命令吐蕃大将尚结悉赞摩、马重英等人从北道奔赴奉天,党项帅任敷、郑庭、郝德等人从东道奔赴同州,吐谷浑、奴剌的部队从西道奔赴盩厔,回纥部队则跟随吐蕃后面,仆固怀恩又让朔方军队紧随其后。

郭子仪派行军司马赵复入朝奏报:"敌军都是骑兵,进军如飞,不可轻敌。请求陛下派遣凤翔节度使李抱玉、滑濮节度使李光庭、邠宁节度使白孝德、镇西节度使马璘、河南节度使郝庭玉、淮西节度使李忠臣分别出兵扼守各军事要冲。"代宗采纳了他的建议。当时,诸道节度使大多不按时出兵。然而李忠臣正与诸将领打马毬,得到诏书后,马上下令整队出发。诸将领及监军都说:"军队出发必须选择良辰吉日。"李忠臣气愤地对他们说:"父母有急难,难道也要选择良辰吉日然后再去援救吗!"李忠臣当日就统率军队出发了。

仆固怀恩在进军途中突然得急病,只好返回灵武。丁酉（九月初八）,在鸣沙县去世。大将张韶代理仆固怀恩统率军队,别将徐璜玉将他杀掉,范志诚又杀掉徐璜玉而统率军队。仆固怀恩抗拒圣命三年,两次勾引胡人军队进犯唐朝,成为国家一大祸害。但是代宗仍然隐晦此事,前后敕制都没有提及仆固怀恩谋反。及至代宗听到仆固怀恩死讯时,怜悯地说:"仆固怀恩没有谋反,只是为部下所误罢了!"

唐纪四十

资治通鉴第二百二十四卷

【原文】

代宗睿文孝武皇帝中之上大历元年（丙午，766年）

元载专权，恐奏事者攻讦其私，乃请："百官凡论事，皆先白长官，长官白宰相，然后奏闻。"仍以上旨谕百官曰："比日诸司奏事烦多，所言多谗毁，故委长官、宰相先定其可否。"

【译文】

唐代宗大历元年（丙午，公元766年）

元载大权独揽，害怕上奏论事者揭露他私揽大权，就奏请说："百官如果有事论奏，都应当先告诉有关部门长官，由各长官告诉宰相，然后再奏报陛下。"他还以圣旨的名义告诉百官说："近来，各有关部门上奏论事繁多，所说的多是谗言诋毁之词，所以委托诸长官、宰相首先确定所说的事是否可以上奏。"

【原文】

二年（丁未，767年）

二月，丙戌，郭子仪入朝。上命元载、王缙、鱼朝恩等互置酒于其第，一会之费至十万缗。上礼重子仪，常谓之大臣而不名。

郭暧尝与升平公主争言，暧曰："汝倚乃父为天子邪！我父薄天子不为！"公主恚，奔车奏之。上曰："此非汝所知。彼诚如是，使彼欲为天子，天下岂汝家所有邪！"慰谕令归。子仪闻之，囚暧，入待罪。上曰："鄙谚有之：'不痴不聋，不作家翁。'儿女子闺房之言，何足听也！"子仪归，杖暧数十。

始，上好祠祀，未甚重佛。元载、王缙、杜鸿渐为相，三人皆好佛；缙尤甚，不食荤血，与鸿渐造寺无穷。上尝问以"佛言报应，果为有无？"载等奏以："国家运祚灵长，非宿植福业，何以致之！福业已定，虽时有小灾，终不能为害，所以安、史悖逆方炽而皆有子祸；仆固怀恩称兵内侮，出门病死；回纥、吐蕃大举深入，不战而退：此皆非人力所及，岂得言无报应也！"上由是深信之，常于禁中饭僧百余人；有寇至则令僧讲《仁王经》以禳之，寇去则厚加赏赐。胡僧不空，官至卿监，爵为国公，出入禁闼，势移权贵，京畿良田美利多归僧寺。敕天下无得棰曳僧尼。造金阁寺于五台山，铸铜涂金为瓦，所费巨亿；缙给中书符牒，令五台僧数十人散之四方，求利以营之。载等每侍上从容，多谈佛事，由是中外臣民承流相化，皆废人事而奉佛，政刑日紊矣。

【译文】

二年（丁未，公元767年）

二月，丙戌（初六），郭子仪入朝。代宗命令元载、王缙、鱼朝恩等人分别在他们的宅第设置酒席款待郭子仪，一次宴席花费高达十万缗。代宗对待郭子仪礼遇厚重，常常称他为大臣而不直呼其名。

郭暧曾经与升平公主发生口角，郭暧说："你倚仗你父亲是天子吗？我父亲是不屑于做天子！"公主怨恨，乘车飞奔入宫奏报此事。代宗说："此事并非你所能知。他们真是这样，假使他们想要做天子，天下怎么会是你家的呢！"代宗安慰劝说一番，让公主回去。郭子仪听说此事后，将郭暧囚禁起来，自己入朝等待代宗的惩处。代宗对郭子仪说："有一句俗话说：'不痴不聋，当不了家长。'儿女闺房中的话，哪值得去听呢！"郭子仪回家，打了郭暧数十大棍。

起初，代宗喜欢祠堂祭祀，并未看重佛教。元载、王缙、杜鸿渐担任宰相，他们三人都崇信佛教。王缙信奉尤笃，他不吃荤食，与杜鸿渐无止境地修造寺院。代宗曾经问他们："佛教所说的报应，果真有吗？"元载等人奏称："国家能够国运长久，如果不是平素植下福业怎么可能达到呢！福业已经确定，虽然时常有些小灾小难，终究不能危害。所以安禄山、史思明反叛朝廷，正当旺盛之际，便都遭到他们儿子的杀害。仆固怀恩率军进攻朝廷，才出门就得病而死。回纥、吐蕃大举深入内地，最后不战而退，这一切都不是人的力量所能达到的，难道能说没有报应吗！"代宗因此十分崇信佛教，经常在宫中设斋，供养一百多名和尚，有敌人前来就命令和尚宣讲《护国仁王经》，来祈祷免灾，敌人撤退后就赏赐给和尚丰厚的礼物。胡人和尚不空，官做到卿监，赐爵位为国公，出入宫中，权势能左右权贵，京畿地区的良田和获利大的事业多归佛寺所有。代宗敕令天下不得鞭打和欺辱僧尼，在五台山修造金阁寺，铸造鎏金铜瓦，所耗费的资金数以亿计。王缙将中书省的文书发给和尚，命令五台山和尚数十人到全国各地去募捐集资，用来营建佛寺。元载等人每当侍奉代宗，从容闲暇时，往往谈论佛事。因此朝廷内外的官吏及百姓互相效仿、影响，都不做世人之事，而去崇奉佛教，政务刑法日益紊乱。

【原文】

三年（戊申，768年）

六月，壬辰，幽州兵马使朱希彩、经略副使昌平朱泚、泚弟滔共杀节度使李怀仙，希彩自称留后。闰月，成德军节度使李宝臣遣将将兵讨希彩，为希彩所败；朝廷不得已有之。庚申，以王缙领卢龙节度使；丁卯，以希彩领幽州留后。

十一月，丁亥，以幽州留后朱希彩为节度使。

郭子仪还河中。元载以吐蕃连岁入寇，马璘以四镇兵屯邠宁，力不能拒，而郭子仪以朔方重兵镇河中，深居腹中无事之地，乃与子仪及诸将议，徙璘镇泾州，而使子仪以朔方兵镇邠州，曰："若以边土荒残，军费不给，则以内地租税及运金帛以助之。"诸将皆以为然。十二月，己酉，徙马璘为泾原节度使，以邠、宁、庆三州隶朔方。璘先往城泾州，以都虞候段秀实知邠州留后。

初，四镇、北庭兵远赴中原之难，久羁旅，数迁徙，四镇历汴、虢、凤翔，北

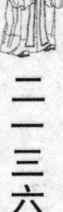

庭历怀、绛、汴然后至邠,颇积劳弊。及徙泾州,众皆怨诽。刀斧兵马使王童之谋作乱,期以辛酉旦警严而发。前夕,有告之者;秀实阳召掌漏者,怒之,以其失节,令每更来白,辄延之数刻,遂四更而曙,童之不果发,秀实欲讨之而乱迹未露,恐军中疑其冤。告者又云:"今夕欲焚马坊草,因救火谋作乱。"中夕,火果起,秀实命军中行者皆止,坐者勿起,各整部伍,严守要害。童之白请救火,不许。及旦,捕童之及其党八人,皆斩之。下令曰:"后徙者族,流言者刑!"遂徙于泾。

【译文】

三年(戊申,公元768年)

六月,壬辰(二十日),幽州兵马使朱希彩、经略副使昌平人朱泚和他的弟弟朱滔一起杀死节度使李怀仙,朱希彩自称为留后。闰六月,成德军节度使李宝臣派遣将领率军讨伐朱希彩,被朱希彩打败,朝廷不得已,只好宽恕朱希彩。庚申(十八日),代宗任命王缙兼任卢龙节度使。丁卯(二十五日),让朱希彩兼任幽州留后。

十一月,丁亥(十七日),代宗任命幽州留后朱希彩为幽州节度使。

郭子仪返回河中。元载认为吐蕃连年进犯,马璘率领四镇军队驻扎邠宁,其兵力无法与吐蕃对抗,而郭子仪率领朔方重兵镇守河中,深居在没有战事的腹心之地,便与郭子仪和诸将商议,让马璘移镇泾州,而让郭子仪率领朔方军队镇守邠州,元载说道:"如果因为边地荒芜,军费不足,就用内地的租税和运送财物来资助。"诸将都认为这种办法妥当。十二月,己酉(初九),代宗让马璘改任泾原节度使,将邠州、宁州、庆州归属于朔方。马璘先去泾州修筑城,让都虞候段秀实担任邠州留后。

当初,四镇、北庭的军队远途奔赴中原,解救朝廷的危难,长久客居他乡,多次迁移驻地,四镇的军队历经汴州、虢州、凤翔,北庭的军队历经怀州、绛州、汴州,然后到达邠州,军队颇为辛劳疲惫。等到迁移泾州,将士都怨恨毁谤。刀斧兵马使王童之图谋叛乱,确定在辛酉(二十一日)凌晨击鼓报晓时发难。前一天夜晚，有人将此事告诉段秀实。段秀实佯作召见执掌更漏的士兵，对他发火，借口时辰失调，命令他每到一更就前来禀告，每更故意延长几刻，于是到四更时天已破晓，王童之未能起事叛乱。段秀实想讨伐王童之，然而叛乱的迹象尚未暴露，害怕军中将士怀疑王童之蒙受冤屈。告密的人又说："今天夜里王童之想焚烧马坊草垛，借口救火图谋叛乱。"午夜时分，草垛果然起火，段秀实命令军中正在行走的将士都停止走动，坐着的人不要起来，各自整理队伍，严守要害之地。王童之禀告段秀实请求前去救火，没有得到同意。等到天亮，段秀实逮捕了王童之及其同伙八人，将他们全都杀掉。下命令说："迁移迟的人要诛杀九族，散布流言蜚语的人要严刑惩处！"于是军队全部迁移到泾州。

【原文】

四年（己酉，769年）

春，正月，丙子，郭子仪入朝，鱼朝恩邀之游章敬寺。元载恐其相结，密使子仪军吏告子仪曰："朝恩谋不利于公。"子仪不听。吏亦告诸将，将士请衷甲以从者三百人。子仪曰："我，国之大臣，彼无天子之命，安敢害我！若受命而来，汝曹欲何为！"乃从家僮数人而往。朝恩迎之，惊其从者之约。子仪以所闻告，且曰："恐烦公经营耳。"朝恩抚膺捧手流涕曰："非公长者，能无疑乎！"

【译文】

四年（己酉，公元769年）

春季，正月，丙子（初七），郭子仪入朝，鱼朝恩邀请他去章敬寺游玩。元载害怕他们互相勾结，就秘密派郭子仪的军吏告诉郭子仪说："鱼朝恩对你图谋不利。"郭子仪不听。军吏也告诉各位将领，将士们有三百人请求衣内穿甲跟从郭子仪前去。郭子仪说："我是国家的大臣，他没有天子的命令，哪里敢暗害我！如果他受皇命而来，你们想干什么呢！"于是郭子仪带了几名家僮前往章敬寺。鱼朝恩迎接郭子仪，对他随从俭省感到惊奇。郭子仪将所听到的事告诉鱼朝恩，并且说："害怕麻烦你张罗。"鱼朝恩抚胸拱手、痛哭流涕地说："如果不是您这样的长者，能不怀疑我吗！"

【原文】

七年（壬子，772年）

卢龙节度使朱希彩既得位，悖慢朝廷，残虐将卒；孔目官李怀瑗因众怒，伺间杀之。众未知所从；经略副使朱泚营于城北，其弟滔将牙内兵，潜使百余人于众中大言曰："节度使非朱副使不可。"众皆从之。泚遂权知留后，遣使言状。冬，十月，辛未，以泚为检校左常侍、幽州·卢龙节度使。

【译文】

七年（壬子，公元772年）

卢龙节度使朱希彩谋得节度使职位后，便忤慢朝廷，残害虐待将士。孔目官李怀瑗依靠部众的愤怒，伺机杀掉了朱希彩，部众不知所从。经略副使朱泚在城北扎营，他的弟弟朱滔统帅牙内兵，偷偷地派了一百多人到部众中大喊道："节度使非朱副使担当不可。"部众都听从。于是朱泚暂且执掌留后事务，又派遣使者奏报了这一情况。冬季，十月，辛未（二十四日），唐代宗任命朱泚为检校左常侍及幽州、卢龙节度使。

【原文】

八年（癸丑，773年）

回纥自乾元以来，岁求和市，每一马易四十缣，动至数万匹，马皆弩瘠无用；朝廷苦之，所市多不能尽其数，回纥待遣、继至者常不绝于鸿胪。至是，上欲悦其意，命尽市之。秋，七月，辛丑。回纥辞归，载赐遗及马价，共用车千余乘。

魏博节度使田承嗣为安、史父子立祠堂，谓之四圣，且求为相；上令内侍孙知古因奉使讽令毁之。冬，十月，甲辰，加承嗣同平章事以褒之。

【译文】

八年（癸丑，公元773年）

从乾元以来，回纥每年都请求唐朝和市，每一匹马换四十匹缣帛，动辄就交换数万匹马，而这些马全都跑不快，瘦弱无用。朝廷以此为苦，多不能尽数购买，因此在鸿胪寺等待回去和接踵而来的回纥人常常络绎不绝。到这时候，代宗想求得回纥的欢心，下令将他们的马全部买下。秋季，七月，辛丑（二十八日），回纥人辞行归去，车上装载着朝廷赏赐和换马得到的财物，总共用了一千多辆车。

魏博节度使田承嗣为安禄山、史思明父子建立祠堂，称他们为四圣，并且请求让自己出任宰相。代宗命令内侍孙知古奉命出使，婉言劝说田承嗣拆毁祠堂。冬季，十月，甲辰（初二），代宗加封田承嗣为平章事来表彰他。

唐纪四十一

【原文】

代宗睿文孝武皇帝中之下大历十年（乙卯，775年）

二月，乙丑，田承嗣诱卫州刺史薛雄，雄不从，使盗杀之，屠其家，尽据相、卫四州之地，自置长吏，掠其精兵良马，悉归魏州；逼魏知古与共巡磁、相二州，使其将士割耳劙面，请承嗣为帅。

初，成德节度使李宝臣、淄青节度使李正己，皆为田承嗣所轻。宝臣弟宝正娶承嗣女，在魏州，与承嗣子维击球，马惊，误触维死；承嗣怒，囚宝正，以告宝臣。宝臣谢教敕不谨，封杖授承嗣，使挞之；承嗣遂杖杀宝正，由是两镇交恶。及承嗣拒命，宝臣、正己皆上表请讨之，上亦欲因其隙讨承嗣。夏，四月，乙未，敕贬承嗣为永州刺史，仍命河东、成德、幽州、淄青、淮西、永平、汴宋、河阳、泽潞诸道发兵前临魏博，若承嗣尚或稽违，即令进讨；罪止承嗣及其侄悦，自余将士弟侄苟能自拔，一切不问。

时朱滔方恭顺，与宝臣及河东节度使薛兼训攻其北，正己与淮西节度使李忠臣等攻其南。五月，乙未，承嗣将霍荣国以磁州降。丁未，李正己攻德州，拔之。李忠臣统永平、河阳、怀、泽步骑四万进攻卫州。六月，辛未，田承嗣遣其将裴志清等攻冀州，志清以其众降李宝臣。甲戌，承嗣自将围冀州，宝臣使高阳军使张孝忠将精骑四千御之，宝臣大军继至；承嗣烧辎重而遁。李忠，本奚也。

田承嗣以诸道兵四合，部将多叛而惧，秋，八月，遣使奉表，请束身归朝。

【译文】

唐代宗大历十年（乙卯，公元775年）

二月，乙丑（初一），田承嗣引诱卫州刺史薛雄造反，薛雄不从，田承嗣便派强盗杀掉薛雄，屠杀他的家属，占据相州、卫州等四州的全部地区，自行设置长吏，将那里的精兵良马全都掳掠到魏州。田承嗣逼迫魏知古与他一起巡视磁州、相州，又让他的将士割耳划脸，请田承嗣担任主帅。

从前，成德军节度使李宝臣和淄青节度使李正己，都被田承嗣所瞧不起。李宝臣的弟弟李宝正娶田承嗣的女儿，在魏州与田承嗣的儿子田维打马球，马受了惊，误将田维踢死。田承嗣恼怒，囚禁了李宝正，然后告诉李宝臣。李宝臣以管教不严表示歉意，将封闭的棍棒交给田承嗣，让他杖责李宝正。于是田承嗣打死李宝正，从此两镇结了怨仇。及至田承嗣拒从皇命，李宝臣和李正己都上表请求讨伐他，代宗也打算趁他们有裂痕时进行讨伐。夏季，四月乙未（疑误），代宗下敕贬田承嗣为永州刺史，仍旧下令河东、成德、幽州、淄青、淮西、永平、汴宋、河阳、泽潞各道调动军队前去魏博，假如田承嗣还拖延违抗，即命令他们进军讨伐；只惩治田承嗣和他的侄子田悦的罪行，其余将士、弟侄假如能自拔，概不追究。

那时朱滔很恭顺，他与李宝臣及河东节度使薛兼训从北面进攻，李正己与淮西节度使李忠臣等人从南面进攻。五月，乙未（初三），田承嗣的部将霍荣国献出磁州向朝廷投降。丁未（十五日），李正己进攻德州，并将德州攻克。李忠臣统率永平、河阳、怀、泽等道四万步、骑兵进攻卫州。六月，辛未（初九），田承嗣派遣他的部将裴志清等人进攻冀州，裴志清却率领他的部下投降了李宝臣。甲戌（十二日），田承嗣亲自率军围攻冀州，李宝臣派高阳军使张孝忠率领精锐骑兵四千人前去抵御，李宝臣的大部队随后到达，田承嗣烧毁辎重逃跑。张孝忠本是奚族人。

田承嗣因为各道军队四面合力进攻，他的部将又多叛变，心中恐惧，秋季，八月，派遣使者上表，请求约束自身归顺朝廷。

【原文】

十一年（丙辰，776年）

二月，庚辰，田承嗣复遣使上表，请入朝。上乃下诏，赦承嗣罪，复其官爵，听与家属入朝，其所部拒朝命者，一切不问。

泾原节度使马璘疾亟，以行军司马段秀实知节度事，付以后事。秀实严兵以备非常，丙申，璘薨，军中奔哭者数千人，喧咽门屏，秀实悉不听人。命押牙马颎治丧事于内，李汉惠接宾客于外，妻妾子孙位于堂，宗族位于庭，将佐位于前，牙士卒哭于营伍，百姓各守其家。有离立偶语于衢路，辄执而囚之；非护丧从行者无得远送。致祭拜哭，皆有仪节，送丧近远，皆有定处，违者以军法从事。都虞候史廷干、兵马使崔珍、十将张景华谋因丧作乱，秀实知之，奏廷干入宿卫，徙珍屯灵台，补景华外职，不戮一人，军府晏然。璘家富有无算，治第京师，甲于勋贵，中堂费二十万缗，他室所减无几，其子孙无行，家赀寻尽。

【译文】

十一年（丙辰，公元776年）

二月，庚辰（二十二日），田承嗣再次派遣使者上表，请求入朝。代宗颁下诏书，赦免田承嗣之罪，恢复官爵，允许他与家属入朝，他的部下抗拒过朝廷命令的人，概不追究。

泾原节度使马璘病重，他让行军司马段秀实执掌节度使的事务，将后事托付给他。段秀实整肃兵马以防不测，丙申（十二月十三日），马璘去世，军中数千人奔走号哭，节度府的门庭屏墙外一切哀哭声，段秀实都不让他们进去。段秀实命令押牙马颎在里面办理丧事，李汉惠在外面接待宾客，妻妾子孙位居堂中，宗族父老位居庭内，高级将领位居堂前，衙内亲兵在营中哭泣，百姓分别在家守候。如果二个人在通衢要道偶然说话，就将他们抓住，囚禁起来；不是护送灵柩出丧的人不得远送。吊唁哭拜都有礼节和礼节，送丧远近都有规定，违者依军法处置。都虞候史廷干、兵马使崔珍、十将张景华图谋在治丧时作乱，段秀实知道后，奏报朝廷让史廷干入朝宿卫；崔珍移军驻守灵台，将张景华补任外职，不杀一人，节度军府安然无恙。

马璘家境富有，资产多得无法估算，京师所建的宅第，在功臣权贵中首屈一指，修建中堂花费二十万缗，其他居室也所减无几，马璘的子孙没有德行，不久家财就用尽了。

【原文】

十四年（己未，779年）

五月，癸卯，上始有疾，辛酉，制皇太子监国。是夕，上崩于紫宸之内殿，遗诏以郭子仪摄冢宰。癸亥，德宗即位，在谅阴中，动遵礼法；尝召朝王迥食，食马齿羹，不设盐、酪。

至德初，第五琦始榷盐以佐军用，及刘晏代之，法益精密。初岁入钱六十万缗，末年所入逾十倍，而人不厌苦。大历末，计一岁所入总一千二百万缗，而盐利居其太半。以盐为漕佣，自江、淮至渭桥，率万斛佣七千缗，自淮以北，列置巡院，择能吏主之，不烦州县而集事。

代宗优宠宦官，奉使四方者，不禁其求取。尝遣中使赐妃族，还，问所得颇少，代宗不悦，以为轻我命；妃惧，遽以私物偿之。由是中使公求赂遗，无所忌惮。宰相尝贮钱于阁中，每赐一物，宣一旨，无徒还者；出使所历州县，移文取货，与赋税同，皆重载而归。上素知其弊。遣中使邵光超赐李希烈旌节；希烈赠之仆、马及缣七百匹，黄茗二百斤。上闻之，怒，杖光超六十而流之。于是中使之未归者，皆潜弃所得于山谷，虽与之，莫敢受。

【译文】

十四年（己未，公元779）

五月，癸卯（初三），代宗开始患病，辛酉（二十一日），下诏让皇太子代行处理国政。当夜，代宗在紫宸殿的内殿中驾崩。遗诏让郭子仪总摄群臣，辅助朝政。癸亥（二十三日），唐德宗即位，在居丧之所服丧，一切行动都遵照丧礼规定。

德宗曾经召韩王李迥进餐，吃马齿羹，不放盐和乳酪。

至德初年，第五琦开始实行食盐专卖，以补充军事费用，到刘晏取代他后，食盐专卖法更加精密完备。开始一年收入钱六十万缗，到末年收入超过十倍，而百姓并不厌苦。大历末年统计一年所收入的钱总数达一千二百万缗，而盐的收入就占一大半。将盐的收入用于漕运雇工，从长江、淮河至东渭桥，大抵一万斛盐雇工费七千缗，自淮河以北，沿路设置巡院，挑选能力强的官吏主事，不烦劳州县就能完成漕运事务。

代宗特别宠幸宦官，奉命出使各地的宦官，都不禁止他们求取财物。代宗曾经派遣中使去赏赐妃子的家族，回来后一问，宦官所得的财物较少，代宗很不高兴，以为鄙视自己的命令。妃子很害怕，马上用自己的东西进行补偿。因此，宦官使者公开求取贿赂和馈赠，无所顾忌。宰相都曾经将钱存放在橱柜中，宦官每次来赏赐一件东西，宣读一次圣旨，没有空手回去的。宦官出使地方，所经州县，发放公文，收取财物，如同征收赋税一样，都满载而归。德宗平素就知道这个弊病。他派遣宦官使者邵光超赏赐给李希烈旌节，李希烈赠给邵光超奴仆、马匹以及七百匹细绢，二百斤黄茗。德宗听说后，很恼火，打了邵光超六十大板，然后将他流放。于是出使未归的宦官都偷偷地把所得的东西扔在山谷中，虽然给他们东西，他们都不敢接受。

资治通鉴第二百二十六卷

唐纪四十二

【原文】

代宗睿文孝武皇帝下大历十四年（己未，779年）

旧制，天下金帛皆贮于左藏，太府四时上其数，比部覆其出入。及第五琦为度支、盐铁使，时京师多豪将，求取无节，琦不能制，乃奏尽贮于大盈内库，使宦官掌之，天子亦以取给为便，故久不出。由是以天下公赋为人君私藏，有司不复得窥其多少，校其赢缩，殆二十年。宦官领其事者三百余员，皆蚕食其中，蟠结根据，牢不可动。杨炎顿首于上前曰："财赋者，国之大本，生民之命，重轻安危，靡不由之，是以前世皆使重臣掌其事，犹或耗乱不集。今独使中人出入盈虚，大臣皆不得知，政之蠹敝，莫甚于此。请出之以归有司。度宫中岁用几何，量数奉入，不敢有乏。如此，然后可以为政。"上即日下诏："凡财赋皆归左藏，一用旧式，岁于数中择精好者三、五千匹，进入大盈。"炎以片言移人主意，议者称之。

【译文】

唐代宗大历十四年（己未，公元779年）

根据原有的制度，全国的钱帛都收归左藏贮存，由太府按季节上报钱帛数额，由比部复核钱帛的收支情况。及至第五琦担任度支、盐铁使，当时京城中的豪帅很多，索取赏赐毫无节制，第五琦不能制止，便上奏将左藏钱帛悉数贮存于大盈内库，并让宦官管理，皇上也认为如此取用方便，所以贮存的钱帛长期不能再由内库

搬出。从此，国家的财赋收入成了皇上的私人储藏，主管部门不能得知数量多少，无法核查盈亏情况，几乎达二十年之久。掌管内库的宦官有三百余人，都在蚕食内库的财富，其势力盘根错节，牢固不可动摇。杨炎在德宗面前叩头说："财赋是国家的根本，百姓的命脉，国家的盛衰安危，无不与财赋相关。所以，以前各朝都以重臣掌管财赋，即便如此，有时还会有财赋损耗、管理混乱的情况发生。现在，专门让宦官掌握财赋的收支盈亏，大臣都无法知道，朝政的蛀蚀败坏，没有比这更为严重的了。请将全国的财赋搬出内库，以便交还给主管部门管理。推算好宫中每年需用多少，悉数进上，决不敢有所缺少。能够这样，此后才能办好朝政。"德宗当日颁下诏书："一切财赋都交还左藏，完全采用原有的法式，每年在财赋数额内挑选出精良的布帛三五千匹，进献到大盈内库。"杨炎只用一席话便改变了皇上的主意，议事的人们都称赞他。

【原文】

德宗神武圣文皇帝一建中元年（庚申，780年）

春，正月，丁卯朔，改元。群臣上尊号曰圣神文武皇帝；赦天下。始用杨炎议，命黜陟使与观察、刺史"约百姓丁产，定等级，改作两税法。此来新旧征科色目，一切罢之；二税外辄率一钱者，以枉法论。"

唐初，赋敛之法曰租、庸、调，有田则有租，有身则有庸，有户则有调。玄宗之末，版籍浸坏，多非其实。及至德兵起，所在赋敛，追趣取办，无复常准。赋敛之司增数而莫相统摄，各随意增科，自立色目，新故相仍，不知纪极。民富者丁多，率为官、为僧以免课役，而贫者丁多，无所伏匿，故上户优而下户劳。吏因缘蚕食，旬输月送，不胜困弊，率皆逃徙为浮户，其土著百无四五。至是，炎建议作两税法：先计州县每岁所应费用及上供之数而赋予人，量出以制人。户无主、客，以见居为簿；人无丁、中，以贫富为差；为行商者，在所州县税三十之一，使与居者均，无侥利。居人之税，秋、夏两征之。其租、庸、调杂徭悉省，皆总统于度支。上用其言，因赦令行之。

二月，丙申朔，命黜陟使十一人分巡天下。先是，魏博节度使田悦事朝廷犹恭顺，河北黜陟使洪经纶，不晓时务，闻悦军七万人，符下，罢其四万，令还农。悦阳顺命，如符罢之。即而集应罢者，激怒之曰："汝曹久在军中，有父母妻子，今一旦为黜陟使所罢，将何资以自衣食乎！"众大哭。悦乃出家财以赐之，使各还部伍。于是军士皆德悦而怨朝廷。

【译文】

唐德宗建中元年（庚申，公元780年）

春季，正月，丁卯朔（初一），更改年号。群臣为德宗进献尊号，称作圣神文武皇帝。大赦天下。德宗开始采用杨炎的建议，命令黜陟使和观察使、刺史"估量百姓的人丁财产，定出等级，改变旧税法，实行两税法。将近年来原有和新增的各项征收名目一律取消。在两税以外，就是向百姓再收敛一个铜钱，便以违法论处。"

在唐朝的初期，征收赋税的办法称作租、庸、调，有田土便要交租，有人丁便要服庸，有户口便要纳调。在玄宗当政末期，户籍逐渐遭到破坏，大多已经与实际不符。到了至德年间，战事四起，到处征收赋敛，逼迫催促，再也没有一定的标准。征收部门增加了，可是互相没有隶属关系而是各自随意增加课税，巧立名目，新老名目相互重复，毫无限度。富足人家人丁多，大抵做官当僧人得以免除赋役；而贫困人家人丁多，全无隐瞒逃避的去处，所以上等户优游而下等户劳瘁。征税的吏员又乘机侵吞，百姓十天输赋一月送税，经受不了如此困窘，大抵都逃亡流徙成为浮户，那些留下来的本地百姓，不足百分之四五。至此，杨炎建议实行两税法：首先计算州县每年所需费用和上交朝廷的数额，并以此数额向百姓征税，通过对支出的估量来制定收入的数额。无论主户、客户，都按现在的居地制订簿册；无论成丁、中男，都按贫富状况划为等级；流动经商的人，在所居州县纳税三十分之一，使他们与定居民户一同纳税，不能侥幸获利。定居百姓的赋税，在秋天和夏天两次征收。那些租、庸、调以及杂徭等全部省去，整个征税事务由度支统一掌管。德宗采纳了杨炎的建议，于是颁布赦文，命令实施。

二月，丙申朔（初一），德宗命令黜陟使十一人分道巡查全国。在此之前，魏博节度使田悦事奉朝廷还算恭顺，河北黜陟使洪经纶不通晓时务，听说田悦军有七万人，便发下军符，要求裁减四万人，命他们解甲归农。田悦佯装从命，按军符减员。不久，田悦召集应当裁减的士兵，激怒他们说："你们长期在军中，都有父母、妻子、儿女，现在一下子被黜陟使裁减了，你们拿什么来养活自己呢！"大家放声大哭起来。田悦于是拿出家财，分给士兵，让他们都回到军中。由此，士兵都感谢田悦的恩德而怨恨朝廷。

【原文】

二年（辛酉，781年）

春，正月，戊辰，成德节度使李宝臣薨。宝臣欲以军府传其子行军司马惟岳，以其年少暗弱，豫诛诸将之难制者深州刺史张献诚等，至有十余人同日死者。宝臣召易州刺史张孝忠，孝忠不往，使其弟孝节召之。孝忠使孝节谓宝臣曰："诸将何罪，连颈受戮！孝忠惧死，不敢往，亦不敢叛，正如公不入朝之意耳。"孝节泣曰："如此，孝节必死。"孝忠曰："往则并命，我在此，必不敢杀汝。"遂归，宝臣亦不之罪也。兵马使王武俊，位卑而有勇，故宝臣特亲爱之，以女妻其子士真，士真复厚结其左右；故孝忠、武俊独全。

及薨，孔目官胡震，家僮王他奴劝惟岳匿丧二十余日，诈为宝臣表，求令惟岳继袭，上不许；遣给事中汲人班宏往问宝臣疾，且谕之。惟岳厚赂宏，宏不受，还报。惟岳乃发表，自为留后，使将佐共奏求旄节，上又不许。

初，宝臣与李正己、田承嗣、梁崇义相结，期以土地传之子孙。故承嗣之死，宝臣力为之请于朝，使以节授田悦；代宗从之。悦初袭位，事朝廷礼甚恭，河东节度使马燧表其必反，请先为备。至是悦屡为惟岳请继袭，上欲革前弊，不许；或谏曰："惟岳已据父业，不因而命之，必为乱。"上曰："贼本无资以为乱，皆借我土地，假我位号，以聚其众耳。曩日因其所欲而命之多矣，而乱日益滋。是爵命不足以已乱而适足以长乱也。然则惟岳必为乱，命与不命等耳。"竟不许。悦乃与李正己各遣使诣惟岳，潜谋勒兵拒命。

田悦卒与李正己、李惟岳定计，连兵拒命，遣兵马使孟祐将步骑五千北助惟岳。薛嵩之死也，田承嗣盗据洺、相二州，朝廷独得邢、磁二州及临洺县。悦欲阻山为境，曰："邢、磁如两眼，在吾腹中，不可不取。"乃遣兵马使康愔将八千人围邢州，别将杨朝光将五千人栅于邯郸西北以断昭义救兵，悦自将兵数万围临洺；刑州刺史李共、临洺将张伾坚壁拒守。

贝州刺史邢曹俊，田承嗣旧将也，老而有谋，悦宠信牙官扈崿而疏之，及攻临洺，召曹俊问计，曹俊曰："兵法十围五攻；尚书以逆犯顺，势更不侔，今顿兵坚城之下，粮竭卒尽，自亡之道也。不若置万兵于崞口以遏西师，则河北二十四州皆为尚书有矣。"诸将恶其异己，共毁之，悦不用其策。

【译文】

二年（辛酉，公元781年）

春季，正月，戊辰（初九），成德节度使李宝臣去世。李宝臣打算将军府主帅的位子传给他的儿子行军司马李惟岳，因为李惟岳年纪尚小，愚昧软弱，便事先诛杀了难以辖制的部下将领深州刺史张献诚等人，甚至有十余人同一天被杀。李宝臣传召易州刺史张孝忠，张孝忠不肯前往，李宝臣又让他的弟弟张孝节去传召他。张孝忠让张孝节转告李宝臣说："各位将领究竟犯什么罪，接连不断地遭到杀戮！我张孝忠怕死，既不敢前往，也不敢反叛，正如你不肯入朝当官一样。"张孝节哭着说："如果这样，我一定被杀。"张孝忠说："如果前往，你我便会一齐丧命，有我在这儿，李宝臣一定不敢杀你。"于是，张孝节回到成德，李宝臣也没有加罪于他。兵马使王武俊职位低下，但是作战勇敢，所以李宝臣特别亲近爱护他，还把女儿嫁给他的儿子王士真为妻，王士真又深深结纳了李宝臣身边的人。所以，唯有张孝忠和王武俊得以保全。

到李宝臣去世，孔目官胡震和家仆王他奴劝告李惟岳隐瞒丧事二十余天，假冒李宝臣上表，请求让李惟岳袭任节度使。德宗不予许可，派遣给事中汲县人班宏前往问候李宝臣的病情，并进行开导。李惟岳以厚资贿赂班宏，班宏不肯接受，回朝上报。李惟岳于是为李宝臣发丧，自称留后，让将领佐吏联名上奏，请求颁赐节度使的旌节，德宗又没有许可。

当初，李宝臣与李正己、田承嗣、梁崇义深相结纳，约定将所管辖的土地传给子孙后代。所以，田承嗣死时，李宝臣竭力向朝廷请求，让朝廷将节度使的旌节授给田悦，代宗听从了他的建议。田悦最初袭任节度使时，事奉朝廷的礼节很是恭谨，河东节度使马燧上表说田悦定会反叛，请朝廷预先做好防备。至此，田悦屡次为李惟岳请求继任，但德宗准备革除以往的弊端，不肯答应。有人劝谏说："李惟岳已经据有父业，若不顺水推舟任命他，准会酿成变乱。"德宗说："寇贼本来没有资格作乱，都是假借着我的土地和职位名号，才得以招聚人马的啊。往日朝廷顺着他们的欲望来任命他们的事不少了，但是变乱还是日益增长。这说明爵位的任命不但不足以止息变乱，反而助长变乱。如果李惟岳一定要发起变乱，任命他与不任命他都一样。"德宗到底还是没有答应下来。于是，田悦与李正己各自派遣使者至李惟岳处，暗中策划率兵抗拒朝命。

田悦终于与李正己、李惟岳定下计划，联合三镇兵马，抗拒朝命，派遣兵马使孟祐带领步兵、骑兵共五千人，北去援助李惟岳。薛嵩死去时，田承嗣私下强占了洺州和相州，朝廷只得到邢州和磁州以及临洺县。田悦打算依凭山势划分边境，便说："邢州和磁州就像围棋中的两个眼，在我的中腹部位，不可不攻取。"于是，田悦派遣兵马使康愔带领八千人包围邢州，派遣别将杨朝光带领五千人在邯郸西北竖起栅栏，以切断昭义的救兵，田悦则亲自带兵数万人，包围临洺县。邢州刺史李共、临洺将领张伾坚固壁垒，抵御围兵。

贝州刺史邢曹俊是田承嗣原来的将领，年事高，有谋略，但田悦宠信牙官扈崿而疏远邢曹俊。及至攻打临洺时，田悦将邢曹俊召来询问计策，邢曹俊说："兵法认为，兵力十倍于敌人，才可包围敌人，五倍于敌人，才可攻打敌人，你以叛逆军队侵犯朝廷，这形势就更不能同兵法上讲的相比了。现在军队受阻于坚固的城池之下，粮食一光，士卒便会跑光，这真是自取灭亡。不如在崞口安置士兵一万人，以便阻止西面的军队，河北二十四州便都归你所有了。"诸将领讨厌邢曹俊的说法与自己不同，便一同诋毁他，田悦就未采用邢曹俊的计策。

资治通鉴第二百二十七卷

唐纪四十三

【原文】

德宗神武圣文皇帝二建中二年（辛酉，781年）

辛丑，汾阳忠武王郭子仪薨。子仪为上将，拥强兵，程元振、鱼朝恩谗毁百端，诏书一纸征之，无不即日就道，由是谗谤不行。尝遣使至田承嗣所，承嗣西望拜之曰："此膝不屈于人若干年矣！"李灵曜据汴州作乱，公私物过汴者皆留之，惟子仪物不敢近，遣兵卫送出境。校中书令考凡二十四，月入俸钱二万缗，私产不在焉；府库珍货山积。家人三千人，八子、七婿皆为朝廷显官；诸孙数十人，每问安，不能尽辩，颔之而已。仆固怀恩、李怀光、浑瑊皆出麾下，虽贵为王公，常颐指役使，趋走于前，家人亦以仆隶视之。天下以其身为安危殆三十年，功盖天下而主不疑，位极人臣而众不疾，穷奢极欲而人不非之，年八十五而终。其将佐至大官，为名臣者甚众。

癸未，河东节度使马燧，昭义节度使李抱真，神策先锋都知兵马使李晟，大破田悦于临洺。

时平卢节度使李正己已薨，子纳秘之，擅领军务。悦求救于纳及李惟岳，纳遣大将卫俊将兵万人，惟岳遣兵三千人救之。悦收合散卒，得二万余人，军于洹水；淄青军其东，成德军其西，首尾相应。马燧帅诸军进屯邺，奏求河阳兵自助；诏河阳节度使李芃将兵会之。

范阳节度使朱滔将讨李惟岳，军于莫州；张孝忠将精兵八千守易州，滔遣判官蔡雄说孝忠曰："惟岳乳臭儿，敢拒朝命；今昭义、河东军已破田悦，淮宁李仆射克襄阳，计河南诸军，朝夕北向，恒、魏之亡，可伫立而须也。使君诚能首举易州以归朝廷，则破惟岳之功自使君始，此转祸为福之策也。"孝忠然之，遣牙官程华诣滔，遣录事参军董稹奉表诣阙，滔又上表荐之；上悦。九月，辛酉，以孝忠为成德节度使。命惟岳护丧归朝，惟岳不从。孝忠德滔，为子茂和娶滔女，深相结。

壬戌，加李希烈同平章事。

初，李希烈请讨梁崇义，上对朝士亟称其忠。黜陟使李承自淮西还，言于上曰："希烈必立微功；但恐有功之后，偃蹇不臣，更烦朝廷用兵耳！"上不以为然。

卸甲封王图　年画

图绘郭子仪凯旋归来，唐王欲为其卸甲，子仪不肯，后为李白代之。

【译文】

唐德宗建中二年（辛酉，公元781年）

辛丑（六月十四日），汾阳忠武王郭子仪去世。郭子仪是位杰出的将领，拥有强兵,程元振、鱼朝恩曾对他用谗言百般诋毁,但只要有一纸诏书征召,他没有一次不是当日启程的,由于这些,诽谤才失去了作用。郭子仪曾经派遣使者到田承嗣处,田承嗣向西下拜说:"我这膝盖不向人弯曲已经有若干年头了!"李灵曜依凭汴州发起叛乱,公私物品经过汴州的,全都被他扣留,唯有郭子仪的物品,他不敢靠近,还派兵护卫,送出州境。据统计,郭子仪担任中书令共计二十四年,每月收入薪俸钱二万缗,私产尚不在计算之列,家中的仓库里珍异宝货堆积如山。郭子仪举家三千人,有八个儿子、七个女婿,都是朝廷中显要的官员。他的孙子有数十人,每当向他问安时,他不能一一辨认,只是向他们点头而已。仆固怀恩、李怀光、浑瑊都是他的部下,虽然贵为王公,但郭子仪经常对他们颐指气使,任意驱使,而他们在郭子仪面前用小步快走,以示身份卑微,郭子仪家人也将他们视为仆从。郭子仪以一身维系全国安危将近三十年,他的功劳天下无双,但皇上不猜疑他;他的地位达到了人臣的顶峰,但众人不妒忌他;他穷极奢华,尽情享受,但人们不非难他。他八十五岁时寿终。他的将佐当上大官、成为名臣的人物很多。

癸未(七月二十六日),河东节度使马燧、昭义节度使李抱真、神策先锋都知兵马使李晟在临洺大破田悦。

当时,平卢节度使李正已已经去世,李正已的儿子李纳隐瞒了这一消息,擅自接管了平卢军务。田悦向李纳和李惟岳求救,李纳派遣大将卫俊带兵一万人,李惟岳派兵三千人,去援救田悦。田悦收聚溃散的士兵,得到二万余人,驻扎在洹水。淄青军在田悦东边驻扎,成德军在田悦西边驻扎,首尾相互接应。马燧率领各军进军至邺城屯驻,上奏请求让河阳兵前来援助,德宗颁诏命令河阳节度使李芃带兵与马燧会师。

范阳节度使朱滔准备前去讨伐李惟岳,在莫州驻扎。张孝忠带领精兵八千防守易州,朱滔派遣判官蔡雄劝告张孝忠说:"李惟岳不过是个乳臭小儿,竟敢抗拒朝命!现在昭义、河东二军已经打败田悦,淮宁李仆射攻克襄阳,算来河南各军早晚要向北挺进,恒州、魏州的覆亡,那是可以立待而至的了。你如果能够带头将易州归属朝廷,那么,打败李惟岳的功劳便是由你开头的,这正是你转祸为福的良策啊。"张孝忠认为言之有理,便派遣牙官程华至朱滔处,派遣录事参军董稹到朝廷去进献表章,朱滔又上表举荐张孝忠,德宗很是高兴。九月,辛酉(初六),德宗任命张孝忠为成德节度使。命令李惟岳护送死者回朝，李惟岳不肯听从。张孝忠感激朱滔的恩德，为儿子张茂和娶朱滔女儿，两人深相结纳。

壬戌（初七），德宗加封李希烈同平章事。

当初，李希烈请求讨伐梁崇义，德宗对朝中人士屡次称道李希烈有忠心。黜陟使李承从淮西回朝，对德宗说："李希烈肯定能立点微小的功劳，只怕有了功劳以后，骄横傲慢，不尽为臣之道，还要烦劳朝廷再用刀兵罢了！"德宗不以为然。

【原文】

三年（壬戌，782年）

丙寅，李惟岳遣兵与孟祐守束鹿，朱滔、张孝忠攻拔之，进围深州。惟岳忧惧，掌书记邵真复说惟岳，密为表，先遣弟惟简入朝；然后诛诸将之不从命者，身自入朝，使妻父冀州刺史郑诜权知节度事，以待朝命。惟简既行，孟祐知其谋，密遣告田悦。悦大怒，使衙官扈岌往见惟岳，让之曰："尚书举兵，正为大夫求旌节耳，非为己也。今大夫乃信邵真之言，遣弟奉表，悉以反逆之罪归尚书，自求雪身，尚书何负于大夫绝矣！若相为斩邵真，则相待如初；不然，当与大夫而至此邪。"判官毕华言于惟岳曰："田尚书以大夫之故陷身重围，大夫一旦负之，不义甚矣。且魏博、淄青兵强食富，足抗天下，事未可知，奈何遽为二三之计乎！"惟岳素怯，不能守前计，乃引邵真，对扈岌斩之；发成德兵万人，与孟祐俱围束鹿。丙寅，朱滔、张孝忠与战于束鹿城下，惟岳大败，烧营而遁。

兵马使王武俊为左右所构，惟岳疑之，惜其才，未忍除也。束鹿之战，使武俊为前锋，私自谋曰："我破朱滔，则惟岳军势大振，归，杀我必矣。"故战不甚力而败。

朱滔欲乘胜攻恒州，张孝忠引军西北，军于义丰。滔大惊，孝忠将佐皆怪之，孝忠曰："恒州宿将尚多，未易可轻。迫之则并力死斗，缓之则自相图。诸君第观之，吾军义丰，坐待惟岳之殄灭耳。且朱司徒言大而识浅，可与共始，难与共终也！"于是滔亦屯束鹿，不敢进。

惟岳将康日知以赵州归国，惟岳益疑王武俊，武俊甚惧。或谓惟岳曰："先相公委腹心于武俊，使之辅佐大夫，又有骨肉之亲。武俊勇冠三军，令危难之际，复加猜阻；若无武俊，欲使谁为大夫却敌乎！"惟岳以为然，乃使步军使卫常宁与武俊共击赵州，又使王士真将兵宿府中以自卫。

王武俊既出恒州，谓卫常宁曰："武俊今幸出虎口，不复归矣！当北归张尚书。"常宁曰："大夫暗弱，信任左右，观其势终为朱滔所灭。今天子有诏，得大夫首者，以其官爵与之，中丞素为众所服，与其出亡，曷若倒戈以取大夫，转祸为福，特反掌耳；事苟不捷，归张尚书，未晚也。"武俊深以为然。会惟岳使要藉谢遵至赵州城下，武俊引遵同谋取惟岳；遵还，密告王士真。闰月，甲辰，武俊、常宁自赵州引兵还袭惟岳；遵与士真矫惟岳命，启城门内之。黎明，武俊帅数百骑突入府门；士真应之于内，杀十余人。武俊令曰："大夫叛逆，将士归顺，敢违拒者族！"众莫敢动。遂执惟岳，收郑诜、毕华、王它奴等，皆杀之。武俊以惟岳旧使之子，欲生送之长安。常宁曰："彼见天子，将复以叛逆之罪归咎于中丞。"乃缢杀之，传首京师。深州刺史杨荣国，惟岳姊夫也，降于朱滔；滔使复其位。

【译文】

三年（壬戌，公元782年）

丙寅（正月十二日），李惟岳派兵与孟祐防守束鹿，朱滔和张孝忠将束鹿攻打下来，进兵围困深州。李惟岳担忧而恐惧，掌书记邵真又劝说李惟岳，让他暗中上表，先派遣弟弟李惟简入朝，然后杀掉诸将领中不服从命令的人，亲身入朝，让岳丈冀州刺史郑诜暂且代理节度使事务，等待朝廷的任命。李惟简已经出发，孟祐知道了这一计谋，秘密派人告诉了田悦。田悦非常生气，让衙官扈岌前往求见李惟岳，责备李惟岳说："尚书起兵，正是要为大夫您请求节度使的旌节，不是为自己。现在大夫却听信了邵真的话，派遣令弟上表，将叛逆的罪名全部归于尚书，以求开脱自身，尚书是怎么对不起大夫，以至到了如此地步呢！倘若能够为尚书杀掉邵真，那么尚书就像当初一样对待大夫，否则，当与大夫绝交。"判官毕华对李惟岳说："田尚书是由于大夫的缘故而身陷重围的，大夫一旦背弃了他，就太不仁义了。而且，魏博和淄青兵马强盛，粮食丰足，足以与天下相抗争，事情还未见分晓，怎能突然就三心二意之计呢！"李惟岳素来怯懦，不能维持原先的打算，便召来邵真，当着扈岌的面将他杀了，派出成德兵一万人，与孟祐一起包围束鹿。丙寅（十二日），朱滔和张孝忠与魏博和成德军在束鹿城下交战，李惟岳大败，烧了营房逃跑。

兵马使王武俊被李惟岳的亲信陷害，李惟岳既怀疑他，又赏识他的才能，不忍心将他除掉。在束鹿之战中，李惟岳让王武俊担任前锋，王武俊私下里为自己打算说："我若打败朱滔，李惟岳军便会声势大振了，回去以后，将我杀掉便是必然的了。"所以王武俊在交战中不太出力，于是败了下来。

朱滔准备乘胜进攻恒州，而张孝忠则率领军队开向西北，在义丰驻扎。朱滔大为震惊，张孝忠的将佐也都感到奇怪。张孝忠说："恒州宿将还很多，未可轻视。逼迫紧了，他们就会合力奋死搏斗；缓和下来，他们就会自相图谋。请诸位尽管看下去，我将军队驻扎在义丰，是要坐等李惟岳的覆灭。而且，朱司徒能说大话而见识短浅，只可与他同始，难以与他同终啊！"于是，朱滔也在束鹿屯扎下来，不敢前进。

李惟岳的将领康日知率赵州归顺国家，李惟岳益发猜疑王武俊，王武俊很是恐惧。有人对李惟岳说："先相公把王武俊当作亲信，让他辅佐大夫，而你们又有亲戚关系。王武俊的勇敢可谓全军之冠，现在我军处在危难之中，又对他加以猜疑，若是失去王武俊，想让谁来为大夫去退却敌兵呢！"李惟岳认为很对，便让步军使卫常宁与王武俊一起进击赵州，同时让王士真带兵住在军府中，以保卫自己。

王武俊出了恒州后，对卫常宁说："我今天侥幸脱出虎口，不会再回去了！我应该北去，归依张尚书。"卫常宁说："李大夫愚昧软弱，信任亲信，观其趋势，终究被朱滔吞灭。现在皇上颁布诏书，取得李大夫人头的，便将李大夫的官爵任命给他，中丞素为众人心服，与其出走逃亡，哪如倒戈俘获李大夫，转祸为福，仅费反掌之劳呢。如果此事不能成功，再去归依张尚书，也为时不晚。"王武俊认为此话很对。适逢李惟岳让要藉官谢遵来到赵州城下，王武俊便延引谢遵一齐策划俘获李惟岳。谢遵回去后，暗中告诉了王士真。闰正月，甲辰（二十一日），王武俊和卫常宁从赵州率兵回来袭击李惟岳，谢遵和王士真假托李惟岳的命令，打开城门，放进王武俊、卫常宁的军队。天刚亮，王武俊带领骑兵数百人冲入军府，王士真在里边响应，杀了十余人。王武俊命令说："李大夫背叛朝廷，将士归顺朝廷，敢于违抗者，满门抄斩。"大家都不敢轻举妄动。王武俊于是擒住了李惟岳，收捕了郑诜、毕华、王它奴等人，将他们都杀掉了。王武俊念及李惟岳是原节度使的儿子，准备将他活着送往长安，卫常宁说:"他见到皇上,将会把叛逆的罪名重新转嫁给中丞的。"于是,王武俊将李惟岳缢杀,把他的头颅传送给京城。深州刺史杨荣国是李惟岳的姐夫,他归降了朱滔,朱滔让他官复原职。

资治通鉴第二百二十八卷

唐纪四十四

【原文】

德宗神武圣文皇帝三建中四年（癸亥，783年）

庚寅，李希烈遣其将李克诚袭陷汝州，执别驾李元平。元平，本湖南判官，薄有才艺，性疏傲，敢大言，好论兵；关播奇之，荐于上，以为将相之器，以汝州距许州最近，擢元平为汝州别驾，知州事。元平至汝州，即募工徒治城；希烈阴使壮士应募执役，人数百人，元平不之觉。希烈遣克诚将数百骑突至城下，应募者应之于内，缚元平驰去。元平为人眇小，无须，见希烈恐惧，便液污地。希烈骂之曰："盲宰相以汝当我，何相轻也！"以判官周晃为汝州刺史，又遣别将董侍名等四出抄掠，取尉氏，围郑州，官军数为所败。逻骑西至彭婆，东都士民震骇，窜匿山谷；留守郑叔则入保西苑。

庚戌，初行税间架、除陌钱法。时河东、泽潞、河阳、朔方四军屯魏县，神策、永平、宣武、淮南、浙西、荆南、江泗、沔鄂、湖南、黔中、剑南、岭南诸军环淮宁之境。旧制，诸道军出境，皆仰给度支；上优恤士卒，每出境，加给酒肉，本道粮仍给其家，一人兼三人之给，故将士利之。各出军才逾境而止，月费钱百三十余万缗，常赋不能供。判度支赵赞乃奏行二法：所谓税间架者，每屋两架为间，上屋税钱二千，中税千，下税五百，吏执笔握算，人人室庐计其数。或有宅屋多而无他资者，出钱动数百缗。敢匿一间，杖六十，赏告者钱五十缗。所谓除陌钱者，公私给与及卖买，每缗官留五十钱，给他物及相贸易者，约钱为率。敢隐钱百，杖六十，罚钱二千，赏告者钱十缗，其赏钱皆出坐事之家。于是愁怨之声，盈于远近。

上发泾原诸道兵救襄城。冬，十月，丙午，泾原节度使姚令言将兵五千至京师。军士冒雨，寒甚，多携子弟而来，冀得厚赐遗其家，既至，一无所赐。丁未，发至浐水，诏京兆尹王翃犒师，惟粝食菜啖；众怒，蹴而覆之，因扬言曰："吾辈将死于敌，而食且不饱，安能以微命拒白刃邪！闻琼林、大盈二库，金帛盈溢，不如相与取之。"乃擐甲张旗鼓噪，还趣京城。令言入辞，尚在禁中，闻之，驰至长乐阪，遇之。军士射令言，令言抱马鬣突入乱兵，呼曰："诸君失计！东征立功，何患不富贵，乃为族灭之计乎！"军士不听，以兵拥令言而西。上遽命赐帛，人二匹；众益怒，射中使。又命中使宣慰，贼已至通化门外，中使出门，贼杀之。又命出金帛二十车赐之；贼已入城，喧声浩浩，不复可遏。百姓狼狈骇走，贼大呼告之曰："汝曹勿恐，不夺汝商货僦质矣！不税汝间架陌钱矣！"上遣普王谊、翰林学士姜公辅出慰谕之；贼已陈于丹凤门外，小民聚观者以万计。

初，神策军使白志贞掌召募禁兵，东征死亡者志贞皆隐不以闻，但受市井富儿赂而补之，名在军籍受给赐，而身居市廛为贩鬻。司农卿段秀实上言："禁兵不精，其数全少，卒有患难，将何待之！"不听。至是，上召禁兵以御贼，竟无一人至者。贼已斩关而入，上乃与王贵妃、韦淑妃、太子、诸王、唐安公主自苑北门出，王贵妃以传国宝系衣中以从；后宫诸王、公主不及从者什七八。

初，鱼朝恩既诛，宦官不复典兵，有窦文场、霍仙鸣者，尝事上于东宫，至是，帅宦官左右仅百人以从，使普王谊前驱，太子执兵以殿。司农卿郭曙以部曲数十人猎苑中，闻跸，谒道左，遂以其众从。曙，暧之弟也。右龙武军使令狐建方教射于军中，闻之，帅麾下四百人从，乃使建居后为殿。

姜公辅叩马言曰："朱泚尝为泾帅，坐弟滔之故，废处京师，心尝怏怏。臣谓陛下既不能推心待之，则不如杀之，毋贻后患。今乱兵若奉以为主，则难制矣。请召使从行。"上仓猝不暇用其言，曰："无及矣！"遂行。夜至咸阳，饭数匕而过。时事出非意，群臣皆不知乘舆所。卢杞、关播逾中书垣而出。白志贞、王翃及御史大夫于颀、中丞刘从一、户部侍郎赵赞、翰林学士陆贽、吴通微等追及上于咸阳。颀，顿之从父兄弟；从一，齐贤之从孙也。

贼入宫，登含元殿，大呼曰："天子已出，宜人自求富！"遂欢噪，争入府库，运金帛，极力而止。小民因之，亦入宫盗库物，通夕不已。其不能入者，剽夺于路。诸坊居民各相帅自守。姚令言与乱兵谋曰："今众无主，不能持久，朱太尉闲居私第，请相与奉之。"众许诺。乃遣数百骑迎泚于晋昌里第。夜半，泚按辔列炬，传呼入宫，居含元殿，设警严，自称权知六军。

戊申旦，泚徙居白华殿，出榜于外，称："泾原将士久处边陲，不闲朝礼，辄入宫阙，至惊乘舆，西出巡幸。太尉已权临六军，应神策军士及文武百官凡有禄食者，悉诣行在；不能往者，即诣本司。若出三日，检勘彼此无名者，皆斩！"于是百官出见泚，或劝迎乘舆；泚不悦，百官稍稍遁去。

【译文】

唐德宗建中四年（癸亥，公元783年）

庚寅（正月十三日），李希烈派遣他的将领李克诚袭击并攻陷了汝州，捉住别驾李元平。李元平原来是湖南判官，稍有才学技艺，生性疏散傲慢，敢说大话，喜欢谈论用兵，关播将他视为奇才，便向德宗推荐，说他有出将入相的才能。由于汝州距离许州最近，便提升李元平为汝州别驾，并且代理州中事务。李元平来到汝州，立即招募工匠和劳力整治州城。李希烈暗地里让军中勇士前去应募服役，入城有数百人之多，李元平没有觉察。李希烈派遣李克诚带领骑兵数百人突击到汝州城下，应募的人在城里响应，捆绑着李元平急奔而去。李元平个子矮小，不长胡须，见到李希烈，惊恐畏惧，粪尿齐下，污臭满地。李希烈骂他说："瞎了眼的宰相用你来抵挡我，真是太小看我了！"李希烈任命判官周晃为汝州刺史，又派遣别将董侍名等人四下里抢劫财物，攻取尉氏县，围困郑州城，官军好几次都被董侍名等人打败。李希烈巡逻游弋的骑兵向西到了彭婆镇，东都洛阳的士绅百姓为之震惊恐骇，纷纷逃避到山谷，留守郑叔则进入西苑固守。

庚戌（六月初五），开始施行税间架法和除陌钱法。当时，河东、泽潞、河阳、朔方四军屯驻在魏县，神策、永平、宣武、淮南、浙西、荆南、江泗、沔鄂、湖南、黔中、剑南、岭南各军环绕在淮宁周围。根据原有制度，各道军队开出本道，一概由度支提供给养。德宗优待体恤士兵，每当出境时，增加酒肉供给，士兵在本道的口粮仍然拨给他们的家庭，一人可以得到三人的给养，所以将士愿从中获利，于是各自出军,才越过本道便停下来,每月消耗钱一百三十余万缗,通常的赋税无法保证供给。判度支赵赞于是上奏施行税间架和除陌钱二法。所谓税间架法,每房屋两架为一间,上等房屋征税二千钱,中等的征税一千,下等的征税五百。吏人拿着笔,握着计算工具算,进入百姓家中,计算应征税额。有些住宅房屋多而没有其他资财的人家,交出的税钱动不动就是数百缗。敢于隐藏房屋一间的,杖责六十,奖赏告发人钱五十缗。所谓除陌钱法,就是凡公家私人所给予和买卖所得的钱,官家每缗钱中留取五十钱,对于给予其他物品和以物易物所得到的,约计成钱,进行计算。敢于瞒钱一百的,杖责六十,罚钱二千,奖赏告发人钱十缗,这奖赏钱一律出在获罪的人家。于是,愁苦怨恨之声,充满了远近各地。

德宗征发泾原各道兵马援助襄城。冬季,十月,丙午(初二),泾原节度使姚令言领兵五千人来到京城。士兵冒雨而行,甚是寒冷,他们多数携带着自家子弟前来,希望得到丰厚的赏赐送给自己家中的人,来到以后,却没有得到任何赏赐。丁未(初三),泾原军出发来到浐水,诏命京兆尹王翃犒劳军队,送去的只有粗米饭和菜饼。众人愤怒了,便踢翻了犒劳品,并借机扬言说:"我们将要赴敌而死,却连口饱饭都吃不上,怎么能够拿自己的小命去往雪白的刀刃上撞呢!听说皇上琼林、大盈两个内库里金银锦帛装得满满的,我们不如一块儿去取吧。"于是众人穿上铠甲,举起旗帜,擂鼓呐喊,回军开向京城。姚令言入朝辞行,还在宫中,听说此事,乘马急驰来到长乐坂,与众人相遇。士兵用箭射姚令言,姚令言伏在马背上冲进哗乱的士兵之中,呼喊道:"诸位打错了主意!这次东征,前去立功,还愁不能富贵吗,怎么竟做这种满族抄斩的打算呢!"士兵不听劝告,用兵器簇拥着姚令言西进京城。德宗急忙命令赐给锦帛,每人两匹。众人更加愤怒,用箭射中使。德宗又命令中使前去安抚,而乱兵已经来到通化门外,中使才出了通化门,乱兵便将他杀死。德宗又命令拿出金银锦帛二十车赐给乱兵,但是乱兵已经进入城内,喧哗之声浩大,再不能够遏止。百姓惊惶狼狈而逃,乱兵大声喊叫着告诉他们:"你们不必恐慌,不会夺取你们的商货典当的利钱了,不会向你们征缴间架税和除陌钱了!"德宗派遣普王李谊与翰林学士姜公辅出来劝慰乱兵,而乱兵已经在丹凤门外结成阵列,围观的百姓数以万计。

当初,神策军使白志贞主持招募禁兵,对东征死亡的兵员一概隐瞒不报,但凡收受到市井商贾富人的贿赂,便将他补为兵员。这些人名字写在军籍里,享受供给与赏

赐，而自身仍然住在商肆之中贩卖货物。司农卿段秀实上言："禁兵不精良，员额全都缺少，倘若猝然发生祸难，那将如何防御呢！"德宗不听段秀实的进言。至此，德宗召集禁兵去抵御乱兵，竟然没有一人到来。乱兵已经杀开关门而入，德宗这才与王贵妃、韦淑妃、太子、诸王、唐安公主等人从宫苑的北门出走，王贵妃把传国之宝系在衣服中从行，后宫中的诸王、公主来不及跟从德宗出走的人有十分之七八。

当初，鱼朝恩既已诛除，宦官不再掌管军事。有名叫窦文场、霍仙鸣的，曾经在德宗居东宫时事奉过他，至此，他们带领宦官侍从仅一百人跟随德宗出走。德宗让普王李谊在前面开路，太子手握兵器殿后。司农卿郭曙带着家兵数十人在禁苑中打猎，听说德宗车驾出行，便在道东谒见，并带着他的家兵随行。郭曙是郭暧的弟弟。右龙武军使令狐建正在军中教练射箭，得知消息后，便率领部下四百人从行，于是德宗让令狐建在后面作为殿军。

姜公辅挽住德宗的马缰进言说："朱泚曾经担任过泾原的节帅，由于受到弟弟朱滔牵连的缘故，遭到废黜，闲居京城，内心一度郁郁不乐。我认为陛下既然不能推心置腹地对待他，便不如将他杀掉，不要留下后患。现在哗乱的士兵如果拥戴他为首领，那就难于控制了。请将朱泚召来，让他随从出走。"德宗在仓促间无暇照着姜公辅的话去办，说："来不及了！"便出发了。夜里来到咸阳，大家只吃了几勺饭便过去了。当时，事情出于意料之外，群臣都不知道德宗的去向。卢杞、关播从中书省逾墙而出。白志贞、王翃以及御史大夫于颀、中丞刘从一、户部侍郎赵赞、翰林学士陆贽、吴通微等人在咸阳追上了德宗。于颀是于頔的叔伯兄弟。刘从一是刘齐贤的从孙。乱兵进入宫中，登上含元殿，大声喊叫着说："皇上已经出走，应该让人各自想法发财了！"于是乱兵欢呼鼓噪，争着进入府库，运走金银锦帛，直到运不动了，才停止下来。乘此时机，百姓也进入宫中，盗窃库房中的物品，彻夜不止。那些未能进入宫中库房的人们，便在路上抢劫。诸坊的居民都各自聚在一起自行守卫。姚令言和哗乱士兵商议说："现在大家没有主子，不可能长久。朱太尉正在私人府第中闲居，请一起拥戴他吧。"大家答应，便派出几百人骑马到晋昌里府第迎接朱泚。半夜时分，朱泚紧扣马缰缓行，张列火炬，前后传呼着进入宫中，在含元殿住下，设置了严密的警戒，自称暂且统辖六军。

戊申（初四），早晨，朱泚移居白华殿，在宫外张出告示，声称："泾原的将士长期身居边疆，不熟悉朝廷的礼仪，便进入宫中，使圣上受到惊动，西出巡幸。朱太尉已经暂且统辖六军。神策军士兵以及文武百官凡是靠俸禄过活的，应当全部前往圣上出巡的地方，不能前往的，可到本官官署来。如果超过三天，查出两处都未具名的人，一概斩道。"于是百官只好出来见朱泚。有的人劝说朱泚前去迎接德宗，朱泚不高兴，于是百官逐渐逃走。

资治通鉴第二百二十九卷

唐纪四十五

【原文】

德宗神武圣文皇帝四建中四年（癸亥，783年）

泚攻城益急，穿堑环之。泚移帐于乾陵，下视城中，动静皆见之，时遣使环城招诱士民，笑其不识天命。

神策河北行营节度使李晟疾愈，闻上幸奉天，帅众将奔命。张孝忠迫于朱滔、王武俊，倚晟为援，不欲晟行，数沮止之。晟乃留其子凭，使娶孝忠女为妇，又解玉带赂孝忠亲信，使说之，孝忠乃听晟西归，遣大将杨荣国将锐兵六百与晟俱。晟引兵出飞狐道，昼夜兼行，至代州。丁丑，加晟神策行营节度使。

朱泚攻围奉天经月，城中资粮俱尽。上尝遣健步出城觇贼，其人恳以苦寒为辞，跪奏乞一襦裤。上为之寻求不获，竟悯默而遣之。时供御才有粝米二斛，每伺贼之休息，夜，缒人于城外，采芜菁根而进之。上召公卿将吏谓曰："朕以不德，自陷危亡，固其宜也。公辈无罪，宜早降以救室家。"群臣皆顿首流涕，期尽死力，故将士虽困急而锐气不衰。

上之幸奉天也，粮料使崔纵劝李怀光令人援，怀光从之。纵悉敛军资与怀光皆来。怀光昼夜倍道，至河中，力疲，休兵三日。河中尹李齐运倾力犒宴，军尚欲迁延。崔纵先辇货财渡河，谓众曰："至河西，悉以分赐。"众利之，西屯蒲城，有众五万。齐运，恽之孙也。

李晟行且收兵，亦自蒲津济，军于东渭桥；其始有卒四千，晟善于抚御，与士卒同甘苦，人乐从之，旬月间至万余人。

神策兵马使尚可孤讨李希烈，将三千人在襄阳，自武关入援，军于七盘，败泚将仇敬，遂取蓝田。可孤，宇文部之别种也。

镇国军副使骆元光，其先安息人，骆奉先养以为子，将兵守潼关近十年，为众所服。朱泚遣其将何望之袭华州，刺史董晋弃州走行在。望之据其城，将聚兵以绝东道；元光引关下兵袭望之，走还长安。元光遂军华州，召募士卒，数日，得万余人。泚数遣兵攻元光，元光皆击却之，贼由是不能东出。上即以元光为镇国军节度使，元光乃将兵二千西屯昭应。

马燧遣其行军司马王权及其子汇将兵五千人入援，屯中渭桥。

于是泚党所据惟长安而已，援军游骑时至望春楼下。李忠臣等屡出兵皆败，求援于泚，泚恐民间乘弊抄之，所遣兵皆昼伏夜行。

泚内以长安为忧，乃急攻奉天，使僧法坚造云梯，高广各数丈，裹以兕革，下施巨轮，上容壮士五百人；城中望之悯惧。上以问群臣，浑瑊、侯仲庄对曰："臣观云梯势甚重，重则易陷，臣请迎其所来凿地道，积薪蓄火以待之。"神武军使韩澄曰："云梯小伎，不足上劳圣虑，臣请御之。"乃度梯之所傪，广城东北隅三十步，多储膏油松脂薪苇于其上。丁亥，泚盛兵鼓噪攻南城，韩游瑰曰："此欲分吾力也。"乃引兵严备东北。戊子，北风甚迅，泚推云梯，上施湿毡，悬水囊，载壮士攻城，翼以鞲辐，置入其下，抱薪负土填堑而前，矢石火炬所不能伤。贼并兵攻城东北隅，矢石如雨，城中死伤者不可胜数。贼已有登城者，上与浑瑊对泣，群臣惟仰首祝天。上以无名告身自御史大夫、实食五百户以下千余通授瑊，使募敢死士御之，仍赐御笔，使视其功之大小书名给之，告身不足则书其身，且曰："今便与卿别。"瑊俯伏流涕，上拊其背，歔欷不自胜。时士卒冻馁，又乏甲胄，瑊抚谕，激以忠义，皆鼓噪力战。瑊中流矢，进战不辍，初不言痛。会云梯辗地道，一轮偏陷，不能前却，火从地中出，风势亦回，城上人投苇炬，散松脂，沃以膏油，欢呼震地。须臾，云梯及梯上人皆为灰烬，臭闻数里，贼乃引退。于是三门皆出兵，太子亲督战，贼徒大败，死者数千人。将士伤者，太子亲为裹疮。入夜，泚复来攻城，矢及御前三步而坠；上大惊。

李怀光自蒲城引兵趣泾阳，并北山而西，先遣兵马使张韶微服间行诣行在，藏表于蜡丸。韶至奉天，值贼方攻城，见韶，以为贱人，驱之使与民俱填堑；韶得间，逾堑抵城下呼曰："我朔方军使者也。"城上人下绳引之，比登，身中数十矢，得表于衣中而进之。上大喜,异韶以徇城,四隅欢声如雷。癸巳,怀光败泚兵于澧泉。泚闻之惧,引兵遁归长安。众以为怀光复三日不至,则城不守矣。

朱泚至长安,但为城守之计,时遣人自城外来,周走呼曰:"奉天破矣!"欲以惑众。泚既据府库之富,不爱金帛以悦将士,公卿家属在城者皆给月俸。神策及六军从车驾及哥舒曜、李晟者,泚皆给其家粮;加以缮完器械,日费甚广。及长安平,府库尚有余蓄,见者皆追怨有司之暴敛焉。

或谓泚曰:"陛下既受命,唐之陵庙不宜复存。"泚曰:"朕尝北面事唐,岂忍为此!"又曰:"百官多缺,请以兵胁士人补之。"泚曰:"强授之则人惧。但欲仕者则与之,何必叩户拜官邪!"泚所用者惟范阳、神策团练兵;泾原卒骄,皆不为用,但守其所掠资货,不肯出战;又密谋杀泚,不果而止。

【译文】

唐德宗建中四年(癸亥,公元783年)

朱泚攻打奉天城愈发急迫,他凿通沟堑,将全城环绕起来。朱泚将军帐迁移到乾陵,由此向下察看城中的动静虚实,全都能够看清。朱泚还不时派人环绕着奉天城引诱城中的将士和百姓,嘲笑他们看不清天命所归。

神策、河北行营节度使李晟的疾病痊愈了,听说德宗出行奉天,便率领众将领前去赴命。张孝忠被朱滔、王武俊所逼迫,有赖于李晟的声援,不想让李晟离去,有好几次阻止他前往。于是李晟将自己的儿子李凭留下来,让他娶张孝忠的女儿为媳妇,又解下玉带贿赂张孝忠的亲信,让他劝说张孝忠。于是张孝忠听任李晟西进归朝,还派遣大将杨荣国带领精锐兵马六百人与李晟同去。李晟领兵经过飞狐道,日夜兼程,来到代州。丁丑(十一月初四),德宗加任李晟为神策行营节度使。

泚攻打、围困奉天已经有一个月了,城中的物资和粮食都已用光。德宗曾经派遣善于行走的人出城察看敌情,该人说是天气寒冷,跪着恳求德宗,要一件短袄和套裤。德宗为他寻找,未能找到,最后还是难过地默然打发他去了。当时供给德宗的粮食,仅有粗米二斛,官吏每每窥伺敌军的休息时间,夜里将人系在绳索上放到城外,去采集蔓菁根,献给皇上。德宗将公卿将官召集起来,对他们说:"朕因无德,自陷于危亡之中，固然是应该的。诸位没有罪过，最好及早投降，以便救出自己的家人。"群臣都伏地叩头，痛哭流涕，相互约定要竭尽自己最大的力量。所以将士们虽然置身于困苦危急之中，但是他们的锐气却并不衰减。

德宗出行奉天时，粮料使崔纵劝说李怀光让他前往增援，李怀光听从了他的主张。崔纵将军中物资悉数聚集起来，与李怀光一起前来。李怀光日夜兼程，来到河中，人力疲乏，让士兵休息三天。河中尹李齐运全力设宴犒劳，军队还想拖延不行。崔纵先将物资钱财运过黄河，然后对大家说："到了河西，便将它们全部分给大家。"众人贪图其利，西进蒲城屯驻，当时有五万人。李齐运是李恽的孙子。

李晟一边行进，一边招集士兵，也从蒲津渡过黄河，在东渭桥驻扎下来。在渡河之初，他只有士兵四千人，由于他善于抚恤与驾驭士兵，与士兵同甘共苦，人们都愿意跟随他，所以在一个月之间便发展到万余人。

神策兵马使尚可孤讨伐李希烈，在襄阳带领三千人，由武关前往增援，在七盘驻扎，打败了朱泚的将领仇敬，于是攻取蓝田。尚可孤是宇文部的别支。

镇国军副使骆元光，他的先人是安息人，骆奉先将他收为养子。他带兵防守潼关将近十年，兵众都服从他的指挥。朱泚派遣他的将领何望之袭击华州，华州刺史董晋放弃了州城，逃奔行在。何望之占领华州城后，准备集中兵力，以便截断东行的道路。骆元光带领潼关兵袭击何望之，何望之逃回长安。于是，骆元光驻军华州，招募士兵，不过几天，招得一万余人。朱泚多次派兵进攻骆元光，都被骆元光击退，敌军自此不能东出。德宗随即任命骆元光为镇国军节度使。骆元光领兵两千人，向西屯驻昭应。

马燧派遣他的行军司马王权及其儿子王汇带兵五千人前去增援奉天，在中渭桥屯驻。

当时，朱泚一伙所占领的地盘，只有长安而已，援军的巡哨骑兵有时前进到望春楼的下面。李忠臣等人屡次出兵，都被打败，便向朱泚求援。朱泚唯恐民间乘己疲困，前来抄袭，他所派遣的兵马都是昼伏夜行。

朱泚心中为长安感到忧虑，便加紧进攻奉天。他让僧人法坚制造云梯，长宽各有数丈，外面包裹着牛皮，下面安装着巨大的轮子，上面可以容纳勇士五百人，城中的人们望见，都感到忧恐畏惧。德宗询问群臣的意见，浑瑊、侯仲庄回答说："我们看

云梯势必甚为沉重，沉重就容易下陷。我们请求迎着云梯的来路开凿地道，积蓄柴火与火种，等待它的到来。"神武军使韩澄说："靠云梯攻城这种小小伎俩，不足以烦劳圣上费心，请让我来对付云梯。"韩澄估量了云梯的指向，于是在城东北角拓宽了三十步，在上面储备了大量的膏油、松脂和柴火、芦苇等。丁亥（十四日），朱泚军大举出动，擂鼓呐喊，攻打奉天南城。韩游瑰说："这是打算分散我军的力量。"于是，他领兵严密防备奉天城的东北面。戊子（十五日），北风甚是猛烈，朱泚军推出云梯，上面包裹着浸湿的毡子，悬挂水袋，运载勇士攻城。两侧用兵车遮护着，将士兵安置在兵车棚顶之下，让兵士抱柴背土，填平壕沟，向前冲锋。乱箭、飞石、火炬不能伤害他们。敌军合兵进攻城东北角，箭石如雨，城中死伤的人无法计算，敌军已经有人登上城了。德宗与浑瑊相对而泣，群臣只好仰首祷告上天。德宗将一千余份自御史大夫、实封食邑五百户以下的空白委任官职文凭"告身"交给浑瑊，让他募集敢死之士去抵御敌军，还将御笔赐给他，让他根据人们所立功劳的大小，在告身上填写上名字加以委任，如果告身不够用，便写在该人身上，战后再给告身。而且说："现在我就与你永别。"浑瑊趴在地上，泪流满面，德宗抚摸着他的后背，抽咽不能自已。当时，士兵又冻又饿，又缺乏铠甲头盔，浑瑊对他们抚慰劝导，用忠义激发他们，士兵们都擂鼓呐喊，奋力而战。浑瑊中了乱箭，仍然向前奋战不止，初时也未讲疼痛。恰好云梯碾压地道，一只轮子偏倒陷落，不能向前或后退，火从地道中冒出来，大风也往回吹，城上的人们投下芦苇火把，撒上松脂，浇上膏油，欢呼之声，震动大地。不一会儿，云梯和梯上的人全部化为灰烬，散发的焦臭之气，数里以外都可以闻到，于是敌军退却。此时奉天城东、南、北三门都发兵出击，太子亲自督战，敌军徒众大败，死亡的人有数千。对于受伤的将士，太子亲自为他们包扎伤口。到了夜晚，朱泚再来攻城，箭落到德宗面前三步远的地方，德宗大惊。

李怀光从蒲城领兵直趋泾阳，傍着北山向西而行。事先，他派遣兵马使张韶穿着老百姓的衣服抄小道前往行在，将表章藏在蜡丸之中。张韶来到奉天，正当敌军刚刚攻城，见到张韶，以为卑贱之人，便驱使他与老百姓一起填塞壕沟。张韶看准间隙，超过壕沟，抵达城下呼喊道："我是朔方军的使者。"城上的人放下绳索，把他拉到城上。及至登到城上，张韶身上被射中几十支箭，得以将藏在衣服中的表章进呈德宗。德宗大为高兴，让人抬着张韶在城中绕行宣示，四处欢声雷动。癸巳（二十日），李怀光在澧泉将朱泚军打败。朱泚闻此，害怕起来，于是领兵逃回长安。大家认为，倘若李怀光再有三天不来，奉天城便要失陷了。

朱泚回到长安以后，只作守城的打算，时常派人从城外来，绕城奔走呼喊说："奉天城攻破啦！"企图借此迷惑民众。朱泚据有朝廷库存的财富以后，便不惜用金帛取悦将士，对留在城中的公卿家属一概每月支付薪俸。对于神策军和随从德宗车驾六军以及哥舒曜、李晟等人，朱泚一概向他们的家属供给粮食。加上修治完善各种器械，每日耗费甚巨。但及至长安平定，朝廷库存仍有剩余的财产，看到的人都追溯怨恨有关部门的横征暴敛。

有人对朱泚说："陛下既然秉受天命，唐朝的陵园寝庙不应该再存在下去。"朱泚说："我曾经北面称臣，事奉唐朝，哪能忍心干这种事！"又有人说："百官空缺很多，请派兵胁迫读书人来补充。"朱泚说："勉强授给官职，人家就恐惧了。想做官的人便给他官，哪有敲门封官拜职的呢！"朱泚所能指挥的只有范阳兵和神策团练兵。泾原兵骄横跋扈，都不服从指挥，只是守护着他们劫掠来的钱财，不愿意出外打仗。泾原兵还密谋诛杀朱泚，未能实现，只好作罢。

【原文】

唐纪

兴元元年（甲子，784年）

春，正月，癸酉朔，赦天下，改元，制曰："致理兴化，必在推诚；忘己济人，不吝改过。"朕嗣服丕构，君临万邦，失守宗祧，越在草莽。不念率德，诚莫追于既往；永言思咎，期有复于将来。明征其义，以示天下。

小子惧德弗嗣，罔敢荒怠，然以长于深宫之中，暗于经国之务，积习易溺，居安忘危，不知稼穑之艰难，不恤征戍之劳苦，泽靡下究，情未上通，事既拥隔，人怀疑阻。犹昧省己，遂用兴戎，征师四方，转饷千里，赋车籍马，远近骚然，行赍居送，众庶劳止，或一日屡交锋刃，或连年不解甲胄。祀奠乏主，室家靡依，死生流离，怨气凝结，力役不息，田莱多荒。暴令峻于诛求，疲氓空于杼轴，转死沟壑，离去乡闾，邑里丘墟，人烟断绝。天谴于上而朕不寤，人怨于下而朕不知，驯致乱阶，变兴都邑，万品失序，九庙震惊，上累于祖宗，下负于蒸庶，痛心靦貌，罪实在予，永言愧悼，若坠泉谷。自今中外所上书奏，不得更言"圣神文武"之号。

李希烈、田悦、王武俊、李纳等，咸以勋旧，各守藩维，朕抚御乖方，致其疑惧；皆由上失其道而下罹其灾，朕实不君，人则何罪！宜并所管将吏等一切待之如初。

朱滔虽缘朱泚连坐，路远必不同谋，念其旧勋，务在弘贷，如能效顺，亦与惟新。

朱泚反易天常，盗窃名器，暴犯陵寝，所不忍其言，获罪祖宗，朕不敢赦。其胁从将吏百姓等，但官军未到京城以前，去逆效顺并散归本道、本军者，并从赦例。

诸军、诸道应赴奉天及进收京城将士，并赐名奉天定难功臣。其所加垫陌钱、税间架、竹、木、茶、漆、榷铁之类，悉宜停罢。

赦下，四方人心大悦。及上还长安明年，李抱真入朝为上言："山东宣布赦书，士卒皆感泣，臣见人情如此，知贼不足平也！"

朱泚更国号曰汉，自号汉元天皇，改元天皇。

王武俊、田悦、李纳见赦令，皆去王号，上表谢罪。惟李希烈自恃兵强财富，遂谋称帝，遣人问仪于颜真卿，真卿曰："老夫尝为礼官，所记惟诸侯朝天子礼耳！"希烈遂即皇帝位，国号大楚，改元武成。置百官，以其党郑贲为侍

颜真卿

中，孙广为中书令，李缓、李元平同平章事。以汴州为大梁府，分其境内为四节度。希烈遣其将辛景臻谓颜真卿曰："不能屈节，当自焚！"积薪灌油于其庭。真卿趋赴火，景臻遽止之。

【译文】

兴元元年（甲子，公元784年）

春季，正月，癸酉朔（初一），大赦天下，改年号。德宗颁制说："要想导致安

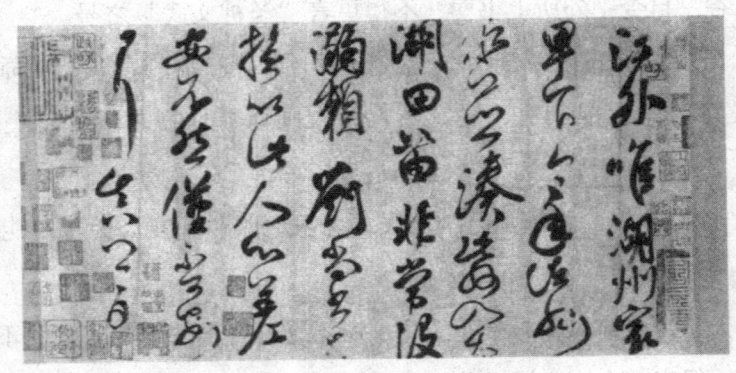

颜真卿行书《湖州帖》

定,兴起教化,就一定要对人推心置腹,忘掉自己的利益,救助别人的困难,不惜痛改前非。"朕继承帝位,统领天下,然而却使祖宗的庙堂失守,使自己沦落于草莽之间。这是由于过去没有遵循德化行事。现在诚然不能将以往的失误追回,但朕久久地思考着犯下的罪责,希望在将来有所改正。现在朕无所掩饰地将这个意思讲出来,让天下之人都能看到。

我恐怕自己的德行不能继承先人的业绩,不敢懈怠荒唐。但是,由于生活在深宫之中,不熟悉治理国家政务,积久成习,容易沉溺,居于平安之地,忘记了可能发生的危险,不懂得收种庄稼的艰难,没有体恤征战屯戍的劳苦,恩泽不能普施于百姓,民情不能上达于朝廷,既然上下之间声气阻隔,人们自然便会心怀疑虑。朕却仍然不知深自反省,终于导致了战争。征调兵马,遍及四方,转运粮饷,连绵千里,征用车辆马匹,致使远近各处骚动不安。离家当兵的人要携带衣食等物,留在家中的人要辗转相送,大家都受尽了劳苦。有时在一天之内屡次短兵相接,有时连续几年不能解甲归田。祭奠祖先时没有主人,家属无所依靠。生死无定,流离失所,怨恨之气,凝聚盘结。征发力役没有止息,耕田多已荒芜。残暴的长官严厉索求,疲惫的百姓不再织布,人们辗转流亡,葬身沟壑,离开乡里,致使城邑乡村化为荒丘废墟,没有人烟。上有上天的谴责,但朕不省悟;下有百姓的愤怨,但朕不知道。从此而致乱,致使京城发生了变故,万事失去秩序,九庙为之震惊。朕对上连累了列祖列宗,对下辜负了黎民百姓,心中痛切,脸上惭愧,这些罪责都在朕身上,为此久久地惭愧着,哀悼着,有如坠入深渊山谷。从今以后,朝廷内外所进上的书表章奏,不允许再称"圣神文武"的尊号。

李希烈、田悦、王武俊、李纳等人，原都是有功勋的老臣，各自守卫藩镇。朕安抚驾驭无方，致使他们疑虑畏惧。这全是因为上面无道而使下面遭受灾殃，实在是朕丧失了为君的体统，下面有什么罪过！现应将李希烈等人连同他们所管辖的将士官吏等一切人都像当初一样对待。

朱滔虽然因为朱泚而受到牵连，但相隔遥远，势必不能同谋，念及朱滔原是朝廷的有功之臣，务必宽大处理，如果能够向朝廷投诚，也给他改过自新。

朱泚改变天道常规，盗用名号与车服仪制，残暴地冒犯列祖列宗的陵园寝庙，令人不忍言状。他得罪了列祖列宗，朕不敢赦免于他。那些被裹胁进来的将士、官吏、百姓等人，只要在官军没有开到京城以前，脱离逆军，向朝廷投诚，并且解散队伍而回到本道本军去的，一概按照赦免之例处理。

各军、各道一切奔赴奉天和进军收复京城的将士，一概赐名称作"奉天定难功臣"。那些加征的除陌钱、间架、竹、木、茶、漆等税以及专营铸铁等项，应该全部免除。

赦文颁下以后，各地人心大为欢悦。及至德宗回到长安的第二年，李抱真入朝对德宗说："在崤山以东宣布赦文时，士兵们都感动得流下了眼泪，我看到人情这样，便知道平定敌军是不足为虑的了！"

朱泚更改国号称作"汉"，更改年号为"天皇"，自号"汉元天皇"。

王武俊、田悦、李纳见到赦令后，都免去了王的称号，上表认罪。只有李希烈仗着自己兵力强盛，资财丰饶，策谋称帝。李希烈派人向颜真卿询问有关礼仪，颜真卿说："我曾经担任过掌管礼仪的官员，所记着的只有诸侯朝见天子的礼仪而已！"李希烈于是登上皇帝的宝位，国号称作大楚，更改年号为武成。李希烈设置百官，任命他的同党郑贲为侍中，孙广为中书令，以李缓、李元平同平章事。将汴州称为大梁府，将他境内地盘划分成四处，分别设置节度使。李希烈派遣他的将领辛景臻对颜真卿说："你不肯失气节，就该自己烧死！"在颜真卿居住的院中堆起柴火，浇上油脂。颜真卿快步走向火堆，辛景臻急忙止住了他。

资治通鉴第二百三十卷

唐纪四十六

【原文】

德宗神武圣文皇帝五兴元元年（甲子，784年）

朱泚自奉天败归，李晟谋取长安。刘德信与晟俱屯东渭桥，不受晟节制；晟因德信至营中，数以沪涧之败及所过剽掠之罪，斩之；因以数骑驰入德信军，劳其众，无敢动者，遂并将之，军势益振。

李怀光既胁朝廷逐卢杞等，内不自安，遂有异志。又恶李晟独当一面，恐其成功，奏请与晟合军；诏许之。晟与怀光会于咸阳西陈涛斜，筑垒未毕，泚众大至。晟谓怀光曰："贼若固守宫苑，或旷日持久，未易攻取；今去其巢穴，敢出求战，此天以贼赐明公，不可失也！"怀光曰："军适至，马未秣，士未饭，岂可速战邪！"晟不得已乃就壁。晟每与怀光同出军，怀光军士多掠人牛马，晟军秋毫不犯。怀光军士恶其异己，分所获与之，盟军终不敢受。

怀光屯咸阳累月，逗留不进；上屡遣中使趣之，辞以士卒疲弊，且当休息观衅。诸将数劝之攻长安，怀光不从，密与朱泚通谋。李晟屡奏，恐其有变，为所并，请移军示渭桥；上犹冀怀光革心，收其力用，寝晟奏不下。

李晟以为："怀光反状已明，缓急宜有备，蜀、汉之路不可壅，请以裨将赵光铣等为洋、利、剑三州刺史，各将兵五百以防未然。"上疑未决，欲亲总禁兵幸咸阳，以慰抚为名，趣诸将进讨。或谓怀光曰："此汉祖游云梦之策也！"怀光大惧，反谋益甚。

上垂欲行，怀光辞益不逊，上犹疑逸人间之，甲子，加怀光太尉，增实食，赐铁券，遣神策右兵马使李升等往谕旨。怀光对使者投铁券于地曰："圣人疑怀光邪！人臣反，赐铁券；怀光不反，今赐铁券，是使之反也！"辞气甚悖。朔方左兵马使张名振当军门大呼曰："太尉视贼不许击，待天使不敬，果欲反邪！功高太山，一旦弃之，自取族灭，富贵他人，何益哉！我今日必以死急之。"怀光闻之，谓曰："我不反，以贼方强，故须蓄锐俟时耳。"怀光又言："天子所居必有城隍。"乃发卒城咸阳，未几，移军据之。张名振曰："乃者言不反，今日拔军此来，何也？何不攻长安，杀朱泚，取富贵，引军还邠邪！"怀光曰："名振病心矣！"命左右引去，拉杀之。

李升等还，言怀光骄慢之状，于是行在始严门禁，从臣皆密装以待。

乙丑，加李晟河中、同绛节度使；上犹以为薄，丙寅，又加同平章事。

丁卯，怀光遣其将赵升鸾入奉天，约其夕使别将达奚小俊烧乾陵，令升鸾为内应以惊胁乘舆。升鸾诣浑瑊自言，瑊遽以闻，且请决幸梁州。上命瑊戒严，瑊出，部勒未毕，上已出城西，命戴休颜守奉天，朝臣将士狼狈扈从。戴休颜徇于军中曰："怀光已反！"遂乘城拒守。

李晟得除官制，拜哭受命，谓将佐曰："长安，宗庙所在，天下根本，若诸将皆从行，谁当灭贼者！"乃治城隍，缮甲兵，为复京城之计。先是东渭桥有积粟十余万斛，度支给李怀光军，几尽。是时怀光、朱泚连兵，声势甚盛，车驾南幸，人情扰扰；晟成孤军处二强寇之间，内无资粮，外无救援，徒以忠义感激将士，故其众虽单弱而锐气不衰。又以书遗怀光，辞让卑逊，虽示尊崇而谕以祸福，劝之立功补过，故怀光惭恶，未忍击之。晟曰："畿内虽兵荒之余，犹可赋敛。宿兵养寇，患莫大焉！"乃以判官张彧假京兆尹，择四十余人，假官以督渭北刍粟，不旬日，皆充羡；乃流涕誓众，决志平贼。

上之发奉天也，韩游瑰帅其麾下八百余人还邠州。李怀光以李晟军浸盛，恶之，欲引军自咸阳袭东渭桥；三令其众，众不应，窃相谓曰："若与我曹击朱泚，惟力是视；若欲反，我曹有死，不能从也！"怀光知众不可强，问计于宾佐，节度巡官良乡李景略曰："取长安，杀朱泚，散军还诸道，单骑诣行在，如此，臣节亦未亏，功名犹可保也。"顿首恳请，至于流涕，怀光许之。都虞侯阎晏等劝怀光东保河中，徐图去就，怀光乃说其众曰："今且屯泾阳，召妻孥于邠，俟至，与之俱往河中。春装既办，还攻长安，未晚也。东方诸县皆富实，军发之日，听尔俘掠。"众许之。怀光乃谓景略曰："罢者之议，军众不从，子宜速去，不且见害！"遣数骑送之。景略出军门，恸哭曰："不意此军陷于不义！"

【译文】

唐德宗兴元元年（甲子，公元784年）

朱泚从奉天大败而归，李晟谋划攻取长安。刘德信与李晟一道屯驻在东渭桥，但他不接受李晟的管束。李晟借刘德信来到营中之机，列举他在沪涧战败和沿途抢劫掳掠的罪行，将他斩杀。李晟因而以数名骑兵奔入刘德信军中，慰劳他的部众，没有人敢有所举动。于是李晟一并统领了此军，军队的声势益发振作。

李怀光胁迫朝廷贬逐了卢杞等人以后，内心不能自安，于是有了反叛朝廷的意图。李怀光又嫌恶李晟独当一面，唯恐他有所建树，便上奏请求与李晟合兵，德宗颁诏答应了他的请求。李晟与李怀光在咸阳西面的陈涛斜会师，营垒还没有修筑完毕，朱泚军队大批开到。李晟对李怀光说："假如敌军顽固把守宫城和苑城，也许会空废时日，延宕许久，不容易攻打下来。现在敌军离开了他们的巢穴，竟敢出城挑战，这是上天把敌军赐给明公，决不能放走他们！"李怀光说："我军刚刚赶到，战马还没有喂料，士兵还没有吃饭，哪能匆匆接战呢！"李晟没有办法，只好自回营垒。每次李晟与李怀光一同派出军队，李怀光的将士常常掠夺百姓的牛马，李晟军却秋毫无犯。李怀光的将士嫌恶李晟军与自己两样，将所得物品分给他们，但李晟军到底不敢接受。

李怀光在咸阳屯驻了好几个月，不肯前进。德宗屡次派遣中使催促他，他便以士兵疲困不堪，而且应当保养兵力，观察敌军的破绽为理由而推辞。诸将领好几次劝说李怀光攻打长安，李怀光不肯听从，还暗中与朱泚勾结合谋。李晟屡屡上奏，唯恐发生变故，被李怀光吞并，请求将军队转移到东渭桥，但德宗仍然希望李怀光洗心革面，争取使他尽力效命，便压下了李晟的奏章，不肯批示。

李晟认为："李怀光造反的情状已经很清楚，在危急的关头，应当有所准备。通往蜀郡、汉中的道路是不能堵塞的，请任命副将赵光铣等人为洋、利、剑三州刺史，让他们各自领兵五百人，以便防患于未然。"德宗迟疑不决，准备亲自总领禁兵出走咸阳，以抚慰将士的名义，督促各将领进军讨伐。有人对李怀光说："这就是汉高祖巡游云梦泽的计策！"李怀光大为恐惧，图谋反叛更为强烈。

德宗将近出行之际，李怀光讲话益发不恭顺。德宗仍然怀疑有好进谗言的人从中离间他。甲子（二月二十三日），德宗加封李怀光为太尉，增加食实封，赐铁券，派遣神策右兵马使李下等人前往传达圣旨。李怀光当着使者的面，把铁券丢在地上说："皇上怀疑我李怀光吗？臣下造反时，才赐铁券。我不曾造反，现在赐铁券，这是让我造反的吧！"他的言辞和语气都很无礼。朔方左兵马使张名振面对军营的大门大声喊道："太尉对待敌军，不许出击，对待皇上的使者，很不恭敬，果真是要造反吗！你的功劳像泰山一样高，忽然舍弃了它们，自取灭族，而让他人去享受富贵，这有什么好处呢！我今天一定要不惜一死，前去争论。"李怀光听了，对他说："我不会造反。只是以为正当敌军强盛，必须积蓄锐气，等待时机罢了。"李怀光又说："皇上所住的地方一定要有城壕。"于是，李怀光派出士兵去修筑咸阳城。不久，他迁移军队，占据了咸阳城。张名振说："以前你说不会造反，现在你调动军队到这里来，这是为什么？为什么你不进攻长安，杀掉朱泚，获取富贵，然后率领军队回到邠州去呢！"李怀光说："张名振得了精神病了！"李怀光命令侍从人员将他拉到外面，把他摧折至死。

李下等人回朝，讲了李怀光骄横傲慢的情况，于是行在开始对宫门城关严加警戒，侍从皇上的官员都暗中置办行装，等待离开奉天。

乙丑（二十四日），德宗加封李晟为河中、同绛节度使。德宗仍然认为封拜不够优厚，丙寅（二十五日），又加封李晟同平章事。

丁卯（二十六日），李怀光派遣他的将领赵升鸾进入奉天城，约定在当天傍晚让别将达奚小俊焚烧乾陵，让赵升鸾作为内应，来威胁德宗的车驾。赵升鸾到浑瑊处主动讲了此事，浑瑊赶忙上奏德宗，并且请德宗出走梁州。德宗命令浑瑊戒严。浑瑊从朝中出来，部署尚未停当，德宗已经出城西行，命令戴休颜防守奉天，朝中的臣僚和将士们狼狈不堪地随从而行。戴休颜在军队中当众宣布说："李怀光已经造反了！"于是他便登城防守。

李晟接到任官的制书，拜倒在地，哭泣着接受了任命。他对将佐说："长安是宗庙的所在地，是全国的根本。如果各位将领都跟从皇上出行，那将由谁来担当消灭敌军的任务呢！"于是，李晟整治城壕，修缮铠甲兵器，做着收复京城的打算。在此之前，东渭桥有积存的粮食十万余斛，度支供给李怀充军，几乎把粮食用尽。当时，李怀光和朱泚联合用兵，声势很是盛大，德宗向南出走，民情纷乱不堪。李晟仅凭一支孤立无援的军队，处在两个强大的敌寇中间，内部没有资财粮草，外部没有救援，他只用忠义来感发激励将士，所以他的兵力虽然单薄微弱，但锐气并未衰减。李晟又给李怀光去信，措辞执礼都很谦卑恭顺。他虽然表示对李怀光的尊敬与推崇，但开导他去祸就福，规劝他建树功劳，弥补过失，所以李怀光感到惭愧，不忍心向他出击。李晟说："畿辅地区虽在经受战乱之后，但仍然可以征收赋税。军队停滞不前，姑息敌寇，没有比这更大的祸患了！"于是，李晟使判官张彧代理京兆尹，选择了四十余人，让他们都代理一定的官职，以便督促渭北的粮草。不到十天，各种粮草都充足有余了。于是，李晟流着眼泪与部众起誓，决意平定敌寇。

德宗从奉天出发时，韩游瓌率领着他的部下八百余人回到邠州。李怀光因李晟军渐渐强盛，憎恶他，打算率领军队从咸阳袭击东渭桥。李怀光给部众前后下达了三次命令，大家仍然不肯答应，还私下相互交谈说："如果他与我辈去进击朱泚，我辈有多大力气便使多大力气。他如果打算造反，我辈唯有一死，决不能服从他的命令！"李怀光知道大家不可勉强，便向宾客将佐征询计策。节度巡官良乡人李景略说："攻取长安，诛杀朱泚，解散军队，返回各道，你单人匹马前往行在。做到这些，臣下的操守也不算亏缺，已有的功名还可以保住。"李景略向李怀光伏地叩拜，恳切地请求，以至于流下了眼泪，李怀光答应了他。都虞候阎晏等人劝说李怀光东进，防守河中，何去何从，再从长计议。于是李怀光劝说他的部众说："现在我们姑且在泾阳屯驻，将妻子儿女从邠州召来，等他们到后，与他们一同前往河中。待春天的衣装置办好了，再回军进攻长安，也为时不晚。东边各县都很富庶，在军队出发那一天，任凭你们掳掠。"大家都答应下来。于是，李怀光对李景略说："你前些时候的建议，将士们不肯依从。你最好赶紧逃跑吧，不然会遭到杀害的！"他让几个人骑马护送李景略。李景略出了军营的大门，极其悲切地哭着说："不料这支军队沉陷于不义之中了！"

资治通鉴第二百三十一卷

唐纪四十七

【原文】

德宗神武圣文皇帝六兴元元年（甲子，784年）

庚寅，李晟大陈兵，谕以收复京城。先是，姚令言等屡遣谍人觇晟进军之期，皆为逻骑所获。晟引示以所陈兵，谓曰："归语诸贼：努力固守，勿不忠于贼也！"皆饮之酒，给钱而纵之。遂引兵至通化门外，曜武而还，贼不敢出。晟召诸将，问兵所从入，皆请"先取外城，据坊市，然后北攻宫阙。"晟曰："坊市狭隘，贼若伏兵格斗，居人惊乱，非官军之利也。今贼重兵皆聚苑中，不若自苑北攻之，溃其腹心，贼必奔亡。如此，则宫阙不残，坊市无扰，策之上者也！"诸将皆曰："善！"乃牒浑瑊及镇国节度使骆元光、商州节度使尚可孤，刻期集于城下。

壬辰，尚可孤败泚将仇敬忠于蓝田西，斩之。乙未，李晟移军于光泰门外米仓村。丙申，晟方自临筑垒，泚骁将张庭芝、李希倩引兵大至，晟谓诸将曰："始吾忧贼潜匿不出，今来送死，此天赞我，不可失也！"命副元帅兵马使吴诜等纵兵击之。时华州营在北，兵少，贼并力攻之，晟命牙前将李演等帅精兵救之。演等力战，贼败走；演等追之，乘胜入光泰门；再战，又破之。会夜，晟敛兵还。贼馀众走入白华门，夜，闻恸哭。希倩，希烈之弟也。

丁酉，晟复出兵，诸将请待西师至夹攻之。晟曰："贼数败，已破胆，不乘胜取之，使其成备，非计也。"贼又出战，官军屡捷；骆元光败泚浐众于浐西。戊戌，晟陈兵于光泰门外，使李演及牙前兵马使王佖将骑兵，牙前将史万顷将步兵，直抵苑墙神麚村。晟先使人夜开苑墙二百馀步，比演等至，贼已树栅塞之，自栅中刺射官军，官军不得进。晟怒，叱诸将曰："纵贼如此，吾先斩公辈矣！"万顷惧，帅众先进，拔栅而入，佖、演引骑兵继之，贼众大溃，诸军分道并入。姚令言等犹力战，晟命决胜军使唐良臣等步骑蹙之，且战且前，凡十馀合，贼不能支。至白华门，有贼数千骑出官军之背，晟帅百馀骑回御之，左右呼曰："相公来！"贼皆惊溃。

先是，泚遣张光晟将兵五千屯九曲，去东渭桥十馀里，光晟密输款于晟。及泚败，光晟劝泚出亡，泚乃与姚令言帅馀众西走，犹近万人。光晟送泚出城，还，降于晟。晟遣兵马使田子奇以骑兵追泚。晟屯含元殿前，舍于右金吾仗，令诸军曰："晟赖将士之力，克清宫禁。长安士庶，久陷贼庭，若小有震惊，非吊民伐罪之意。晟与公等室家相见非晚，五日内无得通家信。"命京兆尹李齐运等安慰居人。晟大将高明曜取贼妓，尚可孤军士擅取贼马，晟皆斩之，军中股栗。公私安堵，秋毫无犯，远坊有经宿乃知官军入城者。

是日，浑瑊、戴休颜、韩游瓌亦克咸阳，败贼三午馀众，闻泚西走，分兵邀之。

己亥，晟使京西兵马使孟涉屯白华门，尚可孤屯望仙门，骆元光屯章敬寺，晟以牙前三千人屯安国寺，以镇京城；斩泚党李希倩、敬釭、彭偃等八人于市。

六月，癸卯，李晟遣掌书记吴人于公异作露布上行在曰："臣已肃清宫禁，祗谒寝园，钟簴不移，庙貌如故。"上泣下曰："天生李晟，以为社稷，非为朕也。"

朱泚将奔吐蕃，其众随道散亡，比至泾州，才百馀骑。田希鉴闭城拒之，泚谓之曰："汝之节，吾所授也。奈何临危相负！"使焚其门；希鉴取节投火中曰："还汝节！"泚众皆哭。泾卒遂杀姚令言，诣希鉴降。泚独与范阳亲兵及宗族、宾客北趣驿马关；宁州刺史夏侯英拒之。至彭原西城屯，其将梁庭芬射泚坠坑中，韩旻等斩之，诣泾州降。源休、李子平奔凤翔，李楚琳斩之，皆传首行在。

乙巳，诏吏部侍郎班宏充宣慰使，劳问将士，抚慰蒸黎。

丙午，李晟斩文武官受朱泚宠任者崔宣、洪经纶等十馀人；又表守节不屈者刘迺、蒋沇等。

李晟综理长安以备百司，自请至凤翔迎扈，上不许。内常侍尹元贞奉使同华，辄诣河中招谕李怀光。晟奏："元贞矫制擅赦元恶，请理其罪！"

【译文】

唐德宗兴元元年（甲子，公元784年）

庚寅（五月二十日），李晟将兵马布成巨大的阵列，向将士宣布前去收复京城。在此之前，姚令言等人屡次派遣探子前来刺探李晟进军的日期，但都被巡逻的骑兵俘虏了。现在，李晟领着这些俘虏，让他们观看自己布成阵列的兵马，对他们说："你们回去告诉每一个贼兵贼将，让他们卖力气地坚决防守吧，可不要不忠于朱泚老贼！"李晟让他们都喝了酒，给了一些钱，便将他们放了回去。李晟于是领兵来到通化门外，将武力显示了一番，才又回去，敌军不敢出城。李晟召集各位将领，询问军队攻打入城的路线，将领们都主张先夺取外廓城，占领坊市，然后向北攻打宫苑。李晟说："坊市狭窄，倘若贼军在那里埋伏下兵马，与我军搏斗，居民惊慌散乱，对官军并没有好处。现在贼军的重兵都聚集在宫苑中，不如从宫苑北面进攻他们，使他们的核心先行崩溃，敌军肯定就会逃亡。这样做，宫苑不会残破，坊市不受骚扰，这才是上策呢！"各将领都说："好。"于是，李晟给浑瑊以及镇国节度使骆元光、商州节度使尚可孤送去文书，限定日期，在城下会集。

壬辰（二十二日），尚可孤在蓝田西面打败朱泚的将领仇敬忠，并诛杀了他。乙未（二十五日），李晟将军队调到光泰门外的米仓村。丙申（二十六日），李晟正在亲自指挥修筑营垒时，朱泚的骁将张庭芝、李希倩领兵卷地而来，李晟对各将领说："最初我还担心贼军躲藏着不肯出战，现在赶来送死，这是上天助我，良机决不可失！"李晟命令副元帅、兵马使吴诜等人放出兵马，进击敌军。当时，骆元光华州军的营垒在北面，兵马较少，敌军便合力攻打骆元光部，李晟命令牙前将领李演等人率领精锐兵马前去援救。李演等人奋力接战，贼军败走。李演等人追击敌军，乘胜进入光泰门，再次接战，又打败敌军。适逢夜幕降临，李晟收兵回营。敌军的残余人马逃入白华门，夜里可以听到极其悲痛的哭声。李希倩是李希烈的弟弟。

丁酉（二十七日），李晟再次出兵，各将领请求等待西面的浑瑊军赶到后夹攻敌军，李晟说："贼军屡次失败，已经吓破了胆，不乘胜攻取敌军，而使他们做好防备，这不是良策。"敌军又来出战，官军屡屡获胜，骆元光又在沪水西面打败了朱泚军。戊戌（二十八日），李晟在光泰门外面摆开军阵，让李演以及牙前兵马使王佖带领骑兵，让牙前将领史万顷带领步兵，直接抵达宫苑墙边的神麚村。李晟事先让人在夜间凿开宫苑的垣墙宽二百余步，待到李演等人到来时，敌军已经竖起栅栏堵塞了宫苑垣墙的缺口，从栅栏里面刺杀、射击官军，官军不能前进。李晟愤怒地大声呵斥各将领说："你们放纵贼军到这般地步，我要先斩诸位了！"史万顷害怕，率领部从首先前进，拔除栅栏，冲了进去，王佖、李演带领骑兵相继而入，敌军纷纷逃散，各军分路一齐进入官苑。姚令言等人仍然在奋力接战，李晟命令决胜军使唐良臣等人的步兵、骑兵迫近他们，一边接战，一边前进，约有十余回合，敌军不能支持。来到白华门前时，敌军有骑兵数千人从官军背后出战，李晟率领骑兵一百余人回头抵御他们，李晟身边的人大声喊道："李相公来了！"敌军都惊惶地溃散了。

在此之前，朱泚派遣张光晟领兵五千人在九曲屯驻，该处距离东渭桥有十余里，张光晟暗中向李晟表示诚意。到朱泚战败时，张光晟劝说朱泚出城逃走，朱泚便与姚令言率领残余部众向西面逃跑，这时朱泚仍然有将近一万人。张光晟将朱泚送出城，又回到城中，归降了李晟。李晟派遣兵马使田子奇率领骑兵追击朱泚。李晟在含元殿前驻扎军队，在右金吾仗的房舍住下，他命令各军说："我依靠将士们的努力，得以肃清宫禁。长安的士子庶民，长期失陷在贼寇的统治之下，如果使他们稍微受到些震惊，就不是安抚人民、讨伐罪人的本意了。我与诸位同家里人相见的时候不会太晚了，但五天以内不能与家里人互通消息。"他命令京兆尹李齐运等安慰居民。李晟的大将高明曜占有了敌人的歌妓，尚可孤的将士擅自牵走了敌人的马匹，李晟将他们一概斩杀，军中将士害怕得连大腿都发抖了。公私相安无事，官军对百姓没有丝毫侵犯，偏远的坊，有过了一夜以后才知道官军已经进了都城。

这一天，浑瑊、戴休颜、韩游瑰也攻克了咸阳，打败敌军三千余人。浑瑊等人听说朱泚向西逃走，便分兵拦击朱泚。

己亥（二十九日），李晟让京西兵马使孟涉在白华门驻扎，让尚可孤在望仙门驻扎，让骆元光在章敬寺驻扎，李晟自率牙前兵三千人在安国寺驻扎，以便镇守京师。李晟又命令将朱泚的党羽李希倩、敬釭、彭偃等八人在闹市中斩杀。

六月，癸卯（初四），李晟派遣掌书记吴地人氏于公异草拟告捷文书进上行在说："我已经肃清宫禁，恭敬地参谒了陵寝墓园，连钟磬的支架都没有移动，宗庙的面貌仍然与过去一个模样。"德宗流着眼泪说："上天让李晟降生，是为了国家，而不是为了朕啊。"

朱泚准备逃奔吐蕃，他的部众沿途散失流亡，及至来到泾州时，剩下骑兵才一百余人。田希鉴关闭城门，不让他进城，朱泚对他说："你的节度使的旌节，乃是我授给你的，你怎么能够在我面临危难时，便辜负了我呢！"他让人去烧掉泾州城门，田希鉴取出旌节，丢在火中说："还你旌节！"朱泚的部众都哭了起来。于是泾州士兵杀了姚令言，到田希鉴那里投降。朱泚独自与范阳亲兵及其本宗族人和幕府宾客向北奔向释马关，宁州刺史夏侯英拒绝让他通过。到彭原县西城屯时，朱泚将领梁庭芬将他射落到土坑之中，韩旻等人斩杀了朱泚，前往泾州归降。源休、李子平逃奔凤翔，李楚琳将他们斩杀了。他们的头颅，全都被传送到行在。

乙巳（初六），德宗颁诏命令吏部侍郎班宏充任宣慰使，前去慰劳将士，安抚百姓。

丙午（初七），李晟斩掉文武官员中受到朱泚宠信与任用的崔宣、洪经纶等十余人，又表奏恪守臣节、不肯屈敌的刘迺、蒋沇等人。

李晟总揽治理长安事务，以便使各部门完备起来。他主动请求到凤翔去迎接德宗，扈从车驾，德宗不允。内常侍尹元贞奉命出使同华，却随即到河中劝说李怀光归顺朝廷，李晟上奏说："尹元贞假托朝命，擅自赦免首恶，请将他治罪！"

秋季，七月，丙子（初七），德宗的车驾来到凤翔，斩杀了乔琳、蒋镇、张光晟等人。张光晟虽然曾向朱泚称臣，但消灭朱泚也很出力，因此李晟打算保全他，德宗不肯答应。

唐纪四十八

【原文】

德宗神武圣文皇帝七贞元元年（乙丑，785年）

马燧至行营，与诸将谋曰："长春宫不下，则怀光不可得。长春宫守备甚严，攻之旷日持久，我当身往谕之。"遂径造城下，呼怀光守将徐庭光，庭光帅将士罗拜城上。燧知其心屈，徐谓之曰："我自朝廷来，可西向受命。"庭光等复西向拜。燧曰："汝曹自禄山已来，徇国立功四十余年，何忽为灭族之计！从吾言，非止免祸，富贵可图也。"众不对。燧披襟曰："汝不信吾言，何不射我！"诸士皆伏泣。燧曰："此皆怀光所为，汝曹无罪。弟坚守勿出。"皆曰"诺"。

壬申，燧与浑瑊、韩游瓌进军逼河中，至焦篱堡；守将尉珪以七百人降。是夕，怀光举火，诸营不应。骆元光在长春宫下，使人招徐庭光；庭光素轻元光；遣卒骂之，又为优胡于城上以侮之，且曰："我降汉将耳！"元光使白燧，燧还至城下，庭光开门降。燧以数骑入城慰抚，其众大呼曰："吾辈复为王人矣！"浑瑊谓僚佐曰："始吾谓马公用兵不吾远也，今乃知吾不逮多矣！"诏以庭光试殿中监兼御史大夫。

甲戌，燧帅诸军至河西，河中军士自相惊曰："西城擐甲矣！"又曰："东城媲队矣！"须臾，军士皆易其号为"太平"字；怀光不知所为，乃缢而死。

朔方将牛名俊断怀光首出降。河中兵犹万六千人，燧斩其将阎晏等七人，余皆不问。燧自辞行至河中平，凡二十七日。燧出高郢、李鄘于狱，皆奏置幕下。

【译文】

唐德宗贞元元年（乙丑，公元785年）

马燧来到行营，与各将领计议说："不将长春宫攻打下来，便不能捉住李怀光。长春宫的防守戒备甚为严密，若是攻打它，势必空费时日，相持很久，我应当亲自前去开导他们。"于是，马燧径直来到城下，呼喊李怀光的守城将领徐庭光，徐庭光率领将士在城上列队向马燧下拜，马燧看出徐庭光内心已经屈服，便和缓地对他说："我是从朝廷来的，你们应该向着西面接受朝命。"徐庭等便又向西面下拜。马燧说："自从安禄山以来，你们献国国家，建立功勋，已有四十余年，为什么忽然做这种诛灭家族的打算！听我的话，你们不仅可以免去灾祸，而且还可以谋求富贵呢。"众人都不肯回答。马燧敞开衣襟说："既然你们不相信我的话，为什么不用箭射我！"城上将士都伏在地上哭泣。马燧说："这些罪过都是李怀光犯下的，你们是没有罪的。你们只管坚守这座城不出来就是了。"众人回答："是。"

骑兵战阵俑　唐

壬申（八月初十），马燧与浑瑊、韩游瑰进军迫进河中，抵达焦篱堡，守卫的将领尉珪率七百人归降。这天傍晚，李怀光举火报警，各军营没有响应的。骆元光在长春宫下面，让人招呼徐庭光，徐庭光平素看不起骆元光，派士兵骂他，又扮成胡人在城上侮辱他，而且说："我们向汉族将领投降！"骆元光让人禀告马燧，马燧来到城下，徐庭光打开城门归降。马燧带着数人骑马入城，慰问安抚众人。徐庭光的部众大声呼喊着说："我们又成了圣上的子民啦！"浑瑊对佐助自己的官吏说："开始我自以为马公用兵与我不会相差太多，现在才知道我是远远赶不上他的。"德宗颁诏任命徐庭光为试殿中监，兼任御史大夫。

甲戌（十二日），马燧率领诸军来到河西县，河中将士自相惊扰地说："西城将士已经穿上铠甲啦！"又说："东城将士已经排好队列啦！"一会儿，将士们全将旗号改成了"太平"二字。李怀光不知所措，于是自缢而死。

朔方将领牛名俊割下李怀光的头颅出城投降。河中兵还有一万六千人，马燧将他们的将领阎晏等七人斩杀，对剩下的人都不予追究。马燧从告别德宗到平定河中，总共用了二十七天。马燧将高郢、李廊放出监狱，奏请将他们都安置在自己的幕府之中。

【原文】

二年（丙寅，786年）

三月，李希烈别将寇郑州，义成节度使李澄击破之。希烈兵势日蹙，会有疾，夏，四月，丙寅，大将陈仙奇使医陈山甫毒杀之；因以兵悉诛其兄弟妻子，举众来降。甲申，以仙奇为淮西节度使。

关中仓廪竭，禁军或自脱巾呼于道曰："拘吾于军而不给粮，吾罪人也！"上忧之甚，会韩滉运米三万斛至陕，李泌即奏之。上喜，遽至东宫，谓太子曰："米已至陕，吾父子得生矣！"时禁中不酿，命于坊市取酒为乐。又遣中使谕神策六军，军士皆呼万岁。

时比岁饥馑，兵民率皆瘦黑，至是麦始熟，市有醉人，当时以为嘉瑞。人乍饱食，死者复伍之一。数月，人肤色乃复故。

秋，七月，淮西兵马使吴少诚杀陈仙奇，自为留后。少诚素狡险，为李希烈所宠任，故为之报仇。己酉，以虔王谅为申、光、随、蔡节度大使，以少诚为留后。

丙戌，吐蕃尚结赞大举寇泾、陇、邠、宁，掠人畜，芟禾稼，西鄙骚然，州县

各城守。诏浑瑊将万人,骆元光将八千人屯咸阳以备之。

吐蕃游骑及好畤;乙巳,京城戒严,复遣左金吾将军张献甫屯咸阳。民间传言上复欲出幸以避吐蕃,齐映见上言曰:"外间皆言陛下已理装,具糗粮,人情恟惧。夫大福不再,陛下奈何不与臣等熟计之!"因伏地流涕,上亦为之动容。

【译文】

二年(丙寅,公元786年)

三月,李希烈的别将侵犯郑州,义成节度使李澄击败了他。李希烈军的形势日益紧迫,恰好他生了病,夏季,四月,丙寅(初七),大将陈仙奇指使医生陈山甫将他毒死。陈仙奇于是派兵将李希烈的兄弟、妻子、儿女全部诛杀,率众前来投降。甲申(二十五日),德宗任命陈仙奇为淮西节度使。

关中粮食库存已经用光,禁军中有人摘下头巾,在道上大喊:"把我拘束在军中,但不给粮食,我简直成罪人了!'"德宗甚为忧虑,适逢韩滉将三万斛米运到陕州,李泌当即奏报朝廷。德宗大喜,匆忙来到东宫,对太子说:"米已运到陕州,我父子能够活下去了!"当时,宫廷中不造酒,德宗让人上街取酒回来作乐。德宗又派遣中使告诉神策六军,军中将士都高呼万岁。

当时,由于连年饥荒,将士、百姓全都又瘦又黑。至此,麦子开始成熟,街市中有了醉酒之人,当时认为这是嘉兆瑞象。人们骤然吃得很饱,因此而致死的人又有五分之一。过了几个月,人们皮肤的颜色才恢复原状。

秋季,七月,淮西兵马使吴少诚杀死陈仙奇,自任留后。吴少诚素来狡猾阴险,被李希烈所眷宠信任,所以吴少诚为他报仇。己酉(二十二日),德宗任命虔王李谅为申、光、随、蔡节度大使,任命吴少诚为留后。

丙戌(八月三十日),吐蕃尚结赞大规模地侵犯泾州、陇州、邠州、宁州,掳掠人口与牲畜,收割庄稼,西部边境骚动不安,州县各自据城防守。德宗颁诏命令浑瑊带领一万人,骆元兴带领八千人在咸阳驻扎,以防御吐蕃。

吐蕃游动作战的骑兵已经到达好畤。乙巳(九月十九日),京城采取了严密的防备措施,还派遣左金吾将军张献甫在咸阳屯驻。民间传说皇上准备再次出走,以便躲避吐蕃。齐映进见德宗说:"外面都说陛下已经整顿行装,备办干粮,人们的情绪既震惊,又恐惧。一般说来,巨大的福气是不会再出现的,怎么陛下就不肯与我等详细计议一下呢!"他说着便跪伏于地,流下了眼泪。德宗也被他感动得改变了脸色。

【原文】

三年(丁卯,787年)

二月,壬戌,以检校左庶子崔浣充入吐蕃使。

三月,丁酉,以左庶子李铦充入吐蕃使。

初,吐蕃尚结赞得盐、夏州,各留千馀人戍之,退屯鸣沙;自冬入春,羊马多死,粮运不断,又闻李晟克摧沙,马燧、浑瑊等各举兵临之,大惧,屡遣使求和,上未之许。乃遣使卑辞厚礼求和于马燧,且请修清水之盟而归侵地,使者相继于路。燧信其言,留屯石州,不复济河,为之请于朝。

李晟曰:"戎狄无信,不如击之。"韩游瓌曰:"吐蕃弱则求盟,强则入寇,今深入塞内而求盟,此必诈也!"韩滉曰:"今两河无虞,若城原、鄯、洮、渭四州,使李晟、刘玄佐之徒将十万众戍之,河、湟二十余州可复也。其资粮之费,臣请主办。"上由是不听燧计,趣使进兵。燧请与吐蕃使论颊热俱入朝论之,会滉薨,燧、延赏皆与晟有隙,欲反其谋,争言和亲便。上亦恨回纥,欲与吐蕃和,共击之,得二人言,正会己意,计遂定。

延赏数言:"晟不宜久典兵,请以郑云逵代之。"上曰:"当令自择代者。"乃谓晟曰:"朕以百姓之故,与吐蕃和亲决矣。大臣既与吐蕃有怨,不可复之凤翔,宜留朝廷,朝夕辅朕;自择一人可代凤翔者。"晟荐都虞侯邢君牙。君牙,乐寿人也。丙午,以君牙为凤翔尹兼团练使。丁未,加晟太尉、中书令,勋、封如故;余悉罢之。

【译文】

三年(丁卯,公元787年)

二月,壬戌(初七),德宗让检校左庶子崔浣充任入吐蕃使。

三月，丁酉（十三日），德宗让左庶子李铦充任入吐蕃使。

当初，吐蕃尚结赞在得到盐州、夏州后，各自留下一千余人戍守其地，自己退至鸣沙县屯驻。由冬天转入春天后，羊马多数死去，粮食运输供给不上，又听说李晟攻克摧沙堡，马燧、浑瑊等人各自起兵亲临鸣沙，尚结赞大为恐惧，屡次派遣使者请求和好，德宗没有答应他。于是尚结赞派遣使者以谦卑的辞令和丰厚的礼物向马燧求和，而且请求遵守清水会盟的约定，归还他们所侵夺的土地，派出的使者在道路上前后相继。马燧相信了尚结赞的说法，留在石州屯扎，不再渡过黄河，还替尚结赞向朝廷请求。

李晟说："吐蕃不讲信用，不如向他们发起进攻。"韩游瓌说："吐蕃弱小的时候才请求会盟，强盛的时候便侵犯内地。现在，吐蕃深入到边界之内，反而请求盟会，这一定是在骗人！"韩滉说："如今两河一带没有祸患，假如在原州、鄯州、洮州、渭州四处筑城，让李晟、刘玄佐这些人带领十万人马戍守在那里，河湟地区的二十多个州是可以收复的。他们所需物资粮食的费用，请让我来主持办理。"因此，德宗没有听从马燧的意见，还敦促他进军。马燧请求与吐蕃使者论颊势一同入朝辩论和亲之事，适逢韩滉去世，马燧、张延赏都与李晟有嫌隙，打算反对李晟的谋略，便争着称道和亲有利。德宗也因心恨回纥，准备与吐蕃和好，以便共同进击回纥，听到马、张二人的主张，正符合自己的意愿，于是便拿定了主意。

张延赏屡次说："李晟不适合长期执掌军事，请让郑云逵代替他。"德宗说："应该让他自己选择替代他的人选。"于是德宗对李晟说："为了百姓的缘故，朕已经决定与吐蕃和亲了。既然你与吐蕃结有怨仇，所以不能再到凤翔去了，最好是留在朝廷，时时辅佐朕。你自己选择一个可以替代你出任凤翔的人选吧。"李晟推荐都虞候邢君牙。邢君牙是乐寿人。丙午（二十二日），德宗任命邢君牙为凤翔尹兼团练使。丁未（二十三日），加封李晟为太尉、中书令，他的勋位、爵号仍然一如往昔，对封拜给他的其余官职，则一概罢除了。

唐纪四十九

【原文】

德宗神武圣文皇帝八贞元三年（丁卯，787年）

戊申，吐蕃帅羌、浑之众寇陇州，连营数十里，京城震恐。九月，丁卯，遣神策将石季章戍武功，决胜军使唐良臣戍百里城。丁巳，吐蕃大掠汧阳、吴山、华亭，老弱者杀之，或断手凿目，弃之而去；驱丁壮万馀悉送安化峡西，将分隶羌、浑，乃告之曰："听尔东向哭辞乡国！"众大哭，赴崖谷死伤者千馀人。未几，吐蕃之众复至，围陇州，刺史韩清沔与神策副将苏太平夜出兵击却之。

上谓李泌曰："每岁诸道贡献，共直钱五十万缗，今岁仅得三十万缗。言此诚知失体，然宫中用度殊不足。"泌曰："古者天子不私求财，今请岁供宫中钱百万缗，愿陛下不受诸道贡献及罢宣索。必有所须，请降敕折税，不使奸吏因缘诛剥。"上从之。

回纥合骨咄禄可汗屡求和亲，且请昏；上未之许。会边将告乏马，无以给之，李泌言于上曰："陛下诚用臣策，数年之后，马贱于今十倍矣！"上曰："何故？"对曰："愿陛下推至公之心，屈己徇人，为社稷大计，臣乃敢言。"上曰："卿何自疑若是！"对曰："臣愿陛下北和回纥，南通云南，西结大食、天竺，如此，则吐蕃自困，马亦易致矣。"上曰："三国当如卿言，至于回纥则不可！"泌曰："臣固知陛下如此，所以不敢早言。为今之计，当以回纥为先，三国差缓耳。"上曰："唯回纥卿勿言。"泌曰："臣备位宰相，事有可否在陛下，何至不许臣言！"上曰："朕于卿言皆听之矣，至于回纥，宜待子孙；于朕之时，则固不可！"泌曰："岂非以陕州之耻邪！"上曰："然。韦少华等以朕之故受辱而死，朕岂能忘之！属国家多难，未暇报之，和则决不可。卿勿更言！"泌曰："韦少华者乃牟羽可汗，陛下即位，举兵入寇，未出其境，今后骨咄禄可汗杀之。然则今可汗乃有功于陛下，宜受封赏，又何怨邪！其后张光晟杀突董等九百余人，合骨咄禄竟不敢杀朝廷使者，然则合骨咄禄固无罪矣。"上曰："卿以和回纥为是，则朕固非邪？"对曰："臣为社稷而言，若苟合取容，何以见肃宗、代宗于天上！"上曰："容朕徐思之。"自是泌凡十五余对，未尝不论回纥事，上终不许。泌曰："陛下既不许回纥和亲，愿赐臣骸骨。"上曰："朕非拒谏，但欲与卿较理耳，何至遽欲去朕邪！"对曰："陛下许臣言理，此固天下之福也。"上曰："朕不惜屈己与之和，但不能负少华辈。"对曰："以臣观之，少华辈负陛下，非陛下负之也。"上曰："何故？"对曰："昔回纥叶护将兵助讨安庆绪，肃宗但令臣宴劳之于元帅府，先帝未尝见也。叶护固邀臣至其营，肃宗犹不许。及大军将发，先帝始与相见。所以然者，彼戎狄豺狼也，举兵入中国之腹，不得不过为之防也。陛下在陕，富于春秋，少华辈不能深虑，以万乘元子径造其营，又不先与之议相见之仪，使彼得肆其桀骜，岂非少华辈负陛下邪？死不足偿责矣。且香积之捷，叶护欲引兵入长安，先帝亲拜之于马前以止之，叶护遂不敢入城。当时观者十万余人，皆叹息曰：'广平王真华、夷主也！'然则先帝所屈者少，所伸者多矣。叶护乃牟羽之叔父也。牟羽身为可汗，举全国之兵赴中原之难，故其志气骄矜，敢责礼于陛下；陛下天资神武，不为之屈。当是之时，臣不敢言其他，若可汗留陛下于营中，欢饮十日，天下岂得不寒心哉！而天威所临，豺狼驯扰，可汗母捧陛下于貂裘，叱退左右，亲送陛下乘马而归。陛下以香积之事观之，则屈己为是乎？不屈为是乎？陛下屈于牟羽乎？牟羽屈于陛下乎？"上谓李晟、马燧曰："故旧不宜相逢。朕素怨回纥，今闻泌言香积之事，朕自觉少理。卿二人以为何如？"对曰："果如泌所言，则回纥似可恕。"上曰："卿二人复不与朕，朕当奈何！"泌曰："臣以为回纥不足怨，罢来宰相乃可怨耳。今回纥可汗杀牟羽，其国人有再复京城之勋，夫何罪乎！吐蕃幸国之灾，陷河、陇数千里之地，又引兵入京城，使先帝蒙尘于陕，此乃必报之仇，况其赞普尚存，宰相不为陛下别白言此，乃欲和吐蕃以攻回纥，此为可怨耳。"上曰："朕与之为怨已久，又闻吐蕃劫盟，今往与之和，得无复拒我，为夷狄之笑乎？"对曰："不然。臣曩在彭原，今可汗为胡禄都督，与今国相白婆帝皆从叶护而来，臣待之颇亲厚，故闻臣为相而求和，安有复相拒乎！臣今请以书与之约：称臣，为陛下子，每使来不过二百人，印马不过千匹，无得携中国人及商胡出塞。五者皆能如约，则主上必许和亲。如此，威加北荒，旁詟吐蕃，足以快陛下平昔之心矣。"上曰："自至德以来，与为兄弟之国，今一旦欲臣之，彼安肯和乎？"对曰："彼思与中国和亲久矣，其可汗、国相素信臣言，若其未谐，但应再发一书耳。"上从之。

既而回纥可汗遣使上表称儿及臣，凡泌所与约五事，一皆听命。上大喜，谓泌曰："回纥何畏服卿如此！"对曰："此乃陛下威灵，臣何力焉！"上曰："回纥则既和矣，所以招云南、大食、天竺奈何？"对曰："回纥和，则吐蕃已不敢轻犯塞矣。次招云南，则是断吐蕃之右臂也。云南自汉以来臣属中国，杨国忠无故扰之使叛，臣于吐蕃，苦于吐蕃赋役重，未尝一日不思复为唐臣也。大食在西域为最强，自葱岭尽西海，地几半天下，与天竺皆慕中国，代与吐蕃为仇，臣故知其可招也。"

【译文】

唐德宗贞元三年（丁卯，公元787年）

戊申（八月二十八日），吐蕃率领羌族、浑族的人马侵犯陇州，营地连绵几十里地，京城震惊恐惧。九月，丁卯（十七日），朝廷派遣神策军将领石季章戍守武功，派遣决胜军使唐良臣戍守百里城。丁巳（七日），吐蕃大规模地掳掠汧阳、吴山、华亭，杀戮年老体弱的人，有的砍断手臂，有的挖去眼睛，然后将他们抛弃。吐蕃军将成年壮丁一万多人全部驱赶到安化峡的西面，把他们分别归属于羌族和浑族，还告诉他们说："准许你们向着东方哭泣，告别故乡！"大家放声哭号，从山崖跳下深谷而死亡和受伤的有一千多人。没过多久，吐蕃众军再次前来，包围陇州，陇州刺史韩清沔与神策军副将苏太平在夜间派出兵马击退了他们。

德宗对李泌说："每年各道进贡的物品共计值钱五十万缗，今年只得到三十万缗。谈论此事，朕本来也知道有失体统，但是宫中的费用实在不够。"李泌说："古时候，天子不私自谋求钱财，如今请让我每年供给宫中钱一百万缗，希望陛下不要接受各道进贡的物品，并停止颁旨向各地索取财货。如果一定需要什么东西，请陛下下达敕令，将所需物品折合成税钱，防止奸邪的吏人借机搜刮钱财。"德宗听从了这一建议。

回纥合骨咄禄可汗屡次谋求通好，而且请求通婚，德宗没有应允。适逢边疆的将领报告缺少马匹，朝廷拨不出马匹来供给他们，李泌便对德宗说："陛下果真能够采用我的策略，几年以后，马匹的价格便只是现在的十分之一了！"德宗说："这是怎么回事呢？"李泌回答说："希望陛下能够用极为公正的态度对待此事，委屈自己，顺从别人，为国家的重大谋略着想，我才敢说出来。"德宗说："你怎么如此疑虑！"李泌回答说："我希望陛下在北面与回纥和好，在南面与云南交往，在西面与大食和天竺结交。如果能够做到这些，吐蕃便会自然困难起来，马匹也容易得到了。"德宗说："对于云南、大食、天竺三国，就按你说的办吧，至于回纥，那是不行的！"李泌说："我本来就知道陛下是持此态度的，所以不敢及早说出来。为当前考虑，应当将回纥排在首位，其余三国还可以略微往后排些哩。"德宗说："只有回纥你不要谈。"李泌说："我占着宰相的职位，裁定事情的可行与不可行，取决于陛下，但是哪至于不允许我讲话呢！"德宗说："对于你所说的话，朕完全听从了。至于回纥，最好等待朕的子孙去解决。在朕在位时期，那是肯定不行！"李泌说："莫不是由于陛下在陕州受到的耻辱吧！"德宗说："是啊。韦少华等人由于朕的缘故蒙受羞辱而死，朕怎么会忘记那些事情！那时适值国家多难，没有余暇来报复他们，至于通好，那是断然不行的。你不用再说了！"李泌说："残害韦少华的是牟羽可汗。陛下即位后，他发兵前来侵犯，还没有走出国境，现在的合骨咄禄可汗便将他杀了。这样说来，现在的可汗对陛下是有功劳的，应当受到封拜赏赐，又哪里有什么怨恨呢！此后，张光晟杀了突董等九百多人，合骨咄禄还是不敢诛杀朝廷的使者，这样说来，合骨咄禄当然是没有罪过的了。"德宗说："你认为与回纥和好是对的，那朕当然是不对的了？"李泌回答说："我是为国家讲这番话的。倘若我去迎合陛下，以求容身，让我怎么到天上去见肃宗和代宗呢！"德宗说："让我慢慢想一想吧。"自此以后，李泌大约奏对了十五次以上，没有一次不谈论有关回纥的事情，但德宗始终不肯答应下来。李泌说："既然陛下不肯答应与回纥和好，希望准许我退职。"德宗说："不是朕不接受规劝，只是朕想与你比较其中的道理罢了，你怎么至于马上就要离开朕呢！"李泌回答说："陛下允许我讲清道理，这当然是国家的福气啊。"德宗说："朕并不顾惜委屈自己去与回纥和好，但朕不能够辜负了韦少华这些人。"李泌回答说："在我看来，是韦少华这些人辜负了陛下，而不是陛下辜负了他们啊。"德宗说："为什么这样说呢？"李泌回答说："过去，回纥叶护领兵帮助朝廷讨伐安庆绪时，肃宗仅仅让我在元帅府设宴慰劳他们，先帝并不曾接见他们。就是叶护坚持邀请我到他的营垒去，肃宗仍然不肯答应。及至大批的军队将要出发时，先帝才与他们见面。这样做的原因在于，回纥是戎狄，豺狼成性，他们发兵进入中原腹地，我们不能不特别小心防备他们。陛下在陕州时，还很年轻，韦少华这些人不能周密计虑，引着万乘之主的长子径直前往回纥营垒，而且事先没有与回纥议定相见的礼仪，致使他们得以肆意凶暴，这难道不是韦少华这些人辜负了陛下吗？就是他们死了，也是不能够偿清罪责的。而且，香积寺获胜时，叶护准备领兵开进长安，先帝亲自在他马前施礼来制止他，于是叶护便不敢开进长安城了。当时，看到这一情景的有十万多人，他们都叹息着说：'广平王真是华夏与蛮夷的共主啊！'这样说来，先帝对人屈尊时较少，而向人伸展抱负时却较多。叶护便是牟羽的叔父。牟羽身为可汗，率领着全国兵马奔赴中原的祸难，所以他的心志与气度是傲慢自负的，是敢于向陛下要求礼遇的，而陛下天赋的资质是神明威武的，并没有被他所屈服。在那个时刻，我不敢说别的，若是牟羽可汗将陛下留在营中，欢饮十天酒，天下百姓难道能不感到痛心吗？然而，陛下如天的威严所到之处，连豺狼也驯顺起来了，可汗的母亲向陛下双手献上貂皮衣服，喝退周围的人，并亲自送陛下乘马而归。陛下以香积寺的事情来看，说成委屈了陛下是对的呢，还是说成没有委屈陛下是对的呢？这是陛下向牟羽屈服了呢，还是牟羽向陛下屈服了呢？"德宗对李晟和马燧说："故人最好别再见面。朕素来怨恨回纥，现在听李泌说了香积寺的事情，朕觉着自己少理，你们二人有什么看法？"二人回答说："果真像李泌讲的那样，回纥似乎可以宽恕。"德宗说："你们二人也不赞成朕的做法，朕应当怎么去做呢？"李泌说："我认为没有足够的理由去怨恨回纥，近年以来的宰相才是应当怨恨的。如今回纥可汗诛杀了牟羽，而回纥人又立下两次收复京城的功勋，有什么罪过呢！而吐蕃庆幸我国发生灾祸，攻陷了河陇地区几千里地，还领兵进入京城，致使先帝流亡陕州，这才是一定要报的仇怨，何况当时的赞普尚且在位呢！宰相不向陛下将这件事情分辨明白，就准备与吐蕃和好，以便进攻回纥，这才是应当怨恨的啊。"德宗说："朕与回纥结下的怨仇为时已久，他们又听说吐蕃在会盟时作乱，现在前往与他们通和，不是要再次拒绝我们，惹来夷狄之人的耻笑吗！"李泌回答说："不是这样。往日我在彭原时，现在的可汗当时担任胡禄都督，他与现在的国相白婆帝一起跟随叶护前来，我接待他们，颇为亲善优厚，所以，他们听说我出任宰相，便向我们请求和好，怎么会再次拒绝我们呢！现在请让我写一封书信与他们约定，让可汗称臣，做陛下的儿子，每次前来的使者，随员不能超过二百人，互市的马匹不能超过一千匹，不允许携带汉人以及胡族商人到塞外去。如果回纥能够遵守五条约定，那么，陛下就一定要答应与他们和好。这样，陛下的声威可以延展到北部荒远的地方，从侧面震慑吐蕃，这也足以使陛下平素的志向为之一快。"德宗说："自从至德年间以来，我们与回纥两国结成兄弟关系，现在一下子打算让他们做臣属，他们怎么肯和好呢？"李泌回答说："他们想与大唐和好已经有很长时间了。他们的可汗、国相素来相信我的话，如果一封信还不能把事情处理妥善的话，只需要再发一封书信就可以了。"德宗听从了李泌的建议。

不久，回纥可汗派遣使者上表自称儿臣，凡是李泌与他们约定的五件事情，全部听从命令。德宗非常高兴，他对李泌说："怎么回纥这样畏惧并折服于你呢！"李泌回答说："这是陛下的声威与福气所致，我有什么力量！"德宗说："回纥已经通知了，又应当怎样招抚云南、大食和天竺呢？"李泌回答说："与回纥和好了，吐蕃便已经不敢轻易侵犯边界了。接下来招抚云南，就是砍断吐蕃右边的臂膀。自汉朝以来，云南都是中国的臣属。杨国忠没缘由地搅扰他们，使他们背叛朝廷，臣服于吐蕃。他们被吐蕃的繁重赋役搅扰得困苦不堪，没有一天不想再做唐朝的臣属啊。大食在西域各国中最为强盛，由葱岭起，直抵西海边，地域几占天下的一半。大食与天竺都仰慕中国，而又世代与吐蕃结下怨仇，所以我知道他们是可以招抚的。"

【原文】

四年（戊辰，788年）

云南王异牟寻欲内附，未敢自遣使，先遣其东蛮鬼主骠旁、苴梦冲、苴乌星入见。五月，乙卯，宴之于麟德殿，赐赉甚厚，封王给印而遣之。

回纥合骨咄禄可汗得唐许昏，甚喜，遣其妹骨咄禄毗伽公主及大臣妻并国相、跌跌都督以下千余人来迎可敦；辞礼甚恭，曰："昔为兄弟，今为子婿，半子也。若吐蕃为患，子当为父除之！"因詈辱吐蕃使者以绝之。冬，十月，戊子，回纥至长安，可汗仍表请改回纥为回鹘；许之。

吐蕃发兵十万将寇西川，亦发云南兵；云南内虽附唐，外未敢叛吐蕃，亦发兵数万屯于泸北。韦皋知云南计方犹豫，乃为书遗云南王，叙其叛吐蕃归化之诚，贮以银函，使东蛮转致吐蕃。吐蕃始疑云南，遣兵二万屯会川，以塞云南趣蜀之路。云南怒，引兵归国。由是云南与吐蕃大相猜阻，归唐之志益坚；吐蕃失云南之助，兵势始弱矣。然吐蕃业已入寇，遂分兵四万攻两林骠旁，三万攻东蛮，七千寇清溪关，五千寇铜山。皋遣黎州刺史韦晋等与东蛮连兵御之，破吐蕃于清溪关外。

庚子，册命咸安公主，加回鹘可汗长寿天亲可汗。十一月，以刑部尚书关播为送咸安公主兼册回鹘可汗使。

【译文】

四年（戊辰，公元788年）

云南王异牟寻打算归附朝廷，但不敢自行派遣使者，首先派遣他的东蛮鬼主骠旁、苴梦冲、苴乌星入京朝见。五月，乙卯（初八），德宗在麟德殿设宴款待他们，对他们的赏赐甚为丰厚，还封他们为王，发给印绶，然后打发他们回去。

回纥合骨咄禄可汗得到唐朝允许通婚的消息后，非常高兴，便派出他的妹妹骨咄禄毗伽公主以及大臣的妻子，连同国相、跌跌都督以下一千多人，前来迎接可汗的妻子可敦，措辞与执礼都很恭敬。他们说："往日两国结为兄弟，如今可汗是皇上的女婿,是皇上的半个儿子了。如果吐蕃危害朝廷,儿子自当为父亲除去他们。"于是回纥责骂、侮辱了吐蕃的使者,与吐蕃断绝了往来。冬季,十月,戊子(十四日),回纥使者来到长安,可汗上表请求将回纥改称为回鹘,德宗答应了。

吐蕃征发十万兵马,准备侵犯西川,同时也征发云南兵马。云南虽然暗中已经归附唐朝,但表面上还不敢背叛吐蕃,因而也派出数万兵马在泸水北岸驻扎。韦皋了解到云南王还在拿不定主意,便写了一封给云南王的书信,在信中陈述了云南王叛离吐蕃、归于王化的诚意,装在银盒子中,让东蛮转交吐蕃。吐蕃开始怀疑云南王,使派兵两万在会川驻扎,以便堵住云南前往蜀中的通路。云南王大怒,领兵回国去了。自此以来,云南与吐蕃互相猜疑,云南归顺唐朝的意图愈发坚定,而吐蕃失去云南的帮助,军队的声势便开始削弱了。然而,吐蕃已经出兵,于是分出四万兵马攻打两林、骠旁,三万兵马攻打东蛮,七千兵马侵犯清溪关,五千兵马侵犯铜山。韦皋派遣黎州刺史韦晋等人与东蛮联合兵马,抵御吐蕃,在清溪关外面打败了他们。

庚子(二十六日),德宗册封咸安公主,加封回鹘可汗为长寿天亲可汗。十一月,任命刑部尚书关播为护送咸安公主兼册回鹘可汗使。

【原文】

五年(己巳,789年)

春,二月,丁亥,韦皋遗异牟寻书,称:"回鹘屡请佐天子共灭吐蕃,王不早定计,一旦为回鹘所先,则王累代功名虚弃矣。且云南久为吐蕃屈辱,今不乘此时依大国之势以复怨雪耻,后悔无及矣。"

冬,十月,韦皋遣其将曹有道将兵与东蛮、两林蛮及吐蕃青海、腊城二节度战于嶲州台登谷,大破之,斩首二千级,投崖及溺死者不可胜数,杀其大兵马使乞藏遮遮。乞藏遮遮,虏之骁将也,既死,皋所攻城栅无不下;数年,尽复嶲州之境。

十二月,庚午,闻回鹘天亲可汗薨,戊寅,遣鸿胪卿郭锋册命其子为登里罗没密施俱录忠贞毗伽可汗。先是,安西、北庭皆假道于回鹘以奏事,故与之连和。北

庭去回鹘尤近，诛求无厌，又有沙陀六千馀帐与北庭相依。及三葛禄、白服突厥皆附于回鹘，回鹘数侵掠之。吐蕃因葛禄、白服之众以攻北庭，回鹘大相颉干迦斯将兵救之。

云南虽贰于吐蕃，亦未敢显与之绝。壬辰，韦皋复以书招谕之。

【译文】

五年（己巳，公元789年）

春季，二月，丁亥（十四日），韦皋给异牟寻写去一封书信，内称："回鹘屡次请求帮助皇上一同消灭吐蕃，如果大王还不及早确定谋略，有朝一日被回鹘赶在前头，大王世代相沿的功劳与名声便白白丢弃掉了。而且，云南长期遭受吐蕃欺压的屈辱，如今若还不乘这一时机，依靠大国的力量，来报复怨仇，洗雪耻辱，后悔也来不及了。"

冬季，十月，韦皋派遣他的将领曹有道领兵与东蛮、两林蛮以及吐蕃的青海、腊城两节度在巂州台登谷交战，大破敌军，斩首两千级，敌兵跳下山崖和落入水中而死的人多得无法计算，还杀掉了敌军的大兵马使乞藏遮遮。乞藏遮遮是敌军中骁勇的将领，在他死去后，韦皋所攻打的城池寨栅无不陷落，经过数年，完全收复了巂州全境。

十二月，庚午（初三），德宗听说回鹘天亲可汗去世，戊寅（十一日），派遣鸿胪卿郭锋册封他的儿子为登里罗没密施俱录忠贞毗伽可汗。在此之前，安西、北庭都向回鹘借道，以便向朝廷奏报事情，所以与回鹘联合。北庭距离回鹘尤其近，回鹘对他们的勒索毫无止境。又有沙陀六千多帐与北庭相互依存。还有三葛禄部和白服突厥，都依附于回鹘，而回鹘屡次侵扰劫掠他们。于是，吐蕃利用葛禄和白服突厥的人众前去攻打北庭，回鹘的大相颉干迦期领兵援救他们。

虽然云南对吐蕃怀有二心，但也不敢公开与吐蕃断交。壬辰（二十五日），韦皋再次写书信劝诱开导他们归附朝廷。

【原文】

六年（庚午，790年）

春，诏出岐山无忧王寺佛指骨迎置禁中，又送诸寺以示众，倾都瞻礼，施财巨万；二月，乙亥，遣中使复葬故处。

回鹘忠贞可汗之弟弑忠贞而自立，其大相颉干迦斯西击吐蕃未还，夏，四月，次相帅国人杀篡者而立忠贞之子阿啜为可汗，年十五。

回鹘颉干迦斯与吐蕃战不利，吐蕃急攻北庭。北庭人苦于回鹘诛求，与沙陀酋长朱邪尽忠皆降于吐蕃；节度使杨袭古帅麾下二千人奔西州。六月，颉干迦斯引兵还国，次相恐其有废立，与可汗皆出郊迎，俯伏自陈擅立之状，曰："今日惟大相死生之。"盛陈郭锋所赍国信，悉以遗之。可汗拜且泣曰："儿愚幼，若幸而得立，惟仰食于阿多，国政不敢豫也。"虏谓父为阿多，颉干迦斯感其卑屈，持之而哭，遂执臣礼，悉以所遗颁从行者，己无所受。国中由是稍安。

秋，颉干迦斯悉举国兵数万将复北庭，又为吐蕃所败，死者大半。袭古收余众数百，将还西州，颉干迦斯绐之曰："且与我同至牙帐。"既而留不遣，竟杀之。安西由是遂绝，莫知存亡，而西州犹为唐固守。

葛禄乘胜取回鹘之浮图川，回鹘震恐，悉迁西北部落于牙帐之南以避之；遣达北特勒梅录随郭锋偕来，告忠贞可汗之丧，且求册命。先是，回鹘使者入中国，礼容骄慢，刺史皆与之钧礼。梅录至丰州，刺史李景略欲以气加之，谓梅录曰："闻可汗新没，欲申吊礼。"景略先据高垄而坐，梅录俯偻前哭，景略抚之曰："可汗弃代，助尔哀慕。"梅录骄容猛气，索然俱尽。自是回鹘使至，皆拜景略于庭，威名闻塞外。

【译文】

六年（庚午，公元790年）

春季，德宗颁诏命令取出岐山县无忧王寺中佛的手指骨，迎接并安置在宫廷

中，然后又送到各个寺院中去，以便让大家观看。全京城的人都前去瞻仰礼拜，布施的钱财数额异常巨大。二月，乙亥（初八），德宗派遣中使将佛的手指骨重新安葬到原处。

回鹘忠贞可汗的弟弟杀了忠贞可汗而自立为可汗，回鹘的大相颉干迦斯向西进击吐蕃还没回来。夏季，四月，回鹘次相率领国中百姓杀了篡位者而拥立忠贞可汗的儿子阿啜为可汗，阿啜十五岁。

回鹘颉干迦斯与吐蕃交战不利，吐蕃急切地进攻北庭。北庭人苦于回鹘的搜刮，便与沙陀的酋长朱邪尽忠一起向吐蕃投降，北庭节度使杨袭古率领部下二千人逃奔西州。六月，颉干迦斯领兵回国，次相唯恐他另有废立，便与可汗一同前往郊外迎接，跪在地上陈述自己擅自扶立的情况，还说："我的生死，今天只有让大相来决定了。"他郑重地摆出郭锋带来的传国印信，全部交给了颉干迦斯。可汗一边跪拜，一边哭泣着说："我年幼无知，如果有幸被立为可汗，唯有依赖阿多过活，不敢过问国家政事。"回鹘人将父亲称作阿多。颉干迦斯被他卑躬屈己打动了，也扶着他哭了。于是，颉干迦斯以为臣的礼节对待可汗，将可汗交给他的物品全部发给随行的人们，自己一点也没有接受。于是，回鹘国内渐渐安定下来。

秋季，颉干迦斯率领全国兵马数万人准备收复北庭，又一次被吐蕃打败，死去的人马有一多半。杨袭古收拾残余兵马数百人，准备返回西州，颉干迦斯欺骗他说："姑且和我一起到牙帐。"接着，颉干迦斯将他扣留，不让他回去，最后将他杀死。由此，安西与朝廷的联系便断绝了，也不知安西是存是亡。然而，西州仍然在为唐朝固守。

葛禄部乘胜攻取回鹘的浮图川，回鹘震惊恐惧，将西北方面的部落全部迁徙到牙帐的南面来，以便躲避葛禄部。回鹘派遣达北特勒梅录跟随郭锋一道来唐朝，上报忠贞可汗的丧事，而且请求封立新可汗。以前，回鹘的使者来到大唐时，礼节和容色骄横傲慢，刺史都与他们平礼相待。现在梅录来到丰州，该州刺史李景略打算在气概上压倒他，便对梅录说："听说可汗新近去世，我要向你表示哀悼的礼节。"于是，李景略首先靠着高的土埂坐了下来，梅录在他前面低头曲背地哭泣着。李景略安慰他说："可汗离开人世，我与你一样悲哀地怀念他。"梅录骄横的容色和凶猛的气势索然尽失了。自此以后，回鹘使者前来，都要在庭中礼拜李景略，李景略的威望与名声传播到边塞以外。

【原文】

七年（辛未，791年）

韦皋比年致书招云南王异牟寻，未终始获报。然吐蕃每发云南兵，云南与之益少。皋知异牟寻心附于唐，讨击副使段忠义，本阁罗凤使者也，六月，丙申，皋遣忠义还云南，并致书敦谕之。

吐蕃攻灵州，为回鹘所败，夜遁。九月，回鹘遣使来献俘；冬，十二月，甲午，又遣使献所获吐蕃酋长尚结心。

吐蕃知韦皋使者在云南，遣使让之。云南王异牟寻绐之曰："唐使，本蛮也，皋听其归耳，无他谋也。"因执以送吐蕃。吐蕃多取其大臣之子为质，云南愈怨。

勿邓酋长苴梦冲，潜通吐蕃，扇诱群蛮，隔绝云南使者。韦皋遣三部落总管苏峞将兵至琵琶川。

【译文】

七年（辛未，公元791年）

近年以来，韦皋发信招抚云南王异牟寻，始终没有得到回报。然而，每当吐蕃向云南征发兵员时，云南发给吐蕃的兵员却越来越少。由此，韦皋知道异牟寻本心是归附唐朝的。讨击副使段忠义，原来是阁罗凤的使者，六月，丙申（初七），韦皋派遣段忠义返回云南，并且给异牟寻写去书信，劝导他归顺朝廷。

吐蕃攻打灵州，被回鹘击败，便连夜逃走了。九月，回鹘派遣使者前来进献俘虏。冬季，十二月，甲午（初八），回鹘又派遣使者进献所俘获的吐蕃酋长尚结心。

吐蕃了解到韦皋的使者在云南后，便派遣使者责备云南。云南王异牟寻欺骗来使说："唐朝的使者，本来便是蛮人，韦皋听任他回来，并没有别的图谋。"于是将

韦皋的使者抓起来，送交给吐蕃。吐蕃带走许多云南大臣的儿子作为人质，云南愈发怨恨吐蕃了。

勿邓部落的酋长苴梦冲，暗中勾结吐蕃，煽动诱惑群蛮，隔断云南使者与唐朝的往来，韦皋派遣两林、勿邓、丰琶三部落的总管苏峞领兵来到琵琶川。